증보판

한국문학의 서정성 연구

증보판
한국문학의 서정성 연구

1993년 8월 30일   초판 1쇄 인쇄 발행
2025년 9월 17일   증보판 1쇄 인쇄 발행

지은이	조병기
펴낸이	박종래
펴낸곳	도서출판 명성서림

등록번호	301-2014-013
주소	04625 서울시 중구 필동로 6 (2, 3층)
대표전화	02)2277-2800
팩스	02)2277-8945
이메일	msprint8944@naver.com

값 25,000원
ISBN 979-11-7439-032-5

본 책의 구성 및 맞춤법, 띄어쓰기는 작가의 의도에 따랐습니다.
이 책의 저작권은 저자와 도서출판 명성서림에 있습니다. 무단 전재 및 복제를 금합니다.
이 책 내용의 일부 또는 전부를 재사용하려면 반드시 저자와 도서출판 명성서림의 동의를 얻어야 합니다.
파본은 구입처에서 바꾸어 드립니다.

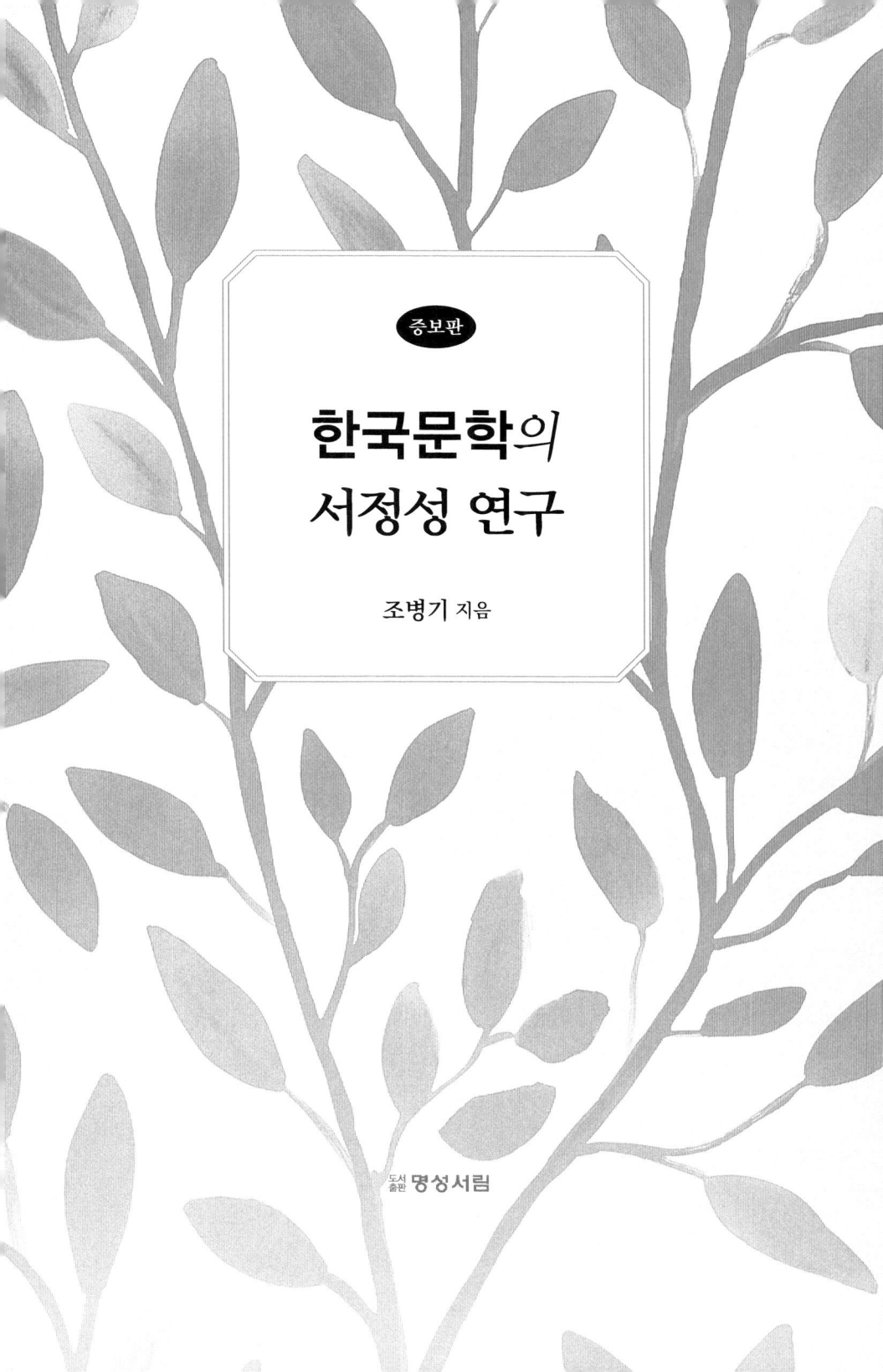

증보판

한국문학의 서정성 연구

조병기 지음

도서
출판 명성서림

| 초판 머리말 |

    문학이 인간의 내밀한 정서 표현의 행위라 했을 때 문학 연구는 그 정서가 어떻게 해서 보편성을 획득하고 있으며 시대를 초월하고 있는가를 밝혀 내는 일일 것이다.
    무엇이 그 작품을 있게 하고 우리를 공명하게 하는가를 찾아내는 일이란 쉽사리 이루어지는 것도 아니며, 접근하는 방법에 따라 얼마든지 달라질 수 있을 것이다. 언제부터인지 나는 문학 작품을 대할 때마다 떨쳐 버릴 수 없는 궁금증이 있었다.
    그것은 국문학에 입문하여 맨 처음 대하게 되는 고대 시가에서 근대 문학에 이르기까지 대부분의 작품이 '비극성'을 내포하고 있다는 것이다. 이런 정서 표현이 곧 우리 민족의 체질이라고 했을 때, 어떤 힘을 발휘하게 되는 것인가 하는 데에도 골몰하지 않을 수 없었다.
    이 책은 그런 동기에서 쓰여지게 되었고, 하나의 시론으로서 접근 방법을 모색한 결과에 지나지 않는다.
    제1부는 학위 논문으로서 '비극성'의 근원이 무엇이며, 어디서 오는 것인가를 탐색한 것이다. 따라서 이제까지 통설화 되다시피 했던 이육사, 윤동주 두 시인의 문학사적 평가를 벗어나서 다른 관점에서 접근해 본 것이다. 개념 규정이나 논리 전개에 있어서 얼마간 무리한 논지를 내세운 느낌도 없지 않지만 계속 추구할 생각이다.

제2부는 이미 발표했던 논문을 다시 손질해서 실은 것으로써, 제1부와 맥을 같이 해서 시대적 상황에 대처하는 문학정신을 살펴본 것이다. 즉, 시대적 환경이 작가에게 어떤 정서를 표출해내도록 하는가에 관한 물음이라 하겠다.

문학에서 '쓰는 일'과 '이해하는 일'은 궤를 같이하면서도 이질적인 입장이 되는 때가 있지만, 정서의 표현과 발견이라는 점에서 다 같이 고심해야 할 것이다. 이 두 부면은 평행선을 이루다가도 가끔씩 '일체'를 이루는 때가 있다. 그 합일점을 향해서 문학의 실체가 드러난다면 그보다 값진 일은 없을 것이다. 서투른 시도라고 생각하면서 아픈 채찍을 받고 싶다.

이 책이 나오기까지는 김구용, 윤병로 두 분 스승님께 힘입은 바가 컸음을 밝히며, 박영주 교수와 최한선 교수의 도움을 잊을 수가 없다. 그리고 밤낮으로 교정을 맡아 해 준 내 딸 수진이, 아내에게 뒤늦은 선물을 주고 싶다.

어려운 출판 여건에서도 마다하지 않고 출판을 맡아 주신 박희범 사장님, 박성진 상무님, 그리고 대왕사 편집부 여러분께 감사드린다.

1993년 8월 한여름에
동신대학교 금성산 밑 연구실에서
조 병 기 씀

| 증보판을 내면서 |

    문학연구는 새로운 관점이 요구되기 때문에 미해결의 연속이다. 국문학에 입문하면서 우리 시가詩歌의 정서는 무엇일까 하는 질문을 하게 되었다.
    고전시가의 애절함과 비애, 그리고 환희를 만나면서 우리 시가의 근원에 대한 관심이 커졌다.
    문학작품은 심정적心情의 정서의 표현이면서 체험이 융합된 결과물이기 때문에 그 작품을 있게 한 이유와 표현 양식에 대한 탐색이 시작된다.
    우리 시가詩歌의 정서적 특질은 비극성에 있음을 발견하게 된다. 그리고 현대에 와서 불행하게도 세계사에 없는 동족상쟁의 비극적인 전쟁을 치렀다. 따라서 50년대 전쟁문학의 비극성을 탐색해 보았다.
    우리 문학이 세계문학으로 나가기 위해서는 문학 전통을 계승하면서 세계화에 힘써 나가야 할 것이다.
    금년 여름 더위는 길고도 혹독했다. 이 책이 나오기까지 애써 주신 박종래 이사장님과 명성서림 편집진 여러분께 감사드린다.

2025. 9. 지은이

초판 머리말　04
증보판을 내면서　06

제1부. 한국 시에 나타난 서정성
이육사와 윤동주 시의 비극성을 중심으로

1장. 서론

Ⅰ. 연구방향　18

Ⅱ. 연구사의 검토　21

   1. 이육사　21

   2. 윤동주　28

Ⅲ. 접근방법 : 비극성의 이해　43

2장. 비극적 서정의 흐름

Ⅰ. 서론　52

Ⅱ. 민요　54

Ⅲ. 고전시가　58

   1. 향가　58

   2. 고려가요　63

   3. 시조　67

Ⅳ. 1920년대의 시	74
1. 김소월의 시	75
2. 한용운의 시	82
Ⅴ. 1930년대의 시	90
1. 김영랑의 시	90
2. 정지용의 시	97

3장. 이육사와 윤동주 시의 비극성

Ⅰ. 이육사 시의 비극성	104
1. 균형과 질서에의 집착	107
2. 이상적 자아의 현실적 무력감	120
3. 창조적 공간에의 향수	134
4. 상실된 자아 회복의 기다림	146
Ⅱ. 윤동주 시의 비극성	161
1. 모성 회귀의 그리움	163
2. 자아 상실의 비애	175
3. 자기 부정의 연민과 고독	187
4. 기독교 정신과 현실 극복	211
Ⅲ. 이육사와 윤동주의 대비	219

4장. 결론

Ⅰ. 결론	226

제2부. 1950년대 우리 문학의 구조

1장. 전후시의 대비적 고찰

    Ⅰ. 문제 제기   234

    Ⅱ. 세계 전후시의 양상   237

    Ⅲ. 한국 전후시의 특징   251

    Ⅳ. 전후시의 대비   270

    Ⅴ. 결론   280

2장. 시에 나타난 전쟁의 인식

    Ⅰ. 서론   284

    Ⅱ. 문학론의 검토   287

    Ⅲ. 시의 양상   296

        1. 전쟁 고발의 현장성   297

        2. 전의 고양의 목적성   305

        3. 실존 의식의 「휴머니즘」   312

    Ⅳ. 결론   320

3장. 전후 소설의 구조

    Ⅰ. 서론   324

    Ⅱ. 전쟁의 인식   327

        1. 이병구 -「전쟁」   327

        2. 강용준 -「기습작전기」   330

3. 오상원 – 「유예」　　　　　　　　　　　　334

　　4. 김성한 – 「귀환」　　　　　　　　　　　　338

　　5. 송병수 – 「잔해」　　　　　　　　　　　　341

　　6. 선우휘 – 「단독강화」　　　　　　　　　　343

Ⅲ. 전후 소설의 특징　　　　　　　　　　　　　352

　　1. 인물의 유형 – 선인형　　　　　　　　　　352

　　2. 배경과 기상 조건 – 백의·고난　　　　　　354

　　3. 구성의 기법 – 파노라마적 전개　　　　　　355

　　4. 작가 정신 – 휴머니즘·이념 문제　　　　　356

Ⅳ. 결론　　　　　　　　　　　　　　　　　　　359

4장. 북한문학의 실상과 민족의 화합

Ⅰ. 문제 제기　　　　　　　　　　　　　　　　362

Ⅱ. 북한문학의 변천 과정　　　　　　　　　　　364

　　1. 혼란기의 문학　　　　　　　　　　　　　366

　　2. 진행기 문학　　　　　　　　　　　　　　369

　　3. 확정기 문학　　　　　　　　　　　　　　370

Ⅲ. 북한의 문예 정책　　　　　　　　　　　　　373

　　1. 문예 정책의 기조　　　　　　　　　　　　373

　　2. 특성　　　　　　　　　　　　　　　　　　374

　　3. 문학단체 (문학예술총동맹)　　　　　　　　378

Ⅳ. 북한문학의 실상　　　　　　　　　　　　　382

　　 –「조선 문학사」에 수록된 작품　　　　　　 387

Ⅴ. 민족 화합을 위한 제언　　　　　　　　　　396

제3부. 시인론

1장. 한하운 시 세계

    Ⅰ. 머리말   402

    Ⅱ. 색채 심상의 생명력   405

    Ⅲ. 부정 의식否定意識과 공간 상실空間喪失   418

    Ⅳ. 맺음말   431

2장. 천상병의 시 세계

    Ⅰ. 머리말   434

    Ⅱ. 초기 시의 비극적 정서   436

    Ⅲ. 대립적 공간 구조   444

    Ⅳ. 후기 시의 실존 의식   452

    Ⅴ. 맺음말   464

제4부. 시조론

1장. 시조의 서정성

    Ⅰ. 머리말   470

    Ⅱ. 서정의 매개   472

    Ⅲ. 서정적 자아의 극복   476

    Ⅳ. 맺음말   482

2장. 현대시조의 정체성과 위상의 문제

    Ⅰ. 머리말   486

    Ⅱ. 정체성의 문제   489

    Ⅲ. 시사적 위치의 문제   494

    Ⅳ. 맺음말   499

참고문헌   501

제1부 한국 시에 나타난 서정성

이육사와 윤동주 시의 비극성을 중심으로

1 서론

- **I** 연구방향
- **II** 연구사의 검토
  - 1. 이육사
  - 2. 윤동주
- **III** 접근방법 : 비극성의 이해

Ⅰ. 연구방향

　　문학을 연구하는 데 있어서 새로운 방법론의 모색은 더할 나위 없이 중요한 것이지만 그것이 적정하고 신중하게 적용되어야 함은 물론 앞선 연구자들이 환기시켜 놓은 방법론적인 오류에 젖어 들지 않도록 유의하는 것도 그에 못지않게 중요한 것이다.

　　새로운 방법론의 모색은 지난한 일이지만 연구자의 독창성이 충분히 발휘될 수 있다는 장점을 지니면서도 동시에 자기모순의 논리에 치우칠 우려도 배제할 수 없다. 문학 연구에서 일반적으로 빠지기 쉬운 오류란 첫째로 작가에게 필요 이상의 관심을 기울임으로써 그가 의도적으로 저지른 오류 즉, 표현론적Expressive theory 관심을 지나치게 신봉하는 연구 방법이다. 둘째로 작품을 독자에게 어떤 효용적 목적을 위해서 쓰여진 것으로 간주하고 그것이 형수된 독자들에게 끼치는 영향을 중시한 영향론적 오류Affective fallacy이며, 셋째로 작가를 무시하거나 또는 작품이 지향한 독자의 반응을 소홀히 함은 물론, 작품이 생성된 시대적 상황 등을 과감히 배제한 채 작품 자체의 내적인 질서나 구조만을 중시한 독단론적 형식주의Dogmatic formalism의 연구 태도이다. 마지막으로 작가의 역사-전기적 사실과 작가의 메시지 및 제재에 관한 특별한 편향으로 간주하려 드는 모방론적 연구 태도Mimetic theory에 집착하는 것이다.[1]

문학 연구는 문학 작품을 대상으로 작품의 실상을 파악하는 것이어야 하므로 작가와 작품과의 관계를 소홀히 할 수 없으며 또한 작품과 독자와의 관계에서 일어나는 감흥을 무시해서는 더욱 안 될 것이다. 따라서 본 연구에서는 위의 네 가지 방법론적인 오류에 유의하면서 가능한 여러 연구 태도의 장점을 포용하는 역동적인 연구 태도를 취하고자 한다.

서정시라는 갈래가 문학사의 이른 시기부터 발생하였고, 발전을 거듭해 오는 동안 퍽 다양한 모습을 지닌 채 그 기능 또한 복합적으로 변화되었다. 따라서 서정시의 개념을 규정하는 데 있어서도 다양한 관점을 수렴하여 그 의미망을 탄력적으로 구축해야 옳은 것이다.

이 연구의 대부분은 한국의 서정시 속에 끊임없이 이어져 오고 있는 전통적 정조Mood 즉, 서정성을 추구하는 데 집중될 것이다. 따라서 각 시대마다 특이하게 나타나는 서정적 정조의 변화를 통시적으로

---

[1] 자세한 논의는 문학연구에서 이상의 4가지 관점을 제시한 에이브럼스(M.H.Abrams)의 The Mirror The Mirror and the lamp (Oxford Univ. press, 1971)를 참조.

조감하면서 그에 따른 시 형식의 변이, 서정의 표출 방식 등을 사적으로 탐색함으로써 우리 서정시의 위상과 특징을 용이하게 포착할 수 있을 것이다. 이러한 입론에 따라 한국시의 밑바탕에 통시대적으로 내재해 있는 근원적인 공통의 정조를 찾아냄으로써 그동안 논의가 분분했던 고전문학과 현대문학과의 전통 단절론이 극복될 수 있는 단서를 마련할 수 있을 것이다. 이 연구의 궁극적인 목적은 한국시사의 전통성에 입각하여 우리 시만이 갖고 있는 고유한 작품의 성격과 가치를 왜곡하지 않고 그 실상을 온당하게 파악하는 데 일조를 하고자 한다.

II. 연구사의 검토

1. 이육사

    이육사(1904~1944) 연구는 유고 시집(『육사시집』, 서울출판사, 1946)이 간행됨으로써 '저항시인', '민족시인' 등으로 평가받고 있으며 오늘에 이르기까지 그에 관한 연구 성과는 백여 편에 달하고 있다. 이 연구들은 대체로 ①역사 전기적 연구 ②형식주의 또는 구조주의적 연구 ③①과 ②를 종합한 문학사적 연구 등으로 대별할 수 있다.
    〔1〕역사 전기적 연구는, 그에 관한 항일투쟁경력의 정신사적 평가에 집중된 결과 작품 외적인 시인론에 편중됨에 따라 일제 말기의 시대적 상황과 개인사적 생애가 작품을 온당하게 평가하려는 데 장애 요소가 된 것을 부인할 수 없다. 시는 자신의 표현self-expression도 결코 아니

며 자극에 관한 자동적인 반응도 될 수 없다[2]는 주장만 보더라도 작가의 역사 전기와 문학적 집적물을 지나치게 도식적으로 이해하는 태도는 극복되어야 한다.

이육사의 전기적 사실을 밝힌 글로는 1946년에 간행된 〈육사시집〉에서 신석초, 김광균, 오장환, 이용악 등의 공동 서문과 아우 이원조의 발문을 필두로 1956년에 간행된 재간본 〈육사시집〉(범조사)의 서문을 쓴 유치환의 글과 발문을 쓴 육사의 조카 이동영, 그리고 1959년 이은상과 홍영의로 말미암은 글들이 있다.[3] 그러나 문단의 문우록으로서 빼놓을 수 없는 신석초, 이봉구의 회고담은 육사 연구의 길을 터놓은 글이라 할 수 있다.[4] 한편 육사 연구의 자료 발굴과 진위 확정 작업도 김학동, 강전섭, 심원섭에게서 꾸준히 진행되었다.[5]

1970년대에 들어 이육사에 관한 연구로 본격적인 연구 성과들이 쏟아져 나왔다. 한편 괄목할 만한 업적들로서 《나라사랑》과 《문학사상》 양대 지가 이육사 특집을 마련한 데서 찾아질 수 있다. 이동영, 홍기삼, 김학동, 김용직, 김종철 등의 정신사적 연구들은 한결같이 육사의 역사의식과 정신사적 차원에서 치열한 저항성을 강조하고 있다. 그러나 김

---

2 George Whalley, Poetic Process (Connecticut; Greenwood Press, 1973). 참조

3 이동영, 〈이육사의 독립운동과 생애〉, 「나라사랑」, 1974, 외솔회, pp. 109~121.
  「씨뿌린 사람들」, (서울 : 사조사, 1959)에 이은상의 〈육사소전〉, 홍영의의, 〈육사의 일대기〉 등이 실려 있다.

4 신석초, 〈이육사의 추억〉, 「현대문학」, 1962. 12, 「사상계」, 1964. 7, 「대한일보」(1966. 6. 27) 등 참조

5 이봉구, 〈문학적 산보(2)〉, 「현대문학」(1960. 11)외에도 박훈산(1956), 김춘수(1964), 한흑구(1973), 김용성(1974)의 전기적인 글들이 있다.

종철에 따르면 육사의 선비, 엘리트 의식이 사회적 민중적 현실 속에 파고들지 못한 것이 그의 한계점이라고 한다.[6] 또한 1980년대에 들어 육사 연구는 김우창, 김재홍, 최동호, 권영민 등으로 말미암아 심화된다. 김우창은 육사의 치열한 행동주의는 역사의 이성적인 전개에 관한 신념과 공존한다고 했다.[7]

위의 연구들은 식민지적 상황의 인식과 육사의 실천적 행동이 준거가 된 업적들이다. 애국 계몽기 이후 우리의 문학은 일제 식민 통치하에서 전통의 변화와 맞물림 속에서 발전을 모색해야만 했던 탓으로 문학 연구에 있어서도 시대 상황이라는 전제가 크게 작용해 왔음을 부인할 수는 없다. 그 결과 우리 시의 전통적 맥락에서 파악하려는 데에는 미흡했던 것으로 보인다.

(2) 작품론에 관한 연구는 정태용을 필두로 1970년대 이후에 활발히 전개되었다. 정태용은 기존의 역사 전기적 방법을 취하지 않고 형식주의적인 방법을 택하여 20년대 만해시를 이은 시사적 의의가 있다고 하고, 육사시가 한시적 호쾌한 기상을 현대시에 융해했다고 한다.[8] 형식주의적 작품론은 김종길, 김시태, 김윤식, 김인환, 김흥규의 업적이 주목된다. 김종길은 육사시의 내면성과 형태적 측면을 고찰하고 형식상

---

6 김종철, 〈육사의 시 그 의미와 한계〉, 「문학사상」, 1976. 1.
7 김우창, 〈시와 정치〉, 「문학과 정치」, (서울 ; 민음사, 1980)외에 다음과 같은 연구들이 있다.
김재홍, 〈이육사, 투사의 길, 예술의 길〉, 「소설문학」, 1986. 1.
최동호, 「현대시의 정신사」, (서울 ; 열음사, 1985)
권영민, 〈저항문학의 비극적 체험〉, 「한국문학 연구입문」, (서울 ; 지식산업사, 1982)
8 정태용, 〈이육사〉, 「현대문학」146호, 1967. 2

의 균형과 절제를, 내용상의 비극적 서정의 본질을 해명하였다.[9]

김시태는 육사시를 김종길과 같이 동양시의 전통에 두고 윤리적 자아실현을 위한 자아와 현실의 갈등이 육사의 주조음主潮音이라 했고,[10] 김윤식은 식민지 한국시를 정신적으로 ①국내적 생존방식 ②현해탄적 생존방식 ③지방적 생존방식 등 세 분야로 나누고 육사의 경우 ③에 속하는 응전력을 가진다고 하면서 육사의 시를 원형적 이미지로 해석하려는 새로운 시도를 보였다.[11] 김인환은 '어둠'과 '밝음', '절망'과 '희망', '현재'와 '미래' 등의 대립 구조를 이루면서 삶의 자기 발견이라고 해석함으로써 구조적 분석을 시도하였다.[12] 김흥규는, 식민지 시대의 시 해석을 비판하면서 문제점을 제기한다. 육사의 경우 ①신성화 내지 우상화의 압력으로 투철한 역사의식, 민족의식과 불굴의 투혼을 가진 지절시인志節詩人, 저항 시인이라고 하는 보편적 진술의 압력 ②시 해석의 도식성. 경직성으로써 시 작품을 당대의 정치적 상황에 관한 암호처럼 해독하는 경향 ③가치 평가의 혼동 등의 문제가 극복되어야 한다고 했다.[13] 김흥규는, 우리 문학의 연구 방향을 뚜렷이 반성하고 문제점을 제

---

9   김종길, 〈유사의 시〉, 「나라사랑」16집, 1974.
           〈한국시에 있어서의 비극적 황홀〉, 「심상」, 1973. 2.
10   김시태, 〈이육사론〉, 「현대문학」, 1977. 5.
11   김윤식, 〈절명시적 꽃〉, 「현대문학」, 1973. 12.
12   김인환, 〈이육사론〉, 「월간문학」, 1972. 10. 이외에도 다음의 논문들이 있다.
           김요섭, 〈추상의 세계속 생명령〉, 「월간문학」, 1974. 7.
           김영무, 〈이육사론〉, 「창작과 비평」, 1975. 여름호.
           김학동, 〈육사 이원록 연구〉, 「진단학보」40집, 1975.
           이기서, 〈육사시에 있어서 개체와 집단〉, 「교육농촌」, 고려대, 1976.
           조창환, 〈이육사론〉, 「관악어문 연구」2집, 서울대학교 국어국문학과, 1977
13   김흥규, 〈육사의 시와 세계인식〉, 「창작과 비평」, 1976. 여름호, pp.622~628.

기한 업적이라 평가된다.

　　작품론의 연구는 1980년대에 들어서 더욱 심화되고 다각적인 연구 방법이 시도되었다. 첫째로 존재론적 입장에서 파악하려는 연구가 문덕수, 오세영, 김재홍, 조창환 등에게서 시도된다. 문덕수는 육사시의 대립적 구조와 시공성 분석을 통하여 현실적 자기 극복을 위한 비극적 초월의 대응 방식을 택했다고 한다.[14]

　　오세영은 "문학이 정치사, 사회사 연구가 아닌 한 민족적 현실의 고발 여부는 문학에 있어 중요한 것이 아니며, 작품의 우열을 주제나 시인이 지닌 신념의 우열에서 결정되는 것도 아니다"라면서 육사의 경우 일련의 패배 혹은 좌절을 매개로 하여 정신의 완성을 이룩한 과정은 비극적 삶의 인식과 그 초월에[15] 있다고 한다.

　　김재홍은, 육사의 실천적 행동을 바탕으로 〈비극적 삶의 비장한 아름다움〉으로 파악하고 절망을 통해서 낙관으로, 부정을 통해서 긍정적으로, 소멸을 통해서 생성으로, 결정을 통해서 새로운 상승으로 나아가고자 하는 열린 의지를 나타낸다고 했다.[16]

　　조창환은, 육사시의 특징을 낭만적 우울과 지성적 초극 의지가 상호 대립되는 축을 형성하고 있으면서 그 두 가지 경향은 항상 서로 넘나들고 상호 보충하여 시적 긴장을 유지하거나 정서적 여유를 이룩하는 점을 그 예술성의 차원을 높이고 주제 의식과 정서를 조화시키는 요

14　문덕수,「현대시의 해석과 감상」, (서울 ; 이우출판사, 1985), pp.267~294.
15　오세영,「한국현대시작품론」, (서울 ; 문장사, 1983), p.266.
16　김재홍, 〈이육사, 투사의 길, 예술의 길〉,「소설문학」, 1986. 1

인이 된다면서 이미지의 다각적인 분석을 시도하고 있다.[17] 그러나 저항시로 보려는 시각은 기존 연구자들과 다를 바가 없다. 둘째로 원형 비평적 접근, 해석학적 접근, 구조주의적 접근 등 다양한 연구 방법이 김열규, 이승훈, 김현자에 의하여 진행되었다. 김열규는 〈광야〉를 시공 재생과 춘경의례春耕儀禮의 신화적인 구조 위에서 파악하려 했고,[18] 이승훈은 육사시 20편을 선정, 통사적 분석과 기존의 해석에 관한 미비점들을 해명하고[19] 있어 육사시 이해의 명징성을 보여 준다.

김현자는, 기존의 연구들이 이미지 분석을 통한 본질적인 작품 연구가 미흡했다고 지적하고 의식 현상학적인 비평 방법을 시도하였다.[20] 그는 육사의 시가 현실과 이상의 이항 대립적 구조 위에 자아를 투영시킨다고 했다. 이들 연구는 80년대에 들어와서 육사시의 역사 전기적 연구의 범위를 극복한 성과들이라고 하겠다.

(3) 문학사적 접근은 백철, 조연현을 시작으로 송민호, 김윤식, 김현, 정한모, 전규태, 조동일 등으로 말미암아 후속 연구가 진행되어 왔

---

17 조창환,「한국현대시사연구」, (서울 ; 일지사, 1983)
18 김열규,「우리의 전통과 오늘의 문학」, (서울 ; 문예출판사, 1987)
19 이승훈, 〈이 시를 나는 이렇게 읽는다〉,「문학사상」, 1986. 2.
20 김현자, 〈이육사 시에 나타난 상상력의 구조〉,「논총」41집, 이화여대, 1982.
    이외에도 홍신선, 〈낙원의 회복과 속죄양의식〉 (1986) ; 이상호 〈이육사연구〉 (1983) ; 김현선, 〈이육사론〉 (1986) ; 전정구 〈귀향에의 의지〉 (1987) ; 채수영,「한국현대시의 색채의식 연구」(1987) ; 강은교〈이육사론〉 (1982) ; 백운복, 〈시작품의 해석학적 연구시론〉 (1985) ; 양병호, 〈시의 회화적 분석시론〉 (1988) ; 이동하, 〈유자의 정신과 객관적 절제〉 (1983) ; 김선학, 〈이육사연구〉 (1985) ; 이남호, 〈지극적 황홀의 순간 묘파〉 (1986) ; 정재완, 〈이육사론〉 (1986) 정금철, 〈현대시에 수반하는 재생의 심상〉 (1989) ; 강창민, 〈육사시 연구〉 (1987) 등이 있다.

다. 백철은 그의 『조선신문학사조사』에서 "이육사는 그가 노래한 소재 그것이 사치한 시풍을 이루었다. (중략) 그러나 이 시인은 일가를 완성하기 전에 멀리 북평의 일제 옥사에서 민족과 시에 관한 적한 積恨을 그대로 남기고 그대로 옥사하였다."[21] 라고 쓰고 있으며 또한 앞의 증보개정판이라 할 수 있는 『한국문학사조사』에서는 꺼지지 않는 저항문학이라는 제하에 35년대, 40년대 위기의 정세에서도 자연이나 문학 속으로 도피하지 않고, 적극적으로 현실에 관한 저항의 시를 쓴 시인으로 이육사와 윤동주를 들고 있다.

이 같은 백철의 견해는 두 시인을 〈저항시인〉 또는 〈민족시인〉이라는 관형사를 붙이기에 족한 평가를 함으로써 그 영향력은 오늘까지도 강력하게 작용하고 있다. 그러나 작품을 외면한 채 작가의 전기적 사실에 편중된 연구는 바람직하지 못하다. 왜냐하면 작가의 개성과 작품에서 변형된 개성의 실체는 동일하지 않기 때문이다.[22]

위의 견해들을 점검해 보면 송민호는 일제 말기 문인들의 편향을 저항 문학적 측면에서 ①절필 ②순수 ③변절 등으로 분류하고 육사를 적극적인 저항시인, 동주를 소극적인 저항시인이라 규정하고 있다.[23] 김윤식은, "이육사와 윤동주는 식민지 후기의 저항시를 대표한다."라고 전제하고 "두 시인은 각기 다른 체질을 가지고 있는데 이육사는 주자주의적 엄숙주의가 지배적이나 윤동주는 초월적 세계에 그 극복의 가능성

---

21   백 철, 〈조선신문학사조사〉 (현대편), (백양당, 1949)과 「신문학 사조사」, (신구문화사, 1968)
22   Reuben A. Brower, ed., Forms of Lyric(New York : Columbia Univ. Press, 1970), p.2.
23   송민호, 「일제하의 저항문학」 (서울 : 민중서관, 1970), pp357~368.

을 발견하려 하지 않았으며 식민지 치하에서 단 한 편의 시도 발표하지 않았는데 윤동주의 존재를 더욱 신화적이게 한다."라고 말함으로써 백철, 송민호와 같은 견해를 취하고 있다.[24]

정한모는, 이제까지의 연구자와는 달리 두 시인의 시 정신과 시적 방법을 면밀히 분석하여 시사적 의의를 찾고 있는데, 육사의 경우 모더니즘의 비인간화에 관한 반발에서 육사시가 출발하여 전통적인 시 형태의 정형의식을 현대적으로 변용하는 데 적극적인 관심을 보여 주었으며 현대시에 남성적이면서도 대륙적 색채와 체질을 불어넣었고, 시를 통한 참여와 저항의 방법을 보여 준 선구적 시인이라는 점에서 시사적 의의가 크다고 보았다.[25] 조동일은, 육사가 1930년대 후반에서 1940년대 초까지 일제 검열하의 항일시가 이룰 수 있는 극한을 보여 준 예라고 그의 문학사에서 기술하고 있다.[26]

2. 윤동주

윤동주(1917~1945)는 1948년 유고 시집 『하늘과 바람과 별과 시(정음사)』가 간행된 이후 시인에 관한 회고담을 포함하여 이백여 편의

---

24 김윤식, 김 현,「한국문학사」(서울 : 민음사, 1973)
25 정한모, 〈육사시의 특질과 시사적 의미〉,「심상」, 1975. 2. pp.110~114참조.
26 조동일,「한국문학 통사」5 (서울 : 지식산업사, 1988)

연구가 있다.[27] 대표적인 글로는 정병욱,[28] 윤일주,[29] 장덕순·문익환[30] 등이 있다. 대체로 이들 연구는 이육사의 경우와 같이 역사 전기적 연구, 문학사적 접근, 작품론 등으로 대별할 수 있다.

    동주 연구 역시 암흑기의 저항시인으로 보려는 관점에서 출발한다. 백철은, 릴케를 사숙했다는 천연의 서정시인이며 고난의 시대에도 숭고한 민족 저항의 정신을 갖고 있었다고[31] 그의 『신문학사조사』에서 언급하고 있다. 이런 관점은 김윤식 등의 후속 연구로 이어지고 있는데, 김윤식은 그의 문학사에서, 동주는 육사와 함께 식민지 후기의 저항시를 대표한다고 전제하고 민족의 위기를 초월적 세계에서 그 극복의 가능성을 발견하려 하지 않았으며 식민지 치하에서 단 한 편의 시도 발표하지 않았기 때문에 더욱 신화적이라 한다.[32] 이런 논의는 구체성이 없이 현상적인 평가에 지나지 않으며 동주의 시적 극복의 방법도 미흡하다고 생각된다.

---

27   김영민, 〈윤동주 연구의 성과와 과제〉, 「문학과 의식」, (1988. 6)에 의하면 205편의 자료목록을 제시하고 있다.

28   정병욱, 〈고 윤동주의 추억〉, 「연희춘추」, 1953. 7. 15.

29   윤일주, 〈고독의 승리〉, 「연희춘추」, 1955. 2. 14.

30   장덕순, 〈동주와 나〉, 「자유문학」, 1959. 3, 문익환, 〈동주, 내가 아는 대로〉, 「문학사상」, 1973. 3.

31   백철, 「신문학사조사」(서울, 신구문화사, 1968). p.270.

32   김윤식,. 김현, 「한국문학사」0, (민음사, 1973)를 비롯하여 송민호, 「일제하의 저항문학」(민중서관, 1970), 김병익, 〈문단반세기〉(동아일보, 1973. 7. 6), 홍기삼, 〈고독과 저항의 세계〉, (월간문학, 1974. 7), 임헌영, 〈순수한 고뇌의 절규〉(문학사상, 1976. 4), 전규태, 「한국현대문학사, (下)」(서문당, 1976), 신용협, 〈윤동주의 시와 인간〉, 「국어국문학」, 91호, 1984, 이선영, 〈암흑기 시인 윤동주 재론〉, 「세계와 문학」46호, 1987, 박두진, 〈윤동주의 시〉, 「윤동주 전시집」(정음사. 1987)등 참조.

저항 문학에 관한 개념 규정을 시도한 연구로는 송민호와 임헌영을 들 수 있는데, 전술한 바와 같이 송민호는 동주를 소극적 저항시인으로 보았다.[33] 임헌영은 저항의 개념에 관하여 ①치하운동에 직접 가담하는 경우 ②일시적인 의무&지원 등으로 저항 운동에 참여하는 경우 ③순수한 정서적인 저항 등으로 규정하고, 동주의 경우는 ③에 해당하며 예술이란 순수성 그 자체가 가장 강력한 저항을 나타낸다면 동주의 저항 자세는 가장 소극적인 동시에 시적으로는 매우 보람된 저항이었기 때문에 식민지 시대의 우리 민족 정서의 한 영역을 확보하고 있다는 것이며, 동주의 저항적 계보는 정서적 저항 시인의 대표자인 김소월에 이어지는 저항의 정서화와 리얼리즘의 극복이라 한다.[34] 이와 같은 견해는 송민호와 같은 맥락에서 구체적으로 제시한 예라고 할 수는 있으나 저항문학의 개념 정립에는 미흡한 견해이다.

전규태는, 겨레의 사상적 지표가 흔들리고 역사가 단절되려는 시기에 이육사와 윤동주를 저항의 마지막 시인이라고 전제하고, 육사의 경우 1930년대 전반의 시단을 휩쓸던 모더니즘에 관한 반동으로 최고의 전통성을 가지고 북방적 정조와 대륙적인 호탕을 보여 준다고 하며, 후기의 대표적 저항시가 될 수 있는 것은 '부끄러움의 미학' 때문이라 한다.[35]

이선영은, 윤동주의 의식 성향을 전기적 사실과 함께 세 가지로

---

33 송민호, 앞의 책, 같은 곳.
34 임헌영, 〈순수한 고뇌의 절규〉, 「문학사상」, 1976. 4., pp.133~201.
35 전규태, 앞의 책, pp.318~339.

나누어 고찰하고 있다. 첫째, 실존의식, 둘째, 기독교적 성향, 셋째, 민족의식적 성향 등으로 이들 성향이 사회적 행동으로 실천적 차원에까지는 못 미치고 있지만, 내면적 자기 초월의 세계로 지향한다는 점에서 일종의 문학적 저항이면서 민족의식의 실천이라고 한다.[36]

문학사적 접근은 백철, 정한모, 오세영, 김용직, 조동일 등에게서 논의되었다. 백철은 막다른 골목의 역사 속에서도 그 현실에 관하여 자연으로든지 문학으로든지 간에 그것을 기피하고 멀리서 보는 도피적인 입장을 벗어나서 적극적으로 그 현실에 관한 반항의 시를 쓰고 있던 사람들로서 이육사와 윤동주 등이 있다고[37] 평가함으로써 이 견해는 줄곧 후속 연구의 준거를 마련해 주었다.

정한모는, 동주시의 모티브는 실향의식에 뿌리를 두고 상실된 조국, 잃어진 고향을 찾으려는 몸부림이라 말하고 시사적 위치는 일제하의 마지막 시인인 동시에 해방 후의 시단과 연결되는 맨 처음의 위치에 놓이는 시인으로서 민족. 역사적 비극을 생생하게 웅변해 준다고 했다.[38] 한편 오세영은, 윤동주의 시가 저항시라는 견해는 소위 의도적 오류에서 오는 허구에 지나지 않는다고 하고, 암흑기라고 불리어졌던 1940년에서 해방될 때까지의 시기에 전통 지향적 흐름은 청록파가, 모더니즘 지향적 흐름은 윤동주가 문학사의 공백을 메꾸어 줌으로 해서 새로운 시대의 비전이 열려진 것이라고 주장함으로써 이제까지의 연구

---

36 이선영, 앞의 논문, p.47~70.
37 백 철, 앞의 책, p.568.
38 정한모, 〈동주시의 특질과 시사적 의미〉, 「심상」, 1975. 2.

에 관한 반론을 제기한다. 특히 오세영은 윤동주에 관하여, 분명 정지용이나 김광균의 시에 가까운 언어 세계를 보여 주면서도 동시를 제외하고는 동주의 대부분의 시가 도시 이미지이며 현대사회에 있어서 인간 소외를 나타내 보이는 한편 공간적 형태로서 신화를 의식적으로 도입한 최초의 공적이라 한다.[39] 그는 또 다른 논문에서 윤동주의 시가 저항시가 아니라는 점을 강력하게 주장하였다.[40] 그러나 모더니즘의 지향이라는 점에서 쉽사리 동의할 수 없다. 몇 편의 시가 도시적 이미지를 나타냈다 하더라도 동주의 시 세계 전반에 걸친 것이 아니기 때문이다.

김우종은, 일제 말기를 30년대 초부터 패전 시까지로 규정하고 이를 전후기 단계별로 구분하여 40대가 암흑기에 속한다고 했다. 동주의 문학 활동은 그의 작품의 성숙도로 보아 문학적 평가를 후기작품에 두고 문학사적인 평가를 해야 한다는 것이다.[41] 그 이유는 동주의 초기 시가 서정적 바탕 위에 동시와 자연과 우주의 경이와 찬미로 가득 차 있었으나 후기에 와서 역사의 엄청난 비극 속에 사회의식이 강조되고 있기 때문이라 한다. 따라서 윤동주는 일제 말 마지막 암흑기의 서정문학으로서 민족적 저항 정신과 순교적 사명이 뜨겁게 나타난 유일한 문학인 동시에 한국문학의 생명을 걸고 이어 나간 시인으로 평가되어야 한다는 견해이다.

39　오세영, 〈윤동주의 문학사적 위치〉, 「현대문학」, 1975. 5. pp.285~299.
40　오세영, 〈윤동주의 시는 저항시인가〉, 「문학사상」, 1976.
41　김우종, 〈암흑기 최후의 길〉, 「문학사상」, 1976. 4.

김용직은, 동주의 문학사적 자리매김에 있어 문단 활동을 중시하여 텍스트 자체의 위상이 조명되지 않고는 불가능하다고 보고, 동주의 경우는 청록파 시인들과 견주어 볼 때 청록파 시인들이 등단한 1939년 이전에 불과 4편의 시가 발표되었을 뿐으로 30년대 중반의 시단과는 거리가 있다고 보았다. 윤동주의 문학사적 공간은 청록파의 문단 진출이 이루어진 후로 잡혀져야 하며, 그 이유는 동주의 주요 작품의 대부분이 1941년 전후에 쓰여졌기 때문이라 한다.[42] 또한 동주의 시가 문학사조적인 측면에서 30년대의 다른 유파들과는 구분하여 논의될 수 있는 것은 동주시의 상징적 기법을 들어 문학사적 평가가 있어야 한다는 것이다.[43]

조동일은, 그의 한국문학통사에서 역사 의식적인 측면에서 윤동주를 평가하고 있다. 어느 모로 보거나 항일시를 대표할 수 있는 작품을 이룩했다고 하기에는 어렵겠지만 일체의 타협을 거부하고 진실과 양심을 지키려고 했던 그 나약하면서도 강한 자세가 깊은 공감을 준다고 했다.[44]

위 논자들의 견해는 이른바 일제 '암흑기'라는 시대적 상황에 초점을 맞춘 것으로 백철로 말미암아 제기된 문학사적 공백기를 극복하려는 데 관심이 모아진 연구 성과라는 점에서 주목된다. 정한모, 김우종, 김용직 등은 다 같이 암흑기를 부정하고 윤동주의 문학사적 자리매

---

42 김용직에 의하면 「가톨릭 소년」지에 발표한 시는 동시를 제외하면 〈유언〉, 〈공상〉, 〈자화상〉 〈새로운 길〉 등이 주목된다고 한다.
43 ―, 〈윤동주 시의 문학사적 의의〉, 「나라사랑」, 23집, 1976. 6. pp.37~55.
44 조동일, 「한국문학통사」5 (서울 ; 지식산업사, 1988, p.494.

김을 40년대 초로 보려는 견해는 타당한 것으로 생각된다.

한편, 오세영은 동주시의 저항성 문제에 관해서 저항이란 항상 행동을 전제로 하기에 시인 자신의 인간적 삶으로서가 아니라 작품의 내용이 보여 주는 의미로서의 행동이라야 한다고 말하고 동주시는 행동성이 결여된 것으로서 일종의 내적 독백에 불과하다는 이유에서 저항시라 볼 수 없다는 견해는[45] 주목할 만하다. 그러나 동주시에서 41~42년의 몇몇 작품 가운데 도시적 서정의 정조가 나타난다고 해서 해방 이후 후기 모더니스트에 유산을 물려 준 전승자의 위치에 놓였다는 견해에[46] 관해서는 설득력이 미흡하다고 본다. 왜냐하면 동주시의 주조가 대부분 자아의 고뇌에 차 있고 자연 대상의 제재들이 시적 성과를 획득하고 있기 때문이다. 동주가 추구하는 시적 세계는 시적 기법보다는 비극적 자아의 문제에 더 적극성을 띠고 있다. 동주시의 대표작들이 현실적 대응에 있어 투철하지 못하고 내부 세계의 자기 고뇌로 표출되고 있는 점에서 모더니즘의 계열로 평가하려는 오세영의 견해는 설득력이 미약한 것이다.

동주시의 작품론은 70년대에 들어 작품 해석 방법이 다양하게 논의되면서 역사 전기적 연구가 극복되기 시작했다. 주요 업적으로는 고석규, 이유식, 김열규, 최홍규 등에 기초한 연구다. 고석규는, "두려움을 청산하기 위한 내면 의식과 이미지의 이채로운 확산 그리고 심리적 응결과 우주에의 영원한 손짓은 그의 28년 생애의 진실한 실존이었으며

---

45   오세영, 앞의 글, p.226.
46   위의 글, p.229.

겨레의 피비린 반기에 묻힌 대로 그 압살된 시간 위에 종식하는 날까지 그의 내전은 정신의 극지極地를 말없이 옮아가며 불붙는 사명에서 떠나지 않았다"[47] 라고 언급했다. 윤동주 시에 관대한 맨 처음의 평가라 할 수 있는 이 글은 윤동주의 전기적 연구를 극복한 예로서 작품 내적 연구에 충실했던 것으로 후속 연구의 선례가 되어 김용호도 "행동의 무기가 시밖에 없을 경우 그는 자아의식에 또한 철저하지 않을 수 없는 필연적인 길로 들어서야만 했다. 그것은 골목길이다. 어쩌면 자학에 가까운 막다른 골목길인지도 모른다"라고 하여[48] 동주시의 자의식을 말하면서 관념의 유희가 없는 정확한 관조의 세계와 자기진실이 과장되지 않으며 그의 시세계는 민족의식과 자아의식이 인생과 자연에 관한 애정으로 뒷받침되어 형상화하고 있다고 한다. 이러한 관점은 이유식,[49] 최홍규,[50] 김상선[51] 등으로 지속되었다.

한편 김열규는, 이제까지 논의되지 않았던 심리주의 비평 방법으로 동주시에 접근·분석하고 있다. 즉, 동주의 시는 파국과 좌절의 기로에서 동주적 감상이 싹튼다면서 오티즘적(autism 자폐성)인 안식의 상징이 곧 '방'으로 나타나며 퇴행 의식이 형상화되어 있다고 한다.[52] 이러한 논의는 창작심리적인 태도와도 접근되는 해석으로 평가할 만하다.

---

47   고석규, 〈윤동주의 정신적 소묘〉,「초극」(서울 ; 삼협문화사, 1954), p.44.
48   김용호, 〈민족의식과 자아의식〉,「연희춘추」, 1955. 2. 14.
49   이유식, 〈아우트사이드적 인간성〉,「현대문학」, 1963. 10., p.168.
50   최홍규, 앞의 논문, pp.369~370.
51   김상선, 〈어둠의 윤리〉,「문학춘추」, 1966. 1. pp.275~278.
52   김열규, 앞의 논문, pp. 671~672.

이것은 최원규의 말대로 강렬한 오티즘의 작용은 항상 자기에게로의 회귀와 외계로부터의 도피로 '에고'의 그 속에 돌아오는 정서의 투영을 엿볼 수 있기 때문이다.[53] 따라서 동주의 퇴행 의식은 곧바로 유년 시절과 〈고향〉·〈어머니〉·〈조국〉의 향수로 서정시의 뿌리에 닿아 있음을 보게 된다.

70년대에 들어 윤동주 연구는 내면 의식의 실존의 문제와 더불어 사회·역사주의 관점 등이 활발하게 진행된다. 이들 연구는 김종길, 김우창, 김시태, 김흥규, 최동호, 김현자, 김윤식 등에게서 괄목할 만한 성과를 거두고 있다.

김종길은, 윤동주에게는 '죽음'이 자기 자신을 비극적인 상황에서 해방시키거나 또 하나의 아름다운 고향을 찾는 유일한 수단이라 하고 이러한 초연함과 달관은 동양인의 특유한 정신이라 한다.[54] 이러한 견해는 이제까지 논의된 바 없는 우리 시의 비극적 특질을 시사하는 관점으로 확대 연구가 요구된다.

김윤식은 여러 편의 동주론을 쓰고 있는데 처음으로 기존 연구에 비판을 하고 있다.[55] 지금까지의 동주에 관한 논의는 거의 암흑기의 정신사의 테두리에 일방적으로 집중되어 있다는 점을 지적하고 이의 극복을 위한 과제로서 ①정지용과 윤동주와의 관계 ②북간도 이민의 의식 구조와 고향 체험 ③서구 독서 체험과 기독교적 측면 ④천체미학적

---

53 최원규, 〈동화적 향수와 도시인의 고독〉, 「심상」, 1974. 4. p.59.
54 김종길, 〈한국시에 있어서 비극적 황홀〉, 「심상」, 1973. 2. pp. 19~20.
55 김윤식, 〈윤동주론〉, 「한국 현대시론 비판」(서울 ; 일지사, 1975).

인 분석 연구 ⑤한국인으로서의 동주의 사유 등을 제시하고 있다.[56] 이런 견해는 문학 연구에 있어 역사 전기적 사실을 배제할 수 없다는 점과 한국인적 사유의 바탕 위에서 작품의 해석이 이루어져야 한다는 점을 시사한 것으로 보인다.

김우창은, 동주의 내면 의식에 중점을 두고 동주의 자아의식은 한쪽으로는 관조적인 거리를 유지하면서도 기묘한 자기 감응과 응시를 나타내는 나르시시즘과 다른 한쪽으로는 실존적 자각을 바탕으로 동주의 양심은 외부적 요인이라기보다는 내부적 요인에서 출발한다고 말하고, 실존적 자각은 회의와 절망 가운데서도 부인할 수 없는 삶의 밑바탕으로서의 자기를 확인하는 행위인데 양심이란 가혹한 시대적 상황에서 비극적 행동으로 귀결한다고 말한다. 그리고 그가 추구하는 심미적·윤리적 완성은 궁극적인 실천과 행동으로 이루어지는데 동주가 간절히 바랬던 것은 실천적·윤리적 완성이었으며 그러한 소망은 비단 동주의 것만이 아니고 당시 한국의 자아가 바라는 것이었다.[57] 이러한 견해는 동주의 총체적인 의식을 구체적으로 파악 제시한 해석이라 하겠다.

김시태는, 외부적인 현실과 시인의 자아는 상호 간의 마찰과 긴장 상태를 조성하고 있지만, 시인은 최후까지 부조리와 현실의 압력에 굽히지 않고 자아의 진실성을 주장한다. (중략) 시인의 자아가 한결같이

---

56 김윤식의 동주론은 〈심자가와 별〉,「현대시학」, 1974. 12.
    〈윤동주론의 행방〉,「심상」, 1975. 2, 〈어둠속의 익은 사상〉,「한국근대작가논고」(일지사, 1974)
    〈윤동주론〉,「한국 현대시론 비판」(일지사, 1975) 등이 있다.
57 김우창, 〈손들어 표할 하늘도 없는 곳에서〉,「문학사상」, 1976. 4. pp.207~232.

미래지향적 성격을 지니고 있다는 점, 그리고 모든 실패의 원인을 외부적인 상황에 두지 않고 자신의 내부적인 문제로 돌리고 있으며, 이상적 자아와 그것을 저해하는 현실적인 자아의 갈등 속에 놓이게 된다면서 이 두 개의 자아는 상호보조적인 관계를 맺고 있다. 그 때문에 어느 한 쪽만을 선택하고 다른 한쪽을 제거해 버릴 수도 없다는 것이다.[58] 이러한 김시태의 견해는 윤동주의 시가 자기 분석적이며 자기 고백적인 자아 확인에 있음을 분명히 하고 있다.

김흥규는, 기존의 연구의 문제점을 지적하고 윤동주 시 세계의 전모를 밝히는 데 주력하였다. 그는 이제까지의 윤동주 시 연구는 역사 전기적인 측면의 일방적인 경도로 올바른 평가에 이르지 못했고, 시인의 정신적인 탁월성 및 생애의 준엄함이나 결백성이 곧바로 시적 탁월성으로 동일시되는 점을 들어 동주의 시 세계를 깊이 이해하거나 작품 자체의 온당한 평가에 이르지 못했다고 한다.[59]

그는 한 인간의 존엄한 삶과 정신적 탁월성은 가치 있는 것으로 작품 평가에 중요한 부분이지만 결코 문학적 가치와 일치하는 것은 아니라고 하면서 시와 신념이 완전히 분리되어야 한다는 생각이 의문인 것처럼 신념의 탁월함이 곧 시의 탁월함이 되리라는 태도 또한 수긍할 수 없다고 하고, 지나친 역사 전기적 연구 방법을 경계하고 있다. 그리하여 동주의 시를 초기시, 동시, 습작시, 「하늘과 바람과 별과 시」 등 네 시기로 나누어 고찰하고 있는데 특히 동시에 관심을 보인다. 「어린이의

---

58 김시태, 〈밤의 인식과 자기성찰〉, 「현대문학」1976. 9. pp.279~288.
59 김흥규, 〈윤동주론〉, 「창작과 비평」, 1974. 가을호. pp.636~669.

눈을 통해 세계를 보고 어린이의 목소리를 통해 진술된 시」라고 동시의 개념을 파악하고 김열규의 「유아기적 퇴행」을 반박했다.

최동호는, 동주시의 의식 현상을 분석한 글에서 내면적 의식의 시와 외면적 의식의 시로 나누어 고찰하고 있다. 전자는 의식의 방향이 자아 내적으로 향하는 것이며 후자는 의식의 지향이 자아와 외부 세계와의 만남으로 이루어지는 의식의 지향성을 말한다. 따라서 윤동주의 시는 「자화상」의 내면 의식의 지향에서 출발하여 「무서운 시간」의 외면적 지향을 거치다가 「서시」에서 그들의 통합적 지향을 보이지만 「참회록」에서 다시 내면 의식의 지향이 보인다는 것이다.[60] 그러므로 동주는 안으로 내향화하는 성향을 가지면서 자신을 지킨다는 근본적인 자기 고백으로 수렴한다. 최동호의 이러한 견해는 자아의식적 측면에서 이해하려는 기존의 연구들을 좀 더 구체화시킨 점에서 동주 연구에 심도를 보여 준 것이다.

80년대에 들어 동주 연구는 철학·종교적 접근 방법 등 다각적으로 시도되는 한편 새로운 연구 방법의 모색이 있었다. 이 연구들은 김재홍, 이건청, 마광수, 한계전, 이남호 등에게서 진행되었으며 연세대에서 마련한 〈윤동주 탄생 70주년 기념 연구발표회〉는 특기할 만한 연구 활동이라 하겠다.

김재홍은 윤동주의 시 세계를 다면적으로 보고자 한다. 그리움과 고향 상실의 원형 심상의 바탕 위에서 동주시는 출발하는데, 그것은 부정 의식으로 나타내기도 하고 인간애적 연민으로 나타내기도 하며, 기

60　최동호, 〈윤동주 시의 의식현상〉, 「현대문학」, 1979. pp.319~333.

독교적 미래정신 또는 역사의식으로 나타난다고 한다.[61] 결국 동주시의 세계는 소극적 저항 방식에 스스로 만족할 수 없는 본원적 자아 현실에 긍정할 수 없는 현실적 자아보다 적극적으로 저항해야 한다는 당위성을 인식하는 이념적 자아가 복합된 갈등으로 보면서 이를 극복하기 위해 자연과의 친화, 천체 지향, 그리고 신앙애를 통한 초월 정신에 이르고 있지만, 동주시의 한계는 시의 완성미가 부족하고 감상주의에 빠졌다고 한다.[62] 김재홍의 주장은 전기적 사실을 수용하면서 작품 내적 해석·평가라는 점에서 주목할 만하다.

마광수는, 동주시의 상징적 표현을 분석한 연구에서 자연 표상으로서의 상징, 시대 및 역사적 상황의 상징, 내적 갈등과 소외 의식의 상징, 사랑과 연민의 상징, 종교적 표상으로서의 상징 등으로 나누어 고찰하였다. 상징적 표현의 이유를 당시의 정치적 상황과 무관하지 않다고 보면서 중심이 되는 시어의 해명을 성실하게 분석하고 있다. 결국 그는 윤동주의 기본 주체가 되는 것은 사랑과 연민으로서 자신에 관한 연민으로부터 출발하여 이웃과 동포 또는 모든 생명체로 확대시켜 종국에 가서 기독교적 휴머니즘의 사랑으로 승화시키려 하고 있다는 것이다.[63] 그런데 개개의 상징적 표현들이 상호 연관성을 갖지 못하는 분석을 시도함으로써 연구 성과가 반감된 듯이 보인다.

한편 이건청은, 윤동주의 시가 현실에 어떻게 응전하며 극복하

---

61 김재홍, 「운명애와 부활정신」(상) 「현대문학」, 1984. 5.
62 김재홍, 위의 글(하) 「현대문학」, 1984. 6, pp.371~401.
63 마광수, 〈윤동주 연구〉, 연세대 대학원, 1983, p.107.

는가를 규명하려는 글에서 대표적인 상징물로서의 '우물', '거울', '하늘', '肝', '십자가'의 역할을 규명하였다. 이 시어들은 동주에게 있어서 자아 성찰의 대표적인 것이며 정서의 근원은 '고향'에 있다고 한다.[64] 따라서 궁극적 도달점은 天上이며 그리움의 정서인데, 외부적 상황 때문에 굴절되어 그리움→부끄러움→죄스러움→죽음에의 열망으로 그의 시 세계가 전이되어 간다는 것이다. 이 글은 동주시의 내면세계를 파악하는 데 성과를 거두었다고 보이지만, 내면 변화의 요인을 시대 상황에 둔 점에서는 시인의 체질을 고려해 넣지 않은 판단이 아닌가 한다.

  이남호는, 윤동주의 시적 면모를 "상실한 자아의 성찰과 그 성찰이 시대적 아픔의 인식으로 고양된다."라고 하여 개인과 관계를 파악하고 있다.[65] 또한 그의 「윤동주 시의 의도연구」에서도 윤동주의 자아는 두 개로 분리되어 갈등을 일으키는데, 그것은 유년기의 아름다운 화해의 세계를 지향하는 본질적 자아와 식민지 현실을 자각하고 시대적 양심의 실천을 지향하는 본질적 자아와 식민지 현실을 자각하고 시대적 양심의 실천을 강요하는 현실적 자아가 분리되어 갈등의 질곡에 휩싸이다가 결국은 두 자아가 통합되어 더 큰 자아로 탄생함으로써 갈등이 해소되는 과정이 윤동주의 시 세계라 한다.

  이상에서 살펴본 대로 이육사나 윤동주 시의 연구는 초기적 현상으로 「저항성」의 문제, 시사적 위상의 설정으로 출발하여 최근에는 자

---

64 이건청, 〈윤동주 시의 상징연구〉, 「인문논총」, 8집, 1984, p.24.
65 이남호, 〈육사와 신념과 동주의 갈등〉, 「세계의 문학」, 1984, pp.27~30.

의식의 문제로 해석 방법의 확대를 시도하고 있다.[66] 그러나 이제까지의 연구들이 소홀히 한 점은, 우리 시의 전통적 맥락에서 파악하려 하지 않고, 시대적 상황에 입각한 시 세계의 구축이라는 테에느 식의 발상에 속박되었던 것이다. 문학 연구가 부분과 전체의 파악, 공시적·통시적인 시각이 무시된 당대의 역사적 현실에서만 조명된다면 온당한 연구라 할 수 없을 것이다.

따라서 이육사나 윤동주 시의 평가는 전통적 맥락 속에서 그의 계승, 변용, 극복의 굴절을 예시함은 물론 개인과 시대적 환경이 어떻게 적용되었으며, 개인의 특질과 시대적 상황이 면밀히 검토되면서 고찰되어야 할 것이다. 본 연구의 의도는 이점이 깊이 있게 다루어질 것이며 이제까지 이룩한 기존의 연구 성과를 토대로 두 시인의 시에 내재하고 있는 비극적 정조의 분석에 집중될 것이다.

---

66 이남호, 〈윤동주시의 의도연구〉, 고려대학교 대학원, 1986. 참조.

III. 접근방법 : 비극성의 이해

　　한국의 서정시는 그 문체, 은유, 구조, 이미지, 형식, 소재 등이 각기 상이하지만, 결국 내적으로는 비극적 정조tragic moods와 밀접히 연관되어 서정시라는 커다란 갈래 속에 수용되어 있음은 주목할 만한 사실이다. 서구의 경우 문학 작품의 정조를 가지고 문학의 갈래를 구분하려는 시도는 폴·헤르나디Paul Hernadi에게서 본격화되었다. 그는 언어 세계가 환기하는 문학의 정조에는 비극적인 것, 희극적인 것, 희비극적인 것 등에 있는데 그러한 정조에 따라서 문학의 체계화가 가능하다고 역설한다.[67] 그에 따르면 독자의 미적 감수성이 인간의 행위와 비전을 문학자가 비극적, 희극적, 희비극적으로 환기시키는 데 반응을 보여 왔다고

67　Paul Hernadi, Beyond Genre (Chicago : Cornell Univ. Press, 1979), pp.177~185.

하면서 이들의 세 가지 정조를 속담(주체적 양식), 서정시(서정적 양식), 동화(극적 양식), 소설(서사적 양식) 등과 같은 모든 문학적 양식이 전달하지 못하는 이유가 없다는 것이다. 이는 곧 위의 세 가지 정조는 모든 문학의 보편적인 성격이라는 것이다.

본 연구는 한국 서정시를 중심으로 비극적인 정조의 표출 양상과 극복 방법을 바탕으로 한국 서정시의 특질을 파악하고 그러한 특질이 전통화된 모습을 살피는 데 접근하고자 한다. 따라서 우리 시는 서정을 유발하는 매개가 존재하고 또한 비극적인 정조를 빚어내는 비극 유발의 동인에 매개가 있다는 데 일단 주목하고자 한다.

한국 서정시가에서 서정을 유발시키는 매개는 고전시가의 경우 '자연'이었다. 조선 시대 도학자의 시가는 자연을 매개로 하여 서정을 유발시키는데 그 이유는 강호 생활 속에서의 아회雅懷를 물외物外에 붙임으로써 진락眞樂을 맛보는 것, 곧 상자연賞自然할 수 있기 때문이라는 최진원의 지적[68]은 비록 도학자의 시가에 한한 것이기는 하지만 우리의 논의를 가능케 하는 데 시사하는 바가 매우 크다. 그의 견해는 곧 다음과 같이 이해되기에 더욱 그러하다. 「도산십이곡」의 상자연적 풍류는 조선 시대 강호인에게 공통된 것이었기에 그들은 향락적 풍류 즉, 고려인들이 색·주·가·무를 동반하여 즐겼던 관능적 향락의 풍류를 배척하였다. 그런데 그것을 배척하는 데에만 머무르지 않았다.

규범을 이상으로 하는 조선조 양반이라 하더라도 서정은 필수 불가결한 것이었기에 관능적 향락의 풍류를 배척한 대신 다른 것으로써

---

68   최진원, 「국문학과 자연」(서울 : 성균관대학교 출판부, 1981), p.55.

서정을 메꿔야 했다. 여기에서 서정의 매개로서 '자연'이 등장하게 되며 그것이 곧 「도산십이곡」의 풍류로[69] 자연을 매개하여 자연의 이치를 맛보는 것이었다. 다시 말해서 가슴속에 품었던 마음은 강호 생활 속의 물 외에다 붙임으로써 진락을 맛볼 수 있었다. 이는 의식적으로 매개를 사용하고 있으므로 자연발생적으로 매개가 들어가는 경우와는 다르다고 하겠다. 또한 인위적으로 자연을 매개함으로써 서정이 유발되는 경우와도 차이가 있으며 비극적인 요소도 약할 수밖에 없는 것이다.

따라서 도학자의 시가는 비극적 정조가 두드러지지 않음도 주목되며 그와는 다르게 한국 여타의 서정시가는 인위적인 방법이 아니지만, 서정 유발에 있어 매개가 존재한다는 것은 매우 흥미롭다. 다시 말해서 도학자의 서정시가처럼 자연이라는 단일한 매개가 존재하는 것이 아니며 여러 다양한 대상이 매개로서 작용하고 있음을 알 수 있다.

다음으로 한국문학의 연구에 있어서 미학적 연구는 이른 시기부터 있어 왔었다. 그런데 본 연구에서 관심을 두고자 하는 비극미, 즉 비극성을 집중적으로 다룬 업적은 매우 영성한 상태이다.[70] 그럼에도 한국시가 특히 서정시를 역사적으로 조감해 볼 때 비극적인 정조가 단연 우세하며 그러한 비극성을 유발케 하는 매개가 있다는 사실에 주목해야 한다. 시적 발화discourse의 연구에 있어서 중요한 것은 가장 핵심적인 특징을 강조하는 것이다. 그러므로 모든 시행을 심사숙고할 것이 아

---

69 최진원, 위의 책, pp.44~55. 참조.
   최진원의 위와 같은 입론은 본고를 엮어나아가는 데 많은 도움이 되었다.
70 정병욱, 〈해학과 전통성〉「지성」(1958.6)이 최초의 논의이며 김열규, 〈한국문학과 그 비극적인 것〉, 「동방학지」, 9집, (1968)이 있다.

니라 다양한 이유에서 현재에 연구할 필요가 있다고 보여지는 시구에 관심을 집중시키는 것이 필요하다.[71]는 주장도 여기서 설정한 매개 즉, 중심 어구와 관계있는 지적이다. 그러한 비극성은 '대자적'인 것과 '대타적'인 것의 두 성향이 합쳐진 정서이므로 체념과 분노의 양면을 지니고 있음을 물론, 현실적 비극의 원인을 자신에게 그 책임의 소재를 돌리려 할 때는 체념이 나오게 되며 반대로 타인에게 돌리려 할 때는 그 대상에 관한 강한 분노가 생겨나는데, 전자나 후자 모두 현실적 비극에 관한 강렬한 극복의 의지에서 기인한다. 다시 말해서 체념도 현실적 비극을 극복하는 한 양상이라는 것이다.

    문학 작품이란 작가의 개성적 미의식이 형상화된 창조물로 이해할 수 있겠는데 우리의 서정시가 다양한 정서를 유발하여 매우 상이한 개성적인 분위기를 드러낸 것 같으면서도 사실 비극성이라는 공통의 인자를 지니고 있다는 점이다. 비극적 정조는 일종의 연민의 정을 자아내는 이상한 마력을 갖고 있다. 그러한 연민을 자아내는 힘은 어디에서 오는 것일까? 예컨대 김소월의 「진달래꽃」을 보면 님의 떠남에 있어 장황한 언술로써 님을 설득하거나 붙들려 하지 않고 가능한 한 억제된 감정으로 〈나보기가 역겨워 가실 때에는 죽어도 아니 눈물 흘리오리다〉라는 축약된 표현 즉, 줄여 말하기의 언표로써 님이 가지 못하도록 강하게 암시한다. 이러한 정조는 사상적인 요인이나 사회적인 요인에 따라서 생성된 것으로써 한국인이 가지고 있는 체질화된 정서라는 관점에

---

71   Isabel Hungerland, Poetic Discourse (Berkely and Los Angeles. : Univ. of California Press, 1958), p.177.

서 파악해야 할 것이다. 우리가 슬픈 시나, 슬픈 노래, 그리고 슬픈 드라마를 즐기는 이유는 그것들에서 슬픔의 쾌감을 맛보자는 것이 아니라, 슬픔 저쪽에 있는 구원의 광명을 얻을 수 있다는 심리적인 기대감 때문일 것이다. 그런데 슬픔과 불안의 저 너머에 있는 광명이 항상 더 값지고 의의 있는 것이기 때문에 밝고 즐거운 주제의 시나, 드라마보다는 그 반대의 성향인 어둡고 슬픈, 비극적인 주제에 강하게 치우치는 것은 인간의 통성일 수 있다. 요컨대 비극적인 정도를 유발하는 두 요인은 크게 두 가지 즉, 대타적인 요인과 대자적인 요인인데 전자는 지정학적인 요인, 역사적인 요인, 사상적인 요인, 사회적인 요인의 복합에서 발생될 수 있으며 후자는 심리적인 요인에 따라서 발생될 수 있다고 보여진다.

그렇지만 대타적인 요인으로 말미암아 발생된 비극에 심리적인 요인이 작용하지 않는다는 것은 아니다. 다만 대자적인 요인의 경우만큼이나 크게 영향력이 드러나지 않을 뿐이다. 비극을 유발시키는 매개가 과연 무엇인가 하는 문제는 매우 중요하다. 왜냐하면 그러한 매개의 성격에 따라서 발생되는 비극의 정조도 달라지기 때문이다. 다시 말해서 비극의 발생 동인은 매개에 따라 비극적 정조가 다르게 나타난다고 하겠다.

인간에게 어떤 시련이 주어질 때 그 시련에 적극적인 태도로 맞서는 경우와 그와는 반대로 주어진 시련을 운명적으로 수용하여 거기에 순응하는 경우가 있다. 전자의 태도에서 대타적인 대결의 의지가 생기며 부당하게 주어진 것에 비록 실패가 예견된다 할지라도 강력하게 정면 대결하여 현실의 부당함을 적극적으로 극복하려고 든다. 후자의 상황에서는 주어진 부당함이 어떻든 간에 그것에 순응하려는 소극적인 자세를 취하게 된다. 이러한 경우가 비극적인 서정시에서 나타날 때 비극의 발생 동인이 무엇이든 간에 실현된 실제의 비극적 상황이 어떠하든 간에 그 상황 속에 철저하게 침잠함으로써 즉, 철두철미하게 비극적이 됨으로써 비극적 상황에 압도되지 않고 그곳에서 벗어나려 하는 태도를 보일 수 있다. 이것은 비극의 좌절적 극복 태도라고 하겠다.

육사의 「절정」은 그가 비극적인 인물로서의 자기 자신에게 부딪히는 하나의 '한계 상황'이지만 그러나 그는 항복과 타협을 모른 채 다만 자기가 비극의 한가운데에 놓여 있음을 깨닫고 있다는 지적[72]은 온당한 것인데 한계 상황에 굴복하거나 타협하지 않고 다만 그러한 한계 상황 곧 비극적인 정황에 침잠하게 되는 것이다. 따라서 "이 비극적인 비전은 또 하나의 비극적 황홀의 순간을 나타내며 여기서 다시 우리는 시인이 자기가 놓여 있는 상황에서 거리를 두고 하나의 객관적인 이미지를 발견하게 된다"라는[73] 지적은 매우 적절하다. 비극적인 상황에 침잠함으로써 그것에 압도되는 것이 아니라 오히려 객관적인 거리를 확보하게 되어 비극을 극복할 수 있다. 이것이 곧 좌절적 극복 의지인 것이다. 이렇게 볼 때 "인간의 비극은 자아의 세계와 현실 세계의 불일치에서 나오며 이것을 극복·초극하려는 몸부림으로 나타난다"[74]라는 견해는 빗나간 것이 된다. 왜냐하면 현실 세계와 자아 세계 즉, 현실과 이상 세계 사이의 불일치한 모순을 극복하거나 초월하려는 태도만이 그것의

---

72 김종길, 〈한국시에 있어서의 비극적 황홀〉, 「심상」, 1973. 2. p.16.
73 김종길, 위의 글, 같은 곳.
74 김현자, 〈이육사 시에 나타난 상상력의 구조〉, 「논총」제 41집 이화여대, 1982. p.18.

극복이 아니라, 그러한 불일치의 세계에 깊게 침잠한 데서 획득되는 객관적인 거리의 확보를 간과했기 때문이다. 이른바 좌절적 극복의 방법을 간과한 것이다.

이 같은 맥락에서 오세영의 글은 필자와 그 궤를 같이한다. 즉, 육사의 실제적인 삶과 그의 현실적 패배와 좌절은 능동적으로 선택한 의식 공간의 축소와 혹은 자기 무화를 통해서 자유롭고 창조적인 삶의 지평으로 완성되어 가는 과정을 보여 주는데, 그와 같은 패배 혹은 좌절을 매개로 해서 정신의 완성을 이룩하는 과정이 분명히 비극적 삶의 인식과 그 초월로 나타난 것이다.[75]

앞에서도 밝힌 바와 같이 어떤 시련이 현실적으로 주어질 때 그것에 적극적으로 맞서는 태도는 곧 대타적인 것에 대항하여 주체적인 의지로 난관을 타개하려는 자아의 의지적 결심이다. 비록 난관 타개에 실패하여 보다 강력한 시련을 당한다 할지라도 부당한 현실적인 모순에 정면으로 대결하는 자세를 취하는 극단의 경우까지도 생각할 수 있다. 여기에는 좌절이나 불안 의식 및 방랑 의식 등의 나약한 모습이 깃들 수가 없다. 비극적인 상황과 타협하거나 그것에 위축되지 않고 당당한 모습으로 그것에 대치하려 드는 대결적 극복의 방법만으로 육사나 동주의 시 세계를 파악한다면 그들의 온당한 이해는 물론, 올바른 문학사적 위상을 가늠할 수 없을 것으로 생각된다. 이것이 지금까지 두 시인에게 취해진 연구 방법이었음은 앞의 연구사에서도 지적했다. 두 시인이

---

75 오세영, 〈이육사의 「절정」-비극적 초월과 세계 인식〉, 「한국 현대시 작품론」 (서울 : 문장사, 1983), pp.273~274.

비극적 상황에서 타협하거나 위축되지는 않았다 해도 그들의 작품 속에 내재되어 있는 전체적인 시적 정조는 분명히 '비극성'에 있는 것이다.

2

비극적 서정의 흐름

- I 서론
- II 민요
- III 고전시가
  - 1. 향가
  - 2. 고려가요
  - 3. 시조
- IV 1920년대의 시
  - 1. 김소월의 시
  - 2. 한용운의 시
- V 1930년대의 시
  - 1. 김영랑의 시
  - 2. 정지용의 시

I. 서론

    한국의 서정시가 서정을 유발하는 매개를 지니고 있으며 그렇게 유발된 서정은 또 다른 매개를 통해 비극적인 정조가 발생되고 있음을 이미 보인 바 있다. 시가 하나의 기호 체계이고, 시적 기호가 시의 의미 파악에 있어서 적절한 단어 또는 어구라고 할 때, 이와 같은 적절성은 개인적인 요인 또는 계층적인 요인 중의 하나가 된다[1]는 견해 역시 시에서의 중심매개를 파악해 내는 중요성을 역설한 것이라고 보인다.

    또한 비극적인 상황이나 분위기를 극복하는 방법에도 두 가지 방법이 있다. 즉, '좌절적 극복'과 '대결적 극복'이 그것이다. 문학사의 이른 시기에 이미 비극적 서정시가 존재했었고 그러한 전통의 맥락은 민요,

---

1   Michael Riffaterre, Semiotics of Poetry (Methuen : Indiana Univ. Press, 1978), p.23.

고전시가에서부터 현대시에 이르기까지 끊임없이 계승되고 있음을 볼 때 이에 사적인 고찰이 요구됨은 당연하다.

따라서 이 연구에서는 민요, 고선시가에서부터 1920년대 및 1930년대까지의 한국시사를 통해서 비극적 서정시의 전통을 살핀 다음, 이를 바탕으로 이른바 암흑기의 시인으로 불리어진 이육사와 윤동주 두 시인의 연구를 심화시키고자 한다. 즉, 전통적인 요소를 두 시인이 어떻게 계승하고 그것을 또한 어떻게 변용시켰는가를 살핌으로써 그들의 시사적 위상 정립에 기여코자 한다.

그렇기 때문에 단순히 비극적인 서정시의 맥락만을 살피는 데 만족하지 않고 비극적인 서정의 정조가 시대마다 어떻게 변화된 모습을 지니고 있으며 변화의 요인은 무엇인가를 밝히는 데에 이를 것이다. 곧, 한국 서정시의 다양한 모습을 일관된 시각으로 수렴함으로써 깊이 있는 이해는 물론, 실상의 올바른 파악이 가능하리라 믿는다.

한국의 서정시는 그 형태나 구성 원리에 있어서 실로 오랜 기간의 역사에 걸맞을 만큼 다양함을 지니고 있다. 따라서 서정의 개념 규정이나 시의 형태 고찰 등의 단순한 접근 방법으로는 그 실상의 해명에 이르지 못함은 당연하다 할 것이다. 이 장에서는 한국 서정시의 사적인 고찰을 통해서 형태, 구성 원리, 시대적 상황, 주제, 작가 등에서 매우 상이하면서도 일관되게 지속되는 비극적 서정성의 표출 양상을 살펴보려 한다.

II. 민요

우리 문학사의 이른 시기에 나타난 서정시의 모습을 알려 주는 시가로는 「황조가」를 들 수 있겠다. 현존하는 기록 자료를 근거로 삼는다면 이것은 가장 오래된 서정요인데 이 가요의 작자, 창작 연대, 작품의 성격 등의 이설은 분분하다. 기존의 논의는 주로 창작자의 문제, 작품 성격의 문제, 그리고 표기 문제 등에 관심이 주어졌다. 창작의 문제는 유리왕이 실제 인물이 아니라 신화적 인물임을 들어 그의 창작으로 기록된 『삼국사기』의 기록을 부정하는 주장으로서 유리왕은 신화적인 인물이기 때문에 그가 왕위에 오르게 된 경위 자체부터가 산화적이었다. 문학사의 발전 과정에서 신화적인 존재의 인물은 서사시의 주인공은 될지언정 서정시의 창작은 그보다 늦으므로 『삼국사기』의 기록을 전

적으로 믿을 수 없다는 것이다.[2]

　　노래의 성격에 관해서도 견해가 여전히 백가쟁명을 이룬다. 즉, 원시적 사사문학 가운데서 축도 또는 기원의 요소적인 부분이 분화·독립하여 서정시로 된 것이 「황조가」라는 견해,[3] '꾀꼬리'라는 자연물을 소재로 하여 남녀 간의 애정을 주제로 읊은 것으로 계절적인 제례 의식에서 작자 미상인 남녀 간의 구애의 노래,[4] 창작 동기 및 전편에 흐르는 정조로 보아도 개인적 정서를 담은 서정요,[5] 상고 시대의 집단적·행사적인 가요에서 서정적·개인적인 가요로 전환해 가던 노래[6] 등의 다양한 견해가 그것이다. 그 가운데 남녀 간의 애정을 주제로 한 작자, 연대 미상의 고대 민요로 파악한 정병욱의 견해에 주목할 필요가 있다.

　　김학성에 따르면 「황조가」는 작품의 문면에서 볼 때 '현실적인 것'은 짝을 잃은 작자의 고독한 처지이고 '이상적인 것'은 꾀꼴새처럼 정답게 지내야 하는 부부관계라는 이원적 대립의 구조로 파악하고 신화적 숭고의 붕괴에서 발생되는 비극적 서정시라고 했다.[7] 본고에서는 이와 같은 김학성의 관점에 따라 이 가요를 비극적인 정조를 띤 서정민요로 규정하고자 한다.

2　　정병욱,「한국고전시가론」(서울 : 신구문화사, 1976), p.53.
3　　이병기, 백철,「국문학전사」(서울 : 신구문화사, 1970), pp.40~41.
4　　정벽욱, 〈한국 시가 문학사〉, (고려대학교 민족문화연구소편),「한국문화사대계」5, 1967, pp.771~775.
5　　장덕순,「국문학통론」(서울 : 신구문화사, 1979), pp.78~80.
6　　김사엽,「국문학사」(서울 : 정음사, 1954), p.192.
7　　김학성,「한국고전시가의 연구」(이리 : 원광대학교출판국, 1980), p.68.

翩翩黃鳥　펄펄나는 저 꾀꼴새는
雌雄相依　수놈과 암놈이 저리 정다운데
念我之獨　나의 외로움을 생각함이여
誰基與歸　그 뉘아곰 함께 할거나

　　위 가요에서는 '꾀꼴새'로 말미암아 서정이 유발된다. 이 가요가 본래 한시였는지 아니면 원문은 본래 조선어였던 것을 후세의 기록자가 한문으로 번역하였는지 모른다는 주장이[8] 제기되어 있으나 고대가요의 특징이 설화적 요소를 지니고 있는 우리의 고유한 노래[9]로 보는 것이 일반적이다. 「황조가」에서 '꾀꼴새'는 이 가요를 서정시답게 해 주는 매개임이 분명하다. '꾀꼴새'에 기초하여서 유발된 서정은 제2행을 거쳐 제3행에 이르면 극에 이른다. 미천한 '꾀꼴새'의 암수가 함께 노니는 모습에서 걷잡을 수 없는 고독감은 그 정조가 비극으로까지 확장되기에 충분한 것이다.
　　다시 말해서, 암수가 함께 정답게 노니는 모양에서 서정은 유발되었지만, 그 서정은 낭만적인 연인의 것이 되지 못함에서 비극이 발생된다. 따라서 이 노래는 원래 청춘남녀의 짝짓기 노래였는데 신화적 질서가 무너지면서 가치관의 전반적인 혼란이 일어나고 자아와 세계의 동질성이 흔들리는 혼란에 빠져 자기 고독을 생각하고 일방적으로 사랑을

8　　조윤제, 「한국문학사」(서울 : 탐구당, 1987), p.33.
9　　장덕순, 앞의 책, p.80.

갈구하는 노래라는 지적[10]이 나올 만하다. 결국 위 가요는 제3연의 '외로움'으로 말미암아서 비극이 발생한다. 따라서 '외로움'은 비극 유발의 매개가 되는 것이다.

한편, 화자의 비극은 극복되지 않을 뿐 아니라 극복될 전망이 없다. 왜냐하면 비극적인 상황의 발생은 대타에 있는 것이 아니라 대자에 있기 때문에 비극의 원인을 남에게 돌려 그 대상에게 분노하지 않고 도리어 자신이 모든 책임을 감수함으로써 현실에 좌절하는 태도를 보이고 있는 것이다. 따라서 이 가요에서 체념적인 성향이 강하게 느껴짐은 당연하다. 요컨대,「황조가」는 '꾀꼴새'라는 자연물을 매개하여 서정이 유발되는 서정시로서, 짝을 잃은 화자의 외로운 처지와 암수가 다정하게 노니는 꾀꼴새의 모습이 대조되면서, 화자의 상대적 열등감에서 발생되는 비가인 것이다.

---

10   조동일, 앞의 책, pp.89~90.

Ⅲ. 고전시가

고전시가의 경우 대체로 상대민요인 「황조가」, 「공무도하가」 등에서 비극성이 드러나고 있을 뿐 아니라 또한 고려가요의 「청산별곡」, 「만전춘별곡」, 「서경별곡」, 「정과정」, 「이상곡」 등에서도 지배적으로 드러나는 정조는, 이별의 비극적인 주제임이 주지의 사실이다. 그러한 정조가 두루 발견되고 있는 신라, 고려, 조선을 대표하는 시가를 분석해 보기로 한다.

1. 향가

生死路隱　　　　　생사길은

此矣有阿米次肸伊遣	예 있으매 머뭇거리고
吾隱去內如辭叱古	나는 간다는 말도
於內秋察早隱風來	못다 이르고 어찌 갑니까
此矣彼矣浮良落尸葉如	어느 가을 이른 바람에
一等隱枝良出古	이에저에 떨어진 잎처럼
去奴隱處毛冬乎丁	가는 곳 모르온저.
阿也彌陀刹良逢乎吾	아아, 미타찰에서 만날 나
道修良待是古如	도닦아 기다리겠노라.

위의 「제망매가」는 『삼국유사』권5, 월명사 도솔가조에 실려 있는 10구체 향가로서 신라 경덕왕 9년에 월명사가 죽은 누이를 위해 제사 지내면서 부른 노래이다. 이에 관한 이제까지의 견해는 대체로 일치된 것 같다. 당시의 신라 사회를 풍미한 정토적 귀의 사상을 떠나서 순수한 서정시로만 본다면 이 시가는 동기간의 생사를 추락의 가을과 비기어 누이의 죽음을 슬퍼함과 더불어 피안에 있어서의 왕생을 진솔하게 희구한 심정을 표현한 시라는 견해가[11] 제기된 후 유사한 주장들이 이어져 왔다.

장덕순은 죽은 누이를 위하여 제를 올릴 때 부른 추모追慕의 노래라고 했으며,[12] 김동욱은 신라인들은 사뇌가詞腦歌를 통해서 불교적 소원 사상과 내세 희구의 종교적 신념을 표현하였는데, 월명사의 제망매

11　김동욱, 「한국가요의 연구」(서울 : 을유문화사, 1984), pp.103~104.
12　장덕순, 앞의 책, p.94.

가는 정토 사상에 입각한 발상의 노래라 했다.[13]

정병욱은 이 노래에 관한 심도 있는 고찰을 보였는데, 전체 10중 1-2행은 불교 사상에 바탕을 둔 체념을 읊었으며, 3-4행은 넘쳐흐르는 골육의 정을, 5-8행은 형제 관계를 한 가지에 돋아난 나뭇가지에 비유하여 누이의 죽음을 가을바람과 낙엽의 상징으로 극화시켰으며, 9행과 10행은 작자의 두터운 신앙심과 숭고한 종교의식을 담았다고 했다.[14]

김학성은, 이 작품에서 추구되고 있는 것은 미타찰에서 만남 곧 '왕생'이며 이것이 바로 '이상적인 것'이다. 반면에 누이와의 예기치 못한 사별은 '현실적인 것'이 된다. 그것은 마치 어느 가을 이른 바람에 속절없이 떨어지는 낙엽과 같다고 보고 한 가지에 태어나서 흩어져 떠나가는 곳을 모르는 무상과 비애감인 것이다. 그러나 이러한 현실적 비애감과 무상은 봄에 나뭇잎이 새로이 소생하듯이 미타찰에서 반드시 누이를 만날 것을 약속하는 불교 신앙적 확신으로 말미암아 완전히 극복된다는 것이다.[15] 조동일은, 낙엽의 비유는 죽음에 따르는 이별의 서글픔을 아주 잘 나타내는 역할을 하고 사뇌가의 서정적 표현이 세련된 경지에 이르렀음을 입증한다고 하면서 이별의 노래이지만 만남을 기약하는 노래를 끝나도록 했다는 것이다.[16]

전태규는, 이 노래는 불교적인 정서가 충만하면서도 다른 향가와 마찬가지로 토속신앙이 그 밑바닥에 깔려 있어 이른바 시와 종교가 융

13 　김동욱,「한국가용의 연구」(속) (서울 : 이우출판사, 1980), p.21.
14 　정병욱,「한국고전시가론」(서울 : 신구문화사, 1976), p.86.
15 　김학성,「한국고전시가의 연구」(이리 : 원광대학교출판국, 1980), p.68.
16 　조동일,「한국문학통사」1. (서울 ; 지식산업사, 1988), p.155.

합된 작품으로서 특히 적절한 비유적 형식을 빌려 인간의 유한성과 무상한 삶, 죽음의 고뇌, 남매간의 애정 등을 표현한 고도의 수사적 기교를 보인다고 했다.[17] 위에서 살핀 바와 같이「제망매가」는 불교적 신앙에서 창작된 종교적인 성향의 노래로서 종교적 신념의 확신에서 숭고미가 표출되는 서정시다.[18]

　　이 노래는 어느 가을날 떨어진 나뭇잎이 바람에 뒹구는 모양을 보고 서정이 유발되었다. '나뭇잎'은 서정 유발의 매개이며 메시지를 전달하는 일종의 기호 역할을 한다. 독자는 그 메시지가 곧 시 텍스트라고 할 정도로 메시지를 중시하는데, 사실 그렇지는 않다. 다양한 메시지가 시 텍스트 속에 다양하게 존재하고 있는 것이다.[19] 나뭇잎은 다양한 메시지 중에서도 가장 핵심이 되는 메시지이기 때문에 독자의 주목을 받는 것이며, 그러므로 그 의미는 다양하고 자연스럽게 받아들여지는 것이다. 아직 떨어지지 않아도 될 나뭇잎이 떨어져 뒹구는 모습에서 죽지 않아도 될 누이의 요절이 연상된다. 즉, 어느 가을 이는 바람은 곧 요절한 누이의 상징이다. 그런데 같은 부모 밑에서 태어난 동기간인데도 생사를 달리해야만 하는 현실적 운명에서 비극이 발생된다. '나뭇잎'은 곧 비극 발생의 매개가 되어 '한 가지에 나고 가는 곳 모르온저'에 이르면 걷잡을 수 없는 비극적 상황으로 치닫게 된다.

　　오빠와 누이가 '한 가지'로 상징되어 서로 오간 데를 모르는 현실

17　　전규태,「한국시가연구」(서울 : 고려원, 1987), p.15.
18　　김학성, 앞의 책, p.81.
19　　Umberto ECO, The Role of the Reader (Bloomington : Indiana Univ. Press, 1979), p.15.

에서 오라버니의 심정은 매우 격앙됐다가 제9행의 감탄사 '아!'를 통해서 시적 분위기는 급변한다. 감탄사 '아!'는 기원의 기능을 지니는데 이는 직정성의 획득에 기여한다. 하지만 단순한 직정의 노출이라기보다는 당대를 지배한 정신적 귀의 대상에 관한 흠모와 찬양, 그리고 귀의에의 기약을 그 주된 정서로 삼고 있는 것이다. 그뿐만 아니라 여기에서의 감탄사는 전환의 기능도 수행한다. 즉, 제1행에서 제8행까지는 동생을 대상으로 한 내용이었던 것이 감탄사에서 갑자기 일대 전환이 이루어지는데 이를 분기점으로 그 대상이 나에게로 投入된다.[20] 그리하여 감탄사 '아!!'를 전후한 시의 정조는 매우 다르게 나타나고 있다. 동기간의 사별 때문에 우울했던 분위기는 미타찰에서 서로 만날 수 있다는 종교적 신념으로 말미암아 극복된다. 즉, 비극적인 정조를 발생케 했던 대타적 요인에 정면으로 맞섬으로써 죽음을 삶으로, 찰나를 영겁으로 이별을 곧 만남으로 전환시킬 수 있는 객관적 신념의 확신을 획득하는데 이것이 곧 비극의 대결적 극복이다.

그런데 여기에서 우리는 한 가지 중요한 사실을 깨닫게 된다. 신라시대에 이르면 비극적 정조의 발생에 불교가 한 몫을 크게 한다는 것이다. 비극의 발생과 극복이 모두 불교 사상적 요인 즉, 대타적 요인에 기인한다는 사실이다. 불교의 물결과 더불어 들어온 내법사상으로 현실을 예토穢土로 관조하고 서방 정토에의 동경이 신라인들의 시가발상에 반영된 것으로서「제망매가」는 그것의 좋은 예이다.

요컨대,「제망매가」는 비극적 서정시의 신라적인 사상의 기틀을

---

20 김대행,「한국시가구조연구」(서울 : 삼영사, 1982), pp.126~128.

마련한 시가로서 자연물인 '나뭇잎'의 매개에서 서정이 유발되며, 그것이 요절한 누이의 상징이 되어 다시 비극 발생의 매개가 되기도 한다. 그러나 향가의 비극은 신라적 정토 사상의 신념에 따른 것이기에 삶과 죽음, 만남과 이별, 찰나의 영겁이 동일한 것으로 인식될 수 있다. 그러므로 이 노래의 비극은 비극으로 느껴지지 않고 오히려 숭고한 것으로 받아들여진다. 이것이 곧 신라적 불교 사상에 입각한 비극적 서정시의 일면목인 것이다.

2. 고려가요

시인이 통찰한 사물의 본성이 시인 자신의 존재와 아주 대립적일 때 즉, 시적 자아와 세계가 소망스러운 방향으로 결합되거나 융합되기를 기대하는 원리를 구성의 근간으로 갖는 서정시의 경우, 그 둘의 결합이 이루어지지 않을 때, 시적 자아의 분열 또는 시적 자아와 세계와의 대결에서 전자가 실패할 때 비극적 서정이 발생된다.[21] 또한 시인이 어떤 사물에서 내버려져 있거나 아니면 외따로 떨어져 있다는 느낌이 절실할 때 그 괴리감이나 소외감이 시인을 슬프게 하지만 그러한 슬픔은 그것에 대한 괴리감을 갖게 한 대상에게 그리움을 내포하게 된다.

이것이 바로 긴장이 서정으로 한국민요가 지닌 대표적인 정조의

---

21   김열규,「시적 체험과 그 형상」(서울 : 대방출판사, 1984), p.171.

하나인데 고려속요도 민요인 이상 민요의 정조와 다를 바 없다.[22] 이러한 지적은 한국 서정시의 비극적인 서정이 어디에서 분출하고 있으며 그것의 구체적인 실상인 긴장의 서정이 어떻게 실현되고 있는가를 암시하는 것으로 이는 〈가시리〉의 이해에도 해당하는 것이다.

「가시리」는 『악장가사』에 전문이 실려 있으나 『시용향악보』에는 「귀호곡」이라 하여 한 대목만 실려 있는 작자와 연대 미상의 노래다. 임이 떠나는 마당에 기나긴 사연을 늘어놓을 경황이 없었던지, 아니면 급박한 감정과 엉클어진 일체의 심회나 군소리를 생략하고 원사로 읊어서인지[23] 단연체로 된 이별을 주제로 한 노래이다. 이별을 주제로 하고 있지만 애이불상한 시상과 명랑한 격조와 리듬이 드높은 예술성을 획득한다는[24] 지적이 있다.

> 가시리 가시리잇고 나눈
> 부리고 가시리잇고 나눈
> 위 증즐가 태평셩되
> 날러는 엇디 살라ᄒ고
> 부리고 가시리잇고 나눈
> 위 증즐가 태평셩되
> 잡ᄉ와 두어리 마ᄂᆞᆫ

---

22 위의 책, 같은 곳.
23 전규태, 「정한의 미학」(서울 : 정음사, 1972), p.41.
24 김석하, 「한국문학사」(서울 : 신아사, 1988). p.117.

셜후면 아니 올셰라
위 증즐가 태평셩디
셜온님 보내옵노니 나는
가시는 듯 도셔 오쇼셔 나는
위 증즐가 태평셩디

위의 「가시리」가 비극적인 정조를 지닌 노래라는 데에는 일치된 견해이지만 그와 같은 비극적인 정조가 어떻게 유발되며 그 동인이 무엇인지는 밝히지 못했다. 그러므로 한국인의 감정의 원형을 함축한 「가시리」의 정한이 한국인의 정신 풍토에 일관되게 나타나고 있음을 새삼스럽게 통감케 한다는 지적은[25] 그럴 듯하면서도 명확히 잡히지 않은 진술이다. 또한 별리를, 우리가 함께 나눠 가지고 있는 원형적·서정적 이미지인 〈셜온님〉으로 표현한 이른바 상징적 이미지가 「가시리」인데 민요의 비극적인 정서를 연상시킨다는[26] 지적 역시 애매하다. 여기서 서정 유발의 매개는 님과의 이별이다. 떠나가는 님은 서정 유발의 매개이지만 아직 비극의 발생 동인까지는 나아가지 않고 있다. 그러나 제6행의 '잡ᄉ와 두어리 마ᄂᆞᆫ', '셜후면 아니 올셰라'에 이르면 서정은 낭만적인 것이 아니다. 즉 연인들에게 기약을 두고 잠시 헤어지는 이별이 아님을 알 수 있다.

시적 자아를 서럽게 하고 떠난 님이든 아니면 부득이하게 드러내

---

25 전규태, 앞의 책, p.308.
26 박철희, 앞의 책, p.127.

지 못할 곡절로 떠나가는 님이든 아무튼 님은 떠나가야만 한다. 여기에서 〈셜온님〉을 보내드리오니 쉬이 돌아오시라는 데에 이르면 님의 떠남이 비극을 발생케 하는 동인이 되고 만다. 그러나 〈셜온님〉이기에 가자마자 돌아오기는 어렵다. 그러기에 비극적인 정조는 한층 고조된다. 이 때 나의 님을 〈셜온님〉으로 표현할 수밖에 없는 원인은 우리의 관심이 아닐 수 없다. 무엇 때문에 나를 버리고 가시는 님이 〈셜온님〉이 되는가의 해명과 직결되기 때문에 더욱 그러하다.

고려 후기로 접어들면서는 잦은 내우외환으로 사회가 극도로 불안정하게 되었으며, 이에 따른 파탄은 비참한 것이 아닐 수 없었다. 따라서 이러한 사회 배경 속에서 고려 후기 민중들은 결코 현실을 우아하게만 노래할 수는 없었다. 곧 시대적인 상황이 민중들을 극한 상황으로 몰고 갔던 것이다.[27] 그렇다고 해서 현실의 비참함을 의탁하고 그 고통을 이겨 낼 만한 뚜렷한 신앙이나 바람직한 이념도 없었다.

이 시기에 이르면 불교는 이미 민중들에게서 멀어졌고 타락해 있었음을 상기할 때 그와 같은 상황이 쉽게 납득된다. 그러므로 비극을 발생케 하는 요인은 시대적 혼란과 정신적인 이념의 부재였다. 곧 대타적인 요인으로 말미암아 님은 하는 수 없이 가야만 하므로 〈셜온님〉이다. 〈셜온님〉의 떠남은 현실로 다가온 불가항력적인 것이지만, 자아는 그것을 부정하고 있다. 그러한 부정의 설정이 곧 '가시는돗 도셔 오쇼셔'이다. 그렇게 부정이 강하면 강할수록 비극성은 고조된다. 그러나 님의 떠남은 대자적인 요인이 아니라 대타적인 것이므로 체념을 포기하지 않

---

27 김학성, 「한국고전시가의 연구」(이리 : 원광대학교출판국, 1980), pp.119~120.

고 강한 부정에 맞섬으로써 이 정서는 분노로 확대될 소지가 다분하다. 떠나는 님과 그것을 부정하려는 돌아옴의 갈등에서 대타적인 요인에 관한 강한 분노로까지 확대된 정서가 곧 「가시리」의 비극적 정조라 할 수 있다.

3. 시조

시조의 경우 앞에서 언급했듯이 도학자의 자연을 매개한 서정시에서 비극성을 찾기는 어렵다. 그렇지만 그 외의 시조에서는 비극적인 정조의 유발은 자연스럽다. 양반시조라고 하는 것도 도학자의 시조는 아니다. 즉, 의도적으로 매개를 자연으로 하여 서정을 유발한 서정시조는 아니다. 사설시조는 해학적·풍자적인 작품도 있지만, 비극적 정조를 지닌 작품군도 많음을 지적해 둔다.

시조가 고려 말 이래로 사대부의 유교적 이념이나 윤리를 기저로 하는 성향의 작품과 인간의 자연스러운 감성적인 면을 기저로 한 성향의 작품이 있다는 논의는 그 내용의 논의에 기초한 것이다. 유교적 이념을 형상화한 데 부족함이 없는 작품과 구상적인 인간성을 서정적으로 형상화하는 데 부족함이 없는 작품으로 나누는 태도로부터[28] 고전적 측면과 낭만적 측면의 성향을 갖는 시조로 나누어 볼 수 있다.

전자는 한시에서 익힌 현실의 질서를 유지하려는 작품을, 후자에

---

28 정병욱, 앞의 책, p.142.

게는 보다 자유로운 인간성에의 복귀를 노래한 작품을 각각 분류한 태도[29]나 유교적인 이념에 기저를 둔 작품을 타설적인 시조라고 하고 개인의 경험과 감성을 기저로 하는 것을 자설적인 시조라고 부르는 태도,[30] 그리고 유교적 이념을 바탕으로 갖는 숭고미를 핵심미로 하는 시조와 인간의 자연스러운 감성을 기저로 한 우아미를 핵심미로 하는 시조로 구분할 수 있다.[31]

그리고 일물화적, 본질적, 즉물구성적인 태도 중 헤브라이즘의 자연적·이상적 우주관에서 근거한 것으로 개념적, 용구적, 원격적, 원형적 태도는 헬레니즘의 현실적·객관적 자연론에서 근거한 것으로 이분한 다음 전자에는 합일화, 즉 대상과 자아와의 합일화가 이루어진 경우로써 낭만적인 서정성의 시조가 이에 속하며 후자에는 관념적, 교훈적인 시조 즉, 자아의 개임을 일체 허용하지 않은 채 일반적이고 관념적인 보편성 위에서 사고가 행해지는 시조로 분류하는 태도,[32] 그리고 마지막으로 본연지성이란 천지지성이라고도 하는데 여기서 성은 이미 갖추어져 있고 천지의 성이 사람의 성과 다르지 않다는 뜻을 나타내고 있다.

천연지성은 천인에서 다르지 않고 천리가 영원불변하듯이 사람의 본연지성도 영원불변하며 천리가 항상 순조롭게 진행되듯이 사람의 본연지성도 항상 순선純善하다고 할 때 이러한 태도에서 창작된 본연지성의 시조가 있으며, 반면에 인간의 자유로운 감성을 드러낸 것으로서 천

---

29 김동욱, 「국문학개설」(서울 : 일지사, 1960), p.60.
30 박철희, 앞의 책, pp.38~55.
31 김학성, 앞의 책, p.163.
32 김대행, 앞의 책, pp.232~236.

인합일을 파괴하여 인간이 자연의 순조로운 질서를 거역할 수도 있다는 태도에서 창작된 시를 기질지성의 시조라고 보는 태도[33] 등이 그것이다.

이상과 같이 시조의 내용에 관한 이원적 분류 태도는 각기 타당성을 지니고 있지만 다른 면에서는 극단적이고 도식적인 태도라는 지적을 면할 수 없다. 시조가 고려말 이후로 사대부들의 여기餘技에서 발생한 것[34]이라는 점을 중시하여 그들의 자연관이 곧 시조 창작에 반영된 경우 우주론적 질서의 긴장에서 창작된 시조라 부르고자 한다. 이는 관념적인 유교적 이념을 형상화한 시조, 고전적 측면의 성향을 지닌 시조, 타설적인 태도의 시조, 숭고미를 핵심미로 한 시조, 본연지성의 시조 등을 포괄하는 의미이다.

    이 몸이 주거 주거 一百番 고쳐 주거
    白骨이 塵土되여 넉시라도 잇고 업고
    님 向훈 一片丹心이야 가싈 줄이 이시랴

이 시조는 정몽주가 이방원의 「하여가」에 화답하여 지은 「단심가」로 알려져 온 것이다. 그 이종만도 40종이 넘는다.[35] 후에 조선의 태종이 될 이방원이 조선을 개국하기 전에 고려의 충신인 포은의 마음을 떠

---

33   조동일, 「역대시조선」(서울 : 민음사, 1982), p.155.
34   정병욱, 앞의 책, p.143.
35   강전섭은 정몽주 제작설을 부정하기도 한다. 「한국시가문학연구」(서울 : 대왕사, 1986), pp.29~35.

보기 위함은 물론 최후까지 정몽주의 마음을 회유하기 위하여 작자를 청하여 잔치를 베푼 다음 즉석에서 「하여가」를 부르자 그에 답하여 고려 왕조에 충절을 죽음으로써 지키겠다는 결의를 드러낸 충의가이다.

    정몽주는 고려 무신 집권기 특히 최이시기로부터 등장하기 시작한 신진 관료 즉, 지방 향리 출신을 주축으로 한 능문능리의 관료로부터 형성되어 최씨 정권의 붕괴와 부신세력의 퇴조에 따라 차차 힘을 키워 오다가 고려 말에 와서는 더욱 정치적·사회적 기반을 굳혀 마침내 조선조 건국의 주동이 되었던 사대부와는 달랐지만 독서와 종정을 겸하는 사대부였다.[36]

    제1행의 '이몸이 주거주거 一百番 고쳐주거'에서부터 이 시조의 분위기는 무겁고 장중하기만 하여 심각하기 그지없다. 시의 언어에는 상징적인 언어 symbolic language와 정서적인 언어 emotive language가 있는데[37] 여기에서 '죽는다'는 것은 상징으로서 '절개'를, 정서적으로는 '침울함' 또는 '비통함'을 드러내는 이중의 역할을 하고 있다. 상징적인 언어가 실재 현상의 객관화할 수 있는 사실을 언급한다면, 정서적인 언어는 감정이나 태도를 유발시키는 데 사용되어진다는 것이다. 그러한 시적 분위기는, 고려의 충신인 정몽주에게 있어서 사직의 존망이 위기에 있었음을 알려 준다.

    죽음으로써 종사를 지키겠다는 의지의 표현이 제2행에 이르러 더

---

36 이우성, 「한국의 역사」(상) (서울 : 창작과 비평사, 1983), p.214.
37 Graham Dunstan Martin, Language Truth and Poetry (Edinburgh : Edinburgh Univ. Press, 1975), p.84.

욱 고조되고 있다. 그러니까, 시적 화자는 '절개'를 표명하고 있으나, 독자에게 비통함이나 침울함을 자아내게 하는 근본 정서의 요인은 시의 언어가 조성해 내는 두 가지 역할에 있다. 이상적인 것은, 기울어져 가는 고려의 사직을 붙잡으려는 충의이며, 반면에 현실적인 것은 정치적·사회적 기반으로 단단히 무장한 신흥국가 창업을 주도한 세력의 거센 도전이다. 열세인 이상을 고수하겠다는 데에서 이 시조의 비극성이 발생되며 그때의 매개는 '죽음'이다. 충신불사이군의 충의로 무장된 사대부였기에 그에게 조선의 창업을 수수방관한다는 것은 곧 죽음보다도 심각한 것이었다. 따라서 제1행과 2행은 지극히 자연스럽고 당연하게 토로되었을 것이다.

제3행에서 고려 왕조를 향한 충절은 변할 수 없음을 '님向훈 一片 丹心이야 가시 줄이 이시랴'로까지 나아간다. 이 시행은 분명히 도전 세력에 대한 저항이라고 할 수 있겠다. 그러나 제1행의 '죽음'이 매개되어 발생된 이 시조의 비극적 정조는 극복되거나 해소되기는커녕 그러한 상황은 마지막 행에 이르러 더욱 고조되고 있음을 본다. 대타적인 것에 대한 자아의 적극적인 대결의 모습은 드러나지만, 비극적인 정조는 여전히 존재하고 있다.

따라서 비극적 상황에 대결적 극복 자세이기는 하지만 그 정조는 여전히 비극적임을 주목해야 한다. 이 점은 우리의 시가에서 실현된 저항의 자세가 철두철미하거나 적극적이지 못한 경우로서 조선조 초기의 성삼문의 절명시와 조선조 말기의 황현(1855~1910년)의 절명시, 그리고 1930년대 후반의 이육사의 시로 이어진다. 이렇게 볼 때 정몽주의 〈단심가〉는 사대부의 저항적인 대결 양상을 드러낸 시조로서 그들의 저항의 자세가 적극적이지 못하여 비극적 상황의 해소나 극복에까지는 이르지 못함으로써 시적 정조의 비극성을 자아내게 되었음을 알 수 있다.

양반시조가 작자층이 근엄함에도 불구하고 비극적인 정조가 드러나고 있다면, 서민시조는 비판력이 강한 서민 작자층이 사회 현실에의 불만과 인간의 원초적인 것에 관한 미련, 진솔한 삶의 표현 등을 내용으로 하기 때문에 비극적인 정조가 더욱 강하게 드러남을 알 수 있다.

> 청춘에 이별한 임이 몇세월을 지내었노
> 流光이 덧없이 곱던 樣姿 늙었고야
> 저임아 백발을 恨치마라 이별뉘를 슬혜라.

인간의 일상적 감정이나 욕망을 자유롭게 추구하고자 하지만 늘 가변적인 현실의 벽에 부딪혀 그것이 좌절될 때의 심정을 표출한 작품이었는데 위의 시조가 이에 속한다.[38] 이 부류의 시조는 인간의 솔직한 감정을 드러낸 것으로써 무명씨의 작품에서 흔히 보이며 사고와 행동에서 보다 자유로울 수 있었던 서민들의 작품이라 생각된다.

양반시조가 우주론적 질서의 긴장을 표현하는 데 정서 표출의 한계가 있었다면, 서민시조는 인간적 정서의 이완을 표현한 정서이므로 그것은 매우 자유롭고 활달한 것이다. 거울 안에 비친 자신의 늙은 모습에서 서정이 유발되고 젊어서 님과 이별한 이후로 정신없이 살았으나 어느 순간 우연히 자신의 모습을 보고 너무 늙어 버린 것을 자각한다.

---

38 김학성, 앞의 책, pp.178~179.

그러므로 '곱던 樣姿 늙엇고야'에서 비극이 발생되며 자신의 늙은 원인은 님과의 이별에 있다고 함으로써 비극의 발생을 대타적인 곳으로 돌린다. 그렇기 때문에 발생된 비극의 정서는 님에 대한 원망의 대타적인 정서로 발전하게 된다.

    이것이 바로 솔직한 감정의 자유로운 표출을 보인 시조의 전형적인 예로서 비극을 유발케 한 백발은 어디론가 사라져 버리고 님과의 이별이라는 실재만이 남는 데서 이 시조의 비극적 정조는 좌절적 극복의 대결 방식으로 더욱 고조된다.

Ⅳ. 1920년대의 시

1920년대는 애국 계몽기 이후 서구 문화의 유입이 구체화되면서 전통적 가치 질서에 충격을 가세했다. 또한 3·1운동의 민족 저항이 실패하자 식민지 현실은 더욱 좌절과 암울한 분위기로 전락한 시기다. 얼마간의 일제 유화 정책이 문화적 여건을 호전시켰다고는 하나, 문학적 기반이 튼튼하지 못한 20년대의 시들은 비애와 절망적 주제가 주류를 이루었다.

더구나 수 세기에 걸쳐 형성된 서구문예사조가 일시에 물밀듯이 밀어닥침으로써 우리 문단은 소화 체증을 겪지 않을 수 없었다. 그 결과 지나친 감상적 낭만주의 풍조를 비롯한 변질된 문학 의식이 풍미했던 시기라고 하겠다. 그러한 문단적 분위기와는 달리 김소월과 한용운은 전통적 정서를 개성 있게 계승함으로써 20년대의 시적 기반을 다져 놓았다.

1. 김소월의 시

근대시에 민요의 가락을 수용한 서정시인의 한 사람인 소월 김정식(1902~1934)은 계몽주의 설교조 문학을 배제하고 근대시의 막을 열었다.[39] 『진달래꽃』은 1925년에 출간된 그의 시집으로서[40] 여기에 수록된 『진달래꽃』은 처음 《개벽》지에 발표할 때는 제목 바로 밑에 〈민요시〉라는 부제가 붙어 있었다. 여기서 이 시의 성격을 짐작할 수 있다. 1920년대 민요조 서정시인의 주류는 안서 김억을 포함한 관서 지방 시인들로 그들의 의식이 '반사림反士林'의 성향을 지닌 것 등은 그들의 양식 선택과 작품 활동을 이해하는 데 중요하다는[41] 지적이 주목된다.

관서 지방의 민요조 서정시인들은 조선왕조에서 출사의 길이 막혀 버렸기 때문에 양반의 후예였음에도 불고하고 그들은 강한 체제비판 의식을 갖고 있었다. 그들의 의식은 자연히 '반사림적인 것'이었다. 이는 곧 대타적인 요인이 김소월로 하여금 민요조 서정시인이 되게 했다는 짐작을 배제할 수 없다. 게다가 스승인 안서의 영향도 큰 것이었다. 이렇게 보면 「진달래꽃」이 예이츠의 영향을 받았다는 견해는[42] 지나친 추론이 아닐 수 없다. 왜냐하면 소월이 예이츠의 번역시인 「꿈」을 모방하여 「진달래꽃」의 처음의 2음보 형식과 나중의 3음보 형식의 구조가 그것과 공통적이라고 한다면 이는 시의 이해 태도에서 문제점을 드러낸

---

39 김용직, 앞의 책, p.315.
40 1925년 「매문사」간행.
41 김용직, 앞의책, pp.350~351.
42 이명재, 〈「진달래꽃」의 짜임새〉. 신동욱 편 「金素月研究」(서울 : 새문사), p.11~12.

증거가 된다.

나보기가 역겨워
가실 때에는
말업시 고이 보내 드리우리다

寧邊에 藥山
진달래 쏫
아름짜다 가실길에 쑤리우리다.

가시는 거름거름
노힌 그 쏫츨
삽분히 즈려밟고 가시옵소서

나보기가 역겨워
가실 쌔에는
죽어도 아니 눈물 흘리우리다

위의 「진달래쏫」은 전체 4연, 매연 각 3행으로 구성된 시이다. 첫 연과 끝 연에서 나보기가 역겨워 가실 때에는 말없이 고이 보내 주겠다는 반복의 형식을 취하고 있는데 이것은 민요의 병렬구조에서 흔히 나타나는 반복이다. 그러나 단순한 반복이 아니라 심상이 강화되어 발전된 반복으로써 정든 님과의 이별을 못내 아쉬워하는 화자의 심리를 점층법적 구성으로 표출한 것이다. 특히 소월은 설익은 서구 취향을 전혀 지니지 않은 시인, 정형의 단면을 강하게 지닌, 토속적 느낌을 주는 향토어를 사용한 순수한 민요조 시인이라는 평에서 그의 민요에의 경도된 모습을 족히 알 수 있다.[43] 그의 「진달래꽃」에서는 일본 7·5조를 수용한 왜래적 율격의 모방이냐, 아니면 전통적 율격 체계 속에서 독창적으로 얻어 낸 7·5조 변용의 율격이냐에 관심 두지 않을 수 없다.

    이는 곧 소월이 제재의 저변 확대 또는 소재 수용의 다변화를 전통문화 전반에 기초를 둔 데에서 표현화시킨 율격의식도 전통적인 것을 계승했을 수 있느냐의 문제와도 같은 것이다. 문덕수는 「진달래꽃」을 들어 4연 각 연 3행의 전체 12행으로 구성된 3음보 변형의 정형시라고 한다.[44] 제1, 2행을 보면, 나보기가/ 역겨워/ 가실째에는// 말업시/ 고히 보내/ 드리우리다 같이 율독을 시도한다.

    한편 김대행은, 소월시가 많은 독자와 공감대를 갖는 것은 전통성의 문제와 관련된다고 전제한 다음 그중의 하나인 7·5조의 사용은 2음보 대응 연첩인 우리 전통 율격을 계승한 4음보의 변화에서 온다는 것이다.[45] 문덕수와 같은 식으로 율독을 하게 되면 '가실째에는'이 부자연스러워 무의식적으로 '가실'과 '째에는'으로 분절됨을 알 수 있다. 문제는 여기에서 끝나지 않는다. 위의 「진달래꽃」을 3음보로 이해한다면 3음보 격은 변화감을 주는 가락 위주의 율격이며 뒤가 가벼운 3음보 격

---

43   김용직, 앞의 책, p.358.
44   문덕수, 앞의 책, p.53.
45   김대행, 〈김소월과 전통의 문제〉, 김용직 외, 「한국현대시사연구」(서울 : 일지사), pp.109~111.

은 특히나 경쾌한 느낌을 자아낸다고[46] 할 때 3음보는 이별의 분위기에 어울리지 않는다고 생각된다.

    따라서 4음보 격은 안정되어 있는 박자 위주의 율격임을 상기할 때, 님과 애절한 이별의 상황을 대변하는 데 보다 용이한 율격이라 생각된다. 이 시는 앞으로 다가올 이별의 안타까움을 노래한 것이지만 시간과 공간의 의미는 크게 중요한 것이 아니라, 오히려 보편적인 정서이며 그런 보편적인 정서만이 가장 가치 있는 것이라고 한다.[47] 이러한 무시간성은 고시조에서 흔히 발견되는 전통적인 요소이다.[48] 이 시에서 님의 떠남, 즉 별리는 서정 유발의 매개가 된다. 그런데 '님'은 일정하게 정해져 있는 님이 아니다. 덧없는 삶의 인식에 기초한 것으로 무정한 님의 인식은, 우리 시의 주조를 이룬 고전적인 테마이다.[49]

    그런데 그와 같은 고전적인 테마를 1920년이라는 현실에 알맞게 새로운 감각으로 부각시킨 그의 역량에 주목을 요한다. 소월의 님이 떠남은 고려속요인 「가시리」의 경우와 같이 대타적인 데 기인하지 않고 대자적인 것에 있음을 주목해야 한다. 그에게 있어서의 현실 인식은 매우 약한 것이다. 또한 시 구성에서 보아도 제1연의 좌절과 제2연의 미련, 제3연의 원망, 그리고 제4연의 자책의 구성법은[50] 비극적 정서의 구

---

46   조동일, 「한국시가의 전통과 율격」(서울 : 한길사, 1982), p.135.. 조동일은 3음보의 경우 뒤가 무거운 경우와 가벼운 경우로 나누어 설명하고 있다.
47   김시태, 앞의 책, pp.153~154.
48   김대행, 앞의 책, pp.107~108.
49   김시태, 앞의 책
50   정한모, 김재홍 편, 「한국대표시평설」(서울 : 문학세계사, 1983), pp.79~80.

조를 한껏 내보여 주고 있다.

　님의 떠남은 그 원인이 나에게 있으므로 님을 원망할 수 없는 상황이다. 땅에 뿌려진 풀꽃 같은 신세이기 때문에 자신에게 자책과 원망으로 일관한다. 그러나 님을 보내는 화자의 마음은 카타르시스 되지 않는다. 마지막 연에 이르러 '죽어도 아니 눈물 흘리우리다'와 같이 강한 역설로 치닫지 않을 수 없다. 눈물을 흘리지 않겠다는 것이 아니라 눈물로 체념하겠다는 것이다.

　결국 이 시는 님의 떠남과 초라한 자신의 자책이 비극을 발생시키는 매개 역할을 하고 있다. 그러나 '죽어도 아니 눈물 흘리우리다'로 비극이 해결되는 듯싶지만, 사실은 대결적 극복은 되지 못하고 철저하게 좌절하고 마는 좌절적 극복의 양상을 드러낸다. 여기에서 님에 관한 '덧없음'이 더욱 처절케 된다. 이것이 고려속요 〈가시리〉와 다른 별리의 현대적인 의미인 것이다. 그러니까 〈가시리〉의 경우는 '님'의 떠남이 대타적인 것에 정면으로 맞섬으로써 분노의 정서가 발생된 것이다.

　화자의 비극은 분노로 확산될 공산이 컸지만 「진달래꽃」은 철저한 비극을 통감한 데서 맛보는 쾌감이니 시원하게 카타르시스 되지 못한 여운을 남긴다. 진달래꽃의 속성이 밝음, 고움, 기쁨, 자연, 자율성 등을 표상함에 반하여 님에게 이별 당하는 화자의 마음은 어둠, 미움, 슬픔, 인간, 타율성적인 것[51]이므로 그 두 성향이 빚는 충돌에서 비극은 강하게 드러난다. 떠나는 님 앞에 한 아름의 진달래꽃을 뿌려서 님의 떠남을 아름답게 해 준다는 것은 강한 체념이 아니면 불가능한 행위이다.

51　이승훈, 「한국시의 구조분석」(서울 : 종로서적, 1987), p.126.

이 시는 주제 면에서는 「가시리」와 닿아 있으면서도 「가시리」와는 다른 정서를 드러낸다고 할 수 있다. 시의 구성상 제1연과 제4연은 분명히 낯설게 하기의 수법이 사용되어 독자의 관심을 집중케 한다.[52] 즉, 일상적인 언어의 규칙이나 문장 규칙과는 달리 어색한 언어 규범을 표면에 드러냄으로써 상용적, 일상적 언어 규범은 뒤쪽으로 사라지고 그 전경에는 낯선 언어 규범이 표출된다. '나보기가 역겨워 가실 때에는 보내줄 수 없습니다'라는 속뜻을 '보내 드리우리다'와 같이 반대로 표면에 나타냄으로써 긴장감을 고조시키면서 시적 화자는 님이 떠나는 것을 체념으로 감수하고 있다.

김소월의 시에서 우리는 허무주의를 발견하는 데 이 허무주의는 보다 넓은 데로 향하는 생의 에너지를 성실하게 하고, 그의 시로 하여금 한낱 자기 탐닉의 도구로 떨어지게 한다. 슬픔이나 비극이 말하자면 자족적인 것이어서 슬픔으로만 그 슬픔을 해결할 수 있기 때문에 슬픔의 표현이야말로 슬픔으로부터의 해방[53]이라는 주장이 나오게 된다. 이는 필자가 말하는 좌절적 극복 방법과 상통한 주장이다.

그런데 김소월의 비극이나 슬픔을 한의 정서라고 할 때, 이러한 한의 정서는 민중의 소외 의식에서 나아가 소월 자신의 폐쇄적 내향성의 성격에서 기인한 것이다. 어쨌든 소월의 시가 특히 「진달래꽃」이 강한 미련과 아쉬움의 여운을 남기면서 연민의 정 즉, 비극적인 정조를 유발시

---

52 위의 책, pp.127~132.
53 김우창, 〈감정주의 김소월의 슬픔〉, 신동욱편, 「김소월」(서울 : 문학과 지성사, 1980). pp.86~87.

켜 주는 이유의 또 다른 하나는 자신의 내향적인 성격 탓만이 아니다.

이별의 정황을 구구하게 늘어놓지 아니하고 되도록 감정을 억제하여 간단명료하게 '줄여 말하기'Understatement에서 비롯된 것이다. 문학에서 파토스의 가장 위대한 구절은 즉 연민의 정을 가장 잘 자아내는 힘의 원천적 구절은 정황을 상세히 묘사하지 않고 '줄여 말하기'와 암시로써 그 효과를 성취한 경우라고 한다.[54] 과거에 있었지만 지금은 없고 미래에도 없을 님의 존재[55]이기에 굳이 구구하게 장황함을 늘어놓지 못하는 데서 비극이 고조된다고 할 수 있다.

이상에서 살핀 바와 같이 소월의 「진달래꽃」과 「가시리」가 모두 별리의 서러움을 노래했으면서도 그 정조의 강약에서 차이가 드러난 것은 「가시리」는 서러움 즉, 비극의 원인을 '떠나는 님'에게 돌림으로써 분노와 원망의 대타적인 정서로 표출되지만 「진달래꽃」의 경우는 소월 자신의 내향적인 성격과 시대 상황의 어려움 등이 복합되어 님과의 별리가 '자신에게' 있다고 함으로써 님의 떠남은 곧 자기의 잘못이라는 대자적인 체념의 정서를 드러내는 것이다.

이런 맥락에서 본다면 객관적 상관물로서의 「진달래꽃」은 한결같이 님만을 위하여 사모하는 순정을 표상하여 가장 한국적인 시골 여인의 헌신적인 마음 자세를[56] 「진달래꽃」의 주인공이 갖게 해 준다는 지적이 가능해진다. 그렇기에 소월시의 정서가 인간을 한없이 억누르던

---

54 이명섭편, 「세계문학비평용어사전」(서울 : 을유문화사, 1985), p.347.
55 조동일, 〈김소월시에서 님이 존재하는 시간〉, 김열규·신동욱·편, 앞의 책, pp.14~16.
56 오세영, 앞의 책, p.20.

봉건적 상황에서 기인한다는 주장은[57] 핵심을 빗나간 것이 된다. 왜냐하면 한의 요인을 대타적인 것, 즉 유교적 생활 태도로만 돌리는 것은 한의 세부적인 면을 간과하고 말기 때문이다.

이상에서 살펴보았듯이 소월시가 갖는 매력은 전통적인 한의 정서를 노래한 점, 여성적인 정조를 표현한 점, 민요적 율조와 민중적 정감을 내포한 점, 민족의식을 형상화한 점 등이라고[58] 하는 주장에서 나타나듯이 그가 전통적인 문학적 풍토에서 독창적인 시의 구성법을 개척한 비극적 정서라고 하겠다.

2. 한용운의 시

만해 한용운(1879~1944년)의 출현은 우리 근대시의 제작이 서구에 관한 추종이나 모방으로만 가능한 양 믿었던 생각에서 벗어나 고유한 한국어로 쓴 형이상학의 최초의 시인이다.[59] 종교적 신념에 의한 서정시의 제작은 신라 시대 향가 중에서 불교와 관련된 몇 편을 꼽을 수 있겠다. 그중에서 특히 월명사의 「제망매가」는 비극적 서정시로서 앞서 논의한 바와 같다. 신라인의 종교적 신념에 따라 제작된 서정시의 한 성격이랄 수 있으나 1926년에 간행된 시집 『님의 침묵』은[60] 총 89편의 시

57　이성교, 〈김소월시에 나타난 향토색 연구〉, 김열규·신동욱편 앞의 책, p.34.
58　오세영, 〈꿈으로 오는 한 사랑〉, 「김소월전집」(서울 : 세문사, 1981), p.296.
59　김용직, 「한국근대시사」(서울 ; 새문사, 1983), pp.437~439.
60　「님의 沈默」雁東書館, 1926.

편을 싣고 있는데 그중에서 「님의 침묵」은 비교적 냉정하게 님의 부재를 인정하고 있다.[61] 즉 「제망매가」에서 누이의 〈죽음〉은 곧 〈삶〉이고, 〈떠남〉은 곧 〈만남〉이라는 신념은 더 이상 작용하고 있지 않다. 왜냐하면 시집 『님의 침묵』의 앞에 놓인 「군말」에서 "님만 님이 아니라 긔룬 것은 다 님이다"라고 하여 그의 님의 실체가 복합적임을 나타내고 있기 때문이다. 「제망매가」에서 누이의 부재는 종교적 신념에서 극복되고 복합적인 다른 잡념이 끼어들 여지가 없는 경우와는 다른 것이다.

> 님은 갓슴니다 아아 사랑하는 나의 님은 갓슴니다
> 푸른 산빗을 깨치고 단풍나무 숨을 향하야난 적은 길을 거러서 참어썰치고 갓슴니다
> 黃金의 꼿가티 굿고 빗나든 옛盟誓는 차듸찬 띄끌이되야서 한숨의 微風에 나러갓슴니다
> 날카로운 첫 〈키쓰〉의 追憶은 나의 運命의 指針을 돌러노코 뒷ㅅ거름쳐서 사러젓슴니다
> 나는 향긔로운 님의 말소리에 귀먹고 꼿다운 님의 얼골에 눈머럿슴니다
> 사랑도 사람의 일이라 만날째에 미리 써날 것을 염녀하고 경계하지 아니한 것은 아니지만 리별은 뜻밧긔 일이되고
> 놀란가슴은 새로운 슯픔에 터짐니다

---

61 신동욱, 〈한용운의 생애와 문학〉, 신동욱편, 「님이 침묵하는 시대의 노래」(서울 : 문학세계사, 1983), pp.129~130.

> 그러나 리별은 쓸데업는 눈물의 源泉을 만들고 마는 것은
> 스스로 사랑을 깨치는 것인줄 아는까닭에 것잡을수업는 슯
> 픔의 힘을 옴겨서 새 希望의 정수박이에 드러부엇습니다
> 우리난 만날째에 써날 것을 염녀하는 것과갓티 써날째에 다
> 시 만날것을 밋습니다
> 아아 님은 갓지마는 나의 님은 보내지 아니하얏습니다
> 제곡조를 못이기는 사랑의 노래는 님의 沈默을 휩싸고 돕니다.

- 「님의 침묵」 전문

위의 「님의 침묵」에서 가장 중요한 것은 '님'의 실체에 있다. 송욱에 따르면, 만해의 님은 불교와 관계되는 것, 그리고 애인 등의 함축적 의미라는 것이다.[62]

김현승은, 1920년대의 역사적 상황과 관련하여 볼 때 그의 님은 조국이어야 한다는 것인데 그의 관점이 민족의 독립운동가요, 3·1운동의 지도자라는 점을 감안하여 위의 견해는 무리라고 하면서 「님의 침묵」에서의 '님'은 개인이나 민족으로서 상실한 것, 없어진 것을 찾고 그리워하는 모든 존재라고 했다.[63]

또한 조동일은, 만해의 님은 오히려 조국에 존재함으로써 이루어질 수 있는 것으로 기대되는 삶, 희망, 이상을 두루 상징하는 것으로 님은 현재에는 없으나 과거에는 있었고 미래에도 당연히 있어야 하며 지

---

62 송 욱, 〈시인 한용운의 세계〉, 「한용운전집」(1) 김용직, 앞의 책, 재인용.
63 김현승, 「한국현대시 해설」(서울 : 관동출판사, 1972), p.34.

금 '님'의 부재는 「님의 침묵」 때문이라는 것이다. 이것이 과거에만 있었으나 현재에도 없으며 미래에도 없을 소월의 님과 다르다는 것이다.[64]

오세영은, 님은 정다운 정체는 열반의 경지에 들게 하는 참다운 '아我' 즉, '무아無我'로 보았다.[65] 조연현은 한용운의 님이 가지는 상징적 의미는 형이상학적인 다양한 신비성을 함축한 것으로 애인이냐, 친구냐, 조국이냐, 민족이냐, 하는 데 있는 것이 아니고 어디까지나 그런 것들을 초월한 그의 생명과 정열의 집중적 표상의 대상이라고 하여[66] 지금까지의 여러 견해를 일축하고 있다.

김학동은, 「님의 침묵」 전편에 흐르고 있는 '님'의 개념은 조국, 애인, 민족, 중생, 친구, 불타 등도 될 수 있는 복합적인 성격을 나타낸 것으로서 '님'의 상징적 의미는 형이상학적 다양성과 신비적 색조를 띠고 있으며 극히 명상적이요 철학적인 구원의 사상을 노래한 것이라고 했다.[67] 김운학에 따르면 만해의 '님'은 그의 근본 목적인 애국의 의미도 강하게 작용하고 있으나 그의 내면 정신과 추구하는 세계는 역시 불교적 진리가 힘 있게 움직인 것으로 그의 문학적 기교와 심오까지 전부가 불교적 내용으로 일관하고 있다는 것이다.[68]

이상에서 살핀 바와 같이 '님'의 의미 개념은 한마디로 일축하기는 어려운 상황이다.[69] 위의 주장들은 님의 복합적 의미(송욱, 김학동, 문덕

---

64 조동일, 「우리 문학과의 만남」(서울 홍성사, 1978), p.259.
65 오세영, 〈침묵하는 님의 역설〉, 「국문학논문선」9. (서울 : 민중서관, 1977), p.126.
66 조연현, 「한국현대문학사」, (서울 : 성문각, 1961), p.597.
67 김학동, 〈만해 한용운론〉, 신동욱편, 앞의 책. pp.161~171.
68 김운학, 〈한국현대시에 나타난 불교사상〉, 「현대문학」118호, p.62.
69 김용직도 만해의 님은 복합적인 속성을 지녔다고 했다. 「한국근대시사」, pp.455~457.

수, 조동일, 조연현, 김용직), 님=조국(김현승), 님=참다운아(오세영), 님=불교적 진리(김운학) 등으로 향가의 세계에서 보여 준 '님'과는 그 성격이 매우 판이한 복합적 의미를 지니고 있음을 알 수 있다. 이와 같은 포괄적인 의미망을 지닌 '그의 기룬 것' 즉, '님'은 〈님의 침묵〉에서 서정을 유발케 함과 동시에 비극을 발생케 한다는 사실에 주목해야 한다.

'님'은 화자의 서정을 유발하기에 족하고도 남지만, 그러나 그 님이 곧 떠나가는 님이기에 화자의 서정은 비극적인 것이 된다. 님이 떠나갔음을 점층적인 반복으로 거듭 강조하고 있다. 님의 부재를 직설적으로 표현하고 있는 데도 그 떠남의 원인이 누구에게 있는지 밝히고 있지 않음에서 이 시의 독특한 매력이 있다.

「님의 침묵」은 기·승·전·결의 4단 구성으로 짜여져 있다. 이는 그가 무려 1,300여 편에 달하는 한시를 지었다는 점을 고려할 때[70] 한시의 탄탄한 시작에서 비롯된 것이 아닌가 생각된다. 의미 단락은 4단락으로 구분되며 전체 19행으로 구성된 이 시는 제1행에서 제12행까지가 님의 부재를 나타내어 서정을 유발하고 있으며, 4단 구성에서 볼 때 시상을 일으키는 起에 해당된다. 제10행에서 님의 부재를 인정하면서 앞서 부정한 자세의 변화를 예고한다. 그리하여 제13에서 제16행에 이르면 앞의 진술과는 다른 완전한 의미의 전환이 일어난다. 제18행의 감탄사 〈아아〉는 향가에서 시상의 종결을 예고한 것과 같은 구실을 하고 있다. 여기서 우리는 만해가 전통시가인 향가와 접맥된 점을 알 수 있는

---

70   김용직, 「한국근대시사」, p. 440. 김재홍, 〈소멸과 생성의 변증법〉, 정한모·김재홍편, 앞의 책, p.96.

데 이는 사랑의 본질적인 의미가 깨달아지면서 무의식적으로 터져 나오는 감탄사가[71] 아니라 철저한 전통적인 작시법의 구성 원리에 따라 마련된 시상 종결을 뜻하는 것으로서 향가식을 사용하고 있음에서 확인된다. 그러므로 제18행을 轉으로 보아야 하며 마지막 제19행은 이 시의 結에 해당된다. 기-승-전-결의 구성 원리에 따라 시제의 변화가 눈에 띈다.

시에 있어서 시간의 기본적 속성은 운율, 질서, 방향 등에서[72] 발견된다고 할 때 「님의 침묵」에서 감지되는 시간 의식은 운율보다는 질서와 방향의 강조로 나타난다. 기-과거, 승-과거·현재, 전-과거, 결-현재의 구조로서 과거에서 현재로의 질서 의식과 방향의 운동성이 감지되고 있어서 산문시의 딱딱함이 역동성을 갖도록 해 준다. 그뿐만 아니라 두 가지의 엇갈리는 이미지가 발견되는데 '만남'과 '헤어짐'의 이미지가 그것이다.[73] 제1행에서 제13행까지는 '님'과의 헤어짐 즉, 어둠을 표현하였다. 반면에 제14행부터 마지막 행까지는 님과의 헤어짐이 부정되면서 밝음의 이미지가 표현되었다. 이는 어둠에서 밝음으로의 방향성을 표출한 시간 의식의 반영이다. 이와 같은 명암의 대응은 좌절과 극복의 형상화로 나아가지 못한 데서 이 시는 비극이 극복될 소지가 박탈된다.

이 시에서 드러난 '낯설게 하기'의 기법은 독자의 이해 지평에 새로움을 던져 주고 있다. 이해의 지평을 항상 새롭게 열어 주는 것은 일상

---

71 김재홍, 앞의 글, p.97.
72 오세영, 「한국 낭만주의시 연구」(서울 : 일지사, 1982), p.253. 재인용.
73 박철희, 〈한용운의 '님의 침묵'〉, 「한국 현대시 작품론」(서울 ; 문장사, 1981), p.117.

적 언어의 규범이 꺾어지는 데서 보장되는데 예컨대 '황금의 꽃가티 굿고빗나든 옛맹서는 차듸찬 띄끌'이라는 것, '날카로운 첫 키스의 추억', '향긔로운 님의 말소리' 등은 일상적 언어 규범에서 이탈된 낯설은 표현임이 분명하다. 이러한 뒤틀린 듯한 낯선 표현은 독자에게 새로움과 긴장감을 준다. 한편, 신념을 드러내는 구절은 제10행에서 표명되고 있다. 신념의 전환은 제13행에 이르러 구체화되는데, 슬픔의 힘을 새 희망의 정수박이로 승화시킬 수 있게 된다. 이 시가 여기에서 끝나지 않고 이어진 것은 산문의 장점을 한껏 활용한 것이다. 제16행은 그렇게 해서 마련된 것으로 주관적인 '신념'의 완곡한 표현이 된다. 마지막 행은 '아아 님은 갓지마는 나는 님을 보내지 아니하얏슴니다'에서 확인된 님의 부재를 나타내는 또 다른 표현이면서 이 시의 비극성이 끝내 「님의 침묵」 때문에 극복되지 못함을 지시하고 있다.

  님의 소멸이 님의 침묵에 있는데 그것이 변증법적인 통합으로 해결되지 않는다는 것은 님의 부재가 세속적인 사랑 때문이 아니라는 것을 암시하고 있다. 세속적인 님의 떠남은 「가시리」와 「진달래꽃」에서 본 바와 같이 그것의 긍정과 부정의 통합감정은 분노와 체념의 정서로 해결이 가능하지만, 초월적인 존재의 떠남에서 비롯된 비극은 단순하게 극복이 불가능한 것이다.

  그러므로 만해의 〈님〉은 세속적인 존재이면서 이상적인 존재이므로 갈등을 일으키게 되고 이 갈등의 해결은 님의 침묵 때문에 해소되지 않는다. 이것이 종교적 신념의 일관된 정서를 표출한 것이었다면 그의 님은 불교적인 진여 즉, 「제망매가」에서 보여 준 투철한 신념 때문에 님의 부재는 이상의 세계에서 존재할 수 있었을 것이다.

따라서 님의 떠남과 그것의 부정은 나아가 변증법적 통합으로 실현되어 이별의 시학은 만남의 시학으로 승화되었을 것이다. 그러나 님은 개체적이고 세속적인 존재만은 아니기에 떠남을 인정할 수 없다. 그러므로 님의 침묵은 곧 위대한 것의 창조를 위한 깨달음의 역동적 또는 창조적 침묵일 수도 있다. 그러한 님이 침묵을 깬다면 반드시 위대한 존재의 님이 우뚝 서게 될 것이다. 이처럼 님의 의미는 함축적이기 때문에 거기에서 발생하는 비극적인 정조의 극복 여부 또한 침묵하고 있는 것이다. 이것이 종교적 신념의 현대적 의미이며 만해적 의미이기도 하다. 여기서 침묵에서 출발하여 다시 침묵으로 돌아가는 님과 나 사이의 침묵으로 이어진 존재론적 비극의 서정시와 만나게 되는 것이다.

V. 1930년대의 시

1920년대의 우리 시가 감상주의적 색채 및 이데올로기를 강하게 드러낸 것이었다면, 1930년대 시는 전통적 서정의 추구에서 언어의 조탁과 형상화에 주력하는 한편, 모더니즘적 면모를 모색한 시기였다. 특히 김영랑과 정지용은 바로 앞 시대의 소월과 만해를 발전적으로 계승한 시인으로서 다음 시대인 육사와 동주에게 영향을 끼쳤다. 즉, 영랑은 육사에게로, 지용은 동주에게로 각각 이어지면서 현대시사에서 주목을 받는다.

1. 김영랑의 시

소월과 만해에게서 일제라는 식민지적 삶을 크게 의식하지 않고 있음을 느낄 수 있었다면 영랑 김윤식(1903~1950년)은 나라 잃은 현실적 환경 속에서도 인간 본연의 당연한 감상과 기질을 꿋꿋이 유지하면서[74] 자기애적 상상력에 압도되어 철저하게 주관성의 표출만을 일관한 시인이었다.[75] 영랑의 시 70여 편을 분석한 결과 '마음'과 '나'를 노래한 경우가 '우리'를 노래한 경우보다 압도적으로 우세하다는 분석적 제시는 타당하다.[76] 외부 세계의 객관적 실제성과는 완전히 분리된 그 나머지로 얻어진 것으로 영랑의 시는 시적 자아가 고통을 배제한 채 세계 속에서 존재하고 있음을 드러내는 순수, 유미의 단형의 시였음을 주장할 수도 있겠다.

  1930년대 《시문학》과 《문학》에 발표된 시들을 초기 시로 보고, 1940년을 전후하여 발표된 시를 후기 시로 나눌 경우 초기 시에는 고요하고 섬세한 감각과 자아의 내면세계를 형상화한 것이다.[77] 그가 식민지 치하의 현실 상황에서 일제의 문화적 탄압이 극도에 이를 무렵 외국어의 서투른 모방이나 흉내보다는 한국어의 재래적인 가치를 보존하고 그것을 예술적으로 다듬는 데 노력했던[78] 결과인지도 모를 일이다. 또한 그가 프랑스 상징주의파 시인 폴·베를렌느를 사숙한 것을 주목할 필요도 있다. 베를렌느의 시에서 기조가 되는 것은 몽롱한 분위기와 음악

---

74 서정주, 「한국의 현대시」(서울 : 일지사, 1971), p.179.
75 김준오, 〈김영랑과 순수·유미의 자아〉, 김용직 편, 「한국의 현대시사연구」, p.258.
76 정한모, 〈김영랑론〉, 「문학춘추」1권, 9호
77 김준오, 앞의 글, p.259.
78 김윤식·김현, 앞의 책, p.215.

의 동경이었다.[79] 또한 그의 시집 허두에 실린 존 키츠의 시구詩句를 볼 때 키츠의 영향도 전연 배제키는 어려울 것이다. 왜냐하면 그의 시가 뚜렷한 주제의 전달을 목표로 하는 시라기보다는, 정조라든가 분위기가 주는 느낌을 앞세우는[80] 시라는 점에서 그들의 시와 유사하기 때문이다. 그렇지만 그가 베를렌느와 키츠의 영향만을 받았다고 단언키는 어렵다. 그의 시에서 느껴지는 분위기는 매우 외향적인 면모가 강했던 그의 성품과는 다르기 때문이다.

현실이나 사회에 관한 직접적 관심이 배제되고 다소 늘어진 듯한 가락을 느끼게 되는 영랑의 독특한 해조諧調는 일본 청산학원 시절에 깊이 탐닉했던 W.B. 예이츠와 존 키츠의 영향에 직접 기인한다기보다는 1930년대라는 문학적 시대 상황이 김영랑으로 하여금 순수시를 지향케 했으며, 그러한 순수시는 그 이전까지 문단을 풍미하던 프로문학의 강렬한 그의 반발과도 무관하지 않을 것이다.

    내 마음을 아실 이
    내 혼자ㅅ마음 날가치 아실 이
    그래도 어데나 게실것이면

    내 마음에 때때로 어리우는 티끌과
    속임없는 눈물의 간곡한 방울 방울

---

79   김용직,「전형기의 한국문예비평」(서울 : 열화당, 1979), p.81.
80   김용직,「한국현대시 연구」(서울 : 일지사 1974), p.235.

푸른밤 고히맺는 이슬가튼 보람을
보밴 듯 감추엇다 내여드리지

아! 그립다
내혼자ㅅ마음 날가치 아실 이
꿈에나 아득히 보이는가

향맑은 옥돌에 불이달어
사랑은 타기도 하오런만
불빛에 연긴 듯 희미론 마음은
사랑도 모르리 내혼자ㅅ마음은

- 김영랑, 「내마음을 아실이」 전문

    위의 시 「내마음을 아실이」는 1931년 《시문학》 3월호에 실린 것으로 2음보 중첩의 4음보가 거의 규칙적으로 실현되고 있어서 매우 리드미컬하다. 이 시는 시인 자신의 마음의 문제를 주제로 하고 있다. 시적 자아는 내 마음을 다른 사람과는 함께 나눌 수 없는 세계 속에서 고립된 상태라고 하겠다. 그것은 유아론적인 고립주의[81] 라고 하는데, 이는 성급한 결론이 아닐 수 없다. 오직 '나'만을 내세우는 것은 오히려 '나'를 부정하는 결과에 이른다.

    따라서 나의 마음을 아실 사람은 결국 아무도 없다는 역설적 결

---

81   김준오, 앞의 글 pp.260~261.

론에 이름으로써 시적 자아의 열정은 비극으로 치닫는다. 삶의 세계로부터 도피 또는 소외의 형태를 취하는 배제의 원리에[82] 따른 결과라고 보아도 무방할 것이다. 위의 시에서는 제1연의 '내 마음을 아실 이'로 표상되는 '님'이 서정 유발의 매개이다. 서정의 분위기는 제2연까지 지속된다. 낭만적 서정으로서, 밝고 건강한 ㄹ, ㅁ의 쾌미음快美音의 적절한 배열은 그러한 분위기를 더욱 고조시키고 있다. 더구나 '푸른 밤 고히 맺는 이슬가튼 보람'에서 일상적 언어 규범의 뒤틀린 사용은 독자에게 가일층 호기심과 낭만성을 더해 준다.

    이 시의 구성 원리는 기·승·전·결의 4단 구성으로 되어 있는데, 기-서정의 유발, 승-서정의 낭만적 분위기, 전-서정의 비극적 정서로의 전환, 결-비극의 좌절적 극복 양상 등을 표출하고 있다. 전은 '아!'라는 감탄사로 시작되는데 기와 승에서 잔뜩 부풀었던 낭만적 서정의 의미론적 변화를 '꿈에나 아득히 보이는가'로 은근하게 표현해 내는데, 실체가 없는 꿈에서 내 마음을 알아줄 사람이 아득히 보인다는 것은 사실상 외롭고 고독함의 다른 표현이라 하겠다. 결에 이르러 '내 혼자마음'만이 남아 철저하게 고독한 존재임을 깨닫게 되는 순간 이 시의 비극 발생 동인은 내 마음을 알아줄 '님'의 부재에 있음을 알 수 있다. 그런데 전의 '아!'라는 감탄사는 단순한 탄식의 함성이 아니라 시상의 전환을 매개하는 향가식 낙구의 역할을 취하는 것으로써 감탄사의 앞과 뒤의 시적 분위기는 매우 대조적이다. 2음보 중첩의 4음보격 율조와 향가식 낙구의 사용 등은 그가 전통시가에 접맥되어 있음을 쉽게 알 수 있다.

---

82   김준오, 앞의 글. p.259.

영랑이 음악성과 감각적인 언어 사용을 깊이 의식한 흔적을 보이는 것은 시어들이 극명한 이미지 제시에 기여하지 못하고 오히려 애매모호한 분위기 조성을 위해 차용된 듯이 보인다. 그러한 데서 아스름함, 애잔함 등의 리리시즘이 나오는데, 이러한 리리시즘이란 상황과 갈등이 차단되고 폐쇄된 서정성의 주조로서 자신의 피상적인 감정만을 노래하는 데에 기인한다.[83] 그 자신의 피상적인 감정은 '이슬 가튼 보람'에서 보이는 바, 그 보람이 부서지기 쉽고 사라지기 쉬운 것임을 암시한다.

이슬이 맑고 순수한 자신의 내적 결점을 암시하는 심상이기에 순수한 것이면서도 무력한 것이고, 이는 곧 소극적인 현실의 삶을 나약하게 표상한 것에 불과하다. 이 점은 김억이나 소월, 만해 등과 일치한다. 제4연의 불타는 사랑은 곧 뜨거운 태양이 솟아오르는 열정을 나타내는 상징이다. 이슬로 표상된 나의 '님'이 소멸되는 순간이기에 이 시인의 마음은 고도의 비극에 휩싸인다. 이 시에서 소멸의 시학이 감지된다.

따라서 이 시인의 고독감과 외로움은 어둠 속에서 적극적인 해결이 있어야 하는데 그것에 실패함으로써 영원히 극복되지 않은 비극적 정조 속에 함몰되고 만다. 같은 맥락에서 어둠의 질서 속에서 적극적인 해결의 방향을 결정하지 못하고 깊이 내재하는 자아의 심적 상태를 상징적으로 의미한 경우가 마지막 연이라고 할 수 있다.[84] 결국 마음의 진실을 토로할 대상이 없는 억압받는 현실의 세계에서 삶과 사랑은 이슬

---

83   김윤식·김현, 앞의 책, p.215.
84   최동호, 〈한국 현대시에 나타난 물의 심상과 의식의 연구〉, 고려대학교 대학원, 1981, pp.32~33.

같이 부스러지고 사라지기 쉬운 나약한 물상에 지나지 않는 것이기에 미래의 꿈이나 신념의 존재를 기약할 수 없는 것이다. 이는 곧 시인의 가슴 속 깊은 곳에 내재해 있는 님에의 절망적인 인식이 미래지향적·진취적인 것이 되지 못하고 과거 지향적이며 어둠 지향적인 것이 되는 데서 오는 일종의 허무주의적 비극성이다. 이를 불러 고독한 체념의 개인적 감내라고 하여도 무방하다.

  영랑은 그 누구보다도 멸망하여 가는 것의 아름다움을 탁월하게 묘사했으며 멸망하여 가는 것의 아름다움은 그의 내면적 경험 속에서 고독하게 첫 자리를 차지했던 것이다.[85] 그러한 경험이 나라 잃은 슬픔과 결부되어 '님'의 소멸로 인식될 때 영랑 특유의 고독과 체념은 소멸의 시학이 갖고 있는 비극적 정조인 것이다. 한편 이와는 달리 영랑의 중기 시詩인 「거문고」, 「가야금」, 「묘비명」, 「강물」, 「우감」〉 등의 작품은 치열한 저항 의지로 충만된 작품들로 일제의 탄압 하에서도 그의 지조 있는 태도를 보이고 있다.[86] 그의 이러한 태도는 성장기에 부친에게 배운 한학의 소양에서 비롯된 선비 기질로서 불의에 참지 못하는 강한 민족의식으로 자라났다.

  그러나 앞의 정숙희의 주장은 작품의 실상과는 다소 거리가 있어 보인다. 영랑 작품 속의 화자는 화합할 수 없는 시대에 표면적으로 대담하게 자신을 대결해 갈 만한 정열과 의지가 약했던 것같이 보인다. 그는 오히려 은은한 시상을 즐겼는데 이는 실상 밖으로부터의 강하고도 험

---

85 김윤식·김현, 앞의 책, p.216.
86 정숙희, 〈김영랑 문학연구〉, 인하대 대학원, 1987, p.24.

한 힘에 직접적으로 대결하지 못하고 내면적·소극적으로 대항하는 방식으로 말미암아 얻어진 것이다.[87] 그가 저항적·대결적 의지를 보인 후기의 작품은 그 형상화나 작품의 기교면에서 볼 때 다른 작품보다 열등하게 나타난다. 그러나 문학사적 의의를 찾는다면, 이육사에게 그의 저항 정신과 사대부의 선비 기질이 계승되어 시적 성과를 거두었다. 그의 비극은 개인적인 것이면서 30년대 우리의 것이고, 소멸되어야 할 것이면서 존재하는 것이기 때문에 대결적 극복은 벽에 부딪히게 되고 바로 거기에서 영랑시의 비극성은 우리 모두의 것으로 공명할 수 있는 원천이 마련되는 것이다.

2. 정지용의 시

정지용(1903~1953[?])에 관한 그간의 평가는 그의 시 세계가 참된 의미에서의 현대성을 결여하고 있다는 부정적인 측면과[88] 그의 시 세계에 있어서 현대성을 인정하는 긍정적인 측면으로[89] 대변된다. 이는 또한 1920년대 중반의 문단적 분위기가 연탄적 감상적인 시를 옹호한 것임에 관해 지용은 그와 같은 우울한 정서의 찌꺼기를 제거하여 시가 언어의 구조물임을 환기하여 감정의 지적 균형을 유지하려 했다는 점

87　신동욱, 「우리 시의 역사적 연구」 (서울 : 새문사, 1981), p.217
88　임 화, 〈운천하의 시단 一年〉, 「문학의 논리」(경성 : 학예사, 1940), p.625.
　　송 욱, 〈정지용 즉 모더니즘의 자기 부정〉, 「시학평전」(서울 : 일조각, 1963), pp.203~206.
89　김기림, 〈1933년 시단의 회고〉, 「시론」(백양당, 1947), pp.83~88.

에서 거의 공로를 인정하는[90] 견해도 위와 같은 긍정적인 측면의 맥락에서이다.

정지용에 관한 또 다른 평가는 T.S. 흄, E. 파운드, T.S.엘리어트 등에서 꽃피운 서구 현대시의 이미지즘에 영향을 받아 전적으로 외래의 문예적 풍토에 경도된 시인이라는 부정적인 평가 외에도 1935년 시문학사에서 박용철과 함께 엮은 『정지용 시집』은 회화성을 강조하는 이미지즘의 시뿐만 아니라 향토성에 바탕한 동요나 민요풍의 시에서[91] 그가 단시형을 즐겨 사용한 것은 시조와 한시의 영향을 받은 것이라고[92] 한다. 지용이 그의 「문예독본」에서 '우수한 전통이라 말로 비상의 발 디딘 곳이 아닐 수 없다'와 '돌연한 변이를 꾀하지 말고'[93] 라고 진술한 점과 그가 초기 시에서 주로 흰색, 파란색, 빨간색, 검은색 등을 자주 사용하여 그러한 색채로 슬픔·쓸쓸함 등의 이미지를 표출한 점, 그가 우리 시의 전통적 율격인 2음보 대응 연첩의 음보를 실현하였으며, 그가 추천한 청록파의 세 시인들이 2음보 대응의 전통적 율격을 즐겨 사용하고 있다는 점, 그의 시에 고음, 방언 등이 빈번하게 등장하고 있다는 점, 민요에 자주 등장하는 병렬의 시행 구성이 실현되고 있다는 점 등에서 지요의 전통 의식을 무시해서는 안 된다[94]는 평도 주목된다.

한편, 「또 하나 다른 태양」, 「불사조」, 「나무」, 「다른 하늘」, 「은혜」,

---

90   김시태, 「현대시와 전통」(서울 ; 성문각, 1981), p.204.
91   김용직, 「한국현대시의 연구」(서울 : 일지사, 1979), pp.246~248.
92   김시대, 앞의 책, pp.195~196.
93   정지용, 「문예독본」, p.213.
94   김대행, 〈정지용시의 율격〉, 김학동 편, 앞의 책, pp.197~202.

「별(1)」, 「갈릴레아 바다」, 「승리자 김 안드레아」 등의 신앙시가 『카톨릭청년』에 발표된 점을 중시하여 지용의 가톨리시즘의 측면을 주장한 견해도 있다.[95]

이렇게 볼 때 어느 한쪽만의 시각에 치우친 연구 태도는 지양되어야 할 것이다. 그에 관한 본고의 논의는 제1단계의 그의 시가 지닌 사물시의 따분한 느낌을 지양, 극복하려는 태도에서 알맹이 있는 사상 내용을 갖고자[96] 한 데서 창작된 신앙시를 중심으로 비극적인 정조를 살피기로 한다.

지용의 시 세계를 굳이 영·미 이미지즘 문학과의 비교 문학적 방법으로만 접근하려는 것을 극복하는 태도가 될 뿐만 아니라 다음 시기의 윤동주가 공동체 의식을 전제로 한 기독교적 희생주의 정신에 입각[97]한 신앙시에서 전통 맥락의 의의를 보탤 수 있다. 리듬과 이미지의 중시는 "시가 입의 예술이지 문자로 씌어진 예술이 아니다"라는 이미지스트들의 주장과 그 맥이 닿아 있음을 부인할 수는 없다. 아울러 지용의 작품 속에는 냉혹하리만큼 엄격한 객관성을 규지할 수 있는데 사적인 특수한 체험마저도 객관적 등가물로 환치시키는 태도는 분명 낭만주의적 인간의 감정이나 이상주의적 막연한 관념과는 거리가 먼 것으로서 관념의 베일을 벗겨 내고 사물의 속성을 정확하게 제시하려는 이미지스트의 영향을 간과해서는 안 될 것이다.

---

95 김용직, 〈정지용론〉, 「현대문학」, 1989, 2월, p.297.
96 위의글, p.303.
97 이인복, 〈한국문학에 나타난 기독교사상연구〉 (5), 「월간문학」, 1987. 5.

비애! 너는 모양할 수도 없도다.
너는 나의 가장 안에서 살었도다.

너는 박힌 화살, 날지 안은 새,
나는 너의 슬픔 울음과 아픔 몸짓을 진히노라

너를 돌려보낼 아모 이웃도 찾지 못하였노라.
은밀히 이르노니- 〈행복〉이 너를 아조 싫여하더라.

너는 짐짓 나의 심장을 차지하였더뇨?
비애! 오오 나의 신부! 너를 위하야 나의 창과 우슴을 닫었노라

이제 나의 청춘이 다한 어느날 너는 죽었도다.
그러나 너를 묻는 아모 명문도 보지 못하였노라.

스사로 불탄자리에서 나래를 펴는
오오 비애! 너의 불사조 나의 눈물이여!

- 정지용, 「불사조」 전문

    위의 시 「불사조」는 1934년 『카톨릭 청년』 제 10호에 실린 전체 6연, 각연 2행으로 된 정형성을 띤 것이다. 끈질기게 추구한 언어의 감각화라든지, 선명한 심상의 제시와 같은 시적 기법보다는 주主나 하느님, 성모 마리아의 심상이 대체되어 작품의 상징적이니 기증이 확충되었

다.[98] 가톨릭 신자인 지용의 종교시가 초기 시의 감각적 인상의 언어 유희성을 극복하고 시에 사상을 도입하는 새로운 지평이 열린 것은[99] 사실이지만 시적 수준에서는 졸작에 그치고 말았다. 이는 그가 "우수한 전통을 중시하면서 돌연한 변이를 꾀하지 말라"라고 주장한 것과 무관하지 않다. 또한 정지용이 이러한 종교시의 시작은 오래 지속되지 않는데 쉽게 확인될 뿐만 아니라, 「승리자 김 안드레아」 같은 그의 세례명으로 발표된 시가 『정지용 시집』에서 제외된 점만 보아도 알 수 있다.[100] 위의 「불사조」는 그의 다른 종교시와 같이 '리듬의 층'에서는 2행이 1연이 되는 규칙성으로 휴지의 효과를[101] 거두고 있다. 제1연의 첫머리에서 '비애!'라고 외치는 것은 인간 실존, 구체적으로는 자아의 실존에 관한 한계에서 나오는 격정적 감정 표현이다. 이러한 한계를 자각한 순간 종교시가 출발함은 당연하지만, 대개는 비극적인 인간적 운명을 노래하게 된다. '비애'가 자아의 가장 깊숙한 곳에 자리 잡고 있는 이 시의 분위기는 시종 비극적이다.

지용의 신앙적 자아는 자신의 실존에 관한 한계로부터 출발된 것이며 인간의 기본 조건의 부딪힘과 그러한 부딪힘에서의 해방이 모든 인생 문제 해결의 우선 행위라고 인식하기 때문에 종교시의 모티브는 곧 실존의 문제[102]라는 지적과 같이 「불사조」는 영원히 죽지 않으면서

---

98 김용직, 앞의 글, p.301.
99 김준오, 〈지용의 종교시〉, 김학동외 『정지용연구』(서울 : 새문사, 1988)..
100 김용직, 앞의 글, p.298.
101 양왕용, 『정지용시연구』(서울 : 삼지사, 1988), p.215.
102 김준오, 앞의 글, p.46.

온갖 슬픔과 고뇌를 한 몸에 지닌 인간의 원초적인 비극을 상징한다. 그러므로, 〈비애〉를 마침내는 나의 가장 고귀한 존재이어야 할 '신부'로까지 인식함으로써 운명적인 인간의 조건이 신을 찾게 하는 단초가 된다.

　　인간 실존의 한계를 신에게 의지하려 하지만 '오오 비애! 너의 불사조'는 곧 '나의 눈물'로서 존재하고 만다. 이러한 '나의 눈물'은 기본적으로는 인간 실존에 근거하지만 자아가 처하고 있는 식민지적 현실 상황과도 관련된 것이다. 따라서 인간이 원초적으로 지닌 비극성과 식민지적 현실 상황이 빚는 비극성을 가톨릭적인 신앙심으로 극복하려는 의지적 저항이 자연스럽게 수반된다. 시적인 자아의 현실은 철저한 자기 부정이라는 저항을 통하여 신의 은총 속에서 극복되면서 실존의 문제 또한 해결된다고 확신하고 있다. 그러나 이 시의 비극적인 정조는 끝내 극복되지 못한다. 오히려 인간이 처한 상황과 실존의 위기에서 그것은 강화될 뿐이다. 이와 같은 지용의 종교시가 갖는 비극성은 다음 세대인 윤동주에게로 계승된다. 그들의 종교적 신념은 목숨을 걸고라도 수호해야 하리만큼 철저한 것이었다. 이는 의지적 측면에서 볼 때 사대부적인 신념과도 상통한 것으로서 부당한 현실에 관한 강력한 저항 의지의 원동력이 된다. 그렇지만 종교적인 신념이 강할수록 거기에 수반되는 상황은 더욱 참담하고 어두운 것이라는 모순된 현실이 빚는 데서 비극적인 정조는 강화된다.

3

이육사와 윤동주 시의 비극성

Ⅰ 이육사 시의 비극성

◆ 1. 균형과 질서에의 집착
◆ 2. 이상적 자아의 현실적 무력감
◆ 3. 창조적 공간에의 향수
◆ 4. 상실된 자아 회복의 기다림

Ⅱ 윤동주 시의 비극성

◆ 1. 모성 회귀의 그리움
◆ 2. 자아 상실의 비애
◆ 3. 자기 부정의 연민과 고독
◆ 4. 기독교 정신과 현실 극복

Ⅲ 이육사와 윤동주의 대비

I. 이육사 시의 비극성

조국이 외세의 억압 아래 신음하던 격동기를 살다 간 이육사에 관한 연구는 그의 전기적 측면과 시작 행위를 일치시킴으로써 시인으로서의 정당한 평가보다는 독립투사 또는 민족 운동가로서의 모습을 강하게 부각시킨 탓으로 어려운 시대를 독특한 감각과 개성적인 목소리로 형상화한 그의 서정의 시 세계를 간과하고 말았다.[1] 그 결과 '투사적 생애=저항시인'이라는 등식화 때문에 문학적 상상력을 제한시킨 결과가 되었다.

본고에서는 앞에서 언급한 바와 같이 그의 시적 세계의 비극성[2]

---

1   저세한 논의는 졸고, 〈이육사연구〉, 고려대학교 대학원, 석사논문 1975. 참조
2   육사연구의 문제점은 김홍규에 의해서 지적되었다. 김홍규의「문학과 역사적 인간」(서울 :

을 들어 지금까지의 연구 태도와는 다른 측면에서 접근하고자 한다. 이는 육사 연구의 본격적인 방향 전환이 아닐 수 없다. 우선 비극적 서정의 정조가 우리 문학 특히 서정시의 경우 하나의 굳어진 전통적 정서라는 데에서 출발하려는 것이다. 그러한 비극적 정조를 발생케 하는 매개의 존재를 중시하고 발생된 비극적 정조의 극복 양상을 살피는 결과에 따라서 시인에 관한 기존의 평가도 달라질 수 있을 것이다. 따라서 율격, 시공의식, 이미지, 소재, 구성 원리 등이 정조와 맺는 긴밀한 유기적 질서와 시대 상황과의 관계를 분석함으로써 시 연구를 심화시킬 수 있게 될 것이다.

육사의 경우 1925년에서 1934년까지의 10년간 그는 매우 왕성한 사회적 활동을 한 기간으로서 의열단 활동, 북경대학, 조선군관학교 수학 등이 아직 분명하게 밝혀지지는 않았지만 그와 관련이 있었던 것으로 알려지고 있다. 그러므로 그의 사회적 활동기 또는 시적 자아의 확장기로[3] 보는 것이 타당할 듯하다. 실질적으로 이러한 사실은 형상화된 작품의 질적인 수준에서도 확인되는 것이다. 중요한 것은 그의 시적 자아가 성숙하지 못한 초기 시에서뿐만 아니라 그가 성숙한 자아를 확장시킨 후기 시의 경우에도 공통적으로 드러나는 것은 바로 비극성이다. 이러한 사실은 〈육사시집〉[4]에서도 확인된다. "시의 교졸巧拙을 이야기함은 평가의 일이나 한평생을 걸려 쓴 시로는 의외로 수효가 적음은 고인

창작과 비평사, 1980), pp.74~79. 이외에도 정한모, 김종길의 견해가 새로운 입장의 연구 태도이다. 「나라사랑」 제16집 참조.
3 강창민, 「육사시연구」, 연세대학교 대학원, 1987, pp.25~37.
4 「육사시집」(서울 : 서울출판사, 1946)

의 생활이 신산하였음을 이야기하고도 남는다. 작품이 애절함도 그 까닭이다"[5]라고 한 것이 그것인데 그의 시가 비극성을 지니고 있다는 지적은 당시의 평가로서는 탁견이다. "서울 하숙방에서 이역야등異城夜燈 아래 이 시를 쓰면서 그가 모색한 것은 무엇이었을까. 실생활의 고독에서 우러나온 것은 항시 무형한 동경이었다. 그는 한평생 꿈을 추구한 사람이었다."[6]라고 하여 그의 고독한 삶은 그에게 형체 없는 막연한 동경과 꿈을 추구하게 했고 바로 그러한 데에서 육사의 비극성이 싹튼 것으로 보여진다.

1920년대 〈백조파〉나 〈폐허파〉의 감상적인 낭만주의와는 거리가 있었다 할지라도 한용운, 김영랑, 정지용의 시에서도 한결같이 주조를 이루는 정서는 비극적인 정조라고 생각된다. 육사시 또한 비극적 서정시로 보려는 태도는 김종길, 이남호에게서 확인된다. 이남호에 따르면, 육사의 〈절정〉은 현실적으로 대결이 거의 불가능한 시대적 어둠에 당당히 맞섰던 한 인간의 신념이 마침내 비극의 절정에 이르러 자기 소멸을 통한 상황의 초월을 보여 주는 작품[7]이라 했고 "육사에게 시란 현실의 명증한 인식이라기보다는 기존의 세계관 속에서 스스로의 수양을 위한 관념적 자기 인식의 수단이었음과도 관련이 있을 것이다."[8]라는 견해는 육사가 구체적 현실 인식에까지는 이르지 못했음을 뜻한다.

이 점에서 일제 치하라는 현실적 상황 인식은 바로 전시대 또는

---

5   위의 시집 서문, 신석초·김광균·오장환·이용악 연명
6   앞의 시집, 같은 곳.
7   이남호, 〈비극적 황홀의 순간 묘파〉, 「문학사상」, 1986, 2월호, p.181.
8   이남호, 〈육사의 신념과 동주의 갈등〉, 「세계의 문학」1984. 여름호, p.18.

동시대의 다른 시인들과 크게 다를 바 없다. 다시 말해서 그의 시적 대결이 시대적 상황이 철저한 자세를 지니지 못한 것이다. 따라서 그의 독립투사 또는 민족 해방운동가로서의 굳건한 지위를 인정한다 하더라도 초기 시의 경우 시인으로서의 현실 인식은 삶의 복잡성이나 현실성을 민중 의식으로 드러내거나 탐구하려는 자세가 아니라 국권을 상실 당한 시대에 살았던 선비의 선민의식 내지는 엘리트 의식의 무너짐[9]에서 출발하고 있음을 할 수 있다.

따라서 그의 시가 투철한 저항시 또는 실천문학이라는 점은 재고되어야 할 것이다. 그가 겪은 현실의 고통은 선민으로서의 지위가 한계에 부딪히는 데서 비롯된 것이기에 그의 작품에서 드러난 비극성은 민중들의 그것과는 다른 특질이라 하겠다. 이 점은 소월과 만해, 영랑, 지용의 경우와 다른 현실 인식에 있었으므로 거기에서 유발되는 비극적 정서 또한 그들과는 달리 나타날 수밖에 없을 것이다.

1. 균형과 질서에의 집착

육사는 경북 안동군 도산면에서 이퇴계의 후손인 이가호의 5형제 중 차남으로 태어났다. 가계상으로 간과할 수 없는 사실은 그가 이퇴계 14대손이며 형조참판을 지낸 이구운의 6대손으로 유가의 전통적인 가문의 후예로 태어난 점이다. 이러한 환경은 그의 세계관 형성에 지대한

---

9 김종철, 〈육사의 시, 그 의미와 한계〉「문학사상」, 1976년 1월호, pp.206~209.

영향을 끼쳤을 것이다.

> 눈물을 흘리지 않는 사람이 되라고 배워 온 것이 세 살부터의 버릇이었나이다……⟨중략⟩… 그래도 눈물을 흘리지 않는 사람이 된다면 그 또한 어머님의 가르치심을 저버리지 않는 방편이라고 하오릿까?[10]

이 글에서 그의 어린 시절은 전통적 유교의 질서를 체득한 선비의 品格을 쌓는 데 보내어졌다. 마을 사람에게 '교동'이라고 불릴 만큼 자존하는 정신, 타협을 모르는 기개는 그의 전 생애를 지배한 것으로써 이 시기에 그가 받은 유산이라는 지적[11]은 타당한 견해다. 또한 그가 어린 시절에 체득한 교양적 체험은 한학에 관한 소양의 수련이다.[12]

> "내 나이 십칠 세쯤 되었을 때 여름이 되면 낮으로 오전 열 시쯤이나 열한 시경엔 집안 소년들과 함께 모여서 글을 짓는 것이 일과였다. 물론 글을 짓는다 해도 그것이 제법 경국문학은 아니고 오선고풍이나 좀도둑을 해 보는 것이었지마는……(중략)……우리가 시골에 살던 때 우리 집 사랑 文匣 속에는 항상 몇 봉의 印材가 들어 있었다. 그래서 나는 나의 아우 水山과 泉

---

10 ⟨李霽의 五行⟩, 「李陸史全集」(서울 : 정음사, 1975), p.143.
11 김홍규, 앞의 책, p.80.
12 ⟨戀印記⟩, 앞의 전집, p.80.

君은 그것을 제각기 題號를 새겨서 제 것을 가질 욕심을 가지고 한 바탕씩 법석을 치면 할아버지께서는 웃으시며 〈장래에 어느 놈이나 글 잘하면서도 서화 잘하는 놈에게 준다〉고 하셔서 놀고저운 마음은 불현듯 하면서도 뻔히 하는 글을 한 번 더 읽고 글씨도 써 보곤 했으나 ……(중략)……그래서 나는 글씨 쓰길 단념하고 화가가 되려고 잠방에 있는 唐畵를 모조리 내놓고 실로 열심히 그림을 배워 본 일도 있었다. 그러나, 세월은 12세의 소년으로 하여금 그 인재에 관한 戀戀한 마음을 팽개치게 하였으니 내가 배우던 中庸·大學은 物理니 化學이니 하는 것으로 바꾸이고 하는 동안 그야말로 殺風景의 10년이 지나갔었다."[13]

이 글에서도 확인되듯이 육사는 어려서부터 한시의 소양을 익혔음을 알 수 있다. 이러한 소양은 전통 부정적인 서구주의의 유혹을 거부할 수 있는 기초를 마련해 주었다.[14] 또한 유가적 가정 환경은 육사의 성격을 의지적이고 선비지향적인 면으로 형성 발달할 수 있도록 했을 것이다.[15] 육사가 청년기를 맞이하면서 체험한 여러 가지 식민지적 현실은 그의 어린 시절부터 형성되고 체득되어 온 선비적, 지사적 체질과 상충될 수밖에 없었을 것이다. 더구나 그가 처한 시대적 현실은 식민지 상황과 함께 신구문화의 교체 시기였다는 점에서 그의 체질화된 선비적

---

13 〈戀印記〉, 앞의 전집, pp.225~227.
14 김홍규, 앞의 책, p.80.
15 졸고, 앞의 논문, p.7.

기품은 그 위의를 지키기 어려운 시대 상황으로 치닫고 있었기 때문에 그는 어떤 위기의식을 느끼게 되었으며 그와 같은 위기의식의 해소를 위해 항일 투쟁과 문학에의 길을 걸었다고 짐작된다.

그런데 여기서 주목해야 할 점은 그의 항일 투쟁은 민중적·실천적 행동이기보다는 체질화된 선비 의식에서 비롯되었으며 문학 활동 역시 민중적 삶의 테두리 안에서 취해진 소박하고 진솔한 삶의 이야기가 아니라 김종철의 지적대로 기왕에 한시에서 확고하게 다져진 자신의 선민적 이념을 확인하려는 것이었다.[16] 그렇기 때문에 문학적 형상화는 양반문학의 향수가 짙게 드리워져 있음을 간과해서도 안 될 것이다.

>하날이 놉기도 하다
>고풍풍선갓흔 첫겨울 달은
>누구의 입김으로 부러올렷는지?
>그도 반넘어 서쪽에 기우러젓다.
>
>행랑뒤골목 휘젓한 상술집엔
>팔녀온 冷害地處女를 둘너싸고
>大學生의 지질숙한 눈초리가
>思想善導의 염탐밋해 썰고만잇다
>
>'라디오'의 修養講話가 꼿치낫는지?

---

16   김종철, 앞의 글, p.207.

마-장 具樂部 門간은 합흠을 치고
'쎌딩' 돌담에 꿈을 그리는 거지색기만
이都市의 良心을 직히나부다

바람은 밤을 집어삼키고
아득한 꺄스속을 흘러서가니
거리의 主人公인 해태의 눈쌀은
언제나 말가케 푸르러오노

- 「실제」

위의 시는 2음보 연첩의 전통 음보에서 시상의 안정감을 확보하고 있다. 제1연의 '높은 하늘', '첫 겨울 달', '서쪽에 기우러젓다'로 덧없음의 심상이 확인된다. '하늘'에의 지향은 이상적인 것으로써 자아와는 너무 멀리 있는 존재이다. 여기서 두 상반된 이미지는 기본적으로 균형된 윤리적 질서의 회복에 있지만, 그것이 현실로 말미암아 차단된 자아와 현실이 갈등을 빚게 된다.[17]

그렇기 때문에 제2연에 이르는 생경한 관념성의 표출은[18] 패배한 자아의 혼란스러운 모습을 나타내고 있다. 균형된 질서에의 강한 집착은 제3연의 〈'쎌딩' 돌담에 꿈을 그리는 거지색기만 이도시의 良心을 직히나부다〉에서도 쉽게 파악할 수 있다. 제1연의 하늘과 달의 심상이 이

---

17 김시태, 〈이육사론〉, 「현대문학」, 269호, 1977. p.59.
18 조창환, 〈이육사와 超克意志〉, 김용직의 「한국 현대시사 연구」(서울 : 일지사, 1983), p.352.

제는 '쩰딩 돌담'으로 보다 구체화되면서, 고무풍선과 입김의 심상은 '밤'으로 더욱 추상화되었다. 여기서 이 시의 비극적 정조는 더욱 고조되면서 마지막 연까지 이어진다. 집착이 강할수록 비극은 강할 수밖에 없다. 결국 '밤'의 실체는 자아가 처한 현실적 처지인데 식민지의 궁핍화 및 탄압의 묘사와 함께 암울한 상황임을 강조하기 위해 '아득한 재스속'이라는 보조 관념까지 동원되었다.[19] 그러나 '거리의 주인공-언제나 말가케 푸르러오노'의 탄식은 대타적인 요인으로 말미암아 초래된 비극으로 좌절되는 모습이다. 여기서 육사시의 비극성은 과거에의 강한 집착이 좌절되는 데서 발생된 것임을 알 수 있다.

    육사는 그가 남긴 작품이 많지 않은데도 거개의 작품이 안정된 율격[20]을 보이고 있는데 이러한 사실은 그가 받아온 유가의 가정 교육에서 길러진 정신적 또는 생래적인 기질로 굳어져 균형과 질서에 집착하게끔 작용한 탓도 있으려니와, 다른 한 면으로는 한시에서 다져진 교양과 시적 감수성이 육사시의 전반에 두루 작용했을 것으로 짐작된다.

    섣달에도 보름께 달 밝은 밤
    앞 내ㅅ江 쨍쨍 얼어 조이던 밤에
    내가 부르던 노래는 江건너 갔소

    江건너 하늘끝에 沙漠도 다은곳

---

19   김흥규, 앞의 책, p.86.
20   김종길, 〈현상화된 시간과 공간〉,「문학사상」, 1986, 2월호, pp.158~163.

내 노래는 제비같이 날러서 갔소

못잊을 계집애가 집조차 없다기
가기는 갔지만 어린날개 지치면
그만 어느 모래스 불에 떨어져 타 죽겠소.

沙漠은 끝없이 푸른 하늘이 덮여
눈물먹은 별들이 조상오는 밤

밤은 예스일을 무지개보다 곱게 짜내나니
한가락 여기두고 또한가락 어데맨가
내가 부른 노래는 그밤에 江건너 갔소

- 「강 건너간 노래」

'밤'으로 표상되는 이 시는 어둠 의식이 짙게 나타나 있는데 제1연에서 '앞 내스江 쨍쨍 얼어 조이던 밤'으로 암울한 시대상이 구체화되고 있다. 따라서 잃어버린 균형된 질서의 세계성에 집착하려는 자아의 고뇌가 '내가 부르던 노래'는 '강 건너갔소'라는 좌절감으로 드러나고 있다. 그러한 좌절 의식은 제2연에서 더욱 구체화되고 있으며 '별'은 자기 확인의 등불이며 어린 시절의 추억[21]과 관련되어 있다. '노래'는 곧 시적 자아의 상징인데 그것이 강 건너 가버린 데서 비극성이 발생된다. 즉

---

21 채수영, 「한국현대시의 색채의식연구」 (서울 : 집문당, 1987), p.135.

보름달로 유발된 서정은 '노래'의 상실로 비극적 정조에 휩싸이게 된다. 그런데 이상·동경의 의미를 표상하는 별의 전형적 상징[22]이 '눈물 먹은' 상황인 데서 '별'은 또다시 비극 발생 동인의 매개이기도 하다.

제4연의 '밤은 예ㅅ일을 무지개보다 곱게 짜내나니'는 그러므로 역설적 표현이 아닐 수 없다. 과거의 균형과 질서에 역행하는 이미지인 〈밤〉은 제1연의 '앞 내ㅅ江 쨍쨍 얼어 조이던 밤'의 〈밤〉이 의미하는 폐허된 공간[23]과는 대조적이다. 결국 비극 발생의 이차적 요인은 시대적 상황이지만 보다 중요한 일차적 요인은 자아의 균형과 질서에의 파탄에서 오는 것이다. 그러한 집착을 포기하지 않는 한 비극은 극복되지 않은 채, '한 가락 여기 두고 또 한 가락 어데 맨가'로 집약되면서 온전치 못한 현실에 강한 과거에의 향수 때문에 잃어버린 한 가락의 노래가 〈강 건너 가 버리는〉결과로 수그러들고 만다. 나의 노래를 앗아간 것은 〈밤〉이다. 〈밤〉의 실체는 내가 부른 노래를 강 건너 보내는 실재적 존재로서 이것이 비극의 발생 동인이다. 그러나 자아는 이에 적극적 극복의 자세를 보이지 못한다. 내가 불렀던 노래는 현재의 노래가 아니라 과거의 것으로서 '현재'는 부재 상태에 놓인 것이다. 왜냐하면 그 노래는 '그 밤에 강 건너 가 버린' 것이기 때문에 더욱 그러하다.

따라서 옛일은 〈무지개보다 곱게〉 그리울 수밖에 없지만 자아는 그것을 그리워만 할 뿐 적극적으로 획득하지 못한다. 이것이 곧 좌절된 자아의 모습으로서 적극적인 자세를 찾아볼 수 없다. 육사시의 저항성

---

22 이상호, 〈이육사 연구〉, 「한국 현대시의 탐구」, Ⅰ. (서울 : 민족문화사, 1983), p.203.
23 강은교, 〈이육사론〉, 한국고전연구회, 「시와 시론」, 1982. pp.1~36.

을 논하는 경우 이런 데서 주저하지 않을 수 없다. 유교적 균형과 질서에 관한 자아의 갈등은 더 이상 긍정적인 방향으로 이해되지 않으며 시대 상황이 초래하는 비극성이 그대로 작품에 나타나 있음을 놓쳐서는 안 된다.

洞房을 찾아드는 新婦의 발자취같이
조심스리 걸어오는 고이한 소리!
海潮의 소리는 네모진 내 들창을 열다.
이 밤에 나를 부르는 이 없으련만?

남생이등 같이 외로운 이 서-ㅁ밤을
싸고 오는 소리! 고이한 侵略者여!
내 寶庫를, 門을 흔드는 건 그 누군고?
領主인 나의 한 마디 허락도 없이.

'코-카사스' 平原을 달리는 말굽 소리보다
한층 요란한 소리! 고이한 掠奪者여!
내 情熱밖에 너들어 뺏길 게 무엇이료.
가난한 귀향살이 손님은 파려하다.

올 때는 왜 그리 호기롭게 몰려 와서
너들의 숨결이 密輸者같이 헐대느냐.
오- 그것은 나에게 呼訴하는 말 못할 鬱憤인가?

내 古城엔 밤이 무겁게 깊어가는데.

쇠줄에 끌려 걷는 囚人들의 무거운 발소리!
옛날의 記憶을 아롱지게 繡놓는 고이한 소리!
解放을 約束하던 그날 밤의 陰謀를
먼동이 트기 전 또다시 속삭여 보렴인가?

검은 베일 쓰고 오는 젊은 女僧들의 부르짖음
고이한 소리! 발밑을 지나며 흑흑 느끼는 건
어느 寺院을 脫走해 온 어여쁜 靑春의 反逆인고?
시들었던 내 亢奮도 海潮처럼 부풀어 오르는 이 밤에

이 밤에 날 부를 이 없거늘! 고이한 소리!
曠野를 울리는 불 맞은 獅子의 呻吟인가?
오 소리는 莊嚴한 네 生涯의 마지막 咆哮!
네 孤島의 매태 낀 城廓을 깨뜨려 다오!

産室을 새어나는 分娩의 큰 괴로움!
한밤에 찾아올 귀여운 손님을 맞이하자.
소리! 고이한 소리! 地軸이 메게 달려와
고요한 섬 밤을 지새게 하는고녀.

巨人의 誕生을 祝福하는 노래의 合奏!

하늘에 사무치는 거룩한 기쁨의 소리!
海潮는 가을을 불러 내 가슴을 어루만지며
잠드는 넋을 부르다. 오-海潮! 海潮의 소리!

- 「해조사」

이 시에 관해서 고독한 자아의 모습과 의지적 결단의 자세가 강하게 드러난다는 견해는[24] 무리가 있다. 오히려 육사는 그가 노래한 소재가 사치스러운 물건이 아니지만, 본질에 있어 센티멘털리즘을 세련시켜 일종의 사치한 시풍을 이루었다[25]고 보는 편이 그 실상에 근접하는 태도이다. 사뿐히 밀려오는 〈해조〉의 소리가 서정을 유발하는 매개이다. 제1연에 실현된 정조는 분명 감미로운 것이다. 그런데 꿈결에 들렸던 '해조'의 실체가 '침략자'로 인식되면서 평원을 달리는 '말굽 소리'로까지 확대된다. 바로 여기에서 시상의 급전이 일어나는데 이것은 현실적 시대상에 관한 자아의 인식이 매우 강렬하게 투사된 데서 기인한다. 강력한 대타적 현실보다 초라한 자아의 모습을 가난하게 귀향살이하는 파려한 손님으로 형상화시켜 놓고 있다. 이런 데서 육사시가 다분히 자학적 또는 자조적인 면모가 있음을 극명하게 보여 주는 것이다.

무너져 가는 유교적 전통 질서의 안타까운 모습이 자아이기에 과거의 우주론적 질서와 균형의 파탄을 긍정할 수 없다. 그럼에도 시인은 현실의 부정을 시도하지는 않는다. 그의 시속에는 남달리 짙은 현실과

---

24   조창환, 앞의 글, 김용직의 앞의 책, p.350.
25   백 철, 「조선신문학사조사」, (현대편), (서울 : 백양당. 1949), p.293.

역사의식이 용해되어 있는 것이[26] 사실이나 그러한 현실과 역사의식이 적극적으로 성취하는 데까지 나아가지 못하는 데서 이 시의 비극성은 보장받는다. 자시의 자화상을 '쇠줄에 끌려 걷는 수인'으로 비하시키면서 현실에의 불안과 강박관념의 표상을 '해방을 약속하던 그날 밤의 음모'라는 구절 속에 함축시키고 있다.[27] '수인의 무거운 발소리'는 '옛날의 기억'을 여지없이 깨뜨리는 뜻밖의 충격을 주며 육사의 자화상이 사원을 탈주해 온 검은 벨을 쓰고 오는 '여승'으로 비유된다.

제5연과 6연, 7연, 8연은 자아의 무기력함을 드러내고 있다. 고도의 성곽에까지 철저하게 자아를 유폐시킴으로써 드디어 창조적 공간인 어머니의 배 속에 이른 것이다. 그러므로 제9연의 '산실'은 모든 장애를 극복할 수 있는 현실 극복의 공간이다. 제1연에서 표상된 '동방'과 접맥되면서 제1연의 '신부'가 여기서는 '귀여운 손님'으로 대치되어 있을 뿐이다. 그러나 마지막 연에 이르면 갑자기 창조적 공간의 비약이 시도되면서 시적 긴장감이 고조된다. 곧 '하늘이 사무치는', '거룩한 기쁨의 소리'의 이질적인 결합으로 생성된 긴장감이다. 이처럼 이질적인 이미지가 결합되어 생성해 내는 새로운 이미지는 생경하고 낯선 충격을 획득한다. 그러나 해결의 실마리가 또다시 '해조'로 말미암아 좌절되는 순간 '해조'는 '가을을 불러 내 가슴을 어루만지며 잠드는 넋을 부른다'로 대타적인 비극 발생의 동인에 대결적인 자세를 취하지 못하고 좌절함으로써 어떤 분노나 원망의 정서로 나아가는 대신 체념으로써 좌절의 극복을

---

26   김용직, 〈소명감 속의 시와 행동정신〉, 「문학사상」, 1976. 1월호, p.195.
27   정한모, 〈육사시의 특질과 시사적 의의〉, 「나라사랑」, 제16집, 1975. p.64.

드러내고 만 것이다.

　이 시의 공간 구조는 축소(1)-확대(2)-확대(3)-축소(4)-축소(5)-확대(6, 7, 8)-확대(9)로의 이동을 보이는데 제1연의 '동방'은 낭만적이고 감미로운 서정이 유발되는 창조적 기능의 공간이다. 제2연에 이르면 공간의 영역은 '섬'으로 확대되면서 '섬'은 곧 단절의 이미지로서 제1연에서 확보된 창조적 기능은 상실된다. '섬'이 창조적 공간이기 위해서는 더 이상 공간의 확대 이동은 없어야 한다. 동방과 섬이 같은 기능을 하고 있지 않음은 곧 '고이한 침략자! 내 보고의 문을 흔드는 건 그 누군고?'에서 잘 드러난다. 그리하여 제3연에 이르면 황폐한 '평원'으로 공간은 무한히 확대되어 자아의 상실이 속수무책임을 나타낸다.

　제4연의 '고성'은 자아를 지탱해 온 기존의 가치 질서인 구시대의 향수다. 그러나 그곳에 '밤이 무겁게 깊어가는데'서 상실된 자아의 회복은 좌절되고 만다. 제5연에서는 공간성이 다시 축소되면서 자기 폐쇄의 공간으로 이동된다. 창조적 공간이 되려면 하나의 금기라던가 아니면 시련의 조건이 극복 후의 대가와 버금가는 것이어야 한다. '산실은 새어 나는 분만의 큰 괴로움'은 창조 즉, 탄생을 위한 시련이 아닐 수 없다. 이러한 시련의 극복 결과 보장받는 것은 '한밤에 찾아온 귀여운 손님을 맞이하자'의 대가이다. 그런데도 이 시가 끝내 비극일 수밖에 없는 것은 시련 후에 찾아온 손님은 '한밤에' 온 손님이기 때문에 그러하다.

　따라서 제6연의 '거인'도 나약한 '거인'일 수밖에 없고 자아의 적극적 현실 극복의 자세를 엿볼 수 없다. 제6연에 이르러 깊숙한 내재적 공간인 '사원', '고도', '섬'에서 무한한 '하늘'로 확대되면서 자아가 추구하는 안정된 세계인 균형과 질서의 공간과는 멀어져 가고 있는 것이다.

2. 이상적 자아의 현실적 무력감

　이상적 자아란 본래적 자아가 회귀하고자 하는 과거적 존재이다. 그러한 과거적 존재는 영원한 이상의 세계를 지향하지만 자아가 부딪히는 현실에 무력하기 짝이 없는 데서 비극이 발생한다. 시적 자아가 현실의 극복에 투철하지 못하고 허물어져 가는 과거의 이상 세계에 사로잡힌 채 안주하려는 자세를 엿볼 수 있다. 자아가 과거적 존재인 이상적 세계에 집착하는 한 현실의 시대 상황을 그의 이상으로 되돌려 놓기에는 너무나 무력한 존재일 수밖에 없다. 자아의 이상 추구 욕구가 강하면 강할수록 그만큼 자아의 무력감은 깊이 인식되어 비극이 강화될 뿐이다.

　　　　구겨진 하늘은 묵은 애기책을 편 듯
　　　　돌담울이 古城같이 둘러싼 山기슭
　　　　박쥐 나래 밑에 黃昏이 묻혀오면
　　　　草家 집집마다 호롱불이 켜지고
　　　　故鄕을 그린 墨畵 한 폭 좀이 쳐.

　　　　띄엄띄엄 보이는 그림 조각은
　　　　앞밭에 보리밭에 말매나물 캐러 간
　　　　가시내는 가시내와 종달새 소리에 반해
　　　　빈 바구니 차고 오긴 너무도 부끄러워
　　　　술레짠 두뺨 위에 모매꽃이 피었고,

그네 줄에 비가 오면 豊年이 든다더니
앞내江이 씨레나무 밀려나리면
젊은이는 젊은이와 뗏목을 타고
돈 벌러 港口로 흘러 간 몇 달에
서릿발 잊져도 못 오면 바람이 분다.

피로 가꾼 이삭에 참새로 날아가고
곰처럼 어린 놈이 北極을 꿈꾸는 데
늙은이는 늙은이와 싸우는 입김도
벽에 서려 성애 끼는 한겨울 밤은
洞里의 密告者인 江물조차 얼붙는다.

- 「초가」

이 시는 초기 시에서 흔히 보는 부자연스러운 데가 별로 없다. 「묵은 애기책」 등은 이미지는 어두운 식민지 현실의 표상이다. 이들을 거느리는 중심 시어는 '구겨진 하늘'이다. '구겨진 하늘'로 시각화된 암울한 시대상이 '띄엄띄엄 보이는 그림 조각'으로 구체화된다. '하늘'에서 '고성'으로 다시 '초가'로의 공간의 축소에서 상실감과 일체감을 느낄 수 있다.

하늘에서부터 땅 위에 서 있는 초가에로의 공간의 축소 이행에서 제1연 '호롱불'로 말미암아 유발된 서정은 제2연에 이르러 공허감으로 시상이 전개되면서 비극적 서정으로 고조된다. 가시내는 빈 바구니만 들고 다닐 수밖에 없는 안타까운 상황이고 젊은이는 항구로 돈벌이하러 떠나야만 하는 텅 빈 공간이다. 그러므로 '보리밭', '앞내 강' 등으로 표상된 고향은 이질적이니 '항구'라는 공간으로 이행되면서 제4연과 제5연에 이르면 시적 자아는 되돌아갈 수 없는 북극을 꿈꾸는 곰의 신세, 이삭 없는 논밭을 날아가는 참새가 된다. 그만큼 이 시의 분위기는 어둡고 자학증에서 완전히 자유로워져 있으며 건강성을 획득하고 있다.[28]는 지적은 수긍키 어렵다. 더구나 늙은이들만이 남아서 다투는 곳으로서 곧 비창조적인 공간이 '강물조차 얼붙는다'로 제시된다.

따라서 대타적인 요인에 따른 비극적 현실은 해결될 여지가 없어 보인다. 현실에 적극적으로 대응하지 못한 채 이상적 자아는 현실의 실체적 상황 속에서 무력감만 확인할 따름이다. 육사시에서 고달픈 삶의 슬픈 긍정과 위안이 간접적으로 표출됨으로써 비극적 삶의 비장한 아름다움을 드러낸[29] 경우는 「황혼」에서도 확인된다.

> 내 골방의 커-텐을 것고
> 정성된 맘으로 黃昏을 마저드리노니
> 바다의 흰갈메기들 갓치도
> 人間은 얼마나 외로운 것이냐
>
> 黃昏아 네 부드러운 손을 힘 껏 내밀라
> 내 뜨거운 입술을 맘대로 맞추어보련다
> 그리고 네품안에 안긴 모-든 것에

---

28 김윤식, 〈절명지의 꽃-이육사론〉, 「시문학」, 12월호, 1973, p.74.
29 김재홍, 〈투사의 길·예술의 길〉, 「소설문학」, 1986, 1월호, p.328.

나의 입술을 보내게 해다오

저-十二星座의 반ㅅ작이는 별들에게도
鍾소리 저문 森林속 그윽한 修女들에게도
쎄멘트 장판우 그만흔 囚人들에게도
의지할 가지업는 그들의 心臟이 얼마나 떨고 잇슬가

'고비' 沙漠을 걸어가는 駱駝탄 行商隊에게나
'아푸리카' 綠陰속 활쏘는 '인데안'에게라도
黃昏아 네 부드러운 품안에 안기는 동안이라도
地球의 半쪽만을 나의 타는 입술에 맛겨다오

내 五月의 골방이 아늑도 하오니
黃昏아 來日도 쏘 저-푸른 커-켄을 것게 하겠지
暗暗히 살아지긴 시내물 소리갓해서
한번 식어지면 다시는 도라울줄 모르나부다

- 「황혼」

이 시는 1935년 《신조선》에 발표된 작품으로 제5연으로 된 각연 5행의 정형성을 갖춘 시이다. 호격어 〈황혼〉을 통해서 서정이 유발되고 있다. 이 호격어는 보다 직접적인 환정성evocativeness을 유발함과 동시에 감동의 영역을 확대하는 데 있어서 효과적인 역할을 수행하고 있다는 지적[30]은 주목된다.

그러나 강렬한 이미지와 아울러 이러한 호격과 돈호법의 구사는 육사의 시를 보다 특특하고 모방하게 만드는 데 효과적인 방법이라는 진술은[31] 앞서의 '직접적인 환정성의 유발'을 호격이 감당한다는 진술과 상반된다. 이 시에서 〈황혼〉은 서정 유발의 매개이다. 여기에서 〈황혼〉은 골방에 있는 외로운 인간을 달래주는 위안이며 바다의 외롭고 나약한 흰 갈매기들을 포근하게 감싸 주는 어미 갈매기의 품 같은 것이다. 즉, 시인은 해 질 녘 바닷가에서 하얀 갈매기들이 황혼의 품속으로 안기는 정경을 보고, 골방에서 외롭고 쓸쓸한 자신도 그와 같은 황혼의 포근한 품속에 안기고 싶은 소망을 '정성된 마음으로 황혼을 맞아드리노니'라고 표현하고 있다.

그러나 〈황혼〉의 실체가 나에게는 부드러움과 포근함으로 와 주지 않는다. 여기에서 〈황혼〉은 다시 비극 발생의 매개가 되기도 한다. 모든 외로운 것을 따뜻하고 포근히 감싸 주는 낭만적인 〈황혼〉 곧 밤하늘의 별들, 깊은 산속의 수녀들, 감옥 속의 죄수들, 사막의 행상인, 활을 쏘며 생존경쟁에 시달려 고달파 하는 아프리카의 토인들까지 모든 것을 포용하며 포근히 감싸 주는 낭만적인 서정 유발의 매개일 수 있다. 그러나 그 모든 것들을 감싸고 외로움을 달래 주지 못함을 깨닫고 '암암히 사라지는 시냇물 소리 같아서'라는 한순간에 인식이 이르면 〈황혼〉은 더 이상 낭만적인 대상이 되지 못하고 비극을 발생케 하는 매개가 되기도 한다.

---

30   정한모, 〈육사시의 특질과 시사적 의의〉, 「나라사랑」, 제16집, 1974, p.52.
31   정한모, 앞의 책, 같은곳.

나의 골방이 너무나 아늑하기 때문에, 다시 말해서 '내 오월의 골방이 아늑도 하니'까 나만이 외롭고 쓸쓸한 존재로 인식된다. 이때 비극은 배가되기 마련이다. 그런데 그 비극은 극복될 가망이 전혀 없다. 즉, 아늑한 골방에 황혼이 들어오기는 너무나 막연한 상태이다. 왜냐하면 〈황혼〉은 '암암이 사라지는 시내ㅅ물소리 같아서'와 같이 그 실체가 존재하여 머무르지 못하고 자꾸 변화되어 사라지기 때문이다. 이때 시적 자아는 비극적 상황에 깊숙이 침잠함으로써 외로운 현실의 비극을 극복하려 든다. 이는 곧 '한번 식어지면 다시는 돌아올 줄 모르나보다'로 〈황혼〉의 덧없음을 인식한다.

자신의 외롭고 쓸쓸함을 느끼게 했던 아늑한 골방을 탓하지 않고 오히려 시냇물 소리같이 아득히 어둠 속으로 사라져 버리는 황혼의 덧없음에 자아를 일치시킴으로써 비극 발생의 근본적인 요인도 쉽게 극복될 수 있다는 비관적 신념의 거리를 확보하는 한편, 철저한 비극에의 침잠이 곧 비극의 극복이라는 역설적인 논리가 성립되는 것이다.

> 한 개의 별을 노래하자. 꼭 한 개의 별을
> 十二星座 그 숱한 별을 어찌나 노래하겠니
>
> 꼭 한 개의 별! 아침 날 때 보고 저녁 들 때도 보는 별
> 우리들과 아-주 親하고 그 중 빛나는 별을 노래하자
> 아름다운 未來를 꾸며 볼 東方의 큰 별을 가지자
>
> 한 개의 별을 가지는 건 한 개의 地球를 갖는 것

아롱진 설움밖에 잃을 것도 없는 낡은 이 땅에서
한 개의 새로운 地球를 차지할 오는 날의 기쁜 노래를
목안에 핏대를 올려가며 마음껏 불러 보자

처녀의 눈동자를 느끼며 돌아가는 軍需夜業의 젊은 동무들
푸른 샘을 그리는 고달픈 沙漠의 行商隊도 마음을 축여라
火田에 돌으르 줍는 百姓들도 沃野千里를 차지하자.

다 같이 제멋에 알맞는 豊穰한 地球의 主宰者로
임자 없는 한 개의 별을 가질 노래를 부르자

한 개의 별 한 개의 地球 단단히 다져진 그 땅위에 모든 生産
의 씨를 우리의 손으로 휘뿌려 보자
罌粟처럼 찬란한 열매를 거두는 宴엔
禮儀에 끄림없는 半醉의 노래라도 불러 보자

영리한 사람들을 다스리는 神이란 항상 거룩합시니
새 별을 찾아가는 移民들의 그 틈에 안 끼여 갈 테니
새로운 地球엔 斷罪없는 노래를 眞珠처럼 흩이자

한 개의 별을 노래하자. 다만 한 개의 별일망정
한 개 또 한 개의 十二星座 모든 별을 노래하자

-「한 개의 별을 노래하자」

이상적 세계는 유가적 전통에로의 회귀뿐만이 아니라 모든 현실적인 장애 요인의 제거까지도 포함하는 매우 포괄적인 의미이다. 선비적 품격에서 체득된 시적 자아는 새로이 밀려온 문화의 충격에는 대체로 관대하였다.[32] 그러나 자아의 개방은 일정한 한계를 지닌 것이기 때문에 자아를 개방시키면 시킬수록 상대적으로 현실적인 자아의 무기력만 더할 뿐이다.

'한 개의 별을 노래하자'에 이르면 이상적 자아는 신으로 표상되고 있다. 인간의 능력이 절체절명의 어려움에 처하면 그것을 종교적인 차원에서 해결하려고 하는데 육사의 경우 유교적 합리주의가 그것을 대신한다. 체질화된 유교적 합리주의의 세계에 바탕한 이상적 자아실현에 패배할 때 현실적 자아의 분열은 비극적 정조로 치닫는다. '한 개의 별을 노래하자'가 가지고 있는 정서는 우선 고독감이다. 이러한 고독감은 자아가 처한 시대적 상황에 따라서 결정되는 것이다.[33] 이 시는 미래지향적인 자세를 보이며 '한 개의 별'은 곧 하나의 이상적인 자아를 상징하는 대상이다. 이 경우 '별'은 서정 유발의 매개가 되는데 오직 한 개의 별이어야 하는 데서 엄숙함이 느껴지는 서정이다. 여기서 '별'을 한정해 주는 '한 개'의 의미가 시의 핵심이자 비극 발생의 동인 매개가 되는 것이다. 다시 말해서 '한 개의 별'은 '동방의 큰 별' → '한 개의 지구' → '십이성좌'로 공간의 확대가 이루어지고 있으나 '한 개의 별'에 이르고 만다. '한 개의 별'은 모든 현실적 상황의 해기 때문에 그에 관한 염원은

---

32 육사가 해외 문명에 관심을 갖는데서 알 수 있다. 졸고 및 강창민의 글 참조.
33 강창민, 앞의 글, p.99.

현실의 모든 수난을 참고 견디게 한다. 또한 동무→행상대→백성으로 확대되어 갈 수 있었던 것은 '한 개의 별'을 미래에 획득할 수 있다고 확신한 신념의 소산이기 때문에 제4연은 자연스럽게 제5, 6연을 노래할 수 있도록 해 준다. 그러나 이상적인 자아의 신념은 거룩한 신의 능력권 속으로 이행되면서 미래에의 확신은 '새 별을 찾아가는 移民들'과 같이 현실적인 상황의 희생물 속에 묻히고 마는 것이다.

결국 '한 개의 별'의 신념은 사라지고 자아는 또다시 한 개의 별이 아닌 '십이성좌의 모든 별'을 노래하게 되는 것이다. 따라서 '한 개의 별' 만을 집착하는 데서 발생된 비극적 정조는 극복될 여지도 없이 그것에 압도되어 좌절 속에서 허공을 향해 현실적 무기력을 느낄 뿐이다. 〈한 개의 별〉의 확보에서 결국 '십이성좌'의 모든 별로의 공간 이동은, 유교적 질서에서 중시하는 수신제가-치국-평천하의 통치 원리와 어약연비의 우주론적 질서를 반영한 것으로 육사의 자아가 이상으로 하는 신념의 세계 질서를 형상화한 것이다.

그러므로 이상적 자아실현의 좌절은 현실의 투철한 신념으로 극복되지 못한다. 이는 육사의 적극적인 현실 극복 의지와는 다른 모습의 문화적인 표출 방식이다. 바로 이 점에서 육사의 전기적 사실과 문학적 행위를 동일시할 수 없음을 확인하게 된다.

요컨대, 「한 개의 별을 노래하자」에서는 '별'이 곧 이상의 표상인데 별을 노래함으로써 자아가 추구하는 이상이 성취될 수 있다는 신념의 표출이다. 시의 화자가 적극적 의지로 이상을 추구하는 것은 그가 신념으로 삼는 유가적 통치 원리와 우주론적 질서에 기인하며 '별'의 노래가 이상의 노래일 수 있는 근거가 바로 여기서 마련되는 것이다. 그러므로 이상의 노래에 집약된 '한 개의 별'에 대한 갈망은 이미 그 속에 어두운 표랑을 극복하려는 의지가 서려 있다.[34] 따라서 비극의 정조는 애초부터 지니고 있었으며 육사시의 시상이 '밤'이나 '어둠'으로 나타난 경우 외에도 비극의 그림자가 짙게 드리우는 작품이 존재하는 이유가 된다.

> 한낮은 햇발이
> 白孔雀 꼬리 위에 함북 퍼지고
>
> 그넘에 비둘기 보리밭에 두고 온
> 사랑이 그립다고 근심스레 코고을며
>
> 해오래비 靑春을 물가에 흘려 보냈다고
> 쭈그리고 앉아 비록 부르건마는
>
> 흰 오리떼만 분주히 미끼를 찾아
> 자무락질치는 소리 약간 들리고
>
> 언덕은 잔디밭 파라솔 돌리는 異國少女들
> 海棠花 같은 뺨을 돌려 望鄕歌도 부른다.
>
> - 「소공원」

---

34 김홍규, 앞의 책, p.98.

이 시는 각 연마다 흰색의 색채 이미지로 전개하는 것이 특이하다. 제1연의 '백공작'에서 흰색의 이미지, 제2연의 '비둘기'가 풍겨 주는 평화의 사자로서 흰색의 표징, 제3연의 '해오래비'에서 흰색의 이미지, 제4연의 '흰오리' 등의 심상이 제5연에서는 '잔디밭'에서 흰색이 파란색으로 시각적 이미지가 이동하고 있다. 평화스러움의 심상이 상실의 심상으로 전이되는 것처럼 느껴지는 것은 안정된 질서가 갑자기 파탄되는 데에 기인한다. 한낮의 한가로운 백공작, 보리밭의 비둘기, 바닷가의 해오래비, 물가의 흰오리 등의 조류는 각기 우주론적 질서의 조화이다. 이러한 이상적 자아의 유토피아는 제5연에 이르러 돌연히 파탄되고 만다. '파라솔', '이국소녀' 등에서 느껴지는 외래적 표상이 모더니즘의 영향이라는 시비를 논외로 하더라도 낭만주의적 색채마저 깃들어 있어 안정되고 조화로운 형상화의 과정과는 대조적이다.

특히 시 형식의 안정성이나 균형성 및 상징성은 육사시가 전통성에 접맥[35]되어 있음을 드러내는 단적인 증거이지만 시 형식에서도 규칙적인 2음보 구성을 이루고 있다. 시조의 경우 3행이지만 사실상의 의미 전달은 2행만으로 수행되는 통상적인 것을 감안할 때 각 연 2행씩의 구성 방식은 그와 같은 양반 문학의 시조 형식과 많이 닮아 있다고 보여진다. 그러한 심증을 굳히게 하는 또 다른 점은 제5연의 구성이 시조의 종장 규칙을 따르고 있으며 시상의 완결을 겸하고 있기 때문이다.

언덕은/ 잔디밭// 파라솔/ 돌리는// 異國少女/ 둘// 海棠花/ 같

---

35   강은교, 앞의 글, pp.1~36.

은 뺨을 돌려// 望鄕歌도/ 부른다.//

　이와 같은 음보로 나눌 수 있는데, 제1, 2, 3, 4연에서 추구한 이상적 자아의 우주론적 질서의 세계가 제5연에 이르러 파탄되면서 이 시의 비극성은 끝내 극복되지 못한다. 이 시에서는 각 연마다 첫 행이 각각 서정 유발의 매개가 되며, 둘째 행이 비극 발생의 동인이라는 사실에서 볼 때 연시조의 구성 방식과 흡사함을 알 수 있다.

　이렇게 발생된 비극적 정조는 제5연에서 통합되면서 현실적 자아의 무기력 때문에 결국은 비극성이 극복되지 못하고 있다. 자아의 염원은 이상적인 자아의 세계인데 현실은 그와 정반대이다. 그러나 현실적 자아는 부당한 현실의 상황에 무력할 뿐이다. 바로 이 점이 이육사의 한계라 하겠는데, 이러한 이상적 자아의 우주론적 질서의 세계에 관한 염원과 현실적 자아의 무력한 모습이 현실 속에서 심한 갈등을 일으키지만, 마침내는 후자로 말미암은 비극을 초래한다.

　　목숨이란 마-치 깨여진 배쪼각
　　여기저기 흐터저 마을 이 한 구죽죽한 漁村보다 어설푸고
　　삶의 틔끌만 오래묵은 布帆처럼 달어매엿다.

　　남들은 깃벗다는 젊은 날이엿건만
　　밤마다 내꿈은 西海를 密航하는 '쩡크'와 갓해
　　소금에 짤고 潮水에 부프러 올넛다.

항상 흐릿한밤 暗礁를 버서나면 과 싸워가고
傳說에 읽어본 珊瑚島는 구경도 못하는
그곳은 南十字星이 비처주도 안엇다.

쫓기는 마음! 지친 몸이길래
그리운 地平線을 한숨에 기어오르면
시궁치는 熱帶植物처럼 발목을 오여쌌다.
새벽 밀물에 밀려온 거미 인양
다 삭어빠진 소라 깍질에 나는 부터왓다.
머-ㄴ 港口의 路程에 흘너간 生活을 드려다보며

- 「노정기」

제1연의 '깨여진 배쪼각'이 '목숨'으로 시각적인 형상화가 이루어지면서 발생되는 정조는 비극적이다. 기구한 목숨을 깨어진 뱃조각으로 비유하면서 대담한 수사적 기교로 '남성적인 톤의 소유자'[36]라는 평가에 값하고 있으며, 이는 일종의 '낯설게 하기'의 기법으로 긴장감을 고조시키고 있으며, 육사 자신의 불행한 자화상을 형상화한 이 시는 「황혼」, 「연보」에서와 같이 육사 자신 또한 인간의 삶을 철저하게 부정하고 있다. '목숨이란 마치 깨여진 배 조각'과 같고 소라 껍데기에 붙어 망망 대해를 밀려온 '거미'와 같은 것으로 '삶의 고뇌'를 파악하려는 무상성이

36　한상수 〈육사시의 특질연구〉「대전대논문집」 1호, 1982, P.16; 조창환 앞의 논문, P.341'. 이러한 견해는 통설로 인정되어온 것이다.

드러나 보인다. 육사에게서 인생의 인식 태도는 단순한 자아의 체험적 세계에서 유발된 현실적·세속적인 삶의 영역과는 거리가 먼 인생의 근원적인 운명에 근거하고 있다. '산호도'로 표상되는 이상적인 공간으로서의 자아 현실이며 '깨여진 배 조각'으로 표상된 자아가 '산호도'와 '남십자성'을 동경함에서 발생되는 비극성은 이상과 현실의 괴리에서 오는 가치 질서의 충돌이다.[37]

따라서 부당한 현실이 제거되지 않는 한 비극의 요인은 사라지지 않기 때문에 이 시의 정조는 비극적일 수밖에 없으며, '한 구죽죽한 어촌은 초라한 자아의 실재적 위치로 나타나고 있다. 현실에서 시인은 탈출을 시도하지만 '암초', '태풍'과 싸워서 실패한 채 이상적 자아가 동경하는 세계인 '산호도', '남십자성'에는 끝내 도달하지 못하고 만다. 창조적 공간에로의 공간 이동에 실패한 것이다. 공간 확보의 좌절에서 발생되는 비극적인 현실은 제4연의 시련만을 강화시켜 줄 뿐이다. 마지막 연에서도 자아의 참모습은 단적으로 드러난다. 이상적 자아의 현실적 무력감을 시적 자아가 강한 의지로써 극복하려는 태도가 아니라 그러한 현실의 부정하면서도 문제의 해결에는 소극적인 태도임을 간과할 수 없다.

그가 시작 행위를 했던 것은 선민의식에 깊이 침잠한 선비적 교양이었기 때문에 현실의 부당한 요소를 날카롭게 직시하여 대담한 기교적 수법으로 형상화할 수 없었을 뿐만 아니라, 신분적 제약 때문에 이상적인 자아의 세계가 현실에서 실재적으로 좌절되지만 그에 관해 자아는 묵시할 수밖에 없는 현실적 무력감에서 발생되는 비극으로 나타

---

37 김종길, 〈육사의 시〉, 「진실과 시어」, (서울: 일지사, 1974), P183.

난다. 그 근본적인 원인의 제거에는 매우 소극적인 자세를 보임으로써 결국 비극적 상황을 극복하지 못했거나 아니면 적극적·대결적인 자세가 아니라, 소극적·좌절적 대결 양상으로 드러나고 있다.

3. 창조적 공간에의 향수

창조적 공간은 신화 연구에 관심의 대상이 된다. 공간 구조로써 단군신화의 경우 신단수는 산정 즉, 성스러운 장소에 늘 수반되는 '우주목'인데 천지창조 신화나 개국 신화에 두루 등장한다. 그때 우주목은 신성스러운 나무로서 그것이 존재하는 곳은 곧 세계의 중심지 혹은 우주의 중심이 된다. 고대인들에게 있어서 우주의 중심 또는 세계의 중심 공간에서는 모든 창조적 행위가 이루어지는 곳으로 인식되었다. 즉, 우주목은 우주의 축, 세계의 이미지, 하늘의 기둥, 천상과 지상 및 지하의 세계를 잇는 교량의 역할, 주기적인 재생이 일어나는 곳을 지칭하는데, 인간으로 말하면 배꼽navel에 해당한다.[38] 어머니 배 속에서는 이 배꼽을 통해 호흡을 하는데, 생명의 근원은 바로 그곳이 되는 것이다. 육사와 동주의 경우에 있어서 표상된 시적 공간성의 의미 규명은 매우 중요한 과제가 아닐 수 없다.

그런데 육사시에 표상된 공간 이미지가 창조적 공간의 구실을 수행하지 못하는 데도 자아는 항상 그런 공간에의 회귀를 갈망하는 데서

---

38   최한선, 〈중심상징으로 존 신화공간〉, 「대구어문연구」, 제6집 1988, p. 191.

문제가 유발된다. 시에서 시적 화자의 심리 상태나 의식을 밝히는 데 공간의 역할은 지대한 것이다. 특히 식민지의 어려운 시대적 상황에 억압된 자아의 표출 방식은 관심의 대상이 되기에 족한 것으로 공간의 성격과 관련되게 마련이다. 육사의 시적 공간은 '하늘', '동굴', '골방', '무덤', '바다', '고원', '광야' 등으로 나타나고 있다. 그런데 창조적 공간으로 회귀하려는 강한 향수는 그것이 좌절되었을 때 걷잡을 수 없는 비극성을 유발하게 된다.

    너는 돌다리목에 쥐왔다든
    할머니 핀잔이 참이라고 하자

    나는 진정 江언덕 그마을에
    버려진 문바지였은지 몰라?

    그러기에 열여덟 새봄은
    버들피리 곡조에 부러보내고

    첫 사랑이 흘러간 港口의 밤
    눈물섞어 마신술 피보다 달드라

    공명이 마다곤들 언제 말이나 했나?
    바람에 부처 돌아온 고장도 비고

서리밟고 걸어간 새벽길우에
　　肝잎만 새하얗게 단풍이드러

　　거미줄만 발목에 걸린다 해도
　　쇠사슬을 잡어맨 듯 무거워젓다

　　눈우에 걸어가면 자욱이 지리라고
　　때로는 설래이며 파람도 불지

　　- 「연보」

　　이 시에서도 육사는 정형성을 매우 중시하고 있음이 뚜렷하다. 강언덕에 있는 고향마을이 제2연에서 서정 유발의 매개 역할을 한다. 옛날의 추억을 회상하기에 강언덕 '그 마을'을 강조하고 있다. 제1연과 제2연은 의미론적 관계만을 따진다면 그 순서가 바뀌어야 자연스럽지만, 시인은 긴장감을 주기 위하여 일상적인 언어의 규범을 깨뜨리고 있다. 그가 자랐던 '고향 마을'은 창조적 공간이 아니었다. 그곳에서도 '문바지'로서 학대받았기 때문이다. 그리하여 제3연에서는 '그러기에 열여덟 새 봄은 버들피리 곡조에 부러보내고'라고 표현한 것이다. 고향은 상실과 좌절의 추억을 일깨워 준[39]데서 비극 유발의 매개가 되는 것이다. 이 경우 「노정기」에서 '남들은 기뻤다는 젊은 날이었건만' 시인은 서해를 밀항하는 '쩡크'와 같으며 '버려진 문바지'인 것이다.

39　　졸고, 〈이육사연구〉, p. 40.

이렇게 비극적인 자화상의 추억이 자리하고 있는 공간이 이제 와서 그리워지는 것은 현재의 시대적 상황이 그만큼 처절했음을 입증하고도 남는다. 그러므로 과거를 동경하지 않을 수 없고 스스로 실존했음을 입증하고도 남는다. 이때, '고향' 즉, '모태'에로의 회귀는 자연스럽기조차 한 것이다. '고향'이 창조적 공간으로 작용할 수 있는 결정적인 근거는 시상의 전개에서 확인되는 시간의 흐름이다. 제1연과 제2연의 아득한 때는 민의 사유 체계상 이야기의 도입부에 반드시 뒤따르는 것과 같이 서정의 자연스러운 유로를 위해 동원된 막연한 시간 설정이다.
　제3연에서는 구체적인 시간은 없지만 아득한 태곳적 시간성이 극복된다. 따라서 이 시의 구성상 제1, 2연은 큰 의미가 없으며 제3연에 이르러 자아의 실존적 깊이와 시간이 확보됨과 동시에 창조적 공간으로서의 자기 공간이 확보된다. 그것은 만물의 생성을 약속하는 봄을 '버들피리'로 표상하고 있기 때문이다.
　그러나 제6연에 이르면 추락의 계절인 가을로 비약되면서 자아의 불안한 심사가 7연의 '거미줄만 발목에 걸린다 해도' '쇠사슬을 잡아맨 듯 무거워졌다'로 표현되고 있다. 결국 마지막 연의 겨울의 심상은 눈으로 드러나는데 이는 다시 어린 시절로 회귀를 뜻한다. 그 회귀의 지향은 곧 창조적 공간에로의 회귀인데 그것에 관한 향수가 강할수록 비극성은 고조된다. 마지막 연에서 겨울로 표상된 시간성은 신념의 겨울이자, 현실적 상황의 겨울이기 때문에 현실의 대결은 좌절되고 만다.

　　푸른 하늘에 다을드시
　　세월에 불타고 웃둑 남아서서

차라리 봄도 꽃피진 말어라.

날근 거미집 휘두르고
끝없는 꿈길에 혼자 설내이는
마음은 아예 뉘우침 안이리

검은 그림자 쓸쓸하면
마츰내 호수속 깊이 거꾸러져
참아 바람도 흔들진 못해라.

- 「교목」

이 시는 1940년 《인문평론》에서 석경이 다음과 같이 월평에 쓰고 있다. "육사의 「교목」 (인문평론 7월)은 하이칼라만 없애면 쓸모 있는 시이고……"[40]라고 하여 육사가 귀족적인 시풍을 지녔음을 지적한 바 있다. 꿋꿋한 선비의 풍모를 연상케 하며 '바람도 흔들지 못하는' 절대적인 불굴의 의지를 지적한 것이다.[41] 「교목」은 인간화된 인격체로서 「절정」에서 〈겨울〉과 흡사한 생명부정적 상황[42]을 말한다. '푸른 하늘'로 설정된 공간성은 자아의 의지가 작용하는 이상적 세계이다. 그곳은 계절의 순환이 없다는 것이 아니라, 봄이 되어도 꽃을 피울 필요가 없다

---

40 石耕, 〈시의 목적-七月〉의 시논평〉, 「인문평론」, 1940년 8월호, p. 46.
41 졸고, 앞의 글, P. 50.
42 김흥규, 앞의 글, p. 102.

는 뜻으로 '차라리 봄도 꽃피진 말어라'고 한 것이다.

　제1연의 봄날의 꽃은 서정 유발의 매개이다. 그렇게 유발된 서정은 밝고 건강한 낭만적인 것이 아니라, 우울하고 암울한 것이다. 이것은 자아의 의지가 실현되는 창조적 공간으로서의 '푸른 하늘'은 '호수' 속으로 이동하며 활동적인 생명력이 움츠러들고 만다. 여기에서 이 시의 비극이 발생된다. '하늘'과 '호수'의 공간적 대비는 극복-좌절, 창조-파괴, 상승-하강의 시적 구조를 보여 준다. 그런데 이 시가 철저하게 비극적이지 못한 것은 마지막 행 '참아 바람도 흔들진 모해라'에서 보장된다. 적극적으로 현실에 대응해 나가려는 의지는 결여되었으나 최소한의 자아 성찰의 의지만은 힘주어 드러낸 경우이다. 이렇게 볼 때 이육사가 자기 존재의 회의에서부터 문학적 상징이 시작된다[43]는 지적은 적절하지 못하다. 〈교목〉은 쓸쓸한 검은 그림자인데 창조적 공간 질서가 무너지면서 발생된 비극을 적극적으로 극복하려는 태도는 보이지 않고 호수 속에 거꾸로 깊이 침잠함으로써 좌절적 극복의 양상을 취하고 있다.

　　　매운 季節의 챗죽에 갈겨
　　　마츰내 北方으로 휩쓸려오다

　　　하늘도 그만 지쳐 끝난 高原
　　　서리빨 칼날진 그우에서다

43　김현자, 〈이육사시에 나타난 상상력의 구조〉, 「　」41집, 이화여대, 1982, p12..

어데다 무릎을 꾸러야하나?
하발 재겨디딜 곳조차 없다.

이러매 눈감아 생각해볼밖에
겨울은 강철로된 무지갠가보다.
　-「절정」

　「절정」은 1939년 《문장》지 1월호에 실린 4연 시로서 정형적 구성을 이루고 있다. 이 시는 '북방'이라는 낯선 공간이 매개되어 서정이 발생되고 있다. 매운 계절 때문에 하는 수 없이 하늘도 끝나 버린 북방에 닿는다. 시적 자아의 의지에 따라서 능동적으로 선택한 공간인가는 알 수 없으나 이해의 태도에 따라 이 시의 성격은 판이하게 달라진다. 즉 '매운 계절'로 상징된 것이 일제의 탄압이라고 한다[44]면 갈기는 채찍에 맞아서 쫓기다가 갈 곳이 없어 헤매던 중 간신히 다다른 곳이 하늘도 그만 지쳐서 끝나버린 북방의 '고원'이라는 뜻이 된다. 그렇다면 이 시가 극한 상황에 몰린 한 독립운동가의 심경과 그 초월을 노래한 작품이라[45]는 해석은 아무래도 다음의 시행 때문에 납득하기가 어렵다. '마침내 북방으로 휩쓸려 오다'가 바로 그것인데 의지적 독립운동가로서는 너무 초라하다. 능동적이고 적극적인 자세가 아니라 일제의 잔인한 탄압에 견뎌 내지 못하고 신음하다가 그들의 매서운 채찍의 회오리바람에 휩

44　이남호, 〈비극적 황홀의 순간 묘파〉, 「문학사상」, 1986. 2월호. p.175.
45　이남호, 같은 글.

쓸려 어쩔 수 없는 한계 상황에 처한 모습이 되고 만다. 더구나 여기서 "절정이라는 것은, 우리 민족의 수난이 최고조에 달했다는 의미가 아니라, 시대와 대결하는 한 인간의 마지막 대결의 지점을 의미한다"라는 지적이나, "죽음을 초월하는 저항 정신과 시를 통한 진정한 참여를 보여주었다"라는 견해[46] 또한 마찬가지로 설득력이 약한 것이 된다.

한 시인이 시대적인 상황, 즉 대타적인 요인으로 형성된 현실적인 난관을 극복해 내지 못한 것으로 나타나 있다. 따라서 이 시의 마지막 두 행 즉, '이러매 눈감아 생각해 볼밖에/ 겨울은 강철로 된 무지갠가 보다'에서 첫 행의 '매운 계절'이 여기서는 '겨울'로 표현되었다. 그런데 매운 채찍을 휘갈기는 겨울은 극복하지 못한 채 '강철로 된 무지개'라고 말함으로써 결국은 좌절과 체념 내지는 한탄으로 끝나고 만다. 그런데 이 시에서 비극적인 정조를 유발하는 매개는 제3연의 '한발재겨 디딜 곳조차 없다'로 표현된 공간 부재다. 한 발자국조차 내디딜 공간 확보의 실패는 '북방'으로 유발된 서정을 비극적이게 만든다. 시적 자아가 처한 상황은 하늘이 끝난 고원이요, 서릿발 칼날 진 곳인데 그곳은 자아를 옴짝달싹 못하게 하는 폐쇄된 공간이다. 자아의 의지를 펼 수 있는 개방된 공간의 확보에 실패하고 만다. 개방된 공간의 확보야말로 시적 자아의 의지를 충족시킬 수 있는 창조적인 공간이 되는 것이다. 그와 같은 좌절감이 이 시의 비극적 정조를 확대시킨다. 바꾸어 말하면 이 시의 비극은 대타적인 요인 즉, 식민지 치하의 역사적인 상황에서 비롯된다.

그러므로 대타적인 비극적 정서가 유발되는 시적 자아는 대타적

---

46 정한모, 〈육사 시의 특질과 시사적 의의〉, 「나라사랑」, 제16집, 1974, p.68.

비극의 속성인 '분노'에까지 이르지 못하고 소극적인 자세를 취하고 만다. 그렇다고 대자적인 정한으로 내면화시켜서 '체념'의 정서로 이끌어 가지도 못하고 있다. 요컨대 이 「절정」은 저항 의지가 담겨져 있기는 하지만, 대타적 요인인 역사적 상황에 의지하여 빼앗긴 창조적 공간을 회복하지 못한 비극성을 노출시키고 말았다.

   동방은 하늘도 다 끗나고
   비한방울 나리쟌는 그때에도
   오히려 꼿츤 밝아케 피지안는가
   내목숨을 꾸며 쉬임업는 날이며

   北쪽 '쓴드라'에도 찬 새벽은
   눈속 깁히 꼿 맹아리가 움작어려
   제비떼 까마케 나라오길 기다리나니
   마츰내 저버리지 못할 約束이여!

   한 바다 복판 용소슴치는곳
   바람결따라 타오르는 꼿城에는
   나 처럼 醉하는 回想의 무리들아
   오날 내 여기서 너를 불러보노라
   - 「꼿」

이 시는 각 연이 4행으로 짜여진 전체 3연으로 된 시이다. 짧은 시이지만 쉽게 읽히지 않는다. 특유의 구성과 개인적 상징 등 함축어를 사용하고 있기 때문에 이해하기 어렵다. 말하자면 「꽃」은 마치 한 편의 동화나 민담 같은 전개법을 쓰고 있다. 제1연 첫 행과 둘째 행은 '옛날옛날 아주 먼 옛날에 동방이란 땅의 하늘 끝닿는 곳에는 비가 몹시도 귀한 곳이 있었지'로 시작되는 민담과 흡사하다.

민담은 삼라만상 우주의 생성 과정과 자연물에 관한 인간의 호기심 때문에 만들어진 것으로서 인간이 자기의 논리와 생각으로 자기 주변의 사물을 관찰하여 이야기를 꾸민다. 그런데 꾸민 이야기는 호기심과 흥미를 동시에 구유하고 있어야만 전승된다.[47] 일반적이라고는 말할 수 없지만, 민담은 순차적인 구조를 갖는다.[48] 순차적 구조란 조동일에 따르면, 가령 A, B, C, D, E의 단락이 있다면 각 화소는 앞의 단락을 부정하면서 이야기가 진행되어 가는데 A는 B에 따라서, B는 C에 따라서 C는 D에 따라서, D는 E에 따라서 각각 부정되면서 이어진다는 것이다.[49]

이와 같은 구성 원리는 민담이 오로지 그 구조에 따라서만 전승이 가능하기 때문에 기억과 전달에 용이한 구조를 지닐 수밖에 없다는 것이다. 그런데 위의 〈꽃〉은 민담과 같은 순차적인 구성 원리에 입각하고 있어서 자못 흥미롭다. 이 시는 그 의미상으로 볼 때, 제1연 이하 다른 연이 두 개의 의미 단락으로 각각 이루어졌는데, 전체 여섯 개의 의

---

47 장덕순 외 3인, 「구비문학개설」(서울 : 일조각, 1981), p.68.
48 조동일, 〈민담구조의 미학적·사회적 의미에 대한 일 고찰〉, 「한국민속학」, 3. 1970, 참조.
49 장덕순 외 3인, 앞의 책, pp.66~67.

미 단락이 순차적인 구성 원리에 따라 이어지고 있다.

    A : 동방의 하늘 끝에는 비가 내리지 않는다. (1, 2행)
    B : 그러나 그곳에는 빨갛게 꽃이 핀다. (3, 4행)
    C : 북쪽 끝의 쓴드라에는 봄이 없는 찬 새벽이다. (5행)
    D : (그러나) 그곳에도 봄이 와서 꽃맹아리가 옴자거린다. (6, 7, 8행)
    E : 바다에는 꽃이 피지 않는다. (9행)
    F : (그러나) 바다 한복판에는 꽃 성이 있다. (10행)

A~F까지 전체 여섯 개의 의미 단락이 각기 앞의 의미를 부정하면서 전개되고 있다. 〈꽃〉은 서정 유발의 매개다. 겨울 추위가 한창일 때 대지의 왕성한 생명력을 보지 못한다. 그 점은 시인의 경우도 마찬가지였다. 문제는 겨울이 아니고 봄이라는 데 있다. 봄날 동토에서 싹이 돋아 피어나는 꽃송이를 보았을 때 시인의 상상력은 봄을 뛰어넘어 겨울로 되돌아간다. 그리하여 거기서부터 시상이 전개된 것이다. 그러므로 〈동방〉은 대지를 엄습한 겨울의 동토일 수 있어서 오히려 자연스럽다. 얼어붙은 동토에서 서정이 유발될 이유가 없다. 그러므로 아직 시인의 서정은 유발되지 않았다.

    그러한 동토를 부정하는 데에서 서정은 유발되는데 그 유발의 매개는 〈꽃〉이다. 그러나 이러한 서정은 낭만적일 수 없다. 왜냐하면 봄이 없는 쓴드라이기 때문에 그러하다. 봄이 없는 쓴드라에 봄이 와야만 꽃봉오리가 꼼작거릴 수 있고 제비가 날아올 수 없다. 현실적인 것은 봄이 없는 쓴드라의 찬 새벽인데, 시적 자아는 이를 거부하고 꽃봉오리가 꼼

작거릴 봄날을 기약한다. 현실적인 것이 우세한 상황에서 열세인 이상적인 것을 추구하므로[50] 비극이 발생할 수밖에 없다.

따라서 그러한 비극의 매개는 역시 〈꽃〉이 된다. 그런데 시적 자아는 현상의 비극적 상황에 굴복하지 않고 오히려 육지가 아닌 바다 한복판에도 꽃이 필 수 있다는 신념으로 비극적 상황에 정면으로 대결하려 든다. 그리하여 마침내 바다 한복판에 꽃으로 성을 만들 수 있다는 확신을 하기에 이른 것이다. 비극적 서정의 대결적 극복이 이루어진 것이다.

이런 맥락에서 볼 때, 육사시의 주제는 상황의 비극적 인식으로부터 비롯된다. 식민지적 각박함의 인식은 자아 성찰의 바탕이 되고, 이것이 상황에 관한 위기의식과 결합됨으로써 강박관념에 사로잡히게 된다는 김현자의 지적은,[51] 유발된 서정이 낭만적인 것이 아니라 비극적인 서정임을 뜻한다고 생각된다. 그런데 시인은 그러한 비극적인 서정에 사로잡히지 아니한다. 그것의 극복을 위해 비극적인 상황에 정면 대결을 회피하지 않는다. 즉, 밝은 미래의 확고한 기다림으로 강박관념을 뛰어넘어 자기 초극을 시도하고 있는 것이다.[52] 물론 그의 이러한 비극적인 상황의 대결은 공간성의 확보에서 더욱 보장받는데, 제1연의 '하늘'에서 제3연의 '바다'로 이어지는 공간의 이동이 그것이다. 즉, 하늘에서는 피울 수 없는 꽃일지라도 바다에서는 피울 수 있다는 신념은 '바다'의 상

---

50   김학성「한국고전시가의 연구」, (이리 : 원광대학교 출판국, 1980), 참조.
51   김현자,「한국현대시 작품 연구」, (서울 ; 민음사, 1988).
52   김현자, 위의 책, 같은 곳. p.122.

상력에서 가능하다. 육사시의 공간의 확대와 시어의 강인성 등은 그가 중국을 왕래하면서 익숙해진 공간 의식에서 비롯된 것이라는 지적[53]이 타당하다. 그러므로 〈꽃〉을 두고 "시적 자아는 현실에의 의지보다 먼 미래의 기대를 노래함으로써 정신적 초월의 의미가 강조되고 있는 것이다."라는 권영민[54]의 견해는 그를 정신사적 측면에서 연구한 성과이면서 바람직한 접근 태도이다.

그러나 이념에 입각해서 쓴 작품일수록 실패하고 그렇지 않은 작품들은 회의와 영탄을 지니면서 성공하고 있음을 보게 된다. 이것이 육사시의 한계점으로 여겨질 수 있다는 점에서[55] 육사가 이념 시인이라는 평가는 재고되어야 할 것이다. 이념을 지닌 시인이 그의 투철한 이념을 신념화시킨 경우엔 성공으로 보고 그렇지 못한 경우엔 실패로 단정함으로써 시인의 이념이나 사상은 작품에 투영된다고 믿는 소박한 역사전기주의적 연구 태도에서 기인한 것이라고 생각된다.

4. 상실된 자아 회복의 기다림

자아가 상실된 시대적 상황에서 자아 회복을 갈망하지만, 그것이 불가능할 경우에 대타적인 구원자를 찾을 수밖에 없는 데서 생겨나는

---

53 김학동, 〈민족적 염원의 실천과 시로의 승화〉, 「문학사상」, 1986, 2, pp.146~154.
54 권영민, 〈저항문학의 비극적 체험〉, 「한국문학연구 입문」(서울 : 지식산업사, 1982), p.652.
55 박철석, 〈이육사론〉, 「현대시학」, 1980, 6, p.126.

비극성이다. 그런데 그것은 막연한 기다림이지 온다는 확신이 없기 때문에 비극이 고조되기도 한다. 육사의 관심은 항상 윤리적인 자아의 실현에 있었다.[56] 그런데 현실의 두꺼운 벽으로 말미암아 차단되어 있기 때문에 자아와 현실의 갈등에서 막연히 자아의 회복만을 기다리고 있을 뿐 적극적인 현실에의 대결이 드러나지 않는다.

내 고장 七月은
청포도 익어가는 시절

이 마을 전설이 주저리주저리 열리고
먼 데 하늘이 꿈꾸며 알알이 들어와 박혀

하늘 밑 푸른 바다가 가슴을 열고
흰 돛단배가 곱게 밀려서 오면

내가 바라는 손님은 고달픈 몸으로
靑袍를 입고 찾아온다고 했으니

내 그를 맞아 이 포도를 따 먹으면
두 손은 함뿍 적셔도 좋으련

---

56 김시태, 〈이육사론〉, 「현대문학」269호, 1977, 5, p.59.

아이야 우리 식탁엔 은쟁반에
하이얀 모시 수건을 마련해 두렴

- 「청포도」

제1연에 등장하는 '내 고장'은 이 시의 중심 소재이다. '칠월'이라는 구체적인 시간의 제시와 '내 고장'이라는 공간의 제시는 화자의 실제적 고향일 수 있게 한다. 여기서 포도의 푸른빛은 이상의 갈망을 표상한다.[57] 따라서 이 시의 서정이 낭만적일 수 있다는 가능성이 마련된다. 그리하여 제3연에서는 '낯설게 하기'를 통하여 신선함마저 느낄 수 있게 한다.

이 점은 이미지즘의 한 특성인 시의 장식성, 감각성이 닮아 있기는 하지만 체질에 맞는 것은 아니었고 그의 시 의식이 심미성을 획득하는 범위 내에서 당시 문단을 풍미한 이미지즘의 기법을 선택적으로 수용했다는[58] 견해에 비추어 볼 때 타당한 듯이 보인다. 그러나 제4연에 이르러 '내가 바라는 손님'이 '고달픈 몸으로' 온다는 사실에서 비극이 발생한다. 그러나 그것은 현재의 일이 아니라 미래의 일이다. 미래에 찾아올 고달픈 손님이 온다는 확신이 없다는 점에서 비극성이 강화되고 있다. 온다는 확실한 신념이 없는 현실적 상황은 '두 손은 함뿍 적셔도 좋으련'에서 나타나는데 '좋으련'은 '좋으련만'의 축약으로 자아의 간절한 소망일 뿐이다. 여기서도 '못 이룸'의 체념적 비극성이 드러나는 것이다.

---

57 이승훈, 〈이 시를 나는 이렇게 읽는다〉, 「문학사상」, 1986, 2월호, p.17.
58 김재홍, 〈이육사-투상의 길·예술의 길〉, 「소설문학」, 1986, 1, p.331.

〈청포도〉의 밝고 싱싱한 이미지와 '하이얀 모시수건'의 원색적 색채감의 대조는 꿈과 좌절이 시각적으로 형상화된다. 〈청포도〉가 어떤 염원의 이상이나 희망을 내포하는 상징물[59]로서 받아들여진다면 '하이얀 모시수건'은 '손님'의 상징일 수 있다. 따라서 '아이야 우리 식탁엔 은 쟁반에 하이얀 모시수건을 마련해 두렴'은 미리 좌절을 예상하고, 순응하는 자아의 모습이 아닐 수 없다. 기다리는 손님이 고달픈 모습으로 나타남으로써 현실의 좌절은 대결적 양상으로 나아가지 못한다.

    까마득한 날에
    하늘이 처음 열리고
    어데 닭 우는 소리 들렷스랴

    모슨 山脈들이
    바다를 戀慕해 휘달릴때도
    참아 이곧을 犯하든 못하였으리라

    끈임없는 光陰을
    부지런한 季節이 피여선 지고
    큰 江물이 비로소 길을 열엇다.

    지금 눈 나리고

---

59   양병호, 〈시의 회화적 분석시론〉, 「국어국문학」100호, 1988. 12, p.209.

梅花香氣 홀로 아득하니
내 여기 가난한 노래의 씨를 뿌려라.

다시 千古의 뒤에
白馬타고 오는 超人이 있어
이 曠野에서 목노아 부르게 하리라.

- 「광야」

「광야」는 한국 근대시가 낳은 가장 낭만적인 시정시의 정화[60]라는 평에서 알 수 있듯이 이 시의 낭만적 서정성의 측면을 주시해야 한다. 먼저 〈닭 우는 소리〉는 태초의 역사를 알리는 신비의 외침으로 서정 유발의 매개가 된다. '하늘―바다―江물―광야'로 공간의 이동이 시상의 변화를 가져오고 태초의 원시적 혼돈 상태를 깨치는 닭 우는 소리의 공간성을 확보해 주는 '하늘'이 제2연에 이르러 '바다'로 하강하면서 제3연에서 세월의 덧없음이 마련된다.

    인간을 뛰어넘어선 초월적인 절대성과 세월의 덧없음이 좋은 대조를 이루고 인간적인 어떤 대상에 관한 대결 의식이나 저항적 자세가 아니라 절대자가 수행하는 역사 창조의 한순간이 바로 제3연에 상징적으로 표상되어 있다. 선사적인 자리에서 아직은 황막한 땅에 뿌리를 내리게 하는 순간인 것이다. 그 절대자는 닭 울음소리를 통하여 여명을 알린다. 절대자가 창시한 땅은 아무도 범하지 못하는 신성한 지역이다.

---

60   김열규, 「우리의 전통과 오늘의 문학」(서울 : 문예출판사, 1987), pp.259~268.

비로소 그 땅에 뿌려진 역사의 씨는 큰 강물을 틔우고 맥맥히 흘러 다시 천고의 뒤에 역사의 초인은 이 땅에 내려 역사의 흐름을 웅휘한 목소리로 외칠 것을 약속한다.

제4연에서 '눈'은 생명력을 억누르는 원시적 매개로서 '매화'와 대결적 관계에 놓여 있다. 그러나 '매화'는 '눈'을 극복하지 못한 채 '아득'하기만 하기 때문에 '씨'를 뿌리겠다고 한다. 여기에서 비극성이 발생하면서 시적 자아는 '백마 타고 오는 초인'을 기다리지 않을 수 없다. 신념에서가 아니라, 현실의 극복을 위해서 부득이한 경우이다. 바로 이 점이 〈광야〉의 비극성이다.

'백마 타고 오는 초인이 있어'에서 〈초인〉은 고난의 과거를 헤쳐 오면서 현실의 어려움과 맞서서 절망과 고통을 이겨 내려는 적극적인 자세의 모습이 아니다. 그것은 바로 앞 행인 '다시 千古의 뒤에'에서 확인할 수 있다. 지금 당장 민족 앞에 어떤 비전을 제시할 때인데도 불구하고 '千古의 뒤'로 유보한다는 것은 긴박한 시대 상황의 적극적 해결 태도가 아니라 은둔자적인 현실 수긍 태도인 것이다. 즉 상실된 자아의 세계를 회복시켜 줄 대상 즉 막연한 구원자를 '초인'으로 비유해 놓음으로써 상실된 자아가 회복될 수 있다는 기대감을 엿볼 수 있는데 이는 시간의 이동구보에서도 확인된다.

제1연의 과거는 '까마득한 날'로 표상되었다. 닭이 울어 까마득한 날에 '하늘이 처음 열리'게 되었다. 여기서 제2행과 제3행이 의미론적으로는 바뀌었음을 알 수 있다. 즉, 제1연은 '까마득한 날에/ 어데 닭 우는 소리 들렸스랴/ 하늘이 처음 열리고'가 되어야 자연스럽다. 제3연의 현재는 '지금 눈 나리고'이다. 현재의 상황이 눈이 내리고 매화 향기 홀로 아득하다고 한 데서 이 시의 긴장감이 고조된다.

　문학에서는 현재의 실제적인 정도가 강렬할 때 과거의 일조차 현재시제로 표현해 내기가 일쑤인데[61] 현실 상황의 급박함을 현재의 실제로서 표출시키고 있는 데서 알 수 있으며, 희망적인 소망을 미래 시제로 제5연에서 '다시 千古의 뒤에/ 백마타고 오는 초인'이라고 막연하게 설정한 데서도 입증된다.

　그러므로 이 시는 현재의 상황에 중점이 주어져 있으며 미래의 기대는 상실된 자아의 회복을 기다리는 나약한 자아의 모습을 단적으로 드러내고 있어, 결국「광야」는 비극적 서정시의 좌절적 양상이라 할 수 있다.

　　　　항상 알는 나의 숨결이 오늘은
　　　　海月처럼 게을러 銀빛 물결에 뜨나니

　　　　芭蕉 너의 푸른 옷깃을 들어
　　　　이닷 타는 입술을 축여주렴

　　　　그옛적 '사라센'의 마즈막 날엔
　　　　期約없이 흐터진 두날 넜이엿서라

　　　　젊은 女人들이 잡아 못논 소매끝엔

61　최진원,「한국고전시가의 형상성」(서울 : 성대 대동문화연구소, 1988), pp.131~132.

고흔 손금조차 아즉 꿈을 짜는데

먼 星座와 새로운 꽃들을 볼때마다
잊었든 季節을 몇번 눈우에 그렸느뇨

차라리 千年뒤에 이가을밤 나와함께
비ㅅ소리는 얼마나 긴가 재여보자

그리고 새벽하날 어데 무지개 서면
무지개 밟고 다시 끝없이 헤여지세

- 「파초」

각 연 2행씩의 의도적으로 배열한 7연으로 짜인 매우 안정된 형식이다. 제1연에서는 그의 다른 시행 구성과 마찬가지로 대담성을 보이고 있다. '항상 앓는 나의 숨결'을 '해월'이라고 한 것이 '은빛 물결'로 이어진다. 나의 힘없는 숨결이 달이 비친 바다의 잔잔한 물결로 표상되면서 이 시의 서정은 유발된다. 제2연에 오면 나의 병은 곧 그리움에서 기인한 것임을 알 수 있다. 따라서 '타는 입술'이 지배하는 시상은 제5연까지 이어지면서 '그 옛적 〈사라센〉'은 파초가 그리는 그리움으로 시인이 바라는 이상적인 자아의 세계가 상실되어 버렸음을 암시한다. 따라서 '고흔 손금조차 아즉 꿈을 짜는데'로 강렬한 미련이 남는 데서 이 시의 비극이 발생된다.

여러 번의 계절이 바뀌었지만, 시적 자아인 파초의 그리움은 그리움으로만 애태울 뿐, 이를 해결하기 위한 적극적인 의지적 행위는 사라지고 곧바로 체념의 자세로 '차라리 천년 뒤 이 가을밤 나와 함께 비스소리는 얼마나 긴가 재여보자'로 가라앉고 만다. 더구나 '천년 뒤 이 가을 밤'은 결코 파초가 그리는 진정한 남극의 '사라센'도 아니요, 자아가 소망하는 상실된 자아가 회복되는 그러한 순간도 아니다. '광야'에서 '千古의 뒤에'와 같이 막연하게나마 그러한 것을 기대하는 데서 비극의 극복 의지가 보이지 않는다.

    마지막 연의 '새벽 하늘 어데 무지개서면'에 이르면 자아의 나약한 모습이 미래의 불확실한 신념으로 이어지는 것이다. 현재의 시대적 상황에 관한 판단과 행동을 유보하면서 자아가 처한 비극적인 순간이지만 오히려 태연하게 자기 밖에서 자기를 관찰할 수 있는 동양적 비극의 주인공[62]과 같은 자세를 보임으로써 '무지개 밟고 다시 끝없이 헤여지세'의 마지막 행이 마련될 수 있다. 이러한 자세는 그의 시적 체질이나 상념의 대부분이 서정적이거나 열정적인 데서 기인한 낭만적이라고 할 수 있을지 모르지만 상실된 자아의 회복에 나서지 않고 있는 것만은 사실이다. 이는 그의 전기적 사실과 밀접한 것으로 육사의 사회적 활동을 통해서도 확인되는[63] 바이지만, 시대적 조류 파악에서 스스로의 한계를 느낀 결과가 그 한 요인으로 작용한 듯하다.

    수만호 빛이래야할 내고향이언만

---

62   김종길, 〈육사의 시〉, 「진실과 언어」(서울 : 일지사, 1974), p.183.
63   졸고, 앞의 글, pp.6~12.

노랑나비도 오잖는 무덤우에 이끼만 푸르리라.

슬픔도 자랑도 집어삼키는 검은 꿈
파이프엔 조용히 타오르는 꽃불도 향기론데
연기는 돛대처럼 날려 항구에 들고

옛날의 들창마다 눈동자엔 짜운 소금이 저려
바람 불고 눈보래 치잖으면 못살이라
매운 술을마셔 돌아가는 그림자 발자취 소리

숨막힐 마음속에 어데 강물이 호르뇨
달은 강을 따르고 나는 차듸찬 강맘에 드리라.

수만호 빛이래야할 내 고향이언만
노랑나비도 오잖는 무덤우에 이끼만 푸르리라.

- 「자야곡」

이 시는 이태백의 「자야오가」를 연상케 한다. 「자야오가」는 오나라 수도인 장안의 여인네들이 추워지는 날씨에 싸움터에 나간 남편의 건강을 걱정하면서 솜옷을 짓느라 밤새 불을 밝힌 채 다듬이질을 하는 모습이 전반부를 이루고 후반부는 어서 빨리 전쟁이 끝나서 남편이 돌아오기만을 간절히 바라는 마음으로 되어 있다.

위의 「자야곡」 역시 첫 행은 이태백의 「자야오가」와 그 시상이 같다. 그런데 전자는 전쟁이 아직 끝나지 않은 상황에서 고향에 남아 있는 여인네들에게 초점이 맞추어져 있다면, 후자는 전쟁터에서 지친 몸을 이끌고 귀향한 남편의 모습에 그 초점이 있다. 이태백의 관점에서 본 고향은 따뜻하고 포근한 불빛이 집집마다 밝혀져 있는 창조적 공간일 수 있다. 또한 오랑캐를 평정하고 반드시 돌아오리라는 확신에서 현실의 비극은 어느 정도 극복되고 있다고 하겠다.

그러나 육사의 경우엔 '수만호 빛이래야할 내고향'이지만 그 불빛은 사라지고 나의 꿈과 낭만이 서린 고향은 '검은 꿈'의 손아귀에 갇혀 있는 어둡고 희망 없는 비창조적 공간이 되어 있다. 폐허가 된 고향에서 비록 그의 현실적 고향은 아니지만, 여기서는 상실된 자아의 본래적 모습이라고 할 수 있다. 쓸쓸한 담뱃대를 물고 '매운 술을 마셔 돌아가는 그림자'의 신세는 곧 자화상이다. 자연의 이치에 따라 자유롭게 흘러가야 할 강물은 흐르지 않고 쓸쓸한 달빛만이 강물에 서릴 뿐이다. 암울한 패배자의 독백이 아닐 수 없다. 소극적인 패배주의자의 모습은 '나는 차듸찬 강맘에 드리라'에서 잘 드러나 있다.

전체 4연으로 구성된 이 시는 육사시에서 보기 드물게 제1연과 마지막 연이 수미상관의 구성법을 따르고 있음이 특이하다. 분명 강조의 수법인데, 시대 상황의 암울함을 드러냄과 동시에 역으로 자아의 패배의식을 아울러 보여 주고 있다. '고향'으로 말미암아 유발된 서정은 제2연의 '검은 꿈' 때문에 즉, 시대 상황의 암울함 때문에 비극적 정황으로 변화되어 전체 시상을 어둡게 전개시키고 있다. 2연은 당시 시대상을 구체적으로 나타내려는 상기된 분위기임을 알 수 있게 한다. 이 시에서 비극의 절정은 제3연의 '숨막힐 마음속'이다. 지사적·투사적 저항시인의 모습을 찾을 겨를이 없다. 더구나 수미상관으로 무장된 강조와 반복의 기법은 비극적 시대 상황에 좌절하고 마는 자아의 나약한 모습을 부각시킬 뿐이기 때문이다.

지금까지 살핀 육사의 시는 초기 시와 후기 시가 그 양상을 달리하고 있음을 알 수 있다. 먼저 육사의 초기 시 「선제」, 「강 건너간 노래」, 「해조사」 등을 보면 유교적 전통 질서에 관한 집착 또는 잘 조화되고 균형을 갖춘 질서에 관한 미련 등에서 그 시상의 기반이 마련되고 있음을 알 수 있다. 그러므로 우선 그 율격을 보더라도 2음보 연첩으로 이루어진 전통적인 4음보의 실현으로 그 안정감을 확보하고 있어 율격의 안정감은 육사시의 전반에 걸친 특징이다.

> 바람은 밤을 집어 삼키고
> 아득한 짜스속을 흘러서가니
> 거리의 主人公인 해태의 눈깔은
> 언제나 말가케 푸르러오노

이 시는 「先題」의 일부인데 2음보 중첩의 안정된 율격을 이루고 있다. 이는 그의 한시적 소양에서 기인한 것이라고 보여진다. 율격은 시의 구조에 결정적인 영향을 미치는데, "하나의 율격은 하나의 구조structure에 대한 기술description이다"라는 차트만Chatman의 지적은[64] 적절

---

64 Seymour Chatman, ed., Lierary style ; A Symposium(London and New York : Oxford Univ. Press, 1971), p.208.

하다. 그에 따르면, 율격은 시의 낭송에 관한 인식이 아니며, 상징어는 낭송을 위한 기술도 아니라고 한다.[65] 작가의 환경과 소양에서 비롯되는 주제와 관련된 것이라 보여진다.

다음으로 육사의 대현실관을 지적하지 않을 수 없다. 육사의 유교적 균형과 질서에의 집착은 그가 시가 적극적, 투쟁적인 데까지 나아가지 못했거나 아니면 그의 저항이 민중적인 입장에서 충전된 에너지의 발산이 아니라는 점에서 알 수 있게 한다. 그가 사회운동의 편력을 많이 갖고 있다는 사실을 우리가 긍정한다면 여러 분야의 다양한 식견은 유교적 선비 의식과 어우러져 그를 적극적인 저항시인이 될 수 없도록 작용했으리라는 사실을 간파해야 할 것이다. 왜냐하면 당시의 국제 정세를 정확하게 꿰뚫어 보았을 것이므로 일제의 식민지적 상황에 강력하게 대결해 보아도 소용없는 현실적 대응의 한계 때문이었을 것이라 본다.

한편 「초가」, 「황혼」, 「한 개의 별을 노래하자」등 이상적 자아의 현실적 무력감을 술회한 일련의 작품들은 더욱 비극적인 것들로서 자아가 과거적 존재인 이상적 세계에 집착한 작품들이다. 따라서 이상 추구의 욕구가 강하면 강할수록 그만큼 더 장의 현실적 비극은 심각할 뿐인데 그 주된 원인은 물론 대타적인 요인에 있다고 하겠다. 육사의 비극에 관한 태도가 분노나 원망의 대타적 대결 의지가 아니라 자신이 감수하고 마는 체념으로 거의 일관되어 있다는 데서도 알 수 있다.

우리가 쉽게 파악하지 못한 점은 육사의 선비 의식 또는 체면 의

---

65 Ibid., Chatman.

식에 가리어진 채 간접적이고도 우회적으로 표출시킨 점이다. 공간 의식이나 시간 의식에서도 확인되는 바와 같이 그의 시에 나타난 공간은 주로 '하늘', '고향', '고성', '바다', '언덕', '항구' 등으로 창조적 공간으로서가 아니라 좌절된 자아, 이상의 상실 등이 체험되는 비창조적 공간이 되고 있다. 특히 후기 시를 지탱하고 있는 시상은 모두 공간성이다. 유년기에 〈교동〉으로 불리어졌던 창조적 공간인 고향 상실은 곧 이상적 자아의 상실인데, 자아의 회복과 창조적 공간의 향수로 그의 후기 시의 정조는 비극적으로 일관된다. 따라서 육사의 시는 유교적 선비 의식의 체질화 및 다양한 사회 부문의 식견 때문에 현실에 관한 체념적 수긍은 그의 시가 결코 저항적일 수 없음을 넉넉히 짐작게 한다.

전후기 시에서 공통으로 나타나는 시간성은 현재 시제의 과다한 사용과 미래에로의 판단 유보를 들지 않을 수 없다. 어두운 현실의 시대 상황은 현재로서 그것에 관한 해결 방법을 미래 시제로 유보함으로써 적극적인 대결이나 극복의 의지는 엿볼 수가 없다. 특히 「청포도」, 「광야」, 「꽃」, 「파초」 등에서 그러한 현상은 두드러진다. 그러나 이 시인의 대현실관이 문학에 그대로 반영된 것은 아니지만 최소한 그의 현실에 관한 체념적 수용의 태도와 문학 행위에 관한 유교적 교양인으로서의 소극적인 자세에 따른 필연적 귀결이었을지도 모른다.

다음으로 육사시에서 지적할 수 있는 것은 시어의 구사와 시적 형상화 과정에서의 대담성이다. 물론 당시 문단을 풍미한 모더니즘적 영향이나 다양한 사회적 체험에서 습득한 외국 문학 풍조의 영향도 있었겠지만, 그가 대현실적 문제에서 소극적이고 유자적인 모습을 문학적 형상화의 과정에서는 적극적으로 투사한 것이라고 보아진다. 전혀 이질적인 이미지들의 대담한 결합에서 생기는 새로운 충격을 불러일으키는 것은 오히려 육사시의 강점이라 하겠다.

특히 그의 후기 시에서 지적될 수 있는 것은 현실에 관한 비극적 태도이다. 적극적인 자세로 대결 의지를 드러내 보인 작품은 〈꽃〉뿐이다. 그 외의 작품들은 한결같이 좌절적인 패배의 양상을 보이고 있는데 이는 육사시에서 지금까지 지녔던 저항시 또는 민족 의지의 시라는 평가에 미치지 못하는 단서가 된다.

육사시가 과거의 느낌과 감각의 실제를 현재에 드러낸다는 것은 그만큼 생동감과 긴장감을 고조시키는 기교가 아닐 수 없으며 이는 미적 형상화에서 중요시되는 문제이다. 또한 현실의 어둠과 중압의 무게를 지탱하기 어렵다는 다른 표현도 가능한 것이다. 육사의 시가 현재의 긴장감에 사로잡혀 거기에서 머물고 있음은 미래에 관한 어떤 비전의 제시를 결여한 원인에 기인한다고 보아진다. 육사의 올바른 평가는 동주와의 대비를 통해서 더욱 극명해질 것이다. 요컨대, 육사시에서 우리가 저항적인 면을 발견하여 그것을 인정한다 해도 그의 시편에서 느껴지는 정조는 비극적임을 결코 무시해서는 안 될 것이다.

II. 윤동주 시의 비극성

연보에 따르면 윤동주는 1917년 12월 30일, 간도 명동에서 태어나 1945년 2월 16일 일본 복강 형무소에서 28세의 나이로 세상을 뜬다. 그의 가정 환경은, 당시 소지주로서 넉넉한 편이었고 부친 윤영석과 모친 김룡 사이에 3남 1녀 중 장남으로 태어났다. 부계나 모계 모두 1910년 기독교에 입교했으며 동주는 유아세례를 받는다. 특히 윤동주의 외삼촌 김약연은 한학자로서 1900년대 초에 명동학교를 설립하여 많은 지사를 길러 낸 선각자이며 동주에게는 적지 않은 영향을 끼쳤다. 동주가 연희전문에 진학할 무렵 문과를 지망할 수 있게 한 것도 외삼촌이었다고 한다.

동주는 9세 때 명동소학교에 입학하여 15세에 졸업한 뒤 중국 대랍자에 있는 중국인 소학교 6학년에 편입, 수학하며 16세가 되는 1932

년 4월 용정의 미션계 학교인 은진중학교에 입학하면서 주일학교 유년부 학생을 가르치기도 한다. 19세가 되던 해에 평양 숭실중학교 3학년에 편입했으나 1936년 신사참배 거부사건으로 숭실중학이 폐교되자 다시 용정으로 내려와 광명학원 중학부 4학년에 편입, 수학하였으며 1938년 2월 고아명중학교 5년을 졸업하고 같은 해 4월 22세에 연희전문학교 문과에 입학한다. 1941년 12월 25세에 연희전문을 졸업하고 1942년 도일 입교대학 영문과에 입학했으나 그해 가을 다시 동지사대학 영문과에 편입한다. 1942년 7월 첫 학기를 마치고 귀국길에 오르기 직전 일경에 피체된 것이다. 그는 본명인 동주 이외에도 아명 '海煥'과 필명으로 '童舟', '童柱'를 쓰기도 했다.[66]

한편 작품 연보를 보면, 1934년 18세에 「초한대」, 「삶과 죽음」, 「내일은 없다」 등의 3편을 쓴다. 그 이후 1938년까지 21편의 동시와 함께 40여 편의 시를 남기고 있어 이 시기가 창작 의욕이 가장 왕성했던 것으로 보인다. 반면 1939년 이후 1942년까지는 동시의 창작이 없는 대신에 산문을 포함한 8편의 장시가 나타남을 알 수 있다. 위의 연보에서 보면 그의 시 세계에 끼친 몇 가지 요인을 추출해 낼 수 있다. 첫째, 유학 정신과 기독교 정신의 결합 둘째, 소학교를 졸업한 뒤 빈번한 전학으로 수학 과정에서의 환경의 변화 셋째, 초기의 동시 창작 넷째, 30년대 후기 산문시가 나타난 점을 주목해야 할 것이다.

---

66   김종해, 〈윤동주의 해적이〉, 「나라사랑」제23집, 1976, pp.16~21.

1. 모성 회귀의 그리움

연보에 나타난 바와 같이 동주는 16세 이후 사망까지 줄곧 고향과 가족을 떠나 생활하였고, 그가 성장한 간도 역시 우리 민족의 유랑민이 이주해 간 곳이다. 유년기의 고향 의식은 동주에게 있어 소외 의식이 강하게 작용했을 것으로 짐작된다. 그는 현실 상황이 각박하면 할수록 고향과 가족들을 그리워했을 것이다. 이러한 그리움의 대상은 바로 시적 모티브가 된다. 서정적 모티브는 인간 심혼의 내적 체험이 되어 그 심혼의 진동 속에서 진행되며 하나의 상징적 성격을 띠고 있다.[67] 동주의 초기의 시는 그리움의 대상으로서 '여성'이 자주 등장하며 이는 곧 '고향'과 동일한 대상으로 나타나 있다. 또한 일관되게 나타나는 시적 주제도 '고향'이라 할 수 있다.

① 초 한대-
　내방에 품긴 향내를 맡는다.

　光明의 祭壇이 무너지기 전
　나는 깨끗한 祭物을 보았다.

　염소의 갈비뼈 같은 그의 몸,
　그의 生命인 心志까지

67　볼프강 카이저, 김윤섭 역 「언어예술작품론」(서울 : 대방출판사, 1984), pp.94~96.

白玉같은 눈물과 피를 흘려
불살라 버린다.

그리고도 책상머리에 아롱거리며
선녀처럼 촛불은 춤을 춘다.

매를 본 꿩이 도망하듯이
暗墨이 창구멍으로 도망한

나의 방에 품긴
祭物의 偉大한 香내를 맛보노라.

- 〈초 한대〉

② 삶은 오늘도 죽음의 序曲을 노래하였다.
이 노래가 언제나 끝나랴.

세상사람들은 -
뼈를 녹여내는 듯한 삶의 노래에
춤을 춘다.
사람들은 해가 넘어가기 전
이 노래 끝에 恐怖를
생각할 사이가 없었다.

하늘 복판에 알새기 듯이
이 노랠르 부른 者가 누구뇨

그리고 소낙비 그친 뒤 같이도
이 노래를 그친 者가 누구뇨

죽고 뼈만 남은
죽음의 勝利者 偉人들!

- 〈삶과 죽음〉

③ 내일 내일 하기에
물었더니
밤을 자고 동틀 때
내일이라고

새날을 찾던 나는
잠을 자고 돌보니
그때는 내일이 아니라
오늘이더라

무리여!
내일은 없나니
……

- 〈내일은 없다〉

위의 작품들은 윤동주의 초기 시들이다. ①은 '촛불'의 연소 과정을 통하여 '희생'하는 존재를 형상화한 시로써 '촛불'은 일반적으로 원망이나 소망을 비는 보편적 정서를 갖고 있다. 전체 6연으로 구성되어 있으나 의미 단락은 4단락이다. 1연은 은은히 풍기는 촉향을, 2연과 3연의 전반부 2행에서는 제단의 제물과 같은 희생의 촛불을 연소에 비유하였고, 2연 후반부 2행과 3연에서는 촉루와 타는 불꽃을 선녀의 춤으로 비유하였다. 마지막 단락에서는 광명의 방은 촛불의 희생의 결과라고 말하고 있다.

이 시에서 서정 유발의 매개는 '촛불'이 된다. 촛불은 스스로를 송두리째 연소시킴으로써 향내를 빚어낸다. '희생'이라는 숭고한 자아 소멸을 통해서 어둠을 극복하는 시인의 의식이 강화되고 있다. 그러나 이 시는 행과 연의 구분이 서투르고 시어 선택에 있어 '촛불'의 형상화에 적절치 못한 약점을 드러내고 있다.

②의 경우 제목이 말해 주는 '삶'의 모순을 '죽음'과 대립시켜 자아와 현실의 갈등을 표현하고 있다. 1연에서는 '삶'이란 '죽음'을 예비하는 것으로 파악한 시인은, 2연에서 죽음에 관한 공포의 겨를도 없이 현실적 자아에 만족하고 있다. 3연에서는 조소나 하듯이 인간들은 현세적 삶에 만취되지만 결국 죽음을 숙명적으로 받아들이지 않으면 안 된다고 역설하고 있다.

이 시의 서정 유발은, '죽음의 서곡'에 '죽음' 그것은 곧 '삶'의 연장선상에 놓여 있지만 죽음을 극복하는 길이 없다는 것으로서 비극의 동기는 '죽음'이 된다. 이것은 대자적 매개로 작용하면서 이를 극복하는 방식은 체념에 있는 것이다. ②역시 ①에서와 같이 시적 짜임새는 불안정한 데서 오히려 비극 유발의 모습이 형상화되고 있다. 따라서 '죽음과 삶의 갈등'이 적나라하게 나타난다.

  ③은 ②를 더욱 심화한 시로서 시간적 갈등과 모순을 직설적으로 나타내고 있는 점이 주목된다. 이 시의 비극 유발의 동인은 미래가 없는 데에 있다. 시적 자아는 줄곧 '미래'를 지향하지만 결국 '현재'에 머물고 만다. 따라서 비극의 극복은 좌절적 체념으로밖에 나타날 수 없는 것이다. 이상에서와 같이 동주의 초기 시는 성숙되지 못한 자아 확인의 시적 세계를 추구했던 것으로 보인다.

    아롱아롱 조개껍데기
    울언니 바닷가에서
    주워온 조개껍데기

    여긴여긴 북쪽나라요
    조개는 귀여운 선물
    장난감 조개껍데기

    데굴데굴 굴리며 놀다
    짝 잃은 조개껍데기
    한 짝을 그리워하네

    아롱아롱 조개껍데기
    나처럼 그리워하네

물소리 바다물소리

- 〈조개껍질〉

위의 동시에서 시적 자아는 여자 어린이가 되며 공간적으로 '북쪽 나라'에 있기 때문에 바다와는 멀리 떨어져 있다. 그러나 그리워하는 조개껍데기는 한 짝이기 때문에 멀리 있는 짝을 그리워하는 '고독의 세계'에 침잠되어 있다. 여기서 서정 유발은 '올 언니가 주워다 준 조개껍데기'에 침잠되어 있다. 이것은 곧 서정 유발의 매개로서 어린 날 바닷가에서 누구라도 한번은 가져 봄직한 예쁜 조개껍데기 주워 모았던 아름다운 추억을 되살리고 있다. 이 동시에서 비극의 모티브는 '북쪽 나라'라는 공간에 있다. 그렇기 때문에 한 짝을 만날 수 없는 '고독'이 나타나며 그것은 '그리움'으로 상승되고 결국 이 시는 '그리움의 고독'을 노래한 서정시로서 좌절과 체념의 시라 하겠다.

윤동주의 초기 시가 '죽음과 삶', '희생', '미래부정', '고독' 등으로 나타난 점을 일단 주시할 필요가 있다. 이러한 시적 서정이 많은 양의 동시와 함께 전개된다는 것은 다른 시인들과의 차이점이라 할 수 있겠다. 김흥규는 윤동주의 동시에 관해서 깊은 관심을 보이고 있다. 동시는 "어린이의 눈을 통해 세계를 보고, 어린이의 목소리(화법, 어조, 리듬)를 통해 진술된 시"라 규정하고 윤동주가 동시를 쓰게 된 이유는 세계를 보고 그의 입장이 고뇌에 찬 젊은이의 시각에서 천진난만한 어린이의 것으로 변화했다고 말한다.[68] 한편, 유년적 세계를 통해서 시원적 평화

---

68   김흥규, 앞의 글, pp.646~650.

의 공간을 제공하거나 그를 둘러싼 시인 의식의 갈등을 배경으로 하여 현재의 아픔을 역설적으로 부각시키며 삶과 불안으로서의 세계와 대립하면서 상호 조명하는 세계를 보임으로써 시적 사고의 폭을 넓히고 있다. 내적 상처를 동심으로 감싸려는 노력을 기울일 뿐 아니라 현실적 아픔을 잊고자 동심의 공간 안에 순수의 세계를 복원시키고자 했던 것으로 파악하고 있다.[69]

이 두 견해는 동심의 공간이 평화의 지향이라는 점에서 공통적이지만 東柱에게서의 동심적 세계는 시인의 아픔과 갈등을 역설적으로 어린이의 시각을 통해 현실을 확대한 것이라 보여진다.[70] 동주의 동시 창작 기간은 1935년부터 1938년까지, 그의 나이 19세부터 22세까지이며 중학 시절부터 연전 1학년 때까지의 기간이다. 이 기간에 동주는 습작에 열중한 것이고 동시를 통해 시적 세계를 구축한다. 따라서 이 기간이야말로 후기 시의 역작을 쓰게 된 바탕을 마련한 것으로 보인다. 다시 몇 면의 동시를 더 살펴보면,

① 비오는날 저녁에 기왓장내외
　잃어버린 외아들 생각나선지
　꼬부라진 잔등을 어루만지며
　쭈룩쭈룩 구슬피 울음웁니다.

　- 「기왓장 내외」 전반부

69　이재철, 〈윤동주과 권태응〉, 「2000년대 한국문학」, (창작예술사, 1985), p.242.
70　김홍규, 앞의 글, 같은 곳.

② 꿈에 가 본 엄마 계신
　별나라 지돈가?
　돈 벌러간 아빠 계신
　만주땅 지돈가?

　-「오줌싸개지도」 후반부

③ 남쪽 하늘 저 밑에
　따뜻한 내 고향
　내 어머니 계신 곳
　그리운 고향집

　-「고향집」 후반부

④ 누나!
　이 겨울에도
　눈이 가득히 왔습니다.
　흰봉투에
　눈을 한줌 넣고
　글씨도 쓰지 말고
　우표도 붙이지 말고
　말쑥하게 그대로
　편지를 부칠까요?

　누나 가신 나라엔

눈이 아니 온다기에.

　　- 「편지」 전문

⑤ 붉은 사과 한 개를
　아버지, 어머니
　누나, 나 넷이서
　껍질채로 송치까지
　다아 나눠 먹었소.

　　- 「사과」 전문

⑥ 누나의 얼굴은
　해바라기 얼굴
　해가 금방 뜨자
　일터에 간다.

　해바라기 얼굴은
　누나의 얼굴
　얼굴이 숙어들어
　집으로 온다.

　　- 「해바라기 얼굴」 전문

　위의 시에서 공통적으로 나타나는 대상은 '어머니'와 '누나'다. 그러나 시인의 곁에 있는 것이 아니고 멀리 있는 대상이다. 그렇기 때문에 그들에 관한 '그리움'과 '고독'은 곧 서정 유발의 매개가 되기도 한다. ①의 경우 아들을 생각하는 늙은 어머니의 슬픔을 저녁 비에 비유하고 있다. ②의 경우는 돌아가신 어머니를 생각하고 ③은 고향에 계신 어머니를 ⑤에서는 가족을 생각하고 ④와 ⑥에서는 죽은 누나와 살아 있는 누나가 번갈아 나타난다. 여기서 비극 동인의 매개가 되는 것은 '못 만남'이다.

그러나 이들의 극복은 대자적 태도로 안으로 삭이고 있다. 동주에 있어 동심 지향은 과거적 아름다움의 추억이며 현실에서 잃어진 것들의 회복인 것이다. 이것은 곧 모성 회귀와 동일한 것이다. 또한 여기서 시적 공간성은 '별나라', '만주땅', '남쪽하늘', '고향', '저승', '일터'와 '집'으로 나타나고 시간성은 '저녁', '겨울', '아침', '봄날' 등으로 확보된다. 童詩에서 막연히 구성된 시時, 공성空性은 후기 시에서 확대된 공간성의 획득과 시제상의 지속을 가능케 한다. 따라서 그의 동시는 윤동주를 이해하는 데 중요한 디딤돌이 된다.

제비는 두 나래를 가지었다.
시산한 가을날—

어머니의 젖가슴이 그리운
서리 내리는 저녁—

어린 靈은 쪽나래의 鄕愁를 타고
南쪽 하늘에 떠 돌뿐—

- **「南쪽 하늘」 전문**

이 시에서도 '어머니', '향수' 등 모성 회귀의 지향이 서정의 주된 모티브로 표출되면서 서정 유발의 매개가 된다. 시적 자아는 지금 북쪽에 고향을 두고 남쪽 하늘을 맴돌며 날지 못하는 '쪽나래'가 되어 마음대로 날아다니는 제비를 부러워한다. 시간적으로 서리가 내린 가을 저녁 따스한 '어머니'가 그립고 '고향'이 그리운 것이다. 동주에게 있어 '고향', '누나', '어머니' 등의 시어들은 모두가 모성 지향의 상징으로 나타난다. 이 같은 모성 지향은 자아 상실과 고독감에서 비롯한 것이며, 공간적으로 여러 학교를 옮겨 다니는 동안 그가 겪었던 지역적, 인간적 소외감이 작용한 것으로도 보이는데 공간적으로 용정—평양—서울—일본 등지의 객창 생활은 고백이 빈번하게 시화되고 있음이 확인된다.

    햇살은 마당이 틈으로
    길죽한 一字를 쓰고… 지우고…

    까마귀떼 지붕 우으로
    돌, 둘, 셋, 넷, 자꾸 날아 지난다.
    쑥쑥, 꿈틀꿈틀 北쪽 하늘로

    내사…
    北쪽 하늘에 나래를 펴고 싶다

  - 〈黃昏〉

이 시는 평양 숭실중학에 입학한 해에 쓴 것이다. 앞의 '남쪽 하늘'

과 같이 고향하늘인 '북쪽 하늘'을 그리워하며 쓴 시이다. 시의 짜임새는 미숙하지만 시적 자아가 저녁 석양을 보면서 고향을 그리워한다. '내사… 북쪽 하늘에 나래를 펴고 싶다'고 직서적인 표현을 쓰고 있지만, 시인은 늘 고향을 떠나온 소외감으로 가득 차 있다. 동주에게서 '고향'이란 곧 어머니의 품속이다. 이는 문화의 중심지, 종교의 중심지와도 같은, 아니 모든 사건의 진원지와도 같은 그런 곳이다. 다시 말해서 여기는 곧 불멸의 창조가 이루어지는 공간이다.[71] 이것은 곧 모성 회귀 또는 상실 회복의 간절한 표현이라 하겠다. 이런 그의 고향 의식은 대자적 정조의 표현으로써 자아 내부로 삭이는 체념으로 극복하고 있는 것이다.

동주의 초기 시의 한 특징은 동시의 주제가 주조를 이루는 '고향'이라 보여지며 이때는 20세 전후의 사춘기적 감상이 두드러지게 나타난다. 이러한 자기 고백적인 시는 동주의 체질이라 여겨지는데, 그의 성격에 관한 몇 사람의 증언을 참고로 할 필요가 있다. 동주의 아우인 윤일주는, 근실과 관용은 조부에게서, 내성적이고 겸허함은 부친에게서, 온화하고 치밀함은 모친에게서 물려받은 성품이라 한다. 그리고 어머니를 무척 사랑했으며 너그럽고 화를 내거나 거절을 모르는 호수처럼 잔잔하고 어진 사람이라는 것이다.[72]

정병욱은, 말이 많은 사람을 지극히 싫어했으며 항상 남 먼저 느끼고 깊이 생각하고 무엇이든지 예사로 보아 넘기지 않은 꼼꼼한 성품

71　Mirdea Elide, Images and Symbols(London : Harvill Press, 1975), p.31.
72　윤일주, 〈고독의 승리〉, 「연희춘추」, 1955. 2. 14.

이라고 말한다.[73] 장덕순은, 깊은 애정과 폭넓은 이해로 인간을 긍정하면서도 자기는 회의와 일종의 혐오로 자신을 부정하는 괴벽한 휴머니스트라고 평하고 관을 퍽 싫어했다고 전한다.[74] 문익환은, 그를 회상하는 것만으로 언제나 넋이 맑아지는 것을 경험한다면서 그는 아주 고요하고 내면적인 사람이라고 평한다.[75]

이러한 증언들은 윤동주의 시 세계와 무관하지 않을 것이다. 위에서 보았듯이 동시의 시적 주제의 주류를 이루고 있는 '어머니'와 '고향' 등 상실된 여성적 대상에서 동주의 서정이 유발됨과 동시에 그들에 관한 그리움이 비극 유발의 동인이 되며 극복의 방식으로 비극성이 획득되는 것이다.

2. 자아 상실의 비애

동주는 1935년 2월 이후 1936년 여름까지는 동시를 쓰지 않고 있다. 이 기간은 동주의 나이 19세가 된 해이고 평양 숭실중학 3학년 2학기에 편입한 때부터 숭실중학의 폐교 이후 용정 광명중학으로 다시 편입하여, 일어판 세계문학전집, 정지용의 시집, 이상의 작품 등을 탐독했던 시기이다. 그러다가 1936년 9월부터 1937년 봄까지 동시를 다시 쓴

---

73 정병욱, 〈고 윤동주형의 추억〉, 「연희춘추」1953.7.15.
74 장덕순, 〈동주와 나〉, 「자유문학」, 1959. 3. pp.134~138.
75 문익환, 〈동주형의 추억〉, 「윤동주 전시집」(서울 : 정음사, 1987), pp.211~216.

다. 이때는 용정 광명중학 졸업반인 5학년에 해당하는 시기로 연희전문에 입학하기 전해이다. 이러한 시적 편력은 동주의 습작기의 방황과 함께 시대 상황과 무관하지는 않을 것으로 보인다. 30년대 후기는 일제의 대륙 침략 정책이 극도에 이르렀고 국어 말살, 언론 매체 폐간, 창씨개명에 이어 1937년 7월에는 제국주의의 발악적인 중일 전쟁이 발발한다. 이 같은 시대 상황은 내성적 결벽성이 강한 휴머니스트에게는 견디기 어려운 현실이 아닐 수 없었을 것이다.

소리 없는 북,
답답하면 주먹으로
두다려 보오

그래 봐도
후—
가아는 한숨보다 못하오
- 〈가슴 1〉

불 꺼진 화독을
안고 도는 겨울밤은 깊었다.

재灰만 남은 가슴이
문풍지 소리에 떤다.
- 〈가슴 2〉

위의 시는 동주시 가운데 유일한 연작시이다. 물론 이와 비슷한 시제들로 〈고향집〉, 〈또 다른 고향〉, 〈태초의 아침〉 등이 있지만 연번 표기는 하지 않고 있다. 〈가슴 1〉에서 두드려도 소리 나지 않는 북을 원망하면서 부질없이 두드려 보지만 끝내 북은 소리를 내지 않는다. 오히려 시인이 답답하여 가느다란 한숨으로 북소리를 대치시키고 만다. 〈가슴 2〉에서 겨울밤 불 꺼진 화로는 소리 나지 않는 북과 같다. 안타까운 가슴은 재가 되어 문풍지 소리에도 떨려나고 만다. 지극히 단조로운 이 시들은 시적 자아의 불안의식을 표출시킨 것들이다. 이 시들의 비극적 요인은 '답답함'과 '타버린 가슴'이다. 자아 상실의 불안과 위기의식이 가득 찬 방황의 모습이 드러나고 있다.

   종달새는 이른 봄날
   질디진 거리의 뒷골목이
   싫더라
   명랑한 봄하늘,
   가벼운 두 나래를 펴서
   요염한 봄노래가
   좋더라.

   그러나,
   오늘도 구멍 뚫린 구두를 끌고,
   홀렁홀렁 뒷거리길로
   고기새끼 같은 나는 헤매나니,

나래와 노래가 없음인가

가슴이 답답하구나.

- 〈종달새〉

연을 구분하지 않은 이 시는 음보상으로 2음보 중첩형이다. 4음보는 우리 시의 전통적 율격으로서 안정된 정조를 표현하기에 적합하다. 이 시에서도 〈가슴〉에서와 같이 불안과 방황하는 시적 자아를 발견하게 된다. '종달새'와 '나'를 대비시켜 '나'의 답답함을 강화시켜 나간다. 이 시는 전반부에서 화창한 이른 봄날 두 날개를 한껏 펴고 창공을 나는 종달새는 요염하기조차 하리만큼 봄노래를 부른다. 그러나 '나'는 구멍 뚫린 구두를 이끌고 뒷골목을 방황하는 고기와 같다고 하며 날개가 없어 날지 못함을 한탄하고 노래 부를 수 없음을 답답해한다.

이 시의 비극적 동인의 매개는 '종달새'가 되지 못하는 '나'와 좌절에 있다. 따라서 이 시의 서정을 유발하는 매개는 '종달새'가 된다. 종달새는 시적 자아의 '자유'와 '희망'의 상징으로 질척한 뒷골목을 벗어나 자유를 구가하며 노래를 불러 보고자 한다. 그러나 현실은 '날개'와 '노래'를 용납하지 않음으로써 비극이 발생된다. 결국 시적 자아는 좌절적 극복을 통하여 '가슴이 답답하다'고 체념하고 만다. 이러한 시적 배경은 일제 식민지 현실의 상황과는 무관하지 않은 것으로 어두운 현실에게만 국한되는 것이 아니라 속박된 나라 모든 청년에게 공통으로 주어진 상황이었다. 그러나 이 시는 초기적 습작에 속하는 것으로 구성의 허술함과 감상을 극복하지 못한 것으로 시적 감흥을 획득하기에는 미흡한 시이다.

꿈은 눈을 떴다.
그윽한 幽霧에서,

노래하는 종달이
도망쳐 날아나고,
지난날 봄타령하던
금잔디밭은 아니다

塔은 무너졌다.
붉은 마음의 塔이-

손톱으로 새긴 大理石塔이
하로저녁 暴風에 餘地없이도,

오오 荒廢한 쑥밭,
눈물과 목메임이여!

꿈은 깨어졌다
塔은 무너졌다.

- 〈꿈은 깨어지고〉

    앞의 '종달새'에서 좌절된 자아를 보았거니와 이 시에서도 시인은 '꿈'을 성취하지 못하고 있다. 이상과 현실 사이를 방황하고 좌절하여 비탄하는 시인의 비극적 모습이 드러나 있다. 이 시의 전반부는 찬란했던 지난날의 봄을 추억하며 현실적 자아는 변모된 과거를 부정하기에 이른다. '붉은 마음의 塔'이 꿈처럼 무너져 버리는 것은 '폭풍' 때문이었다. 서정적 자아가 '꿈'이라면 이것을 무너뜨린 매개는 폭풍이다.

    '폭풍'은 이 시를 비극적이게 하는 매개 작용을 하면서 긴장을 유발시킨다. 또한 자아 상실의 요인이 되는 만큼 비극적 상황을 고조시켜 나간다. 서정시에 있어서 감정의 '맺힘'과 '풀림'의 매개가 매우 중요한 핵으로 작용하고 있다는 것은 우리 시의 전통적 맥락을 통해서 확인되는 바다. 동주의 초기 시는 습작이 대부분이며 후기 시의 토대를 마련하는 단계로서 서정 유발 및 동인이 '고향'과 '어머니'에서 출발하고 있으며 이에 관한 '자아 상실'을 강화해 나가는 모습으로 드러난다.

    하로도 검푸른 물결에
    흐느적 잠기고… 잠기고…

    저-웬 검은 고기떼가
    물든 바다를 날아 橫斷할꼬.

    落葉이 된 海草
    海草마다 슬프기도 하오.

    西窓에 걸린 해말간 風景畵
    옷고름 너머는 孤兒의 서름.

이제 첫 航海하는 마음을 먹고
방바닥에 나딩구요… 딩구오…

黃昏이 바다가 되어
오늘도 數많은 배가
나와 함께 이 물결에 잠겼을게오.

- 〈황혼이 바다가 되어〉

 이 시는 광명중학 졸업반 때 쓰인 것이다. 동주의 초기 시는 고향을 떠나 있는 실재적 외로움으로 점철되어 있다. '그리움'과 '방황', '좌절' 등의 감상적 표현들은 후기 시에서 안정된 상태로 발전하는 것이다. 그의 애상적인 진술은 계속되고 있다. 3음보와 4음보가 섞여 있으나 4음보가 압도하고 있어 무거운 정조로 구성되어 있다. '바다'라는 비극 발생의 동인이 되는 이미지로 시적 자아의 비애를 고조시키고 있다. 화자는 바다가 보이는 '서창'을 통하여 항해를 앞둔 선박들과 자기가 방에 갇힌 것을 동일시한다. 바로 이 점에서 자신이 물속에 잠기는 배처럼 어찌할 수 없이 갇힌 자가 된다.

 '서창'과 '황혼'이 어울리는 시적 이미지는 자아가 같은 비극적 대상으로 '고아'의 설움을 유발하고 있다. 그러한 정서는 '달밤', '비애'에까지도 이어진다. 초기 시의 한 특징이라고 할 수 있는 것은 '바다'의 배경을 빈번하게 등장시켜 자신의 '고독'과 대조시키고 있다. '달밤'과 '유언'

은 '고독'을 '죽음'으로 확대시켜 '삶의 무상성'[76]을 주제화하고 있다.

> 후어-ㄴ한 房에
> 遺言은 소리 없는 입놀림.
>
> -바다에 眞珠캐러 갔다는 아들
> 海女와 사랑을 속삭인다는 맏아들
> 이밤에사 돌아오나 내다봐라-
>
> 平生 외롭던 아버지의 殞命,
> 감기우는 눈에 슬픔이 어린다.
>
> 외딴집에 개가 짖고
> 휘양찬 달이 문살에 흐르는 밤.
>
> - 〈遺言〉

바다를 배경으로 한 이 시는 외딴집에서 부자가 살고 있는 모습을 형상화한 것이다. 대화 부분이 있는 것으로 극 장르를 수용하여 서정 장르의 폭을 확대한 작품이다. 전체 4연으로 짜여진 이 시의 2연은 아버지의 유언에 해당한다. 외딴집에 임종을 기다리는 아버지를 놓아두고 아들은 진주를 캐러 바다로 나가 해녀와 사랑을 속삭이는 동안 아

---

76 김흥규, 앞의 논문, pp.636~669.

버지는 운명을 하고 만다. 마지막 연에서 '정적'은 이 시의 비극적 중심 부분으로서 서사적 전개는 자못 비극적 서정의 절정을 이룬다. 또한 '달밤'에서 "북망산을 향한 발걸음은 무거웁고 고독을 반려한 마음은 슬프기도 하다. 누가 있어야만 할 묘지에 아무도 없고 정적만이 군데군데 흰 물결에 푹 젖었다."라고 '죽음'과 '삶'을 첨예하게 대립시킴으로써 삶의 무상성을 고조시켜 나가고 있다. 동주의 이러한 시적 방황은 현실적 자아와의 대결에서 투철하지 못한 극복의 양상으로 보이는 바, '좌절'이 곧 동주시의 강점으로 나타나는 비극적 서정성의 획득이라 보여진다.

順아 너는 내 殿에 언제 들어왔던 것이냐?
내사 언제 내 殿에 들어갔던 것이냐?

우리들의 殿堂은
古風한 風習이 어린 사랑의 殿堂

順아 암사슴처럼 水晶눈을 내려감아라.
난 사자처럼 엉클린 머리를 고루련다.

우리들의 사랑은 한낱 벙어리였다.

聖스런 촛대에 熟한 불이 꺼지기 前
順아 너는 앞문으로 내달려라.

어둠과 바람아 우리 窓에 부닥치기 前
나는 永遠한 사랑을 안은 채
뒷문으로 멀리 사라지련다.

이제 네게는 森林속의 아늑한 湖水가 있고
내게는 嶮峻한 山脈이 있다.

- 〈사랑의 殿堂〉

  이 시에서 '순'은 이상화의 '마돈나'와 흡사한 상징적 존재로 나타난다.[77] '전'이라는 공간은 '나의 침실로'에서와 같은 공간적 이미지를 지닌다. 그러나 「나의 침실로」의 '밀실'과 '전'은 좋은 대조를 이룬다. 전자는 외계와 차단된 공간으로서 '마돈나'를 기다리는 장소라 한다면 여기서는 외계로 열린 공간으로서 '순'이라는 여성적 매개로부터 시작된다. '순'과 '내'가 있는 곳은 '사랑의 전당'으로서 '고풍한 풍습이 어린' 곳이다. 이 장소는 '성스러운 촛대가 있고 영원한 사랑이 머물러 있다. 순아 암사슴처럼 수정눈을 내려감아라/ 난 사자처럼 엉클린 머리를 고루련다.'
  동주에게서 일찌기 찾아보지 못했던 감각적 사랑의 모습이 이 시행에 나타난 것은 매우 특이한 시적 변모라 하겠다. '순'의 실체는 현존했던 대상이기보다는 '님'이라는 이상적 존재라 할 수 있다. 초기 시 가운데 명편이라 할 수 있는 이 시의 짜임새는 1행으로 되어 있는 4연을 중심으로 전반부와 후반부로 나뉜다. 전반부 3연이 사랑의 만남이었다

---

77 김흥규, 위의 논문, p.654.

면 후반부 3연은 헤어짐에 해당한다. 이들의 결별은 숙명적인 것으로 열한 촛불이 꺼지기 전 '순'은 앞문으로, '나'는 영원한 사랑을 안고 뒷문으로 떠나야만 한다. 이들의 비극 발생 동인은 '어둠과 바람'이다. 어둠과 바람은 성스러운 촛대의 열한 불을 끄고 '우리의 창'에 부닥치는 시련을 몰고 오는 비극의 매개인 것이다.

그러나 '순'이 가는 곳에는 삼림 속 아득한 '호수'가 있지만 '내'가 가는 곳은 험준한 산맥이 있다는 것이다. '순'의 공간은 '평화'이지만 나의 공간은 '수난'으로 '호수'와 '산맥'의 대칭 구조는 '평화'와 '수난'의 상징이면서 '나'는 '순'을 구원하는 희생으로 나타남으로써 동주의 상실된 자아의 세계가 종교적 차원으로까지 끌어올리는 것이다.

   淸楚한 코스모스는
   오직 하나인 나의 아가씨.

   달빛이 싸늘히 추운 밤이면
   옛 少女가 못 견디에 그리워
   코스모스 핀 庭園으로 찾아간다.

   코스모스는
   귀또리 울음에도 수집어지고,

   코스모스 앞에서 나는
   어렸을 적처럼 부끄러어지나니,

내마음은 코스모스의 마음이오
코스모스의 마음은 내 마음이다.

- 〈코스모스〉

이 시는 수필 〈달을 쏘다〉(1938)와 같은 해에 씌어진 것으로 가을이 시적 배경을 이루고 있다.

만 귀뚜라미 울음에도 수줍어지는 코스모스 앞에 그윽히 서서 닥터·빌링스의 銅像 그림자처럼 슬퍼지면 그만이다. 나는 이 마음을 아무에게나 轉嫁시킬 심보는 없다. 옷깃은 敏感이어서 달빛에도 싸늘히 추워지고 가을 이슬이란 선득선득하여서 설은 사나이의 눈물인 것이다. 발걸음은 몸뚱이를 옮겨 못가에 세워 줄 때 못속에도 역시 가을이 잇고, 나무가 있고 달이 있다. 그 刹那 가을이 願望스럽고 달이 미워진다.

시인은 가을밤 싸늘한 달빛을 밟으며 청초하게 피어 있는 코스모스 곁으로 간다. 코스모스를 보는 순간 시인은 옛날 사랑했던 하나뿐인 '소녀'를 떠올리게 된다. 시인은 어릴 적 소녀 앞에서는 수줍음과 부끄러움을 타는 '소년'이었다고 회상한다. 이 시에서 코스모스→소녀→나를 일체화시키는 구성법을 쓰면서 서정을 발전시켜 나가고 있다. 여기서 서정 유발의 매개가 되는 것은 〈코스모스〉이며 비극의 동인이 되는 것은 '밤'이다. 싸늘한 밤이 오면 떠나가 버린 소녀를 그리워하며 유년 시절을 떠올린다. 결국 시인은 소녀와 '나'를 일치시키면서 대결적 극복을 시도하면서 상실의 회복을 꾀하는 것이다.

이상의 시에서 동주는 자아 상실의 철저한 절망에서 방황하고 있는데 그러나 그는 절망 속에서 비로소 인격을 완성해 가는[78] 실존적 자아 확립을 시도한 것으로서 대자적, 좌절적 비극의 극복이 두드러지게 나타나고 있는 것이다.

3. 자기 부정의 연민과 고독

동주는 1938년까지 동시 창작을 계속하다가 1939년부터는 동시 대신 산문시형의 장시들이 나타난다. 예컨대 〈트루게네프 언덕〉(1939), 〈소년〉(1939), 〈병원〉(1940), 〈눈 오는 지도〉(1941), 〈별 헤는 밤〉(1941), 〈돌아와 보는 밤〉(1941) 등이 그것이다. 초기 시들이 '고향', '어머니' 등의 모성 회귀와 잃어진 자아의 주제였다면, 후기 시에서는 이들에 관한 시적 세계를 확대하고 현실에 관한 적극적인 자세를 자아와의 대결을 위해 동시와 결별한 것으로 파악된다. 1939년부터 1945년 사망 시까지의 기간은 연희전문에 입학한 때부터 동지사대학 영문과 재학 시까지 4년 동안에 쓴 것으로서 이 시기에 쓰인 작품들은 초기 시보다 역작이라 하겠다.

산모퉁이를 돌아 논가 외딴우물을 홀로 찾아가선

---

78 블로브, 최동희역, 「실존철학이란 무엇인가」(서울 : 서문당, 1987), pp.129~130.

가만히 들여다 봅니다.

우물속에는 달이 밝고 구름이 흐르고 하늘이 펼치고
파아란 바람이 불고 가을이 있습니다.

그리고 한 사나이가 있습니다.
어쩐지 그 사나이가 미워져 돌아갑니다.

돌아가다 생각하니 그 사나이가 가엾어집니다.
도로 가 들여다 보니 사나이는 그대로 있습니다.

다시 그 사나이가 미워져 돌아갑니다.
돌아가다 생각하니 그 사나이가 그리워집니다.

우물속에는 달이 밝고 구름이 흐르고 하늘이 펼치고
파아란 바람이 불고 가을이 있고 追憶처럼
사나이가 있습니다.

- 「자화상」

　이 시는 연희전문 2학년 때 쓴 것인데 1941년 「문우」지에 발표되었다. 동주의 시가 1939년 이후 즉 연희전문에 입학한 뒤부터 안정되고 있음을 알려 주는 예이기도 하다. 〈자화상〉 이후 동주의 시는 행·연을 나누지 않거나 장시화하는 형식적인 변모를 보인다. 〈자화상〉은 2행 1

연으로 된 6연의 짜임새를 가진 시로서 종결사 '…니다'로 끝나는 만해와 유사한 기법을 쓰고 있다. 산모퉁이를 돌아 논가에 한 '외딴 우물'이 있는데 한 사나이가 그곳으로 가서 우물을 들여다보는 것으로부터 시상은 시작된다. 여기서 '우물'은 서정 유발의 매개가 되며 우물가에 '홀로 서 있는 사나이'에 관한 '미움'은 비극을 유발하는 동인 매개로서 그 사나이는 시적 자아이자 현실적 자아인 것이다. 그러나 그는 '홀로' 있는 고독한 사나이다. '외딴 우물'과 '홀로'의 조응을 통하여 비극적 서정의 정황을 고조시킨다. 거울을 들여다보듯 우물에 자신의 얼굴을 비춰보고 투영된 자신을 미워한다. 그 '미움' 때문에 오히려 '미움'은 '연민'으로 바뀐다. 이러한 자기 부정과 연민의 고독은 동주시의 저변을 이룩하고 있으며 시적 자아가 자연 대상과 결합되기도 하고 인간, 신에게까지 확대되어 나간다. 이 시에서는 자연 대상과 결합시킴으로써 서정성을 획득하고 있다. 동주는 그의 수필 〈화원에 꽃이 핀다〉에서 다음과 같이 고백하고 있다.

    나는 世界觀·人生觀, 이런 좀더 큰 問題보다 바람과 구름과 햇빛과 나무와 友情, 이런 것들에 더 많이 괴로워해 왔는지도 모르겠습니다. 단지 이 말이 나의 逆說이나 나 自身 을 흐리우는 데 지날 뿐일 테니까요.

    동주는 이처럼 자연과 인간애적인 친화력을 신념화 하고 있는 것이다. 그리하여 비극의 극복을 자연 대상을 통해서 실천하고 있다. 그러기에 동주의 시선이 천상으로 향한다.

가만히 하늘을 들여다보려면 눈섭에 파란 물감이 든다. (중략)
다시 손바닥을 들여다본다./ 손금에는 맑은 강물이 흐르고 강
물 속에는 사랑처럼 슬픈얼굴-아름다운 順伊의 얼굴이 어린다.

- 「少年」의 일부

김재홍은 1938년부터의 윤동주 시를 자아에 관한 성찰에 있어 '들여다봄'으로 파악하고[79] 있지만 '자화상'이 지상의 자아 확인이라면 〈소년〉에서는 천상의 자아 확인이다. 전자가 대자적인 좌절이라면 후자는 대타적인 좌절이라고 하겠다. 결국 동주는 자기 부정의 고독에서 그 내면세계가 드러나고 있다. 자기 연민과 고독은 자기 부정에서 비롯되고 있기 때문이다.

이재선은 이상이나 윤동주는 철저하게 거울을 자아 검증이나 성찰 등, 자아 인식의 대상으로 삼음으로써 그들의 시는 남달리 거울 현상을 통한 시적 자화상의 성격을 띠고 있다고 하면서 윤동주의 거울은 자아의 지각 대상으로 삼고 있으며 고전적인 구리거울이거나 물(우물)이라는 점 외에도 동양적인 자기 수양의 상징으로 받아들여진다는 것이다.[80]

파란 녹이 낀 구리거울 속에
내 얼굴이 남아 있는 것은

---

79 김재홍, 〈자기극복과 초인의 길〉, 「현대시」1호, 세계문학사, 1984. p.215.
80 이재선, 「우리 문학은 어디에서 왔는가」, 「소설문학사」, 1987, pp.114~116.

어느 王朝의 遺物이기에
이다지도 욕될까

나는 나의 懺悔의 글을 한 줄에 줄이자
―滿二十四年一個月을―
무슨 기쁨을 바라살아 왔던가

내일이나 모레나 그 어느 즐거운 날에
나는 또 한 줄의 懺悔錄을 써야 한다.
-그때 그 젊은 나이에
왜 그런 부끄런 告白을 했던가

밤이면 밤마다 나의 거울을
손바닥으로 발바닥으로 닦아 보자.

그러면 어느 隕石밑으로 홀로 걸어가는
슬픈 사람의 뒷모양이
거울속에 나타나온다.

- 〈참회록〉

    1연에서 시인은 구리거울 속에 얼굴이 남아 있는데 '욕됨'을 느낀다. 거울 속에 삶의 부정과 혐오로 가득 차 있으며 마치 쇠망해 버린 왕조의 유물 같기도 한 것이다. 2연에서 지금까지 살아온 자신에 관한 삶의 과거를 되돌아본다. 3연에서는 미래에 의탁하여 다가올 '즐거운 날'을 기대하게 된다. 그러므로 4연에서는 비록 녹이 낀 구리거울이지만 밤마다 닦아 내어 녹을 벗기면 '슬픈 사람'이 나타나리라는 확신을 갖고 있다. 그것은 곧 미래의 자화상이라는 암시를 주고 있다.

 이 시의 서정 유발은 거울 속에 남아 있는 '내 얼굴'이다. 이것은 마치 '자화상'에서 우물을 들여다보는 '얼굴'과 일치한다. 이 두 얼굴은 다 같이 '슬프고', '저주스러운' 얼굴임에 틀림없다. 그러나 여기서 얼굴은 시간상으로 미래의 얼굴인 데 반해 '자화상'에서의 얼굴은 현재의 얼굴이다. 동주에게서 미래의 얼굴은 숙명적인 얼굴이다. 현재의 투명한 얼굴은 '우물'이라는 자연적 공간과 친화하지만, 미래의 얼굴은 인공물인 '구리거울'과 결합되어 있다. 이와 같이 동주의 경우는 자연과 인간이 친화하지 못한 경우에 파탄이 일어남을 간파해야 한다. 이와 같은 자아 실체의 부정에서 동주의 비극성이 고조되면서 대자적 극복으로 오히려 시적 정조는 대결적으로 나타난다. 이 점은 육사의 좌절적 극복과 다른 강점으로 시적 성공을 획득한다고 하겠다.

   잃어 버렸습니다.
   무얼 어디다 잃었는지 몰라

   두 손이 주머니를 더듬어
   길에 나아갑니다.

   돌과 돌과 돌이 끝없이 연달아

길은 돌담을 끼고 갑니다.

담은 쇠문을 굳게 닫아
길위에 긴 그림자를 드리우고

길은 아침에서 저녁으로
저녁에서 아침으로 통했습니다.

돌담을 더듬어 눈물 짓다
쳐다보면 하늘은 부끄럽게 푸릅니다.

풀 한포기 없는 이 길을 걷는 것은
담 저쪽에 내가 남아 있는 까닭이고,

내사 사는 것은, 다만,
잃은 것을 찾는 까닭입니다.

- 〈길〉

  여기서 시인은 상실을 내보이지만 그 상실의 실체는 '그림자'다. 그러나 무엇을 잃었는지조차도 모른다. 이 시에서 서정을 유발시키는 매개는 '잃어버림'이다. 이 자아 상실의 요인은 대자적인 것이지만 그렇게 만든 상황은 잘 나타나 있지 않으나 시대 상황과도 관련돼 있을 것이다. 상실된 자아의 실체를 찾아서 돌담을 끼고 헤매지만, 쇠문이 완강하게 닫혀 있는 것이다. 돌담을 더듬어 눈물짓다가 부끄럽게 푸른 하늘과 만나는 것이다.

이 시에서 차단된 '쇠문'은 비극의 동인 매개가 된다. '흰 그림자'에서도 시인은 자기 부정의 실체를 찾아 나서지만 실패하고 방으로 돌아오고 만다. '괴로워하던 수많은 나'는 결국 풀 한 포기 없는 길을 걸으며 하루 종일 시름없이 풀포기나 뜯는 사람이 되고 마는 것이다. 따라서 시인은 자신을 잃어버린 부정의 세계로 나간다. "내가 사는 것은, 다만/잃은 것을 찾는 것"이라고 말하는 자아 회복의 의지를 나타내고 있지만, 상실에 관한 비극의 극복은 이룩되지 못한 채 삭막한 길을 걸어가는 것이다. '길'이나 '흰 그림자'에서 공통적으로 '풀'이 있는 길을 희구하고 있다. 즉 자연과의 친화를 통하여 자아 상실을 회복하려 하는 것이다.

거 나를 부르는 것이 누구요,

가랑잎 이파리 푸르러 나오는 그늘인데,
나 아직 여기 呼吸이 남아 있소.

한번도 손들어 보지 못한 나를
손들어 표할 하늘도 없는 나를

어디에 내 한몸 둘 하늘이 있어
나를 부르는 것이오.

일을 마치고 내 죽는 날 아침에는
서럽지도 않은 가랑잎이 떨어질 텐데…

나를 부르지마오.

- 〈무서운 時間〉

　　동주의 자아는 대타적인 부정보다 대자적 부정이 더 강하게 나타나며 이것은 곧 자기 성찰의 자세가 된다. 이 시는 전체 6연으로 짜여져 있으나 첫 연과 마지막 연은 1행으로 되어 있다는 것이 다른 시와 다르다. '한번도 손들어 보지 못한 나를/ 손들어 표할 하늘도 없는 나를/ 어디에 내 한몸 둘 하늘이 있어'라고 하며 누가 나를 부르는 것이냐고 반문한다. 대타적인 대결인 듯이 표현되어 있으나 자신에 관한 물음인 것이다. 이처럼 강하게 반문하는 내면에는 자아의 투철한 결의나 의지가 확고하기 때문인 것이다.

　　그러나 시인은 처절하리만큼 비극적인 자학에 빠져 있다. 시적 자아는 이파리가 가냘프게 나오는 어린 가랑잎이라고 자신의 무기력을 말한다. 이러한 자아 부정은 역설적인 의미를 내포한다. 그러기 때문에 시적 자아는 '서럽지도 않은 가랑잎'이 될 수 있으며 미래지향적인 확신이 서 있기 때문에 그 아무도 '나를 부르지 마오'라고 당당하게 맞설 수 있다.

　　김시태는, 어려운 상황에 처할수록 자기완성을 촉구[81] 하며 비극

81　　김시태, 「현대시와 전통」 (서울 : 성문각, 1981), pp.292~294.

의 극복을 대타적이 아니라 대자적인 자세로 성취하고 있음을 지적했다. 또한 김재홍은 이를 '비극적 세계관'[82]이라 말한다. 여기서 시적 자아는 대결적 태도를 취하고 있지만, 오히려 역설적인 강변을 통해서 철저한 좌절적 극복의 태도임을 주시해야 할 것이다. '가랑잎이 떨어질 것'이 확고하기 때문에 아무도 근접할 수 없다는 굳은 결의는 더욱 강화되는 예라 할 수 있다.

故鄕에 돌아온 날 밤에
내 白骨이 따라와 한 방에 누웠다.

어둔 房은 宇宙로 通하고
하늘에선가 소리처럼 바람이 불어온다.

어둠 속에서 곱게 風化作用하는
白骨을 들여다보며
눈물 짓는 것이 내가 우는것이냐
아름 다운 魂이 우는 것이냐

志操 높은 개는
밤을 새워 어둠을 짖는다.

---

82 김재홍, 「한국 현대시인 연구」(서울 : 일지사, 1986), p.474.

어둠을 짓는 개는

나를 쫓는 것일게다.

가자 가자

쫓기우는 사람처럼 가자.

白骨 몰래

아름다운 또 다른 故鄕에 가자.

- 〈또 다른 고향〉

이 시에서 '또 다른 고향'이 어디인지는 확실치 않으나 분명한 것은 '고향'이 서정을 유발하고 있다는 사실이다. 고향은 근원적 고향, 실재적 고향, 이념적 고향이 있는데[83] 어떠한 고향이든 시적 자아는 안주하지 못하고 울고 있는 것이다. '나'와 '백골', '혼' 어느 것인가가 울고 있다. 고향의 밤은 어둠 그것이며, 부재한 것이다. 그리워 돌아와 보는 고향은 이미 남의 것이 되었다. 그 때문에 돌아오지 않은 것만 못 한 것이 동주의 고향이다. 그래서 다른 고향으로 가려는 것이다. 사실 황폐한 고향에서 일반적으로 느낄 수 있는 것은 고향이란 이상에 그칠 따름인 것이다.

이 시에서 '고향'은 서정의 유발 매개이자 비극의 동인 매개라 할 수 있다. 그리하여 고향의 실체는 축소되면서 고향에 관한 그리움과 간절함이 이 시에서 확대되고 있다. 그러므로 이 시는 비극적인 서정시가 되는 것이다. 다시 말해서 시적 자아가 그리워하는 것은 고향인데 그와

---

83   김윤식, 〈한국근대시와 윤동주〉, 「나라사랑」, 제23집, 1976, p.79.

같은 고향에 가지 못하도록 하는 장애물이 있기 때문에 비극이 발생되는 것이다.

    계절이 지나가는 하늘에는
    가을로 가득 차 있습니다.

    나는 아무 걱정도 없이
    가을 속의 별들을 다 헤일듯합니다.

    가슴 속에 하나 둘 새겨지는 별을
    이제 다 못 헤는 것은
    쉬이 아침이 오는 까닭이요,
    내일 밤이 남은 까닭이요,
    아직 나의 청춘이 다하지 않은 까닭입니다.

    별하나에 추억과
    별하나에 사랑과
    별하나에 쓸쓸함과
    별하나에 동경과
    별하나에 시와
    별하나에 어머니, 어머니,

    어머님 나는 별 하나에 아름다운 말 한마디씩

불러봅니다. 小學校때 冊床을 같이했던 아이들의 이름과,
佩, 鏡, 玉 이런 異國 少女들의 이름과
벌서 애기 어머니 된 계집애들의 이름과
가난한 이웃 사람들의 이름과
비둘기, 강아지, 토끼, 노새, 노루, 프랑시스 쟘,
라이너 마리아 릴케 이런 詩人의 이름을 불러봅니다.

이네들은 너무나 멀리 있습니다.
별은 아슬히 멀 듯이,

어머님,
그리고 당신은 멀리 北間島에 계십니다.

나는 무엇인지 그리워
이 많은 별빛이 내린 언덕위에
내 이름자를 써 보고,
흙으로 덮어 버리었습니다.
딴은 밤을 새워 우는 벌레는
부끄러운 이름을 슬퍼하는 까닭입니다.

그러나 겨울이지나고 나의 별에도 봄이오면
무덤위에 파란 잔디가 피어나듯이
내 이름자 묻힌 언덕 위에도

자랑처럼 풀이 무성할 게외다

- 〈별 헤는 밤〉

전체 9연으로 된 이 시는 동주시 가운데 긴 시 중의 하나다. 이 시의 구조는 변덕이 심한 여름날의 하늘, 맑고 푸르름을 한껏 뽐내는 가을 하늘, 벌레들의 울음소리마저 끊겨 버린 채 온갖 생물이 흙 속에 덮이는 겨울날, 삼라만상이 생동하여 얼어붙었던 싸늘한 무덤 위에까지 파란 잔디가 무성하게 돋아나는 봄으로 이어진 계절적 순환 구조를 이루고 있다.

사계의 순환 구조는 하늘, 북간도 무덤의 공간 구조와 결합하면서 자연을 단순한 회화적인 관조나 대상으로 보는 것이 아니라 순환적인 친화의 역으로 파악한다.[84] 이 시는 '별'로 말미암아 서정이 유발되고, 맑고 높은 가을 하늘에 떠 있는 '별'이 낭만적 서정 유발의 매개가 되고 있다. 그래서 제3연까지는 건강함을 유지하고 있지만 제4연에서부터 갑자기 그 정조가 어두운 쪽으로 급전된다. 여기서 '별'이 상징하는 바가 압박받는 겨레의 상징이며, 슬픔이며 또 그 자신의 신앙일 수 있다는 생각은 그를 민족시인의 계보로 보려는 의도에서 나온 것이다.

따라서 고향의 상실이라는 자의식에서 오는 실존적 고민과 우울에서 「별 헤는 밤」이 씌어졌다는 견해도[85] 청년 윤동주를 민족주의자 또는 저항시인으로 평가하려는 의도이다. 고향의 상실, 민족의 상실, 국

---

84 최홍규, 〈존재와 생성의 역〉, 「세대」9, 1965, pp.366~267.
85 최홍규, 위의 글, pp.372~373.

권의 상실 등에서 빚어진 감상적인 시작[86]이라면 이 시의 정조는 급변하지 않을 것이다. 제1연에서는 제3연까지는 밝음을 제4연부터 제8연까지는 우울함을 유지하다가 마지막 연에 이르러 다시 건강성을 회복하여 밝음이 상승하고 있다. 즉, 밝음 → 어두움 → 밝음이라는 정조의 순환 구조는 여름 → 가을 → 겨울 → 봄의 시간적 순환 구조 및 하늘 → 북간도 → 무덤=창조적 공간이라는 공간적 순환 구조와 함께 전체적인 순환 구조 속에서 시의 건강성을 잃지 않고 있다.

그런데 제4연에 이르러 '별'이 아름다운 추억과 떠나간 사랑과 쓸쓸함, 그리고 어린 시절을 보냈던 고향인 간도의 명동에 관한 특별한 동경[87]이 자신의 정신적 벗이었던 시, 마지막으로 그렇게도 그리워했던 어머니의 모습으로까지 시적 자아는 걷잡을 수 없는 슬픔에 빠지게 된다. 이 시가 여기에서 끝났다면 아마 우울한 정서를 면치 못했을 것이다. 그러나 「별 헤는 밤」을 쓴 시기의 시인은 반성적 자기 인식과 이에 따른 혐오, 연민에 고민하고 있었던 시기임[88]을 감안한다면 상당한 의식 수준을 지닌 성숙한 청년이었음을 알 수 있다. 초기 시(1934~1936년)와 동시(1936년 후반) 및 습작기[89]의 방황 과정을 거친 것으로 볼 때 어둠 ↔ 빛, 삶 ↔ 죽음의 양극적 대립으로 사물을 인식한 것이 아니라 우주의 질서 안에서 어둠과 빛, 삶과 죽음의 모체를 질서 있게 포용할 수 있었다. 제4연부터는 '별'이 곧 비극의 발생 동인의 매개가 된다.

---

86 이선영, 〈암흑기시인-윤동주 재론〉, 「세계문학」 제46호, 1987. p.69.
87 이선영, 위의 글, 같은곳.
88 김흥규, 〈윤동주론〉, 「창작과 비평」 1974, pp.655~659.
89 김흥규, 같은 글, pp.641~646.

> 괴로워하던 수많은 나를
> 하나, 둘 제고장으로 돌려보내면
> 거리모퉁이 어둠속으로
> 소리없이 사라지는 흰 그림자,
>
> 흰 그림자들
> 연연히 사랑하던 흰 그림자들,
> 내 모든 것을 돌려보낸 뒤
> 허전히 뒷골목을 돌아
> 黃昏처럼 물드는 내방으로 돌아오면
>
> - 〈흰 그림자〉 3/4연

시인의 내부에는 수많은 '나'가 있는데 그들은 하나, 둘 고향으로 보내고 나면 소리 없이 나는 흰 그림자처럼 어둠 속으로 사라진다. 서정적 자아는 흰 그림자들 속에 있지만, 항상 '나'는 외롭고 괴로운 존재다. 그는 허전히 뒷골목을 돌아 황혼처럼 물드는 내 방으로 돌아온다. 그러나 잡히는 것은 아무것도 없다. 방 안을 가득 채운 공기뿐이다. 시적 자아는 하루 종일 시름없이 풀포기나 뜯고자 체념하는 것이다. 이 시에서도 동주는 서정적 비극들 대자적 극복을 택하면서 자산의 내부로 자아를 끌어들이는 것이다. 우리 시의 강점은 동주의 시처럼 어떤 외부적 상황에 대결적 극복을 택하지 않고 좌절적 극복을 택하는 데서 시의 서정성이 더욱 상승된다고 보여진다.

김현자는, 현실의 부정적인 것을 인식함과 동시에 그것을 긍정적으로 깨달으면서 이끌어 주는 의미 체계를 구성한다면 긍정과 부정의 두 대립의 세계를 이어 주는 매개항이 되는 것은 어린 날의 '친구들', '어머니', '순이', '이웃들'이라고 한다.[90] 그러나 여기서 중요한 것은 동주시에 있어 비극적 서정의 세계를 유발시키는 요인과 그것을 극복하는 태도가 어떤 방식인가를 규명하는 일이다.

> 나는 무엇인가 그리워/ 이 많은 별빛이 내린 언덕위에/ 내 이름 자를 써 보고,/ 흙으로 덮어 버리었습니다.
>
> - 〈별 헤는 밤〉의 일부

이처럼 동주는 좌절적 자아를 선택함으로써 자기 부정의 연민과 고독을 상승시키고 있는 것이다. 자신의 이름자를 써 보고 흙으로 덮어 버리는 자기혐오는 동주시의 전후기를 통해 나타나는 공분모라 생각한다. 윤동주의 시적 태도는 언제나 양면적인 두 세계를 선회한다고도 보아지는데, 그것은 어둠 ↔ 밝음, 희망 ↔ 실패, 이상 ↔ 현실 등으로 나타나며 그 이미지는 다의적이다. 항상 자신의 무능력과 비행동성 그리고 우유부단성을 고민하고 있으며 현실로부터의 소외감에서[91] 그의 시는 성공하고 있는 것이다.

> 이네들은 너무나 멀리 있습니다./ 별이 아슬이 멀 듯이/ 어머

---

90 김현자, 〈아침빛 이미지-윤동주론〉, 「시와 상상력의 구조」(서울 : 문학과 지성사, 1982), p.208.
91 마광수, 〈윤동주 연구〉, 연세대 대학원, 1983, p.69.

님/ 그리고 당신은 멀리 北間島에 계십니다.

- 〈별 헤는 밤〉의 일부

　　동주의 미적거리는 이웃과 벗, 동물, 시인들을 떠올리며 '북간도'라는 공간 개념과 결합하여 '어머니'에 관한 그리움으로 시적 성공의 열쇠가 되게 한다. 오양호는, 윤동주의 유랑 의식은 개인사가 비극적인 민족사와 충돌하는 데서 출발하는 것이라 했다.[92] 한편 김재홍은, 동주의 향수는 단순히 그리운 것, 아름다운 것에로의 회상이 아니라 오히려 어두운 것, 잃어버린 것, 혹은 슬픈 것으로서 실향 의식이라는 특징을 지니고 나타난다고 한다.[93] 이처럼 그의 떠나 있음에 관한 소외 의식은 그의 시 세계의 한 저변을 이루고 있는 것이다.

　　또한 동주는 출생 이후 여러 곳을 이주한 사실이 있다. 유년기에는 북간도의 생활이 글의 성격 형성에 영향했을 것이다. 중학 시절 이후 고향을 떠나 평양 → 서울 → 명동 → 일본 등지로 공간적 변화 속에서 사춘기, 청년기, 성년기를 살았던 그의 인생 편력과 무관하지 않을 것이며, 그의 공간성은 '고향'의 이미지와 함께 다양하게 나타난다. 인간에게서 '공간'은 삶과 밀접한 관계를 가지면서 의식의 변화를 가져다주는 요인이며 창작 심리와도 관계된다고 보여진다. 동주의 시적 공간은 '자연적 공간'과 '인위적 공간'으로 대별되는데 이는 곧 '열린 공간'과 '폐쇄된 공간'이라 할 수 있을 것이다. 열린 공간은 주로 '길', '하늘', '호수', '간도'

92　오양호, 〈윤동주시에 나타난 '고향'의 의미〉, 「월간문학」, 1988. 2. p.80.
93　김재홍, 앞의 책, p.464.

등이 빈번하게 나타나면서 폐쇄된 공간으로는 '방'이 압도적으로 우세하게 나타난다.

> 세상으로부터 돌아오듯이 이제 내 좁은 방에 돌아와 불을 끄옵니다. 불을 켜 두는 것은 너무도 피로롭은 일이옵니다. 그것은 낮의 延長이옵기에-
>
> 이제 窓을 열어 空氣를 바꾸어 들여야 할텐데 밖을 가만히 내다 보아야 房안과 같이 어두워 꼭 세상같은데 비를 맞고 오던 길이 그대로 비속에 젖어 있사옵니다.
>
> 하루의 울분을 씻을 바 없어 가만히 눈을 감으면 마음속으로 흐르는 소리, 이제, 思想이 능금처럼 저절로 익어 가옵니다.
>
> - 〈돌아와 보는 밤〉

산문체 형식의 이 시는 서정시로써 후기 시의 형태적인 한 변모라 하겠다. 1연에서 시적 자아는 현실적인 어려운 삶을 안고 '방'으로 돌아와 불을 끈다. 불을 켜 두는 것은 낮과 같기 때문이라고 설명한다. 즉, 시적 자아는 '어둠'을 지향하고 현실로부터의 도피를 갈망하는 것이다. 2연에서는 방 안의 공기를 바꾸어야 한다면서 창을 열어야 하지만 바깥세상도 방안과 똑같다는 것이다. 3연에서는 삶의 어려움을 잊고 눈을 감으면 '사상이 능금처럼 저절로 익어'간다고 하여 밤의 지향에서 자아의 성숙을 실현하고 있는 것으로 보아 '방'은 창조적 공간이라 할 수 있다. 그런데 시적 자아가 '밤'과 '세상'을 같이 보는 데서 비극이 유발되고 있음을 주목해야 한다. '밤'은 행복의 공간이자 사상의 능금이 익어 가는 공간이지만 세상은 '피로롭은' 공간이며 '울분'이 가득한 공간이라는 것이다. 따라서 행복한 공간이 될 수 없음이 드러나 있기 때문이다.

> 順아 너는 내 殿에 언제 들어왔던 것이냐? / 내사 언제 네 殿에 들어 들어 갔던 것이냐? / 우리들의 殿堂은 / 古風한 風習이 어린 사랑의 殿堂
>
> - 〈사랑의 殿堂〉 일부

'전'으로 표현하고 있지만 '방'과 같은 공간으로 보아야 할 것이다. 이 공간은 '順'과 '내'가 함께 있는 공간이라는 점에서 창조적 공간으로 볼 수 있는데 '어둠과 바람'이 전당의 창에 몰아칠 것이 예비된 상태이기 때문에 '이별'이 기다리고 있는 것이다. 따라서 '순'은 앞문으로 달려야 하고 '나'는 뒷문으로 사라져야 한다. '이제 네게는 삼림 속의 아늑한 호수가 있고/ 내게는 험준한 산맥이 있다.' '순'에게는 삼림이 아늑한 '호수'가 기다리고 있고 '나에게는 험준한 '산맥'이 기다리고 있음으로 창조적 공간인 '전당'은 각기 '호수'와 '산맥'으로 이동 확장되어 비극적인 공간으로 전이됨에 따라 이 시는 비극적 서정을 유발하게 되는 것이다.

김수복은 윤동주의 공간 모티브를 자아 성숙의 지향 공간으로서 '방' 모티브를 분석하고 있다.[94] 제해만은, 동주의 공간은 닫힌 공간이지

---

94 김수복, 〈윤동주의 원형상징연구〉(Ⅱ), 「국어국문학」, 제93호, 1985, pp.496~502.

만 거기에는 항상 '창'이 있다고 분석하고 그것은 밖으로 향하는 길이라고 한다.[95] 다음의 시에서도 '창'은 공간 확대의 매개로 나타나고 있다.

> 順伊가 떠난다는 아침에 말못할 마음으로 함박눈이 내려, 슬픈 것처럼 窓밖에 아득히 깔린 地圖위에 덮힌다. 房안을 돌아다 보아야 아무도 없다. 壁과 天井이 하얗다. 房안에까지 눈이 내리는것일까, 정말 너는 잃어버린 歷史처럼 홀홀이 가는 것이냐, 떠나기 前에 일러둘 말이 있던 것을 편지를 써서도 네가 가는 곳을 몰라 어느 거리, 어느 마을, 어느 지붕 밑, 너는 내 마음속에만 남아 있는 것이냐, 네 조그만 발자욱을 눈이 자구 내려덮여 따라 갈 수 도 없다. 눈이 녹으면 남은 발자욱자리마다 꽃이 피리니 꽃사이로 발자국을 찾아 나서면 1년 열두달 하냥 내마음에는 눈이 내리리라.
>
> - 〈눈 오는 地圖〉

〈전당〉에서와 같이 '順伊'가 서정 유발의 매개로 등장하고 있다. 산문체 형식의 이 시는 행과 연의 구분이 없다. '순'을 떠나보낸 '방'은 텅 비어 있고 눈은 '거리', '마을', '지붕', '마음속'에 내리고 있다. 시적 자아는 겨울이 지나고 꽃 피는 봄이 오기를 기다리지만 '순'이 없는 마음에는 줄곧 눈이 내릴 것이라고 단정해 버린다. 이 시의 비극 발생의 동인은 '눈'이 된다. 떠나가 버린 '순이'를 만날 수 없게 하기 때문인데 그러나

---

95 제해만, 〈윤동주시의 공간구조 연구〉, 「국어국문학」제99호, 1988, p.189.

눈이 내포하고 있는 시적 이미지는 청순한 청춘의 비유로 나타난다. 그러면서도 눈은 '만남'의 장애가 되어 있다. 즉, 자연물과 친화하면서 이를 극복하지 못하는 자아는 '1년 열두 달 눈이 내릴 것'이라고 좌절로서 서정을 표출한다. 바로, 이런 데서 동주시의 장점을 알 수 있게 한다.

여기서 공간의 이동은 방-거리-마을-마음으로 확대되다가 급전하여 다시 '마음'으로 되돌아온 것을 볼 수 있다. 그러한 공간은 계속적으로 눈이 내리고 있는 것으로 낭만적 우수를 안고 있는 비극성을 드러내 보이고 있는 것이다. 이처럼 '이별'의 주제가 공간과 눈이 결합함으로써 시적 성과를 획득하는 한편, 동주의 공간은 실존적 공간이 되는 것이다.

  窓밖에 밤비가 속살거려
  六疊房은 남의 나라,

  詩人이란 슬픈 天命인줄 알면서도
  한줄 詩를 적어 볼가,

  땀내와 사랑내 포근히 품긴
  보내주신 學費封套를 받아

  大學 노-토를 끼고
  늙은 敎授의 講義를 들으러 간다.

생각해 보면 어린때 동무들
하나, 둘, 죄다 잃어 버리고

나는 무얼 바라
나는 다만, 홀로 沈澱하는 것일까?

人生은 살기 어렵다는데
詩가 이렇게 쉽게 씌어지는 것은
부끄러운 일이다.

六疊房은 남의 나라
窓밖에 밤비가 속살거리는데,

등불을 밝혀 어둠을 조금 내몰고,
時代처럼 올 아침을 기다리는 最後의 나,

나는 나에게 작은 손을 내밀어
눈물과 慰安으로 잡는 最初의 握手.

- 〈쉽게 씌어진 詩〉

  이 시는 동주의 마지막 작품으로 전해지고 있다. 시적 공간은 일본 유학 시절의 것으로 고국과 고향으로 설정되어 있다. 1연 2행의 10연으로 된 작품이다. 1연과 2연은 타향생활의 외로움을, 3연~6연까지는 고향을 생각하며 과거와 현재를 대응시키면서 자신의 외로운 삶을 시화하고 있다. 7연에서는 인생은 살기 어렵다는데 시가 이렇게 쉽게 씌어지는 것은 부끄러운 일이라고 자신을 꾸짖고 있다. 8연에서는 1연의 반복이고 9연은 광명을 기다리는 현실 의식의 모습이며 10연은 현실적 자아와 시적 자아가 만나는 것으로 되어 있다.

여기서 '六疊房'은 시인의 삶의 공간인데 그곳은 타국에 있다. 이 시에서 서정 유발의 매개는 문면에 나타나 있지 않지만 떠나온 '고향'이다. 고향에서 보내온 학비 봉투에서 고향의 생생한 정경을 떠올리는 시인은 오히려 부끄러움을 느끼며 자아를 확인하기에 이른다.

김우창은, 윤동주의 근본적인 관심은 의식 작용을 통하여 드러나는 자신의 도덕적 형이상학적 가능성의 관심이며, 또 이것을 구체적인 삶을 구현하는 데 관한 관심이라고 한다.[96] 동주는 고향에서 보내온 학비에 기쁨보다는 오히려 '부끄러움'을 갖는다. 그러면서 남의 나라에 와 있다는 수치를 아울러 갖고 있는 것으로 나타나 있다. 비극적 동인의 매개는 곧 부끄러움에서 찾아질 수 있다 이 시에서도 동주가 삶의 어려움을 자각하면서 현실적 대결에 있어 대자적인 태도를 택함으로써 눈물과 위안으로 체념적 서정성을 획득하고 있는 것이다.

신동욱은, 시인과 세계와의 불일치가 시 창조의 핵심이 되며 윤동주의 시 세계를 형성하는 미적 요소의 하나라고 하면서 동주가 즐겨 쓰고 있는 '방', '밤', '하늘'은 그의 내면 의식을 공간 심상으로 바꾼 필연적인 표현들이었으며 그것들을 통하여 사색과 명상의 시적 분위기를 형

---

96 김우창, 〈손들어 표할 하늘도 없는 곳에서〉, 「문학사상」, 1976. 4. p.208.

성할 수가 있다고 한다.[97] 따라서 동주의 공간 구조는 이상적 공간을 성취하기 위해 확대시키고 있지만 결국 '房'과 '고향'으로 복귀하고 만다. 이것이 곧 확보된 비극적 공간 상실의 고뇌와 갈등이라 하겠다. 동주의 후기 시에서 확인할 수 있는 시 세계는 현실 의식의 표출이 미약하나마 나타나고 현실적 고뇌를 종교에 의탁하는 모습을 찾을 수 있다.

4. 기독교 정신과 현실 극복

연보상으로 윤동주의 가계는 1900년에 기독교에 입교하고 동주는 유아 세례를 받았다고 한다. 그리고 중학교 이후부터는 줄곧 기독교계 학교에서 수학한다. 그러나 1900년대는 신구사상의 교체기라는 점에 유의했을 때, 필연적으로 겪게 되는 사상적 갈등은 피할 수 없었을 것이다. 동주는 연희전문에 입학하여 기독교에 회의를 가진 때가 있었다고 한다. 그러나 현실적 갈등은 기독교적인 사상에서 극복되었다고 하겠다. 그렇다고 모든 시가 종교시라는 뜻은 아니다. 그것은 이상 세계의 추구를 위한 지향으로 나타나 있다는 말이다. 사상적 전환기의 작품 평가는 좀 더 심도 있게 취급되어야 할 것이다.

쫓아오던 햇빛인데
지금 *敎會堂* 꼭대기

---

97   신동욱, 「우리시의 역사적 연구」(서울 : 새문사, 1981), pp.253~254.

十字架에 걸리었습니다.

　　尖塔이 저렇게도 높은데
　　어떻게 올라갈 수 있을까요.

　　鍾소리도 들려오지 않는데
　　휘파람이나 불며 서성거리다,

　　괴로웠던 사나이,
　　幸福한 예수 그리스도에게처럼
　　十字架가 許諾된다면

　　모가지를 드리우고
　　꽃처럼 피어나는 피를
　　어두어가는 하늘 밑에
　　조용히 흘리겠습니다.

　　- 〈十字架〉

　　동주시는 40년대에 들어서서 현실 인식이 나타난다. 그러한 현실 인식을 이제까지 '저항시'라 논의해 왔다. 김재홍은, 동주의 저항 의식은 행동적이거나 실천적 또는 전투적인 것이 아니라 현실을 절망적인 것으로 파악하되 그것을 수난 의식으로 받아들여서 속죄양 의식을 통해 극복하고자 했고 그의 저항 의식은 신앙적, 내성적, 자책의 성격을 지닌다고 한다.[98] '십자가'는 정지용의 가톨릭시즘과 같은 맥락에서[99] 이해되는 바, 지용의 '임종', '승리자 김 아드레아', '갈릴레아 바다' 등은 동주에게 기독교적인 시로 이어지면서 동주는 현실적 대응의 자기 극복을 시도한다.

현실적으로 겪는 삶의 수난을 예수에게 의탁하여 수락하기를 바라는 의도가 숨어 있다. '+'는 상징으로써 '보탬'의 기능을 수행한다. 종교적인 의미에서 '백합'은 '순결'을 나타내는데, 신학에서도 '+'는 말로 표현할 수 없는 진실을 나타낸다.[100] '십자가'는 너무 높기 때문에 올라갈 수 없다는 한계를 느끼고 자신의 무력함을 알고 이상적 자아인 '십자가'에게 현실적 자아인 '사나이'가 비록 예수의 희생이 비극적이지만 행복하다고 함으로써 '희생'의 값을 뒤집어 말하고 있다. 동주는 민족적인 성격과 기독교적인 성격이 강한 환경 속에서 성장하였다고 말해지고 있으나 그러한 환경이 그에게 선험적 기준으로 작용하였다고 볼 수는 없다.[101]

이 작품은 '종교시'라기보다는 현실적 어려움을 극복하려는 기독교 세계의 지향으로 보아야 할 것이다. 딜타이의 말과 같이 체험된 현실과 상이한 세계는 종교적인 상상의 현상 속에서 구축되면서 보이지 않는 힘과 접하고 신적인 직관이 생겨난다는 것이다.[102] 이 직관은 삶과

---

98 김재홍, 〈자기극복과 초인의 길〉, 「현대시」 제1호, 1984, p.220.
99 김용직, 〈정지용론〉, 「현대문학」, 1989, 2., pp.297~304.
100 Philip wheelwright, The Burning Foutain : A study in the Language of Symbolism (Bloonington and London : Indiana Univ. Pres., 1968) p.7.
101 이남호, 〈육사의 시념과 동주의갈등〉, 「세계의 문학」, 1984.
102 W. 딜타이, 한일섭역, 〈문학적 상상력〉, 「체험과 문학」(서울 : 三省印刷주식회다, 1979), p.25.

고뇌 및 활동과 밀접해 있는 것으로써 동주의 경우 이룩할 수 없는 현실적 고뇌를 십자가에 의탁함으로써 현실적 비극을 극복하려는 것이다.

이 시의 비극성은 이상에 다다르지 못한 현실적 자아의 좌절로써 4연과 5연에서 나타난다. 십자가가 허락한다면 목을 베어서라도 꽃 같은 피를 흘리겠다는 결연한 자세는 투철한 소명 의식 내지는 희생적 삶을 수락하고자 한다. 이러한 순교적 願望은 현실적 삶의 어려움을 극복하고자 한 의지라고 보여진다.

> 거미란 놈이 흉한 심보로 病院 뒤뜰 난간과 꽃밭사이 사람발이 잘 닿지 않는 곳에 그물을 쳐 놓았다. 室外療養을 받는 젊은 사나이가 누워서 치어다 보기바르게-
>
> 나비가 한마리 꽃밭에 날아 들다 그물에 걸리었다. 노오란 날개를 파득거려도 파득거려도 나비는 자꾸 감기우기만 한다. 거미가 쏜살같이 가더니 끝없는 끝없는 실을 뽑아 나비의 온몸을 감아 버린다. 사나이는 긴 한숨을 쉬었다.
>
> 나이 보담 무수한 고생 끝에 때를 잃고 病을 얻은 이 사나이를 慰勞할 말이- 거미줄을 헝클어 버리는 것밖에 慰勞의 말이 없었다.
>
> - 〈慰勞〉

'병원'의 속편에 해당하는 시로서 현실 비판 의식이 강하게 나타난다. 강자인 '거미'와 약자인 '나비'를 대비시켜 현실을 비판하면서 나비가 거미줄에 걸려 희생을 당하는 것을 '사나이'가 보고 긴 한숨을 쉰다. 이 시의 비극적 동인의 매개는 '거미'인 것이다. 나비의 희생은 시적 화자인 '사나이'와 동일시되면서 '십자가'의 사나이와도 같은 존재가 되어 있다. 동주의 시에서 사나이는 자주 등장하는데 이것은 동주 자신과도 같다고 본다. 사나이는 나이보다 무수한 고생 끝에 병을 얻어 입원해 있다. 이런 현실적 상황은 일제 식민주의를 빗대어도 크게 그릇된 해석은 안 될 것이다.

이처럼 동주의 갈등은 순수세계를 추구하는 본래적 자아와 현실적 자아의 대립에서 결국 비극적 현실 속에 죽음을 각오하고 자기의 위치를 확인하는 과정인 것이다.[103] '십자가', '새벽이 올 때까지', '肝' 등의 시들도 이와 흡사한 경우라 하겠다. 이것은 자기희생의 현실적 대결은 '간'에서도 동일하게 나타나지만, 현실적 대응 방식은 비극적 서정의 유발로 나타나고 있는 것이다.

>죽는 날까지 하늘을 우러러
>한점 부끄럼이 없기를,
>잎새에 이는 바람에도
>나는 괴로워했다.
>별을 노래하는 마음으로
>모든 죽어가는 것을 사랑해야지

---

103 이남호, 위의 논문, p.30.

그리고 나한테 주어진 길을

걸어가야겠다.

오늘밤에도 별이 바람에 스치운다.

- 〈序詩〉

'서시'가 씌어진 것은 1941년 25세의 동주가 연희전문 졸업을 앞두고 쓴 시로 시집 '하늘과 바람과 별과 시'의 머리 작품이다. 별의 이미지는 다양하게 유추될 수 있겠다. 사실 낭만적인 정서를 대변하는 심상일 수도 있겠고 아득한 곳에 위치한 이상적인 자아의 모습일 수도 있다.

이 시에서 서정 유발의 매개는 '별'이 된다. 별은 우리의 이상 세계이기 때문에 영원성을 상징하기도 한다. 동주의 이상 세계의 추구는 그의 시 세계의 주조를 이룬다. 여기에 도달하기 위해서 괴로워하고 운명적인 길을 가야만 하는 것이다. 그러나 별이 순수한 이상적 자아의 영원성만을 나타내지 않기에 이 시는 낭만적인 분위기를 지니지 못한다. 그것은 곧 모든 생명체(자신을 포함해서)를 사랑한 것으로 확대된다. 즉, 그 사랑은 '고향'과 '어머니', '이웃', '순', '벗'을 아끼는 범애적 삶이라는 것이다. 이 시를 대표작으로 보는 데는 윤동주의 시 세계를 총체적으로 내포하고 있기 때문인 것이다. 9행에 불과한 이 시는 의미 단락으로 구분하면 첫 번째 단락은 4행까지이며 두 번째 단락은 5행~8행까지이고 세 번째 단락은 9행이 된다.

이 시의 구조는 시제상으로 과거(1단락), 미래(2단락), 현재(3단락)

의 순서를 밟고 있다.[104] 2음보로 구성된 이 시는 天命 의식과 운명애를 실천하려는 의지로 가득 차 있다. 첫 번째 단락에서 시인은 도덕적 결백성을 드러내면서 삶의 완성을 희구한다. 두 번째 단락은 운명애적인 사랑으로 온갖 생명체를 사랑하고 자신의 길을 가야 한다는 의도를 보여 준다. 마지막 단락에서는 별이 어떤 무명의 힘에 부대낀다는 무상성을 나타내고 있다. 이 시에서 '별'과 '바람'의 의미망을 파악하는 것은 매우 중요하다.

　　김재홍에 따르면, 윤동주 시의 근원이 되는 것은 사랑의 정신이며, 그것은 운명애로 말미암은 자기 극복과 구원의 성격을 지닌다. 약한 것에 관한 사랑은 인간주의의 정신을, 원초적인 것과 혈육에 관한 사랑은 조국애의 정신을, 그리고 운명애는 현실 극복의 정신을, 신앙애는 초월의 정신을 각각 포괄하고 있다.[105] 따라서 이 시의 비극적 동인의 매개는 이상에 이르는 장애 요인이 되는 '바람'이라고 하겠다. 마지막 단락에서 자아실현은 바람으로 말미암아 좌절로 끝나고 만다. 삶의 무상성과 자아의 한계를 총체적으로 보여 준다.

　　지금까지 윤동주의 시 세계를 네 가지 유형별로 살펴보았다. 1938년을 중심으로 동주시의 변모가 나타나는 바, 전기 시는 습자기로서 동시가 활발하게 씌어졌으며 시적 성과도 습작 수준을 넘어서지 못한 상태였다. 1939년 이후에는 동시가 씌어지지 않은 반면, 산문성을 띤 서정시가 나타남과 동시에 성공작들이 대부분 이 시기 이후에 씌어졌음을

104　이승훈, 「한국현대시의 구조분석」(서울 : 종로서적, 1987), p.140.
105　김재홍, 「한국현대시인 연구」(서울 : 일지사, 1986), p.479.

중시해야 할 것이다. 초기 시가 모성 회귀의 그리움이 시적 주제가 되고 상실된 자아의 회복을 위한 비극성이 짙게 나타났음을 알 수 있으며 후기에 와서는 자기 부정을 통한 연민과 고독, 공간 상실의 비애, 이상 세계를 추구한 종교적 지향 등을 들 수 있다.

동주시의 평가는 대부분 전통성과는 무관한 채 시대 상황에 따른 해석이 많았다. 그 결과 민족 저항적 관점에서 평가되거나 자의식의 견해에서 평가했던 것이다. 그러나 보다 근원적인 민족 정서 즉, 전통적인 맥락 안에서 파악하지 않고는 온당한 시 해석을 이룩할 수 없다는 점에 유의하면서 윤동주의 시 세계를 이해하려 했다. 이는 곧 동주의 시가 전통적인 정서의 맥락을 유지하면서 그것을 동주식으로 체질화시켜서 시적 형상화에 성공하고 있음을 뜻한다. 지용의 생경한 종교시가 동주에 와서는 속죄양 의식 희생 주의로 시 세계를 구축하면서 신앙시의 한 획을 긋고 있음은 그만큼 우리 시의 깊이와 폭을 넓혔다고 하겠다.

따라서 윤동주의 시 세계의 근원은 비극성에 있다는 것을 발견하게 된다. 이것은 당대적 시대 상황이 아니라 한국시의 전통적 맥락 속에서 비극적 정서를 계승했다는 점이다. 그 위에 시대적 상황이 가중됨에 따라 동주시의 비극성은 고조되었고 그러한 비극성은 50년대 이후 현재까지도 체질화되어 우리 시 속에 관류하고 있음을 이해할 수 있다.

III. 이육사와 윤동주의 대비

　두 시인은 다 같이 1930년대 순수문학운동이 활발하게 전개되고 있던 시기부터 문학 활동을 시작한다. 즉, 출생 년도로 보아 육사는 동주보다 13년 위이지만 사회적인 활동 시기를 두고 보면 동시대인으로 알려져 있다. 이와 같은 외부적 상황 이외에도 전기적인 사실에서 볼 때 두 시인은 여러 유사점을 가지고 있다. 우선 성장 환경과 사망의 요인도 그럴 뿐만 아니라, 식민지 적국의 땅에서 일생을 마치고 마는 점 등이 그러하다.

　육사는 유가적인 가정에서 태어나 조부로부터 유풍과 접하고 한학을 배우면서 어린 시절을 보냈는데 특히 한시에 관한 소양은 그의 시에 무의식적으로 반영되어 있다는 사실을 알 수 있다.

　동주 또한 유가적인 환경에서 태어났지만 성장하면서부터는 기독교적 세계관에 깊이 침잠하는 바 변화된 세계관은 그의 시작에 많은 영향력으로 작용하였다. 이 두 시인은 평범한 시대에 태어나 평범한 삶을 영위할 수 없었다는 역사적 시대 상황과 깊이 관련된다. 험난한 국내 식민지 상황을 좌시하지 못하고 중국과 일본으로(육사), 간도와 일본(동주) 등지의 편력을 거치면서 무너져 가는 자아의 갈등과 회복 의지가 곧바로 그들의 시와 결부된다 하겠다. 이러한 편력은 또한 사상적 편력과 함께 두 시인의 시 세계를 구축하는 데 결정적인 역할을 하였다

두 시인의 사상적 편력은 매우 뚜렷한 차이가 드러난다. 陸史는 중국의 신문학 창시자인 노신에게 크게 경도되었고, 동주는 릴케, 니이체, 투르게네프, 프란시스 잠, 정지용, 이상, 백석, 서정주 등 매우 폭넓은 독서 편력을 거쳤고 육사는 시종일관 동양 문화권의 영향 속에 살았으나 동주는 그와는 달리 동양적 세계관에서 서양적 세계관으로의 지적 기반을 확대시켰다. 이는 동주의 시가 초기의 동시에서 후기의 자유시로 확대된 것과 무관하지 않다. 먼저 시의 외형적 요소인 율격을 보면 陸史의 시는 매우 정형적임을 알 수 있다. 이는 곧 앞에서 살핀 그의 한시적인 소양과 선비 의식에 바탕한 그의 절제된 세계관에서 비롯된 것이라고 생각된다.

한편 동주의 시에 나타난 율격은, 동시를 제외하고는 다소 자유로운 율격을 보이는데 이 또한 서구의 지적 편력에서 기인한다고 생각된다. 두 시인의 국외 활동 및 학창 생활은 시적 형상화 과정에서는 공간 의식으로 표출된다. 두 시인 모두 북방 의식이 강하게 드러나는데 이는 그들이 실향의 회복 의지, 자아 상실에 관한 자기 확인의 의지, 나아가 조국 상실에 관한 광복 의지가 '북방'이라는 특정한 공간으로 형상화되

었다고 보여진다.

그와 같은 의지의 갈망은 곧 그들의 시에서 '고향' 의식으로 집약되는 데서 확인된다. 그런데 주목되는 것은 육사의 시에서는 동주만큼 '공간 상실'에 관한 부끄러움이 짙게 나타나지는 않은 데 있다. 이는 곧 시인의 내면 의식과 관계되는 것으로서 육사의 시는 정형의 율격을 지니면서도 그의 시에 표출된 공간성은 외향적이며 동주의 경우는 자유시적 율격을 보이지만 시에 표출된 공간성은 내향성임을 우선 들 수 있겠다. 이는 두 시인의 지리적, 사상적(지적) 편력보다는 오히려 전기적인 요인에서 영향한 것이라 보아진다. 엄한 가정에서 태어났지만 비교적 평탄한 청소년 시절을 보낸 육사에게는 자아가 손상되거나 위축될 뚜렷한 요인이 없었으며 꿋꿋한 유가적 선비로서의 풍모를 지닐 수 있었다. 그런데 국권이 상실되어 자아가 처음으로 상실의 위기에 처하게 되자 그의 선비 정신은 곧 강한 저항으로 나타났으며, 따라서 그의 시에 표출된 공간성은 '닫힘'보다는 '열림'을 지향했다고 보여진다.

한편, 어린 시절부터 대체로 공간적 편력이 잦았던 동주는 자아가 항상 안주하지 못하고 방황하고 있었다. 거기에서 국권 상실이라는 역사적 시련이 가중되자 자아는 더욱 손상되어 '손들어 표할 하늘'조차 얻지 못한다. 이와 같은 동주의 위축된 자아는 기독교적인 속죄양 의식이 더해짐으로써 드러냄보다는 '감춤', 열림보다는 '닫힘'을 지향했다고 보여진다. 결국 두 시인의 시에 드러난 공간성은 시인의 전기적 요인에서 영향 받은 것으로, 육사는 '열림'의 공간성으로 자아 회복에 적극성을 드러냈다면 반면에 동주는 '닫힘'의 공간성으로 상실된 자아는 내면적으로 감추려 한 데에 있었다.

다음으로 두 시인의 시에 표출된 시간 의식을 살펴보면, 두 시인 공히 과거, 현재, 미래 시제가 표출되지만, 육사에게는 미래 의식이 강하게 드러나는 반면에 동주에게는 미래보다는 현재 지향적임이 주목된다. 이는 두 시인의 의식의 차이를 단적으로 드러내 주는 것으로써 육사는 미래에 반드시 자아 회복의 순간이 도래하리라는 확신의 반영에서, 동주는 현재 고통받은 자아에 관한 강한 부끄러움의 시적 반영에서 각각 기인한 것이다. 이러한 사실은 두 시인의 시에서 표출되는 비극성의 원인을 볼 때보다 극명하게 드러난다.

육사는 유교적 세계의 균형과 질서에 집착, 이상적 자아의 현실적 무력감, 창조적 공간에의 향수, 상실된 자아 회복의 기다림 등에서 비극성이 발생되고 있다. 한편 동주는 모성 회귀의 그리움, 자아 상실의 비애, 자기 부정의 연민과 고독, 기독교 정신과 현실 극복 등에서 비극성이 발생되고 있음을 볼 때 육사는 그의 시 세계가 과거에서 미래로, 동주는 과거에서 현재로 각각 지향함을 알 수 있다.

비극의 극복이라는 면에서 볼 때도 두 시인의 자세는 대조적으로 드러난다. 육사의 경우 비극적 정서는 자아와 현실의 갈등이 대타적인 것으로 나타나는 반면에, 동주의 경우는 그것이 대자적인 성향으로 기울고 있다. 따라서 비극적 정서는 동주의 시에서 더욱 강하게 드러날 수 있는데 왜냐하면, 비극성은 심리 현상으로서 대타적인 투사Projection보다는 대자적인 수용Realization에서 보다 상승되기 때문이다.

이와 같은 비극성을 대응하는 방식에 있어서 육사는 꿋꿋한 선비 정신으로 현실에 맞섰으나 그의 작품의 경우 비극의 극복 자세는 작가 정신과는 매우 다르다. 즉, 작품 속에서는 비극적 상황에 좌절함으로써,

비극을 극복하려고 한다. 그렇기 때문에 작가 정신과 작품 세계의 불일치가 빚어진 데에서 그의 시의 비극성은 한층 고조되고 있음을 알 수 있다.

한편 동주는 철저히 자기 내면의 부끄러움으로 현실의 비극적 상황을 감내하려고 했던 작가 정신과는 다르게 작품 세계는 비극적인 요인의 극복에 매우 적극적임을 알 수 있다. 따라서 그의 시에서 비극적인 정서는 육사만큼 두드러지지 않는다. 두 시인 공통점은 '자아 상실'에서 오는 자기 부정의 자전적 고백이다. 육사의 경우 '노정기', '년보', '소년'에서, 동주의 경우 '자화상', '길', '참회록' 등에서 볼 수 있는데 이러한 자아 상실은 앞서 말한 '공간 상실'에서 기인한다. 즉, 육사의 경우 유교적 세계관의 파탄에서, 동주의 경우 종교적 신념의 회의에서 자아와 세계의 갈등이 생성되었음을 알 수 있다. 요컨대, 육사의 시는 비극적인 정조에서 볼 때 그의 작가적 편력이나 세계관에서 보여 준 것만큼 강한 서정성을 획득하지 못한 반면, 동주의 시는 작가의 세계관이나 편력보다 훨씬 강렬한 서정성을 획득하고 있음을 확인할 수 있게 된 것이다.

4

결론

I 결론

I. 결론

이 연구는 한국의 현대시를 비극적 정조의 맥락에서 해명하려는 데 치중하였다. 즉, 고대 민요에서부터 현대시에 이르기까지 우리 시문학사에 면면히 계승되어 온 정조의 하나는 비극성이라는 데에 주목하여 시문학사적 흐름 속에서 우리 시의 비극성의 면모를 살피고 나아가서는 육사와 동주를 비극적 서정 시인으로서의 위상을 정립하고자 하였다. 김재홍의 연구에서 이에 관한 시도가 있었으나 사적인 고찰을 보여 주지는 못했었다.

이육사와 윤동주에 관한 종래의 평가나 이해의 틀을 벗어나 정조의 측면에서 비극성에 역점을 두고 살펴보았다. 즉, 고려 말 정몽주로부터 이어지는 저항시의 전통적 맥락 속에서 그들 시의 특징을 가늠함은 물론 민요, 향가 등 전통 시가에서 확인되는 비극적 정서의 흐름 속에서 두 시인의 시 세계를 집중적으로 살핌으로써 우리 시의 특성을 규명하는 한 방법으로 제기하고자 한 것이다. 각 장의 내용을 요약, 제시하면 다음과 같다.

지금까지의 문학 연구자들이 빠졌던 방법론적인 오류에서 벗어나 육사와 동주시를 살피고자 하였다. 육사와 동주에 관한 기존의 연구사를 (1)역사 전기적인 방법 (2)작품론적 연구 방법 (3)문학사적 접근 방법 등의 연구를 유형별로 나누어 검토하였다.

연구사의 검토 과정에서 두 시인에 관한 연구에서 공히 드러나는 문제점은 역사 전기적인 사실에 지나치게 의존하여 있었다는 점, 그리고 시대 상황이라는 문학 외적인 현실에 집착해 왔다는 사실을 지적했다. 이와 같은 연구 방법 외에 문학의 정조의 이해 태도를 심화시켜 비극적 서정성에 준거하여 우리 시문학사를 조감하면서 그러한 맥락에서 육사와 동주의 위상을 정립하고자 하였다.

따라서 비극적 서정성을 비장함과 정서적인 입자의 애잔함, 슬픔, 서러움 등의 감상적인 면까지를 모두 포괄하는 개념에서 비극적 서정성이라 할 때 그것은 주로 문학의 정조에 관한 이해에 따른 것임은 물론이다. 서정시의 경우 서정 유발의 매개가 존재한다는 사실을 전제로 할 때, 우리 시의 서정성은 비극성이 강하며 그것을 유발하는 매개가 존재함을 주목했다. 또한 비극성의 발생 요인을 대타적인 것과 대자적인 것으로 구분하여 시대마다의 양상을 살펴보았다.

한국시의 비극적 서정성의 흐름을 고대 민요, 고전시가, 1920년대의 시, 1930년대의 시를 통시적으로 살펴본 결과 고대 민요인〈황조가〉는 자신의 외로움을, 자신의 무능함으로 돌리고 마는 대자적 비극성을 나타내며 대상에게 대결적인 자세가 미약함을 볼 수 있다. 곧 비극적인 상황을 좌절적으로 극복하는 자세이다. 〈제망매가〉는 누이의 죽음이란 비극적 상황을 종교적 신념으로 극복하는 경우로서 비극성이 종교적 신념에서 극복되었다.

고려가요〈가시리〉는 대타적인 비극 발생 상황에 대항하거나 그것을 적극적으로 극복하지 못하고 단지 강한 원망이나 분노만을 토로한 것이다. 반면에 양반시조는 강한 사대부 정신 즉, 선비 정신이 비극적 상황에 적극 가담하지만, 그 전반적인 작품의 정조는 비극성을 극복하지 못하고 있다. 따라서 〈민요〉는 〈가시리〉의 정조로 이어지고, 〈향가〉는 〈양반시조〉로 계승 발전되었음을 알 수 있다. 양반시조에서 드러난 사대부 정신은 곧 신라인의 종교적 신념과도 같이 조선 사회를 지탱했고, 일제 강점기를 견디게 한 절대적인 힘이었지만, 신념적인 의지가 강할수록 비극성은 더욱 강하게 나타나고 있다. 이러한 사대부 정신은 20년대의 만해에 이르러 종교적 신념으로 재현되는데 만해시의 경우 생경한 어투, 직서적 의미 전달에서 서정성이 감소되고 있다. 또한 가시리적 원망의 비극성은 김소월에게 접맥되어 일관된 흐름을 보인다. 다만 김소월의 경우, 비극적 상황이 대타적인 요인에서가 아니라, 대자적인 것에서 발생됨을 인식함으로써 원망의 가시리적 정조가 체념적인 것으로 변이된 점을 알 수 있다.

소월의 비극적 상황의 대자적인 수용 태도는 30년대 지용의 가톨릭시즘으로 접맥된다. 지용은 인간이 원초적으로 비애적인 존재임을 인정하면서 그러한 비애의 긍정과 일제 강점기라는 시대적 상황이 빚어낸 비극을 투철한 가톨릭시즘의 희생주의로 감내하려고 한다. 그러나 영랑의 경우와 마찬가지로 지용의 종교시 또한 그의 수준작이 되지 못함을 보여 준다. 지용의 종교적 희생주의는 동주에게로, 영랑의 선비적 신념은 육사에게로 각각 이어지면서 비극적 서정시로 성공하고 있다고 하겠다.

    육사의 선비 의식은 시대 상황에 대결한 자세로 나타난다. 그러나 대결 의지가 강할수록 빚어내는 정조는 비극성을 극복하지 못한다. 지용의 가톨릭시즘에 입각한 희생주의적 신념이 동주의 기독교 정신에 계승되면서 종교시의 한 봉우리를 이룬다. 동주의 경우 그의 희생주의적 시작 태도를 보인 작품에서는 비극적인 정조가 약하게 표출된다. 왜냐하면 비극적 상황을 대결적 자세로 지탱하지 못하는 종교적 양심 때문이라 보여진다.

    육사와 동주의 시가 문학사적인 의의를 갖는 이유는 전통적인 민족의 공통분모적 정서에 밀착되어 있을 뿐만 아니라, 육사의 꼿꼿한 선비 정신과 동주의 종교적 양심의 목소리가 형상화해 내는 진솔한 인간의 고뇌의 목소리이기 때문일 것이다.

    두 시인의 공통점은 '상실 의식'에서 찾아지는 바, 공간 상실과 자아 상실이라 하겠다. 공간 상실은 고향 의식 내지는 표랑 의식으로 표출되는데 특히 '북방' 지향에 있어 육사의 경우는 망명 공간의 비애로 나타나고 동주의 경우는 고향 상실의 비애로 그 비극성이 표출되고 있다. 육사의 자아는 외부로 상승하려 하고, 동주 자아는 내부로 하강하려 한다. 그런 점에서 비극적 정서는 육사시에서보다는 동주시에서 우세하게 드러난다고 하겠다. 이 점은 우리 시가 지닌 한 특성으로 자리잡혀 있다고 보여진다. 비극성의 유발을 인식함에 있어 육사는 대타적이라면, 동주는 대자적이라 할 수 있다. 이 역시 우리 시가 지녀 내려오는 비극적 서정의 특징이라 생각한다.

    이들 두 시인은 비극적 서정성 상호 보완적 의미망을 구축하면서 우리 시의 전통적 서정의 한 국면을 담당해 낸 시인들로서 일제 암흑기의 공백을 자리매김한 시인이라는 데 시사적 위상을 부여하고자 한다. 그러나 이 연구가 한국시의 비극성의 요인을 규명하지 못한 점을 하나의 과제로 남기며 민족성의 형성 요인과 문학 심리학적 연구가 뒤따라야 할 것이다.

제2부 1950년대 우리 문학의 구조

1

전후시의 대비적 고찰

- I 문제 제기
- II 세계 전후시의 양상
- III 한국 전후시의 특징
- IV 전후시의 대비
- V 결론

I. 문제 제기

　우리 문학에서 〈전후문학〉은 그 개념이 확정되지 않은 채 論者에 따라 다양하게 쓰여지고 있다. 예컨대 50년대 문학, 6·25문학, 전쟁문학, 분단문학, 민족문학, 반공문학, 그런가 하면 통일문학, 이데올로기문학 등 혼란하기 그지없다.
　필자는 〈전쟁문학〉에 관하여 고찰한 바 있지만, 아직도 이 문제는 보다 구체적인 논의가 있어야만 할 것이다. 정한모는, 50년대 한국시의 특징을 밝힌 글에서 〈전후시〉의 개념을 세계적으로 2차대전 이후이며 우리의 경우는 6·25 이후가 된다고 했다. 한편 윤병로는, '50년대 문학'은 넓은 의미에서 '전시문학'(혹은 6·25의 문학)이라고 했다. 김우종은 '전쟁문학', 구중서는 '분단문학', 이철범과 홍문표는 '민족문학'이라는 범주에다 분단문학을 포함하고 있다.

위와 같은 여러 논의는 논자에 따라 타당성을 가지고 있기는 하지만 여기서 우리는 문학적 개념 규정에 있어 좀 더 거시적인 역사적 안목이 요구되어야 한다고 본다. 문학사적인 관점에서 보면 시대 구분의 문제가 되겠지만 이것 역시 문예사조에 기준을 두어야 할 것인가? 아니면 정치사적인 변동 요인에 준거할 것인가 또는 연대순에 따른 역사 인식에 둘 것인가 하는 문제와 관련된다. 물론 한국적인 특수성으로 문학사가 기술되기는 하지만 세계사적인 상황을 배제할 수가 없기 때문이다.

　따라서 필자는 '전후'의 개념 설정을 세계사적인 준거에서 마련하고자 한다. 19세기에 들어 인류는 양차 대전을 겪음으로써 국제간의 갈등, 민족간의 갈등, 정세의 크나큰 변동을 야기시킴에 따라 보편적인 전쟁 경험을 피할 수 없었다.

　우리의 경우 직접적이든 간접적이든 세계 인류사적인 소용돌이 속에서 비극적인 시대를 통과하지 않으면 안 되었던 것이다. 근대에 들어 우리는 또 다른 비극의 역사를 갖지 않을 수 없었던 것은 식민지 시대를 겪어야 하는 이중고와 함께 동족상쟁이라는 삼중고의 역사가 곧 근현대사로 얼룩진 비운인 것이다.

　언제부터인지 우리의 역사적 시대 구분은 왕조 중심에서 정치사적인 사건 중심으로 바뀌었다는 점에서 많은 문제점을 내포하고 있고, 정치사 이외의 다른 영역의 사적 정리는 정치사에 예속된 기술에 지나지 않았다는 점은 우리 민족만이 가지고 있는 현실이 아닌가 한다.

　양차 대전이 자주독립 국가로서 직접 가담하지 않았다 하더라도 우리는 식민 치하에서 일제에 종속되어 징병, 징용으로 동원되어 동남아, 동북아의 전쟁터에서 다른 나라와 접촉을 하면서 남다른 수난을 당해야만 했다. 따라서 세계사적인 영향권에서 벗어날 수 없었음을 인정한다면 문학사적인 조류는 분명해진다고 하겠다.

그러므로 우리의 '전후문학'은 비단 6·25뿐이 아니라 이미 조선조 임·병 양란 이후 수없이 있어 왔던 것이며 양차 대전을 계기로 현대적 과학전이라는 점에서 크게 부상되었다고 하겠다. 개화기 이후 청일 전쟁, 중일 전쟁, 소일 전쟁 할 것 없이 우리의 국토는 전장화되었으며 그때마다 직간접으로 피해를 당했던 것도 사실이다.

이제 앞에서 언급했듯이 거시적인 입장에서 50년대 문학을 규정할 것이다. 그러므로 50년대는 2차대전의 연속선상에서 재조명되어야만이 타당한 우리 문학의 실체를 찾을 수 있으리라 생각된다.

Ⅱ. 세계 전후시의 양상

① 너저분하고 숨막히는 列車 속에 빈 좌석이 없다.
깨진 마스크를 한 어린이가
부서진 客室의 폐허 속에서 고요히 앉아 있다.
그런데 나는 어떻게 도피하랴?
나처럼 이들도 목숨을 갖고 있다.
(중략)
어제만 해도 그에게는 이보다 한결 포근한 祖國이 있었지.
정말 祖國이 있었을까?
온밤을 列車는 고요히 황량한 벌판으로 미끄러져 가고,
공허한 숨결이 솟았다 꺼져 가는 속에서
--脫出이다. 脫出이다!

- 렌덜 쟈렐, 「피난민들」의 일부

② 목숨들은
　　승리의 어둠 속으로 먹혀지고
　　함선들은 침몰되고, 잊혀져, 바다는
　　어둠에 빛을 낸다.
　　찾을 길 없는 목숨들의 죽음이
　　묵묵히 어둠 갈앉은 서쪽의 바다를
　　바라보고 있는, 죽음에 팔린, 사랑에 겹던,
　　그리고 과로와 하던 인생들 위로
　　어둡게 공히 내려 앉는다.
　　불꽃인냥 바다로부터 불숙 떠올라
　　그 마지막 존재로부터 찢어져 나가,
　　오, 나의 온 인생의 죽음이여
　　당신으로 하여, 당신으로 하여
　　나는 죽지 않았고
　　당신의 죽음으로 나는 살아 왔나니.
　　(중략)
　　여기 내 머리 속엔
　　壽衣에 가린 당신의 검은 몸을 위한
　　자리가 있다.
　　認識票가 胸骨에 밀착되어 있구나.
　　그리고 불꽃은 당신의 죽음 위로,
　　내 生의 세계 위로 감돌아 오른다
　　便紙들과 얼굴은 때때로

당신의 뜨거운 입김으로 고요하다

- 랜달 자렐, 「便紙들을 태운다」의 일부

위의 시는 미국의 자렐 시인의 것으로 세계 제2차 대전 시 미국인에게 지대한 영향을 끼쳤을 뿐 아니라 병사들에게까지도 시작 활동을 하게 했다고 한다.

①에서 조국을 버리고 탈출해야 하는 피란 열차에서의 고뇌를 내보이고 있다. 흡사 최인욱의 〈광장〉에 등장하는〈명준〉의 심경을 읽어 낼 수가 있다.

②에서 시적 배경은 전선으로 이동한다. 〈편지〉를 제재로 한 병사의 내면 의식을 투시할 수 있는 바, 죽은 자와 살아 있는 자의 심적 교감을 자의식으로 표출하면서 편지 속의 얼굴과 산 자의 얼굴을 동일시하고 있어 리얼리티를 고조시켜 준다.

이처럼 전쟁이 가져다준 인간의 불행은 그것이 정의이든 불의이든 인간의 실존을 유발시키는 정조mood임을 쉽게 알 수 있다. 이런 전쟁에 관한 상황 인식은 어느 국가, 어느 민족 할 것 없이 인간의 보편적 정서로 동일한 것이 된다. 영국의 전후시를 살펴보면 한층 실존 의식이 심화되며 전의가 고양된다.

① 안개가 꼈다
　〈코오트〉속에 담기어 나는 걷는다.
　城은 이제 壕 때문에 앞을
　遮斷하지 않고.

哨兵의 기침과
傭兵의 말소리뿐.

街路燈은 눈에 보이지만,
땅 위에 빛을 던지지 않고.
안개가 뒤덮인 뜨락에
群衆이 고통에 싸여 번득거릴 뿐.
나는 個人이라는 宿命에서
피할 수 없다.

- 톰·건, 「人間의 條件」의 전반부

② 여기 英國의 政治家들이 누운 이곳에서
한 婦人의 울음소리에 귀를 기울여라.
인자하신 主님이여, 아. 獨逸人들을 폭격하시라.
(중략)
우리의 帝國이 뭉쳐 있게 하시고
우리의 軍隊를 그대의 손으로 이끄식,
멀리 자마이카, 혼두라스, 스코트란드로부터 온 勇敢한 黑人들을
主여, 그들이 싸울 때 그들을 보호하시고
그보다 더욱 白人들을 보호하소서.
(중략)
나는 그대의 王國을 위하여 일하겠나이다.
우리의 젊은이들을 도와서 勝戰하게 할 것이고,

비겁한 者들에게는 흰 것을 보낼 것이며,
女軍部隊에 가담하겠나이다.
그리하여 영원의 安全地帶 그곳의
그대의 玉座周邊의 계단을 씻으리다.

- 죤 베쯔먼,「웨스트민스터 寺院에서」의 일부

　①에서 전란 속의 도시를 걸어가는 주인공을 만날 수 있게 된다. 화자는 군중 속의 고독을 끌어안고 인간이라는 존재 파악에 골몰한다. 결국 화자는 안개 속으로 사라지는 인간 존재의 나약성과 숙명론에 귀착한다는 것을 제시해 준다.
　②는 두말할 것도 없이 전승을 기원하는 한 여인의 목소리다. 적대국인 독일의 멸망을 염원하는 여인은 여군이 될 것을 다짐하며 대영제국과 지도자, 전쟁을 수행하는 흑인, 백인을 보호해 줄 것을 주님께 빈다. 이 여인의 애국관은 ①의 실존 의식과는 상당히 거리가 있는 집단의식으로 확대되고 있다. 톰, 간Tom Gun이 현대인의 문명과 현대인의 정신 상황을 분석하면서 의식의 거울에 비춰 보는 개성적이라면, 죤, 베츠먼John Betjeman은 50년대 영국의 어느 시인보다도 영국적인 시인이라는 평을 받고 있다. 이러한 두 시인의 개인과 집단의식의 시는 각기 개성적인 시작이면서 전쟁을 보는 시각의 차이가 대조적으로 나타나고 있다.

그리하여 태양이 눈부시게
풀잎을 휘어지게 하였다.

그리하여 태양이 눈부시어
잔 돌들을 노엽게 하였다.
羊이 지나쳐 가더라도
말없이 지나갈 뿐
그리하여 태양이 눈부시어
개울 물을 속상하게 하였다.

그리하여 태양이 눈부시게
희생자들 위에 있었다.

義士들의 피는 눈부시지 않다
설사 태양 빛에 쪼인다 해도

그러나 태양의 눈부심이
외친 것은 그것이었다.

태양, 그것보다 正義쪽이 더욱 좋다
正義쪽이 더욱 좋다고

그것은 변하여 갈 것이다. 태양은
그것은 이내 변하려고 하고 있다.

正義의 눈부심은 더욱 강해질 것이다

너의 것보다도 더욱 강하게

- 위젠느 길르빅, 「사형집행」 전문

　　인간 내면의 의식 세계를 자연적 서정으로 풀어낸 시이다. 〈풀잎〉, 〈돌〉, 〈양〉, 〈개울물〉을 〈희생자〉로 통합시켜 〈정의〉로 형상화하면서 〈태양〉보다 숭고한 영원불멸성을 고조시킴으로써 민주항쟁의 일면을 표출해 낸 것은 60년대 우리 시의 〈풀〉(김수영 작)에 해당된다고 보여진다.
　　미미한 자연적 사물을 제재화하여 〈정의〉의 숭고에까지 끌어올리는 시적 성과는 전쟁시와 무관하지 않은 것으로써 〈정의〉라는 이념의 획득을 위해 자연스러운 서정의 세계라 하겠다.

　① 최후의 병사들을 지키는 것은 그들의 마음뿐이다.
　　　두던해 줄 强者의 방패도 없을 것이고
　　　友軍을 불러일으켜줄 소리도 없을 것이고
　　　그들의 신앙도 이 세상에선 無力할 것이기에.

　　　그러나 마음에서 생명은 아리따운
　　　죽음의 공포에도 不動하는 것이 된다
　　　몸을 더럽히기보다는 도리어 죽음을 택한 者들을
　　　은총의 조용한 빛이 싸고 지킨다.

　　　진리의 힘, 그것은 그들의 생명 속에 살고
　　　설움에 흐트러진 시대의 공포를 털고

마침내는
神이 우리들 속에 만든 것이 힘을 얻는다.

그리하여 빛이 서로 다가서려고 하듯이
慈悲의 최후의 閃光은
死者들을 그리고 망가진 무기를 장식한다.

- 라인홀트 슈나이더, 「어느 친구에게」 전반부

라인홀트, 슈나이더Reinhold Schneider는 반나치적인 독일의 시인이자 작가로 휴머니즘적 작풍을 보인다. 또한 한스, 벤더Hans Bender는 제2차 세계대전에 종군했다. 소련군의 포로가 됐다가 1949년에 귀환한 독일 작가로서 전후 젊은 세대들의 의식을 대표하는 작가 중의 한 사람으로 알려져 있다.

①의 시에서 전면에 흐르고 있는 정서는 그리스도 정신에 바탕을 둔 〈자비심〉으로 죽음을 초극하려는 데 있다. 〈몸을 더럽히기보다는 도리어 죽음을 택한 자들〉에게 은총과 진리가 주어질 것이라는 시인의 결연한 자세는 저항적이기 조차한 시적 성과를 획득하기에 이른다. 〈죽음〉과 〈불의〉에 항거한 인간의 실존 문제에까지 확대시키고 있다.

② 꽃 같은 그들의 머리칼 속에
　홀러내리는 불칙한 흙
　棺같은 그들의 가슴 위에
　떨어지는 우리의 말없는 한줌 흙

따스한 노오란 묘지 일곱
칠월 햇빛 속에 말라가다.

정열의 양귀비꽃 지나가는 풀밭 길
차거운 전나무들 지나가는 숲속 길
늪 속에 눈 감고 사라지는 길

불안스런 지뢰 속 길
또 밝은 빛 오막살이
커어텐 주름, 창문 유리.
저 마당 딸기 넝쿨
장미꽃 환한 글라디올라스 다발
두레박 풍덩이는 샘터
울타리 옆에 선 애숭이 처녀
놀람으로 하여 동공 속에
증오가 새겨져서.

여름내 품고 다닌 그 슬픔
멜빵, 그리고 거친 천조각
수류탄, 삽, 또 철모,
홈이 파진 칼
말 업는 등의 피를 찾는.

슬퍼하는 살찐 까마귀 일곱

빨간 소나무 가지에서

떨어지네 일곱의 꽃들은 또

탱크 지나간 자취 위에.

- 한스 벤더, 「젊은 병사」 전문

 이 시는 〈일곱 명 전우의 매장에서 전선으로 돌아갈 때〉라는 부제가 붙어 있다.
 ①이 남성적 톤이라면 ②는 여성적 톤에 해당하는 서정적 전쟁시라고 하겠다. 이 시는 50년대 모윤숙의 〈국군은 죽어서 말한다〉와 흡사한 정서를 불러일으킨다. 일곱 병사의 전우를 흙에 묻고 다시 전진을 계속해야만 하는 전장의 비극적인 현장을 애끊는 잔잔한 목소리로 울려 주고 있는 것이다. 시인 자신이 종군했던 체험적 시작이므로 심화된 리얼리티를 획득하고 있다고 하겠지만 〈꽃=젊음〉, 〈관=가슴〉과 같은 비유와 〈까마귀〉, 〈빨간 소나무〉로 상징되는 비극적 표상은 전장의 불길함을 고조시키고 있는 반면, 〈일곱〉이 주는 행운의 이미지는 〈어둠→밝음〉으로 나아가게 하는 기법을 보여 준다. 이제 기타 지역의 시를 살펴볼 차례다.

① 다가오는 밤의 冷氣

 너는 샛발갛게

 부서진 집들의 빨고니로 돌아왔다.

 無名基地나 타고 난 자리에

빛을 던져 주기 위해서

이곳에

우리들의 꿈이 잠잔다.

그리고선

너는 쓸쓸한 듯이

북쪽으로 향한다.

그곳에는 모든 것에게

죽음에 대해서마저도

빛이 주어지지 않은 곳이다.

그래도 너는 기어코 간다.

- 쌀봐토레, 콰지모도,「悲歌」전문

② 추억의 땅 그리이스여

　戰火의 자욱에

　높이 솟은 高地堡가 아직도 몇 개나 남아 있었다.

　艦砲射擊을 맞아 망가진 港灣이여

　오스트리아의 無言의 손짓에 응답하는 것처럼

　아아취 속의 彫像같은 모습으로 쑥 내민 바다모퉁이여

　石段을 내리는 너와 나

　하나의 미소가 오가는 사이에도

　지쳐버린 행복은

　바람이 살랑댈 때마다 사라지고 있었던 건가

　그때는 벌써

모든 것이 끝나버리고 말았던 것이다.

- 알레싼드로 빠론끼, 「주말」 일부

①의 시는 살바토레 콰시모도 Salvatore Quasimodo의 시로서 1959년 노벨문학상을 수상한 이태리 시인의 시다. 제2차 대전 파시즘에 대항했던 토목기사 출신의 시인이다. 이 시는 상징적이며 역설의 수사 기능을 발휘하고 있다. 〈밤의 냉기〉를 〈무명묘지〉에 비유하면서 〈빛〉과 〈꿈〉, 〈죽음〉에까지 병치시키면서 〈차가움〉의 세계로 복귀하고 있다. 〈빛〉과 〈어둠〉, 〈차가움〉과 〈따뜻함〉의 대립적 구조에서 이 시는 현대시의 정수를 획득하고 있다.

②는 평화로운 이태리반도가 초토가 돼버린 항만의 비극적 상황을 말해 준다. 황폐한 항만에서 지난날의 행복했던 추억과 비탄의 종말을 말없이 보듬는 인간 부조리의 모습을 드러내 보인다. 〈모든 것이 끝나 버린〉 폐허 속에서 전쟁의 부조리가 인간 고뇌를 손짓할 뿐이다.

③ 도대체 어느 쪽이 亡命子인가?
　　우리들은 自國民의 안에 있다.
　　한편, 거리를 활보하는 독일사람이야말로 移民인 것이다.
　　그들은 고국으로부터 튀쳐나와
　　딴 사람들의 飢餓와 流血의 희생으로 一年내지 二年의 사이에
　　지배하는 즐거움을 취득한 것이다.

國境 안에서 자유로이 살고 있었는데도
그것에 만족하지 않았던 것이다.
독일사람들에게 싫은 것은
全員歸國을 피할 수 없게된 날이다.
그들은 하나의 大家族을 요구한다.
인간이 괴로워하고, 죽는 곳에서, 그들은 지금까지 이곳은 독일이 아니었으나
이제 독일이 되었다고 생각한다.

祖國은 이렇게 되어 잃었으며,
不正과 우월감이 지배를 한다.
이 얼붙은 것같은 生活圈에서는
그 어느 사람의 마음도 뿌리를 뻗지 않을 것이므로
승리자는 囚人이다.
만일 國土를 되찾으려면
먼저 자기 자신을 해방시키지 않으면 안된다.

그러나, 우리들 국민된 사람은 발을 地上에 힘껏 붙여
國土의 정신을 잃지 않았다.
우리들은 이밤을 꿈길에 서있지만
내일이면 武器를 지니고 나타난다.
우리들은 올 것이다. 그 때에는
강하고, 엄하고, 情實로써 容赦는 하지 않을 것이다

항상 우리들의 것이었던 土地를 되찾기 위하여
생명을 버리지 않으면 안될 사람들이 많을 것이다.

그러나 拷問과 殺戮과 파괴를 가져왔던
殘酷한 遊戱가 끝난 후
우리들은 기원할 것이다.
사랑하는 國土여.

― 놀달 그리끄, 「노르웨이에 있어서의 기쁨의 해」 일부

③은 노르웨이의 시인 그리끄Nordahl Grieg의 시이다. 독일을 저주하면서 조국 수호의 강도 높은 민족 의지를 결합시키고 있다. 세계 제2차 대전에 종군하여 독일과 맞서 싸우다 베를린 작전에서 산화해 간 시인이다. 이 시인은 중국내전, 스페인 시민전쟁, 소비에트 체재 등을 두루 체험하면서 위와 같은 애국 전쟁시를 남겨 놓고 있다. 승리자는 〈수인〉이며 〈노예〉로 전락시키며 조국의 사수와 필승을 다짐하기에 이른다.

이제까지 전후 서구시의 전쟁을 제재로 한 시들을 살펴보았다. 전후의 주된 문예사조는 실존주의에 근거한 부조리문학임을 간과해서는 안 될 것이다. 18세기 서구 사회는 산업 혁명을 계기로 농경수공업사회로 이행됨에 따라 인류의 상상이 현실로 나타난 것이다.

그런 과정에서 인류 스스로가 가공할 대량 살상 무기로 인간 생존의 위협을 체험하기에 이른 것이다. 이러한 자기모순의 시대에서 인류는 인간성 회복의 추구에 나서게 되었으며 인간 존엄성을 찾고자 한 것이 전후 시대의 특징이라 하겠다.

Ⅲ. 한국 전후시의 특징

　　구중서는 50년대 한국 문학의 특징은 두 가지로 나타난다고 보고 있다. 그 첫째는 작품 배경이 총검으로 접전하는 최전방의 현장이 아니라 전선 후방의 병영이나 전쟁이 휩쓸고 간 뒤의 도시나 마을이라 지적했고 두 번째는 적대방에 관한 관용과 동포애라는 것이다. 이런 양상은 세계의 어느 나라 전쟁 문학과도 다른 성격이라 하겠다.
　　김우종도 이와 같은 점을 지적하면서 6·25 문학의 특성을 인간성으로 본원적인 탐구를 시도했다는 것이라면서 우리 문학의 철학과 사상적 빈곤 때문에 작가의 주변적인 소재에 치중함으로써 대하소설이 나오지 못한 것이 우리 문학의 약점이라 지적하고 있다.

　　① 祖國아, 심청이 마냥 불쌍하기만헌 너로구나.

詩人이 너의 이름을 부르랑이면
목이 맨다.
저기 모두 世紀의 白丁들 도마 위에 오른
고기모양 너를 난도질하려는데
하늘은 왜 이다지도 무심만 하다더냐.

祖國아, 거리엔 희망도 절망도 못하는
백성들이 나날이 환장해만 가고
너의 원수와 그 원수를 기르는
벗들은 불장마를 키질하는데
너는 생각하며 쓰러져 가는 갈대더냐.

冤魂의 나라 조국아.
너를 이제까지 지켜온 것은 모두
非命뿐이었지.

여기 또다시 너의 마지막 맥박인 듯
어리고 헐벗은 형제들만이 北으로
발을 구르는데

저들의 넋을 풀어줄 노래 하나
없구나.

祖國아! 심청이마냥 불쌍하기만한

祖國아.

- 구상, 「휴전협상 때」 [焦土의 詩.15] 전문

② 너라고 불러보는 조국아

　너는 지금 어드메 있나

　누더기 한 풀 걸치고

　토막 속에 누워 있나

　네 소원 이룰길 없어

　네 거리를 헤매나

- 이은상, 「너라고 불러보는 조국아」 일부

③ 무더운 여름

　불쌍한 원주민에게 총쏘러 간 건

　우리가 아니다

　조국아, 우리는 여기 이렇게

　쓸쓸한 간이역 신문을 들추며

　비통 삼키고 있지 않은가

　그 멀고 어두운 겨울날

　이방인들이 대포 끌고 와

　강산의 이마 금그어 놓았을 때도

　그 벽 핑계삼아 딴 나라 차렸던 건

　우리가 아니다

조국아 우리는 꽃 피는 남북평야에서
주림 참으며 말없이
밭을 갈고 있지 않은가.

- 신동엽, 「祖國」 일부

④ 지껄여도 따져도 結論없는 이야기
문서는 미결함 속에 차복 쌓여 있고
잘난 나라의 백성들끼리
우리의 結論을 흥정하고 있다.

자랑 많은 나라에 태어났어도
우리가 이룩한 자랑은 무엇이냐
가슴은 熱帶인데 結論이 없고
아아 화제가 다해버린 남의 슬픈 청년들.

祖國은 개평거리냐
우리는 贖罪羊이냐.
窓을 젖치고
모두 다 바라보는 하늘 가에는
훨훨 날아가는 구름이 한폭
제 무게도 없는 구름이 한폭만 떠있다.

- 민재식, 「贖罪羊 1」 일부

⑤ 弱小民族의 悲哀를 삼키며

祖國이 危殆하던 아침

大韓의 男兒답게 내달아

正義의 칼을 집고 戰列에 끼었나니.

오늘을 北으로 北으로

(중략)

〈원수를 갚아다우!〉

아버지의 屍體는 議政府 산기슭에

눈을 뜬 채 쓰러져 있었다.

위의 시들은 〈조국〉이 처한 비극적 상황을 운명애로 표현하고 있다. ①은 조국을 〈심청〉에 비유한 것이고 ②는 〈미아〉로 파악하고 있으며 ③은 〈외세〉로 말미암은 분단의 비극을 ④는 ③과 같은 상황에 처한 〈희생〉의 존재로 조국에게 연민을 보내며 〈개평거리〉라는 도박용어를 통해 풍자하고 ⑤에 이르면 〈구국〉을 의탁하는 아버지의 눈이 전선으로 떠나는 아들에게로 지향하고 있다.

이들 시에서 보듯 50년대 한국시의 주조는 좌절과 연민에 있음을 알 수 있다. 그러나 ③과 ④는 전쟁의 근원적인데 지향적 항변을 제기함으로써 좌절하지 않고 자기 극복의 자세를 다짐하고 있어 40년대 일제의 저항적 지성을 계승하고 있다고 하겠다.

쟁발발은 〈이방인이 했고〉, 우리는 〈잘난 나라〉의 백성들의 흥정 싸움에 〈희생물〉이 되어 결론을 내지 못하고 있다는 주변 열강국의 비판을 적나라하게 터뜨리고 있다. 따라서 50년대의 문학적 평가는 사회

문화적, 정신사적 의미의 기본적인 인식이 아직 객관적으로 정직하게 이룩되지 못한 과제를 남겨 두고 있다. 민재식, 신동엽 등에게서 제기된 이 같은 문제가 해결되기 위해서는 6·25에 관한 역사적 인식이 재정립이 있어야 함은 당연한 것이다.

앞에서 언급했다시피 우리의 전쟁문학 내지 전후의 문학의 구조 연구는 일제 식민 치하에서 경험했던 양차 대전을 포함한 연장선상에서 파악해야 할 것이다.

> 허나 토끼는 허리가 묶이었다.
> 총알을 맞고, 불붙는 나무 밑에서
> 총알을 맞고, 불붙는 샘터에서
> 총알을 맞고, 불붙는 강나무에서
> 총알을 맞고, 불붙는 산맥, 불붙는 벌판, 꺼슬린 돌미륵 그늘에서, 불붙는 수풀 속에서, 마을 어귀에서, 총알을 맞고, 불붙는 시가, 네거리의 가로수, 불붙는 기차, 불붙는 항구가 새빨갛게 무너져 내리는 스스로의 피와 눈물 속에서 총알을 맞고.

- 전봉건, 「사랑을 위한 되풀이」 일부

이 시에서 망신창이가 된 국토(토끼)를 만나게 된다. 어느 것 하나 〈총알〉을 맞지 않은 것이 없다. 〈토끼〉는 〈속죄양〉이 되어 비로소 〈스스로의 피와 눈물〉을 자각하기에 이른다.

> 물러감은 비겁하다

> 항복보다 노예보다 비겁하다
> 둘러싼 군사가 다 물러가도
> 대한민국 국군아 --너만은
> 이땅에서 싸워야 이긴다
> 이땅에서 죽어야 산다
> 한번 버린 조국은 다시 오지 않으리라.
>
> - 모윤숙, 「국군은 죽어서 말한다」 일부

　　모윤숙의 절규는 피범벅이 된 온 국토를 뒤흔들고 있지만 끝내 우리는 우리의 〈적〉을 확정 짓지 못하고 무참히 조국 땅에 묻히고 마는 것이다.

　　정명환은, 적극적 행동으로서의 〈주체적 문학〉이 되지 못한 이유를 서구처럼 〈신〉을 갖지 못한 점과 서구적 전쟁 체험의 미숙에서 극한 상황을 인식하면서도 휴머니즘으로 복귀하고 말았다고 한국 전쟁 문학의 한계를 지적하였다.

　　그러나 이 견해는 한국 전쟁의 특수성을 인식하고자 하는 데는 얼마간의 미흡한 점이 없지 않다. 이 점에 관해서는 김병익이 명쾌하게 지적하고 있는데 먼저 한국인을 위한 전쟁이 아니라는 점과 적대방이 〈동족〉이라는 데 있다고 한다. 따라서 6·25 전쟁의 주체와 주변 강대국으로 말미암은 약소성 내지는 그들의 정치적 목적성을 덮어둔 채 진정한 한국인의 자아 발견이 폐쇄된 전쟁이었다는 점에서 50년대 문학은 좌절과 비극성을 극복하지 못한 결과가 되고 만 것이다.

① 길가 푸섶에 白黑으로 써서 꽂은
　나무조각이 하나

　〈여기 傀儡軍 戰士가 쓰러져 있다〉

　그 옆에 아직
　실낱같은 목숨이 붙어 있는 少年의 屍體
　검붉은 피에 절인 그의 四肢는 썩었고
　반쯤 뜬 눈망울은 이미 풀어져 말을 잊었다.

　아프고 목마름에 너 여기를 기어와
　물고에 머리를 박고 마냥 물을 마셨음이려니
　같은 祖國의 山河
　네 고장의 흙냄새가 바로 그러하리라.
　아 이는 원수이거나
　한 핏줄 겨레가 아니거나 다만 그대로

　살아있는 인간의 尊嚴 愛情!

　누가 다시 이 靈魂에
　총칼을 더할 것이냐.

　사랑하는 사람을 두고 가듯이

어쩔 수 없는 안타까움이
아직도 남아 있음이여.

- 조지훈, 「여기 傀儡軍 戰士가 쓰러져 있다」 일부

② 오호, 여기 줄지어 누웠는 넋들은
눈도 감지 못하였겠고나.

이제까지 너희의 목숨을 겨눠
방아쇠를 당기던 우리의 그 손으로
썩어 문드러진 살덩이와 뼈를 추려
그래도 양지 마른 드메를 골라
고히 파묻어 떼마저 입혔거니
죽음은 이렇듯 미움보다도 사랑보다도
더 너그러운 것이로다.
이곳이 나와 너희의 넋들이
돌아가야 할 고향땅은 삼십리면
가루 막히고

무인 공산의 적막만이
천만근 나의 가슴을 억누르는데

살아서는 너희가 나와
미움으로 맺혔건만

이제는 오히려 너희의
풀지 못한 원한이 나의
바람 속에 깃들여 있도다.

손에 닿을 듯한 봄 하늘에
구름은 무심히도

북으로 흘러가고
어디서 울려오는 포성 몇발
나는 그만 恩怨의 무덤 앞에
목놓아 버린다.

- 구상, 「적군 묘지에서」, [초토의 詩 8]

③ 금성훈장도 은성훈장도
　弔砲도 痛哭도 소박한 少女도
　빛나는 영광도 녹슬은 悲命도
　아무것도 없는데
　다못 들국화 소란한 향내가
　외로운 주검 위에 풍겨온다
　조촐티 조촐한 젊은 生命
　사붓 求愛와 통하는 어두운 길목에
　길 잃은 파랑새 되어

길 잃은 파랑새 되어

- 조영암, 「무명용사의 무덤」 일부

④ 無名戰士의 碑 위에서 날지 못하는 새가 텅빈 하늘로 목을 뽑고운다······(중략) '하나님 어이하사 이다지도 사랑하시나이까' 武名전사의 碑 위 청동새는 어둠에 눈 뜨던 과거의 포성을 머금고, 自我를 잃은 囚人들이 지나는 十字架의 凝血을 굽어 보며 소리 없는 울음으로 보지 못하는 그 重量의 날개를 펴기 시작하였다.

- 金丘庸, 「무명전사의 碑 위에」 일부

⑤ 지난 날은 싸흠터였던
흙떼미 위에 반듯이 누워
이지러진 눈으로 너는
그대도 맑은 하늘을 우러르는가

저 구름이 가는 저 위의
더 더 위에 살고 계시는
어머니를 지금 너는 우러르는가

썩어서 문들어진 살
그 살의 무게는
너를 생각하는 이 시간

우리들의 살의 무게가 되었고

온몸이 남김없이
땅속에 묻히는 그 때부터

네 뼈는
영원한 것의 뿌리가 되리니
저녁에
내려오는 별빛이
네 자리를 수 억만번 와서 씻는 뒷날
새벽에----

그 뿌리는 나무가 되고
숲이 되고
네가
장엄한 산령이 될 것을 나는 믿느니.

----- 이 몸집은
저를 잊고
이제도 어머니를 못 잊은 아들의 것이다.

- 천상병, 「무명용사」 전문

위의 시들은 피아를 초월한 인간애와 동포애를 주제로 하고 있다.

이데올로기를 초월한 점에서 우리가 지향했던 〈반공 문학〉의 관점에서 보면 모순된 시편들이나 앞서 논의된 바와 같이 전쟁 발발의 회의에서 비롯된 휴머니즘의 표현이라 하겠다. ①에서 〈같은 조국 산하〉 ②의 〈죽음은 미움보다 사랑보다 너그러운 것〉이라는 시인의 관용 ③에서 〈파랑새〉의 이미지 ④에서 〈청동새의 날개〉 ⑤에서 〈어머니〉로 표상되는 〈조국〉의 미래를 주제화하고 있다.

피아를 확정하기보다는 〈죽음〉의 연민으로 비극적 정황을 극복하려는 50년대 시의 한 특성은 어쩌면 한국인의 비극적 정조와 맞닿아 있다고 하겠다.

이러한 비극적 정조는 서구에서 당시대를 풍미했던 실존주의 문예사조와 무관하지 않다. 민족 상쟁의 상황 의식은 인간 생존의 절망과 회의의 늪에서 헤매게 했고, 삶의 부조리를 인식게 했던 만큼 자아에 관한 실재의 문제로 갈등하기에 이른 것이다. 전쟁의 피비린내 나는 체험과 황량한 전후의 허무함 그리고 불안한 감각 속에서 끝없는 절대무와 상대적 존재와의 사이에 있는 주체적인 자기를 명확하게 찾기 위해 최후의 가치로서 자기의 밑바닥의 밑바닥에까지 파고들어 가려고 한 것이 실존주의의 본연의 모습이라면 50년대 문학은 문학사적인 측면에서 서구 사조의 영향이 전무하다고 보기 어렵다.

따라서 20년대의 서구 문예 사조와 3.1운동의 실패가 빚어낸 이른바 좌절적 낭만주의적 색채나 50년대의 절망적 실존주의의 색채는 같은 맥락에서 볼 수 있을 듯하다.

시가 개인적 자아에서 '삶'과 '죽음'의 문제가 내재되어 있을 경우 현장성이나 목적성과는 달리 철학적 바탕 위에서 시는 출발한다. 이러한 현상은 전쟁 자체를 부정하고 반전의 모습으로 나타날 수 있지만, 실상은 생존의 궁극적 목적 때문에 리얼리티를 보여 주는 것이다. 6·25의 비극이 가져다준 불안, 우울, 절망의 그림자, 그리고 고향 상실의 부조리와 역설의 체험 등이 우리로 하여금 어제를 잊어버리고 내일에의 바람도 없이 현재에만 관심하게 했을 뿐만 아니라 늘 불안하고 죽음의 그림자가 드리워져 떨고 있는 자기의 실존과 대결하게 된다. 삶과 죽음에 투철한 대결의 양상, 인간과 인간의 관계 속에서 자신의 존재를 확인하고자 하는 것이다.

> 어제 만난 얼굴은 다시 볼수 없습니다.
> 오늘 만난 얼굴은 어제의 얼굴이 아니올시다.
> 좀 더 찢어지고 부서지고 이스러진 얼굴의 複數
> 남은 것은 단 하늘밑 땅의 인간의 얼굴 뿐입니다.
> 일체의 풍경을 믿지 않는 마음의 얼굴 뿐입니다.
> 노래 한 節 들리잖는
> 피해 당한 얼굴의 꿈이올시다.
> 나의 항거의 의지가 내출혈을 시작한 후
> 어제 만난 얼굴을 오늘의 얼굴이 아니올시다.
> 어제 악수한 손은 지금쯤 썩어 있을 겁니다.
> 그러나 나는
> 몇사람의 인간의 이름이
> 오늘처럼 그리운 적이 없습니다.
> 몇사람의 인간의 얼굴이

오늘처럼 그리운 적이 없습니다.

- 신동집, 「얼굴」 전문

'삶'과 '죽음', '만남'과 '헤어짐'의 대립을 통해서 인간의 실체를 파악하려 든다. 어제 보았던 '얼굴'은 전쟁이라는 처참한 상황 때문에 다시 만날 수가 없게 된다. 다시 만난다고 해도 그 모습 그대로가 아니고 일그러지고 지친 얼굴이며 어쩌지 못하는 삶을 이끌고 가는 사람들이다. 그들 중에는 이미 죽고 없는 얼굴도 있다. 시인은 끝내 '얼굴'이 그리워질 따름이다. 신동집의 실존 의식은 훨씬 깊은 곳에 자리잡고 있다. 전쟁에 관한 치열한 대결도 아니요, 좌절도 하지 않았다.

많은 사람이
여러 모양으로 죽어갔고
여러 모양으로 살아왔고
그리하여 서로들끼리
말 못할 악수를 한다.
(중략)
나의 한편 팔은
땅 속 깊이 꽂치어 있고
다른 한편 팔은
짙은 密度의 空間을 抵抗한다
죽은 사람이 살았을 때를
그리워 하며

> 살은 사람이 죽어 갈
> 때를 그리여 보며……
>
> - 신동집, 「악수」 일부

〈악수〉에 와서도 시인은 '못 만나는 얼굴'을 찾아 헤맨다. '삶'의 의미를 재확인하면서 허무를 수반한다. 존재와 허무, 만남과 헤어짐의 의미를 전쟁은 채득게 한다. 결국 인간의 알 수 없는 '미지'의 세계를 달리는 존재로 파악하려는 신동집은 밀도 있는 존재의 성찰로 시적 목표를 획득하고 있다. 잃은 팔의 허무와 남아 있는 한쪽 팔의 저항이 상반된 현실로 나타남에서 시적 진실을 밝히기에 이른다.

> 나는 나무를 겨누어 본다.
> 꼭대기의 잎사귀를 겨누어 본다.
> 그리고 돌멩이를 겨누어 본다.
> 그러다 싫어지면 쓱 銃口를 높여서
> 개머리판에 뺨을 부비면
> 하늘이 가늠쇠 구멍 속에 들어 온다.
>
> - 전봉건, 「작난」 일부

'나'는 한 개 '잎사귀'에 지나지 않은 존재이며, '돌멩이'에 불과하다. '가늠쇠 구멍'만한 '삶'을 위해서 한 병사인 나는 얼굴에 개머리판을 비벼보는 것이다. 이것은 결국 시제가 알려주듯 '작난'에 불과한 것인지도 모른다. 이처럼 실존 의식은 삶의 문제와 관련되어 있는 만큼 '삶' 그 자체를 부정하지도 긍정하지도 않는다. 전봉건의 이런 의식은 김광림에게로 이어진다.

> 砲彈의 姿勢로 터져 간
> 나 또래의 젊음들이
> 〈바리케이트〉로 넘어져 갔다.
> 葡萄처럼 느릿한 一五五 마일
>
> 休戰線의
> 겨드랑 쑥밭길
>
> - 김광림, 「다리목」 일부

'겨드랑'과 같은 155마일의 휴전선 일각에 와 있다. '나'와 '주검'의 대립 속에서 살아 있는 나를 인식하려는 시인의 태도에서 우리는 다시금 '생존'과 만난다. 엘리어트의 말대로 시인은 세 가지의 목소리를 지니고 있는데 첫 번째 목소리는 신인 자신과의 목소리요, 두 번째는 청중에게 말하는 목소리, 세 번째는 극중 인물로 하여금 말하게 하는 목소리라고 한다.

전봉건이나 김광림의 경우 자신과의 대화적 수법이 성실하게 수행되면서 '실존'과 맥을 같이 하고 있다. 패러독스적 표현 양식은 김소월의 그것과는 무관한 채 설득력을 지니고 있는 것이다. 50년대 시가 지닌 또 하나의 특징은 바로 실존 의식을 추구한 데 있다고 하겠다. 전후의 허무적 분위기 내지는 힘의 약세에서 비롯된 패배주의적 태도는 곧 휴머니즘과 연결되어 있다.

> 쩡쩡 우는 M1의
> 총소리는 깨끗한 것
> 모조리 아낌없이 버렸으므로
> 비로소 鐵에 대한 인격
> 그것은 神格의 자리다.
> 그런 맑은 쇠소리.
> 아아 나는 전선이 비롯되는
> 어느 산머리에서
> 산이 오히려 기겁해서 무너지는 맑은 소리에 감동한다.
>
> - 박목월, 「총성」 일부

카랑한 〈총성〉은 모윤숙의 〈국군은 죽어서....〉와 또 다른 의미를 제시해 주고 있다. 신성불가침이라 하리만큼 깨끗하고 맑은 M1의 총소리는 살육의 차원을 훨씬 뛰어넘는 곳에 있다. 전쟁 이전의 신격화된 '정의'의 쇳소리를 통해 전달되는 이미지에서 어느 전쟁시보다 예술시를 획득하고 있다. 이미 전쟁은 싸우기 이전에 승리를 약속받았고 인격적 존재로서 엄존해 있다. 평화의 사도가 M1이라면 전선이란 형성될 수도 없고, 스스로 포기하고 신의 앞에 나와 앉아 기도해야 하는 것이다. 이러한 목월의 진술은 〈청노루〉, 〈나그네〉의 체험을 극복한 50년대의 시적 변모라 하겠다.

그러나 이제까지 살펴본 바대로 실존적 휴머니즘은 허무 의식과 결합하면서 반전 의식보다는 전쟁을 받아들이면서 문학적 대결을 시도 했다고 보여진다. 50년대 시에 관한 많은 논의가 있었지만, 작품을 통해서 본 6·25전쟁은 결국 긍정적인 입장에서 적극적으로 가담했거나 대결 의지를 보이고 있다. 다만 전쟁 중의 시가 전방성보다는 후방성에 치우치고 있음은 시인해야 할 것이나 문학이 전쟁을 위한 물질적 수단이 될 수 없고 응전의 수단이기는 해도 행동화된 살육의 도구는 되지 못한다는 것을 인식하면서 문학적 행위로서 민족의 응집력을 제고하는 데서 문학은 승전의지를 부여하며 인간성 회복을 성취하고자 하는 것이다.

IV. 전후시의 대비

　　세계 대전과 한국 전쟁의 차이점은 세계 대전이 우선 영토와 세력 확장이라면 한국전은 이념 전쟁이라는 것이고 다음은 전자가 국가 대 국가, 민족 대 민족의 전쟁이었다면 한국전은 이념을 달리한 동일 민족끼리의 전쟁이자 국내전이었으나 강대국의 지원으로 전쟁이 수행되었다는 것이다. 그리고 강대국들로 말미암아 민족 분단의 휴전 협정이 체결되었다는 것이다. 또한 국내전이기는 했지만, 세계전의 성격을 방불케 하는 양상을 띠었다는 점은 인류사에서 거의 찾아보기 드문 전쟁으로 기록될 수 있을 것이다. 따라서 전쟁에 관한 문학적 대응 방식도 다를 수밖에 없지 않았을까 생각된다. 첫째로 대적 관계를 살펴보자.

어제까지 너희의 목숨을 겨눠/ 방아쇠를 당기던 우리의 그 손으로/ 썩어 문드러진 살덩이와 뼈를 추려/ 그래도 양지 마른 드메를 골라/고히 파묻어 떼마저 입혔거니

- 구상, 「적군묘지」

여기 英國의 政治家들이 누운 이곳에서/ 한 부인의 울음소리에 귀를 기울여라/ 인자하신 主님이여, 獨逸人들을 폭격하시라

- 존 베쯔만, 「웨스트민스터 寺院에서」

구상의 시는 피아가 따로 없이 인간의 존엄 앞에서 죽은 적군 병사를 끌어안고 있다. 어찌 보면 〈원수를 사랑하라〉는 그리스도적 박애정신에 닿아 있다. 이는 곧 적이 불투명하다는 시사와 함께 〈죽음〉 앞에서 피아가 따로 없다는 의미라 하겠다. 이런 대응 방식은 적이 동족이라는 휴머니즘의 의식이 짙게 엉겨 있기 때문이라고 보여진다. 그러나 존 베츠먼은 적에 대한 증오심이 가득 차 있다. 작은 독일인이며 전쟁에선 꼭 이겨야 한다는 분명한 태도로 〈비겁한 자들에게는 흰 것을 보낼 것〉이라고 다짐한다. 우리 시의 대응 방식은 인간주의이고 서구 시의 대응 방식은 적개심으로 나타나고 있음이 역력하다. 이런 점에서도 우리 시의 소극성과 서구 시의 적극성을 가늠하게 된다. 그것은 바로 적의 실체가 불분명하느냐? 분명하느냐?의 문제라고 하겠다.

둘째 전쟁의 현장성이다.

허나 토끼는 허리가 묶이었다/ 총알을 맞고 불붙는 나무 밑에서/
총알을 맞고, 불붙는 감나무에서/ 총알을 맞고, 불부튼 장나루에서/
총알을 맞고, 불붙는 산맥/ 불붙는 들판, 꺼슬린 돌미륵 그늘에서/
불붙는 수풀 속에서/ 마을 어귀에서

- 전봉건, 「사랑을 위한 되풀이」

여름에 품과 다닌 그 슬픔 / 멜빵, 그리고 거친 천조각 /
수류탄,삽,또 철모 / 홈이 파진 칼 / 말 없는 등의 피를 찾는

- 한스 벤터, 「젊은 병사」

  전봉건은 숨이 막히는 전투 현장을 박진감 있게 빠른 템포로 서술하고 있다. 국토 어느 곳 하나 총구멍이 뚫리지 않은 곳이 없다. 돌미륵마저도 시커멓게 그을려 있는 불바다가 되어 버린 조국 강토에 피와 눈물 속에서 총알을 맞고 있다. 사뭇 쏟아지는 폭염, 뇌수를 관통하는 총탄은 병사의 뒤통수를 치며 〈토끼〉마냥 헐떡대는 것이다.
  한스, 벤터는 전사한 전우의 엎어진 시체를 뒤에 남겨 두고 전진을 계속해야만 하는 현장을 고발하고 있다. 전봉건의 시에서와 같은 긴장을 찾아볼 수 없는 것이 이 시의 약점이다. 전장의 사실성에서 서구시는 우리 시보다 거리가 있다. 다시 전장의 후방 지역의 현장성을 보면

바람이 매운 북녘 태백의 그늘에서
손나무 껍질 같은 손으로 총을 들고
눈만은 불같이 적을 겨누고 있다.

그 옆의 전우의 손도 소나무껍질 같고

그 옆의 전우의 손도 소나무껍질 같다.

취사병의 소나무껍질 같은 손으로

아랫골에서 안개를 밀고

서리가 앉은 주먹밥을 나른다.

모두들 소나무껍질 같은 손으로

주먹밥을 빨면서도

유쾌한 전우들은 손이 소나무껍질 같다고

한바탕 웃음을 치루었기에

- 박양균, 「손」의 일부

서로가 마주보며 낄낄댄다.

때절은 옷소매를 매만지면서

서로가 서로를 마주보며 낄낄댄다.

소낙비가 한바탕 요란을 때리더니

전사 제1호 발생

정오 땡볕이 눈을 찌르더니

전사 제2호.....

서로가 낄낄대던 얼굴을 마주보며

나이를 묻고 고향을 묻고, 어머니를.....

또 잠시 마주보며 낄낄댄다.

- 조병기, 「베트남시 8」의 일부

위의 두 시는 후방 지역에 있으면서도 위기감이 긴장을 주고 있다. 박양균은, 잠시의 식사 시간의 안식을 즐기는 병사들의 모습을 낭만적으로 그렸고 조병기는 이미 죽음을 초월한 상황에서 죽음의 부조리를 말해 주고 있다.

> 함포사격을 맞아 망가진 항만이여 / 오스트리아의 無言의 손짓에/응답하는 것처럼 / 아아취 속의 彫像같은 모습으로 쑥 내민 바다모퉁이여 / 하나의 미소가 오가는 사이에도 / 지쳐버린 행복은 / 바람이 살랑댈 때마다 사라지고 있었던 건가
>
> - 알렉산드로 빠론끼, 「주말」

초토가 돼 버린 항만에서 전쟁의 비극을 바라보는 시인은 허무를 끌어안고 전화의 기억을 되살리고 있다. 모두 전장의 허무를 반추하는 시편이지만, 우리 시가 확보하고 있는 현실감에서는 서구 시를 뛰어넘고 있음을 알게 한다.

셋째 조국애를 보기로 하자.

> 조국아, 심청이마냥 불쌍하기만헌 너로구나/
> 시인이 너의 이름은 부르랑이면 목이 맨다/
> 저기 모두 世紀의 白丁들, 도마 위에 오른/
> 고기모양 너를 난도질하려는데
>
> - 구상, 「焦土의 시 15」

너라고 불러보는 조국아/ 너는 지금 어드메 있나/ 누더기 한 풀 걸치고/ 토막 속에 누워 있나/ 네 소원 이룰 길 없어/ 네거리를 헤매나

- 이은상, 「너라고 불러 보는 조국아」

구상은 조국을 〈심청〉에 비유했고 이은상은 〈부랑아〉에 비유하고 있다. 이 모두 연민의 대상으로 상실의 아픔을 달래려 하고 있으면 국토 회복을 갈구하고 있다. 서구시에서는 조국애가 어떻게 드러나고 있는가.

그들은 하나의 대가족을 요구한다/ 인간이 괴로워하고, 죽는 곳에서,/ 그들은 지금까지 이곳은 독일이 아니었으나/ 이제 독일이 되었다고 생각한다/ 祖國은 이렇게 되어 잃었으며/ 不正과 우월감이 지배를 한다/ (중략) 그러나 우리들 국민된 사람은 발을 地上에 힘껏 붙여/ 국토의 정신을 잃지 않았다

- 논달 그리고, 「노르웨이에 있어서의 기쁨의 해」

전쟁으로 말미암아 강제 국가 통합을 거부하면서 내부적 부패 현실을 직설적으로 고발한다. 그리고 조국혼을 지켜갈 것을 다짐한다. 앞의 구상과 이은상의 시보다 시적 이미지나 비유가 억제된 차이를 보이고 있으나 〈만일 國土를 찾으려면/ 먼저 자기 자신을 해방시키지 않으면 안 된다〉는 비장함은 우리 시가 미치지 못한 점이라고 생각된다.

마지막으로 전쟁시의 상징성을 살펴보자.

검은 155마일

敵意의 침묵이 돋친 쇠가시 끝에 묻어

파닥이는 나비와 같이

- 전봉건, 「사랑을 위한 되풀이」에서 (필자방점)

산도 기적도 이미

승천하여버린 지 오랜 유역…

그 어느 마지막 종점을 향하여 흰나비는

또 한번 스스로의 신화와 더불어 대결하여 본다

- 김규동, 「나비와 광장」에서

피비린내 나게 싸우는 나비 한 마리의 상채기

벽이 무엇인가를 알며 피로 적신 날개를 가지고도 날아야만 했다

따시하고 슬픈 철조망

마지막 '꽃밭'을 그리며

- 박봉우, 「나비와 철조망」에서

바람을 짜르는 소리

내 어깨에 파드득거리는 것

앗 비둘기 죽어 돌아온 비둘기

….전ㅇ의 손은 싸늘한 비둘기

- 민재식, 「속죄양」에서

가늘게 떨리는 북쪽 가지 끝
낫달이 파르르 떨고
한 마리 철새는
북에서 남으로 날아오고 있다

- 정렬, 「남북」에서

무인지대의
155마일의 철조망 속에서도
새들의 노래와 꽃송이의
중심이
강물이라는 하늘과 푸름이 변함이 없었다.

- 전봉건, 「江물이 흐르는 너의 곁에서」

꽃들은 / 피어서 / 지금 사살된 비둘기의 폐허 / 무지개의 폐허
에 피어서 / 지금 / 장미의 이파리와 같은 눈시울을 지닌 사랑
하는 / 너와 / 나의 또 / 지금 / 어느 곳 장미의 이파리와 같은
눈시울로 / 사랑하는 수없이 많은 너와 / 나의 너와 나의 / 너
와 나의 / 기빨이다

- 전봉건, 「지금 아름다운 꽃들의 의미」에서

----너는 열세 살이라고 그랬다.
네 죽음에서는 한 송이 꽃도
흰 것의 한 마리 비둘기도 날지 않았다

네 죽음을 보고 부다페스트의 밤은 목놓아 울 수도 없었다

(중략)

한강의 모래사장의 말없는 모래알을 움켜쥐고

왜 열세 살 난 한국의 소녀는 영문도 모르고 죽어갔을까

- 김춘수, 「부다페스트에서의 소녀의 죽음」에서

〈꽃 같은 그들의 머리칼 속에〉
〈정열의 양귀비꽃 지나가는 풀밭 길〉
〈장미꽃 환한 글라지올라스 다발〉
〈울타리 옆에 선 애숭이 처녀〉
〈슬퍼하는 살찐 까마귀〉
〈젊은 병사〉

위의 시편에서 흔히 발견되는 전쟁의 표상들은 방점 부분과 깊이 〈철조망(쇠가시)〉, 〈나비〉, 〈벽〉, 〈날개〉, 〈꽃〉, 〈새〉, 〈비둘기〉, 〈장미〉 등 속이 빈번하게 쓰이고 있다. 이는 아마 전쟁시의 한 특징으로 나타난 상징 체계가 아닌가 한다.

우리 시의 경우 〈철조망〉은 분단의 표상으로써 〈155마일〉과 함께 많은 문학 작품의 제재가 되는 것이다.

〈나비〉, 〈꽃〉, 〈소녀〉, 〈비둘기〉 등과 같은 제재들은 나약한 〈생명의 존재〉로 전쟁의 희생물로 등장하고 있음은 또한 서구 시에서 흔치 않은 우리 전쟁시의 한 양상이 아닌가 한다. 물로 예시한 〈젊은 병사〉에서는 〈까마귀〉가 등장하지만, 이 논문에서 인용한 서구 시에서는 드물게 나

타난 시이기 때문이다. 따라서 이런 제재들은 전쟁의 비참상을 여성적 톤으로 더욱 강화시켜 주는 몫을 하고 있는 것이다. 이런 특징은 그만큼 우리의 전쟁시가 세계성을 띨 수 있는 단서를 마련해 주고 있기도 하지만, 한편으로는 우리 문의 나약성을 드러내는 결과를 가져오고 말았다는 견해도 배제할 수 없다.

그 원인을 50년대 우리 문학이 민족 내부의 비극을 전체의 문제로 승화시키지 못하고 반공 문학적 수준에서 탈피하지 못했거나, 또는 이데올로기 이론의 빈약과 함께 전쟁 상황의 자료 연구의 부족에서 기인된 것으로, 이를 극복하기 위해서는 역사적 진실의 증언이나 휴머니즘의 갈구만이 아니라 환경의 미비, 정신적 변화를 다루어 인간성의 본원적인 탐구로 위대한 문학으로 재정립을 시도해야 할 것이다.

전쟁시의 공통된 특색은, 전쟁이 인간에게 준 공포와 현재와 미래의 위기감과 불안감이라는 점에서 동과 서를 구분 지을 수 없음은 당연한 사실로써 실존 의식의 휴머니즘을 공분모로 내포하고 있다고 하겠다. 그러나 50년대 우리 시의 시적 성과는 40년대보다 더욱 인간의 존엄성의 문제를 깊이 있게 고민했다는 점을 인정하지 않을 수 없을 것이다.

V. 결론

    한국 전쟁이 정신사적인 면에서 패배주의와 허무주의의 심화라는 측면과 함께 개인과 민족의 재발견이라는 긍정적 측면의 제시는 우리 문학사에서 커다란 충격파를 형성했다. 그럼에도 우리는 한국 전쟁의 민족 비극적인 근원을 규명하지 못한 채 이념전쟁이라는 사상적 구조의 틀 속에 갇혀 있다. 그 때문에 한국 전쟁 문학은 외소성을 벗어나지 못하고 결국 전쟁에 투철한 대응방식보다는 절망, 좌절, 비애, 허무 의지로 흘렀다고 보여진다.
    필립 웨스트Philip West는 우리 문학이 힘차고 한국 전쟁을 아직도 고통스럽게 느끼는 미해결의 문제에 관심을 두고 있다고 했듯, 우리의 전쟁 문학은 허다한 과제를 남겨 놓고 있다. 비록 한반도에서 전쟁이 수행되기는 했지만, 참전국 수를 보더라도 세계전의 양상을 띠었고 미국,

소련, 중국 등의 강국이 참전했다는 사실은 한국에 국한된 전쟁의 차원을 넘어섰기 때문이다.

또한 우리는 역사적으로 근대에 들어 일본에 의해 대륙과의 전쟁이 있을 때마다 당사국과 더불어 피해자가 되어 수난을 당했다는 사실도 간과될 수 없을 것이다. 우리의 애국 계몽기의 소설 〈혈의 누〉에 이미 청일 전쟁이 제재화된 것은 전쟁 문학적 측면에서 매우 시사한 바가 크다 할 것이다. 그러므로 양차 대전이 식민 치하에서 있었던 일이라 하더라도 세계 전쟁의 영향권에 있었음을 두말할 나위가 없는 바, 이러한 전쟁 체험이 문학으로 승화되어야 하지 않을까 한다.

따라서 한국 전쟁은 세계 전쟁의 연장선에서 파악해야 함은 물론 문학적 성과도 이에 수반되어야 한다고 생각한다. 그뿐만 아니라 60년대 이후 월남전까지도 각종 전쟁기록, 체험, 정보 자료 등이 광범위하게 문학의 소재로서 연구되어야 할 시점에 와 있다고 본다. 그리하여 6·25는 남의 전쟁이 아니라 우리의 전쟁으로 환치되고 민족 비극의 주체로서 피해 의식과 도피주의, 폐쇄성을 극복함으로써 우리의 전쟁 문학은 세계 문학으로서의 위대성을 인정받게 되리라 믿는다. 따라서 우리의 전쟁 문학은 서구의 전쟁 문학과 같은 스케일의 확대, 전쟁 영웅적 인물의 창조, 전황의 사실성, 심화된 인간주의 확립, 민족문학으로서의 위상을 확고히 해야 할 과제를 남겨 두고 있는 바, 전쟁 반세기를 앞두고 오히려 이제야말로 심화된 전쟁 문학의 대하물이 나올 수 있는 시대를 맞고 있다고 하겠다.

2

시에 나타난 전쟁의 인식

- Ⅰ 서론
- Ⅱ 문학론의 검토
- Ⅲ 시의 양상
  - ◆ 1. 전쟁 고발의 현장성
  - ◆ 2. 전쟁 고양의 목적성
  - ◆ 3. 실존 의식의 「휴머니즘」
- Ⅳ 결론

I. 서론

"맞아요! 아무리 비참해도 우린 이 전쟁을 우리의 것으로 소화해야 돼요. 도망쳐 봤자 소용이 없습니다. 이 전쟁의 주인은 우리니까요."[1]

역사의 책임은 누구에게도 돌릴 수 없는 숙명이다. 6·25가 우리 자신에게 부여한 역사적 책임은 개인이든 민족 전체이든 모두가 함께 걸머져야 하고 극복해야 할 과제임에 틀림없다. 전쟁은 끝난 것이 아니라 지금도 계속되고 있으며 시작인지도 모를 일이다. 문제는 전쟁을 우리가 어떻게 받아들이느냐에 따라 그 양상은 얼마든지 달라질 수 있기 때문이다. 인류사 가운데 무수한 전쟁이 있었지만, 동족끼리의 전쟁이 얼마나 있었던가를 전쟁사 속에서 찾아내 보아야 할 것이다.

---

1 홍성원, 「남과 북」, (서음 출판사, 1977)

문학사적 측면에서 1925년을 전후한 시기를 퍽 복잡한 시대적 상황에 놓여 있었다. 문화적 환경의 변화는 대개 '전통'과 '이질'의 갈등 구조를 수반하게 되는데 그런 현상이 나타난 것은 1800년대 이후라고 하겠다. 일차적으로 애국 계몽기에 있었고 그다음은 1920년대라 할 수 있다. 20년대 초반에 있었던 일본을 거쳐 들어온 서구적 문예 사조와 전통 중심의 문학적 이념의 대립이 있은 뒤, 20년대 중반에 와서 자체 내의 문학 이념의 충돌이 있었다. 이른바 '국민문학'과 '프롤레타리아 문학'의 대립이 그것이다. 이런 상황은 다시 광복을 맞이한 때부터 한국 전쟁 직전에 다시 나타났다. 이른바 이데올로기의 충돌이라고 할 수 있다.

애국 계몽기가 '타생적'[2] 충돌이었다면 20년대 이후의 문학은 동족 간의 '자생적'[3] 충돌이라 보여진다. 따라서 이러한 충돌 양상은 결국 민족적 희생만을 강요당한 결과가 되고 말았다. 6·25가 지닌 역사적 의미를 재론하기보다는 이에 관한 대응적 자세가 더욱 중요하게 부각되는 것이 바로 오늘의 문제인 것이다.

우리가 일제 36년간의 식민지 체험이 타생적인 것이었다면 한국 전쟁의 체험은 자생적 충돌이라 할 수 있다. 전자가 지배자와 피지배자의 갈등이었다면, 후자는 민족 대 민족의 갈등이라는 점에서, 보다 큰 비극의 씨앗을 안고 있는 것이다. 이러한 모순의 역사 속에서 전쟁 체험의 세대와 미체험의 세대가 각기 다른 동질성identity을 지니고 있다는

---

2 각주 2, 3의 의미는 필자의 개인적인 의견인 바, 대외·대내적인 의미로 구분지었을 따름이다. 자기동일성의 유무에 근거한 용어임을 밝힌다.
3 위와 동일

점에서 문학의 양상은 달리 나타나고 있음을 부정할 수가 없다.

    6·25의 체험은 대응 방식에 있어서나 의식 구조 면에 있어서 6·25의 전쟁 체험 세대가 산출해 낸 문학이 주로 대응적 태도가 철저했다면 미체험 세대의 문학은 반전의식 내지는 반전적 인간 탐구가 주축이 된 것을 우리는 작품을 통해서 파악해 볼 필요를 느낀다.

II. 문학론의 검토

　문학이 현실의 반영이요 사회의 반영이라면 현실과 사회적 현상은 문학의 바탕이 되는 것이다. 문학을 하는 사람도 작품을 읽는 사람도 같은 바탕 위에 있는 것이다. 다만 '쓰는 쪽'과 '읽는 쪽'의 인식에 따라 차이가 있을 것인데 두 쪽의 공통점은 '삶'의 문제에 있다. 여기서 '삶'이란 '먹고사는 것'을 포함해서 '존재'와 '가치'를 포함한 뜻이다. 인간에게는 삶의 조건이 부합되지 못할 때 문제가 야기된다. 6·25의 재조명은 바로 그런 근거에서 출발되는 것이다. 비단 전쟁이라는 명제에 관한 추구라기보다는 '삶의 조건'의 탐색이라 할 수 있을 것이다.
　근대 이후 우리 문학의 근간이 성립될 때까지의 저항적 태도로서의 문학 행위는 많이 있어 왔다. 그러나 임진란을 제외하고는 전쟁의 간접적인 의미로서 '저항성'에 있었다고 하겠고, 아무래도 전쟁의 소재나 제재가 우리 문학에 투영된 것은 50년대 문학에서 구체화했다고 보는 것이 문학사적인 맥락에서 타당하지 않을까 한다. 흔히 우리는 '전쟁 문학'이라는 말을 쓰고 있는데 이것은 '장르'상으로 보면 유개념인 것이다. 유개념에서 보면 농촌 문학, 역사 문학, 민족 문학, 리얼리즘 문학 등 그 갈래는 얼마든지 분류할 수 있다. 그러면 '전쟁 문학'이란 무엇이며 어떠해야 하는가를 지금까지의 논의된 바에 따라 검토해 보아야 한다.

이헌구는, 전쟁 문학이란 전쟁을 제재로 한 문학을 말하며 그러한 작품은 전쟁이 종식된 뒤에 나타나게 된다면서〈서부전선 이상 없다〉,〈전쟁과 평화〉를 예시하고 있다.[4] 이 견해는 우리 근대 문학의 성립 이후 처음 있는 전쟁 문학론인 듯하다. 문학사에서 이른바 '암흑기 시대'에 속하는 시대적 상황은 일제의 만주 사변과 관련한 식민지 탄압이 극심했던 시기로 근대 이후 우리 문학이 활발하지 못했던 시기라 하겠다. 이때 李軒求의 견해는 장차 전쟁 문학론의 방향을 제시한 것으로 보인다. 우리의 역사적 체험으로서의 일제와의 대결은 대외항쟁적 관점에서 받아들여짐으로써 6·25와 같은 민족 내부의 문제를 안고 있지는 않았다. 따라서 전쟁 체험의 양상은 달리 나타나게 된 것이다.

우리의 경우 일제 36년간의 문학적인 결산이 있기도 전에 민족 내의 비극적 전쟁이 다가선 것으로 보아 전쟁의 제재면에서 우리는 미처 서구적 전쟁 체험을 가질 수 없었던 것이다. 따라서 우리는 일제 체험과 6·25 체험의 이중적 역사 구조 속에서 담당해야 할 크나큰 과제를 안게 되었으니 본격적인 전쟁 문학을 해낼 수 없었다는 한계를 인정하지 않

---

4 이헌구,〈전쟁과 문학〉,「문장」 1권 9호. 1939. 10. pp. 142~146

을 수 없게 된다. 金八峰은, 50년대 문학의 방향에 관해서 다음과 같이 5개 항목을 제시하고 있다.

① 공산주의 사상의 비합리성, 허위성을 폭로하고 격파해야 한다.
② 퇴폐성에서의 해탈
③ 희망적인 문학
④ 새로운 윤리관의 수립
⑤ 전우애, 동포애, 조국애의 발양[5]

이 견해는, 우리 전쟁 문학은 대공 투쟁의 '목적성' 내지는 '공리성'의 문학이 되어야 한다는 점으로 집약할 수 있다. 우리의 적은 공산주의이며, 싸워 이겨야 한다는 전제에서 이를 위한 윤리관의 확립, 전쟁 수행을 위한 국민적 역량을 한데 모아야 한다는 것이다. 그러기 때문에 전쟁의 선과 악을 떠나 전승만이 최선의 목표로 본 견해다.

이무영은 전쟁의 비극성을 지적하면서, 흘린 피의 대가는 위대한 것이며 파괴와 전진戰塵 속에서 내일의 행복, 인류의 평화와 복지를 위한 민족의 희생을 발견하면서 진지한 고민을 가져야 하고, 좋은 문학, 힘찬 문학, 즐거운 문학, 희망의 문학을 발굴하는 것이 곧 전쟁 문학의 성립이라 했다.[6] 이 견해는 전쟁 문학의 목적성보다도 범위에 관해서 더욱 관심을 두고 김팔봉과 같이 '희망적 문학'이어야 한다고 보고 있다.

한편 조연현은, 문학사가적 입장에서 또 다른 견해를 보이는 바, 전쟁은 가장 거대한 문학적 소재임을 전제하고 그러나 소재보다도 문

---

5 김팔봉, 〈전쟁문학의 방향〉, 「전선문학」 3호, 1953. 2, pp. 58~63.
6 이무영, 〈전쟁과 문학〉, 「전선문학」 5호, 1953. 5, pp. 4~8.

학인의 주체적 능력이 문제라 했다. 즉 '체험'과 '경험'의 차이를 '당대'와 '후대'로 보고 양차 대전 뒤의〈서부전선 이상 없다〉,〈25시〉,〈나자와 사자〉등의 전쟁물을 예시하고 있다. 전쟁 그 자체는 문학적 소재로서는 가능하지만, 작품화하기까지는 한 세대를 넘나드는 것으로 성급한 개념 규정을 피하고 있다.[7] 앞에서 말한 이헌구와 함께 유보 조건을 내보인 것이다. 50년대 문학의 논의는 위의 세 견해로 집약되면서 전쟁 문학의 소재성과 목적성을 중시했다.

60년대에 들어 전쟁 문학은 백철, 곽종원, 조병락 등에게서 진행되었다. 백철은 작품의 제재를 전쟁에서 취하되〈휴머니즘〉을 바탕으로 한 것[8]이어야 한다고 했고, 곽종원은 ①전의 고양을 위한 공리적 경향 ②전쟁을 배경으로 한 〈휴머니즘〉 ③전쟁 자체에 주제를 설정하는 경향을 들면서 이에 따른 작품으로는 〈일리아드〉,〈전쟁과 평화〉,〈25시〉,〈바람과 함께 사라지다〉,〈인간의 조건〉,〈서부전선 이상 없다〉, 일본의 〈보리와 병정〉 등의 해외 작품을 들었고, 우리의 작품으로는 〈흥남철수〉,〈여기수〉 등을 들어 전쟁의 생리를 극명하게 분석하면서 주제의 설정이 전쟁 자체에 있고, 인물의 성격 묘사보다 전쟁 상황을 중심으로 했기 때문이라 했다.[9]

이보다 더 구체적으로 전쟁 문학의 개념을 제시한 조병락[10]은 전쟁론에 입각해서, 기존의 견해를 비판하면서 다음과 같이 규정하고 있다.

---

7   조연현,〈한국전쟁과 한국문학〉,「전선문학」5호, 1953. 5, pp. 18~21.
8   백철,〈전쟁문학의 의의〉,「조선일보」, 1965. 6. 25
9   곽종원,〈전쟁문학이란 무엇인가〉,「월간문학」, 1965. 12, pp. 217~222.
10   조병락,〈전쟁문학의 개념규정에 관한 연구〉,「육사논문집」3집, 1965.

①작품의 주요 등장인물 중의 일부 혹은 전부가 전투원이어야 하고 ②이들이 직접 참전하는 전투 장면이 최소한 1회 이상 묘사되어야 한다는 전제 아래 "전투 장면을 포함한 군대 생활에서 주로 그 제재를 취한 문학 작품이어야 한다"라고 이제까지의 개념 규정을 구체화했다. 60년대의 문학론은 전쟁 문학의 개념 규정을 진전시킨 것으로 보이는데 전쟁을 배경으로 한 소재의 선택과 주제 설정, 그리고 〈휴머니즘〉의 추구가 중심 과제였다고 볼 수 있겠고, 한편, 논의에 관한 비판과 함께 전쟁론에 입각한 조병락의 개념 설정이 새롭게 제시되었다.

70년대 이후에는 김우종, 김재홍, 구중서, 김윤식, 윤병로, 이동근 등으로 말미암아서 논의가 계속되고 있다. 김우종은, 한국 전쟁의 접근 방법은 사상적인 갈등의 집약이 되어야 한다면서 전쟁을 통하여 참상을 증언하고, 자유와 평화를 갈구하고, 인간 회복을 절규하는 인간성의 본원적인 탐구가 특성이 될 수 있다고 했다. 또 이와 다른 특성은 비극적 체험을 극복하는 의지나 삶이 모럴의 재정립을 시도한 것이라 했다. 그러나 50년대 문학은 ①작가의 주변적 소재에 머물렀고 ②대하소설이 없었으며 ③철학의 빈곤 ④사상적 빈곤 ⑤소재의 후방성 편중 등의 문제점을 안고 있다[11]고 비판하였다. 김우종은, 우리 문학 자체의 현실 속에서 전쟁 문학의 소재를 파악하려는 입장에서 전쟁 문학의 방향을 제시한 것이다. 이 같은 견해는 곧, 전쟁 문학의 부재론의 단서가 되어 이제까지의 우리 문학을 재검토하는 계기로 받아들여진다.

김윤식은, 전쟁 문학은 근본적으로 반전적인 것, 비인간적인 상황

---

11 김우종, 「현대소설의 이해」, (서울 : 이우출판사, 1978), pp. 292~299.

을 고발하는 것, 승리보다는 목적 자체의 회의를 기술한 것이라고 하면서 전쟁 작품을 ①전쟁 장면의 묘사 ②피난민의 생활 ③실향의식 등 세 가지 유형으로 나눌 수 있다고 했다.[12] 따라서 문학은 승전에 있는 것이 아니라 전쟁 그 자체에 관한 부정으로부터 비롯됨을 시사해 주지만 일단, '일어나는 사태'에 관해서는 이를 극복하려는 긍정적인 의지가 요구된다. 그에 관한 해답은 '승리' 그것뿐이다. 문학은 전승을 목표로 해서 기능이 활발해지면서 전후의 고발을 통한 '휴머니즘'의 자세로 쓰여져야 한다. 김윤식의 견해는 결국 전쟁을 통한 '상실 의식'에서 진정한 문학이 나올 수 있다는 점으로 귀결되는 만큼 순수한 '휴머니즘'에 근거하고 있다.

구중서는, 6·25전쟁을 통한 문학적 반응은 전선의 후방성에 치우쳐 있고, 적대방에 관한 관용과 동포애의 표현 등으로 나타난다고 했다.[13] 이것은 우리 문학의 특성이자 약점으로 인식되는 까닭에 우리 문학의 영역이 확대되어야 함을 지적한 것이다. 50년대의 작품들이 대개가 치열한 전쟁 의식의 표현보다는 비극적 상황에서의 '받아들임'에 있었다. 따라서 투철한 대결 의식보다는 도피 의식 내지는 소극적인 '삶'의 의지로 나타났음을 시인하지 않을 수 없다. 그것은 피난민의 생활상, 죽은 자의 위로, 고향 상실을 한 적인 토로가 바로 그 점이다.

윤병로는, 전쟁 문학은 다루는 작가의 시선이나 주제 선정의 각도

---

12 김윤식은 「중앙일보」1974. 6.22. 1979. 6. 25에서 「한국문학의 현황」과 「한국문화예술」(대담)에서 위와 같이 말하고 「한국의 전쟁문학」에서도 관심을 보인바 있다.
13 구중서, 〈민족문학의 길〉, 「세발」, 1979, p. 282.

에 따라 달라지게 마련이지만 ①어떤 특정한 공리적 목적으로 제작된 것 ②단순한 전쟁 소재만 차용했을 뿐 작품의 초점은 오히려 인간성 탐구에 있는 것 ③전쟁 그 자체와 그것의 상황이 직접 작품의 주제를 이루는 것 등으로 대별된다고 하고 ③의 경우로 국한할 것을 제기했다.[14]

이 견해는 전쟁 문학은 결과적으로 제반 요소들이 주제 그것에 집약되어 나타난 것이다. 그러므로 조병락이 제시한 전쟁론적 엄격성을 내포하지 않더라도 문제는 되지 않는다고 볼 수 있다. 전쟁이란 그 자체가 비인간적이면서 진실된 인간성을 지니는 양면적 성격을 띠게 된다. 그 어느 쪽에서 작가가 시점을 설정했느냐 하는 것이 중요하다고 하겠다.

김재홍은, 시사적 입장에서 6·25의 문제를 파악하고 6·25의 의미를 부여하려 했다. ①패배주의와 허무주의의 심화라는 부정적 측면과 함께 민족과 개인의 재발견이라는 긍정적 측면을 제시했고 ②종군 작가단으로 말미암아 중앙 집중 현상을 와해시켜 향토 문화의 터전을 마련했고 ③한국어의 문학적 가능성을 개방하는 계기가 됐고 ④한국시의 자생적 응전력을 길러 주었으며 ⑤민족과 비극적 개인을 재발견하고 자유의 소중함을 인식하게 하는 문학적 원체험이 됐다[15]고 보았다. 김재홍은 논자들 가운데서도 순전한 전후 세대에 속한다. 그리하여 미체험적 상황에서 시를 통한 전쟁의 실상을 추구했다. 시사적인 맥락 안에서 6·25의 문학을 파악하고 전쟁 자체를 통하여 30년대 이후 60년대에 이르는 디딤돌로 50년대를 설정해 놓고 있음은 다른 논자에서 찾아볼

---

14 윤병로, 〈한국근대소설의 탐구〉, (서울 : 범우사, 1980), pp. 112~113.
15 김재홍, 〈한국전쟁과 현대시의 응전력〉, (서울 : 평민사, 1978. 7), pp. 116~118.

수 없는 견해를 보이고 있다. 전쟁의 근원적인 문제 풀이의 접근보다는 그것으로 말미암은 문학적 현상이 어떠했느냐가 그의 문제의식이라 할 수 있다. 결국 우리의 문학은 역사의식이 비극 정신으로 문학화하기까지는 아직도 과제로 남겨 두고 있다는 견해다.

이동근은, "전쟁 문학이란 한 민족이나 국가가 주체가 되어 실제로 수행한 국제 무력전을 배경으로 전쟁을 체험한 세대로 말미암아 전쟁의 현장과 상황이 사실적realistic이며, 허구적으로 묘사되고 전쟁 속에서 인간이 느꼈던 의식과 체험을 소재로 하여 전쟁 간 전투 의지, 애국심을 앙양하고 전후 적개심과 반성감의 고취로 민족의 의지를 단결시키는 문학 또는 전쟁 자체의 비극성을 노출시켜 반전적 '휴머니즘'의 시각에서는 문학을 지칭한다"[16]라는 전쟁 문학의 개념을 소상하게 규정하고 있다.

이를 항목화하면 ①국가와 민족 간의 전쟁을 배경하고 ②전쟁의 체험을 소재화하고 ③전투 의지 애국심을 고취시켜 민족 의지의 단결 ④전쟁의 비극성을 통한 반전적 〈휴머니즘〉의 문학이라 볼 수 있다. 따라서 전쟁 문학은 공리성과 인간성을 겸한 문학으로서 전승이 목표인 문학이어야 한다는 점이다. 이동근에 와서 이제까지의 논의가 포괄되고 있으며 50년대 문학의 개념 설정은 조병락의 견해와 닿아 있다.

이렇듯 지금까지의 논의는 민족 문학과 함께 수다한 문제점과 과제로 남아 있는 것이 사실이다. 그러나 분명한 사실의 하나는 6·25의 역사적 인식에 있다. 임진왜란 이후 현대에 와서 민족적 대혼란을 겪는 동

---

16 이동근, 〈임란전쟁문학연구〉, 서울대석사논문, 1983, p. 217.

안 민족 자체의 '이데올로기'가 야기한 결과라는 점에서 일제하의 상황과도 다르고 서구 사회와도 다른 비극적 체험을 나누어 갖게 된 점이다.

III. 시의 양상

　　전쟁과 시의 관계는 무엇인가? 전쟁을 표현한 시는 어떠해야 하는가? 전쟁에 관하여 시가 무엇을 할 수 있을 것인가? 이런 물음은 문학의 기능적 해답을 요구한다. 승과 패의 이중 구조에서 전쟁은 ①호전적인 경우 ②반전적인 경우 ③응전적인 경우로 일단 구분해 볼 수 있다. 6·25는 ②와 ③의 경우인 바, 전쟁의 발단이야 어찌 되었든 최선의 방책이기 때문이다. 50년대 시가 대개 ②③의 상황에서 출발하고 있음은 두말할 나위가 없다. 그러나 전투 중에는 ①의 상황에까지 미치지 않을 수 없음은 승과 패의 이중 구조 때문이다. 6·25전쟁이 공산주의로부터의 피침이라는 점에서 응전 내지는 반전적 상황에서 우리의 전쟁을 수행해 낼 수밖에 없었다. 50년대 시를 검토해 보자.

1. 전쟁 고발의 현장성

전쟁 중의 시는 먼저 현장 고발로 나타난다. 이것은 인간이 극한 상황에 처했을 때 극히 자연스러운 감정의 표현이다. 이때의 시는 예술성보다는 상황의 표현에 충실한 '르포'적 기술 양식을 택해도 시적 성과를 획득할 수 있다. 근대에 와서 처음 발발한 6·25전쟁은 실로 예기치 못했던 처절한 전쟁이었다. 그렇기 때문에 처절한 문학 이전에 입이 열리지 않는 시가 있다.

> 억수로 퍼부어 내리는 빗발 속에
> 사흘밤 사흘낮을 굶고서 싸우자니
> 겨냥한 총대가 절로 숙여지더라
> 졸음이 오면 살을 꼬집고
> 배가 고프면 이를 물지만
> 몰려오는 탱크떼 앞에
> 딱총 같은 M1총만으로는
> 불타는 가슴을 터뜨리기에는
> 솟아나는 눈물 때문에
> 두눈이 모두 다 부어 올랐다지.
>
> - 조지훈, 「이기고 돌아오라」에서

조지훈은 청록파 시인의 한 사람으로서 우리 민족의 전통적 미의식을 지닌 고전적 소재를 즐겨 쓴 시인이다. 그러나 여기서 '얇은 사 하이얀 고깔은/ 고이 접어서 나빌레라'고 한 〈승무〉나 '나는 이 밤에 옛날에 살아/ 눈 감고 거문고의 골라 보리니/ 가는 버들인 양 가락에 맞추어/ 흰 손을 흔들어지이다'라고 노래한 〈고풍의상〉과 같은 분위기는 찾을 수가 없다. 이 시인은 〈승무〉나 〈고풍의상〉을 도로 찾기 위해서 민족이 처한 전장에 선다. 〈퍼붓는 비〉, 〈배고픔〉, 〈졸음〉, 〈눈물〉, 중과부적의 〈탱크〉를 극복하면서 대구, 부산까지를 밀려갔다가 다시 다부원에 이른다.

>한해살이 푸나무도 온전히
>제 목숨을 다 마치지 못했거니
>
>사람들아 묻지를 말아라
>이황례한 풍경이
>무엇 때무의 희생인가를
>- (중략) -
>싸늘한 가을바람에 오히려
>간고등어 냄새로 썩고 있는 多當院
>진실로 운명의 말미암음이 없고
>그것을 또한 믿을 수가 없다면
>이 가련한 주검에 무슨 안식이 있느냐.
>살아서 다시 보는 多當院은,
>
>죽은 자도 산 자도 다 함께

안주의 집이 없고 바람만 분다.

- 조지훈, 「**多當院에서**」의 일부

조지훈은 구상, 선우휘와 함께 북한 지역까지 침투하여 가열한 전장에 뛰어든다. 풀과 나무조차 제 목숨에 죽지 못하는 처절한 현장 고발의 정신은 '승무'와 '고풍의상'과도 연결시킬 수 있다. 이것은 '민족'의 숨결이기 때문이다. 무엇 때문에 우리는 '간고등어 냄새'가 가득한 '희생'을 '죽은 자도 산 자도 다 함께 안주할 집을' 잃었는가를 생생하게 각성시킨다. 시인은 끝내 "이 민족 장벽을 무너뜨려 주십시오. 하늘이여! 그리운 사람, 그리운 손길을 막고 있는 이 저주받은 방벽을 무너뜨려 주십시오"라고 외친다. 현장 고발은 때에 따라 예술성을 훨씬 뛰어넘는다. 우리는 함께 가던 전우가 푹 쓰러져 갈 때 어떤 충동을 느끼게 되는가? 길가 풀섶에 누워 있는 시체를 보았을 때 우리는 어떤 충동을 느끼게 되는가? 증오와 저주 냉철한 이성을 되찾자 번뜩이는 불꽃을 보게 되는 것이다.

비참의 구렁에 떨어진 이 民族을 앞에 놓고는 제아무리 무정한 자일지라도 자신의 무력함을 탄식치 않을 수 없으며…… '어쩌면 좋은가'라는 말을 되풀이 할 수밖에 도리가 없었다.
그저 안락한 생활을 하면서도 때로는 불평을 말해온 나 자신이 부끄러워 졌으며 짧은 시일이나마 불쌍한 이들 옆에 있어 그들의 가엾은 생활을 같이 맛보려는 생각이 용솟음쳤다. 그대들은 대뜸 반문할 것이다. 그건 왜(?) 그리고 그것이 도대체 무슨 소

용이 있느냐고, 그렇다. 그것은 아무 소용도 없을 것이다.[17]

〈한국기행〉에서 불란서 문인 로우주 뱅 엑크의 글이라고 전한다. 이 문인이 나폴레옹 전쟁을 보았다면 무엇이라 썼을까를 제쳐 두고라도 전쟁 앞에서는 비탄과 함께 인간의 무력함을 어쩔 수가 없다. 일단 전쟁 속에 뛰어들면 승과 패, 삶과 죽음의 대립적인 상황에 놓이게 된다. 유치환은 이렇게 쓰고 있다.

악몽이었던 듯/ 어젯밤 전투가 걷혀간 자리에/ 쓰러져 남은 적의 젊은 시체하나/ 호젓하게 한떨기 들꽃같아[18]

〈들꽃과 같이〉의 시편이다. 흔히 전쟁은 꽃으로 형상화되지만 가볍게 넘길 수 없다. 또한 〈갈대〉의 허무도 그런 의미로 표출되고 있다.

다못 들국화 소란한 향내가/ 외로운 주검 위에 풍겨 온다.

- 조영암, 「무명전사의 무덤」에서

꼭 한번은 천둥 같은 火山이 일어 날것을 알면서/요런 자세로 꽃이 되어야 쓰는가.

- 박봉우, 「휴전선」에서

17　김윤식, 〈한국의 전쟁 문학〉, 「주간조선」, 1975. 6. 22. 재인용.
18　유치환 시선, (서울 : 정음사, 1958), p. 110.

유치환의 '꽃'과 조영암의 '꽃'은 다 같이 '주검'과 조응한다. 꽃은 '죽음의 꽃', '애띤 젊음의 영혼' 등으로 나타나 있지만 박봉우에 와서는 '기다림'으로도 나타난다. '전쟁과 꽃' 이것은 바로 전쟁을 수행하다가 죽어간 '젊음'이라는 뜻으로 비유된다. 꽃의 이미지는 이것 말고도 '소녀'나 '여성'으로도 비유된다. "꽃이 피면 돌아오겠지, 꽃이 피면 벌 나비 찾아오겠지"라고 했을 때 분명 '꽃'은 여성이고, '벌', '나비'는 '남성'이다. '꽃'은 남성을 '기다림'하는 사물인 것이다. 그래서 꽃 중에도 젊은 꽃이고, 벌 나비 중에도 '젊음' 그것이다.

어머니도/ 첫사랑도/ 고향집도/ 목숨도 그 무엇도……/ 것 잡을 수 없는/ 돌격이 지속된 순간만이 있다.[19]

'어머니' '첫사랑' '고향' 이들 모두 '꽃'의 「이미지」다. 여성적 비유와 의미를 지니고 있지만, 실상 회귀 본능의 실체임을 파악할 수 있다. 전장에서의 마지막 순간은 곧 회귀 본능이 작용하기 때문이다. 이것은 좌절이 아니고 '의지'의 생성이다. 바꿔 말해서 '삶'의 표현으로 살아서 '돌아감'의 확신이다. 그렇기 때문에 전쟁은 꼭 이겨야 하고 이겨야만이 '어머니', '첫사랑', '고향'에게로 돌아갈 수 있다는 신념과 확신이기 때문이다.

죽음을 뻔히 알면서도
....

---

19   양명문, 〈노도〉, 「청룡」, 해병대 사령부, 1953.

嶺넘어 진격
물건너 진격
서로 다투어 간 線上에
죽음도 삶도 분별이 없다.
또 절둑거리며
앞으로 앞으로 전진[20]

- 「벅찬 죽음」의 일부

    살아남기 위한 '죽음의 전진'이 계속되고 있다. 이러한 투혼은 북쪽 평양과 신의주, 백두산, 나남 등 42도선까지 밀고 올라갈 수 있었던 힘이었다.

    바람이 매운 북녘 태백의 산그늘에서 소나무껍질 같은 손으로 총을 들고 눈만은 불같이 적을 겨누고 있다. 그 옆의 전우의 손도 소나무껍질 같고 그 옆의 전우의 손도 소나무껍질 같고 그 옆의 전우의 손도 소나무껍질 같다.
    취사병의 소나무껍질 같은 손으로 아랫골에서 안개를 밀고 서리가 앉은 주먹밥을 나른다.
    모두들 소나무껍질 같은 손으로 주먹밥을 빨면서도
    유쾌한 전우들은 손이 소나무껍질 같다고 한바탕 웃음을 치

---

20   최기정, 「피의 꽃다발」, (서울 : 기독교 문화사, 1958)

루었기에[21]

- 「손」의 일부

야전에서 식사 시간을 생생하게 나타낸 현장성에서 웅변적인 리듬의 격정적 감정보다 더 큰 〈전우애〉를 획득하고 있다. '소나무껍질 같은 손'의 반복성에서 우리는 인간의 소박성을 갖게 되고 그것은 '한바탕 웃음'까지를 안겨다 준다. 전우애의 공감대는 곧 전승의 약속이 되고 그것은 곧 '불같은 눈'을 갖게 하는 것이다.

바로/내 얼굴/다음에 네 얼굴아!/잇발을 악 물은/주검 위에서/
永遠처럼/먼 곳에서/가까운 곳에서/자꾸 나를 부르는 소리/나
를/오라고/부르는 소리

- 박훈산, 「전사의 뒤를 이어」에서

〈내 얼굴〉과 〈네 얼굴〉이 엇섞이는 주검들의 아우성이 살아 있는 자들에게 들려 오고 있다. 유령처럼 다가서는 영혼들의 목소리로 전우들은 역력하게 환각을 떨치지 못하고, 안타까움이 전장의 공포와 증오를 고조시켜 나간다. 이때야말로 억수 같은 비라도 내려야 하고 [砲風]으로 헤쳐져 찢어진 한쪽의 가슴팍이 되어야 할 것이다.[22] 이추림은, 월남 전쟁의 현장을 그리고 있지만, 극한 상황의 체험은 6·25와 같은 것일

---

21 박양균, 〈손〉, 「한국전후시집」, (서울 : 신구문화사, 1964)
22 이추림, 「탄피속의 기」, (서울 : 삼일각, 1967)

수밖에 없다. 전쟁이란 어떻든 피아의 대립에서 시작되기 때문에 치열한 승패 의식이 강렬하게 작용한다.

> 때리고
> 또 때리고
> 또 다시 때리는 데만 몸을 바쳐서
> 무념무상으로 총을 쏘다가
> 총 끝에 칼을 꽂고 백병전으로
> 살려는 애착도 없고
> 죽는단 공포도 없이
> 다만 청춘의 불꽃을 발산하면서
> 싸워나갈 뿐이다.[23]
>
> - 「연희고지. 4」의 일부

9·28 수복 당시 인천상륙작전의 현장을 극명하게 말해 주고 있다. '살려는 애착도 없고', '죽는단 공포도 없이' 자아의식을 초월한 상태에서 반사적인 생동에 따라 전투를 수행한다. 여기서 우리는 외형적 전투 행위가 아니라, 인간의 내면적인 심리적 실상과 만나게 된다. '삶의 애착'과 '죽음의 공포'가 대립적 구조 안에서 존재의 의미가 추구되지만, 이 둘이 포기될 때 인간의 의미를 부여할 수 없게 된다.

이같이 시에서 구체화된 현장성은 전투라는 카테고리를 벗어난

23　이영순, 〈연희고지〉4, 「연희고지」, 정민문화사, 1951.

실존으로 확대, 심화된다. 결국 시는 전쟁 그 자체에서 인간의 궁극적 존재 문제에까지 발전되고 있고, 삶과 죽음의 가치마저 추구하고자 한다. 비단 시에서뿐이 아니고 전쟁르포, 현장 소설, 전투 수기, 일기 등에서도 얼마든지 제기될 수 있다. 시적 감동과는 달리 나타나 보인다, 처참한 전장의 상황을 통하여 처절함과 '휴머니티'의 전달은 곧, 전의를 고양시키는 기능까지를 획득하게 되는데 이것은 직설적인 전달 방법에 얻어지는 감정의 터치라 할 수 있다. 이러한 양상은 50년대의 시가 지닌 특징의 하나라고 하겠다.

2. 전의 고양의 목적성

문학에서 목적성은, 기능적 측면에서 재미보다는 교시성에 비중을 더 두는 경우라 할 수 있는데, 수사적 표현의 기교에 앞서 주제 의식이 강하게 나타난다. 일단 전쟁이 발발하면 어느 쪽이든 승자가 되기를 목적으로 전투에 가담한다. 승자가 되기 위해서는 전의가 왕성해야 하고 필승의 당위성이 강조되기 마련이다. 그러므로 적개심이 고조되면서 필승의 엄존이어야 한다. 따라서 적 앞에서 아방의 절대자가 존재하지 않으면 안 된다. 그 절대자란 '나' 자신으로부터 '가족', '전우', '국가', '민족', '조국' 등 인간적 유대라든가 이상적 유대가 밀착된 관계로 확대되는 것이다.

조국아, 심청이 마냥 불쌍하기만한 너로구나.
시인이 너를 부를양이면
목이 맨다.

저기 모두 世紀의 白丁들, 도마위에 오른 고기모양
너를 난도질하려는데 하늘은 왜 이다지도
무심만 하다더냐,
祖國아, 거리엔 희망도 절망도 못하는
백성들이 나날이 환장해만 가고
너의 원수와 그 원수를 기르는
벗들은 불장마를 키질 하는데

너를 생각하며 쓰러져가는 갈대더냐

怨魂의 나라 祖國아
너를 이제까지 지켜온 것은 모두
非命 뿐이었지.
여기 또다시 너의 마지막 맥박인듯
어리고 헐벗은 형제들만이 북으로
발을 구르는데

저들의 넋을 풀어줄 노래 하나
없구나.

祖國아! 심청이 마냥 불쌍하기만 한

祖國아

- 「무사의 시. 15」의 일부

구상은, 종군 작가단의 핵심 멤버로서 적극적인 종군 활동을 보여준 시인이다. 이 시에서 '조국'을 '심청'과 '갈대'로 비유하면서 '세기의 백정'(북괴)들과 대립시킴으로써 조국의 불행을 한탄하고 있다. 그러나 시인의 한탄은 역설적인 의미를 지니는 바, 조국 구원의 투철한 목표를 약속해 주는 것이다. 심청의 '연민'과 '가냘픔', '갈대의 흐느낌' 이것은 어찌 보면 우군의 열세를 내보이면서도 '정의'를 표방한다. 그 때문에 '조국'은 살아나야 하고, 우리가 건져야 한다는 필연성을 부여하는 것이다. 또한 '정의'는 절대자로서 '불의'에 이겨야 한다는 확신으로 발전한다. 우리는 비탄의 조국이 아니고 승리의 조국임을 속 깊게 읽어낼 수 있다. 盧擅命은, 보다 직설적인 표현을 통하여 외치고 있다.

弱小民族의 悲哀를 삼키며

祖國이 危殆하던 아침

大韓의 男兒답게 내달아

正義의 칼을 집고 戰列에 끼었나니

오늘은 北으로 北으로

……중략……

〈원수를 갚아다우!〉

아버지의 屍體는 議政府 山기슭에

눈을 뜬채 쓰러져 있었다.

- 「北으로 北으로」의 일부

후반부의 현장성은 남아가 북으로 달릴 수 있는 '모티브'가 된다. 노천명은 30년대의 여류시인으로 모윤숙과 쌍벽을 이룬 '사슴'의 시인이다. '모가지가 길어서 슬픈 짐승'으로 시작되는 사슴과는 퍽 대조적인 목적시로서 조국의 위험 앞에 정의의 칼을 들어야 한다고 외친다. 출정하는 병사 앞에서 눈을 뜨고 죽은 아버지를 내보이며 승전을 기원한다.

물러감은 비겁하다. 항복보다 노예보다 비겁하다.
둘러싼 군사가 다 물러가도 대한민국 국군아 - 너만은
이 땅에서 싸워야 이긴다. 이 땅에서 죽어야 산다.
한번 버린 조국은 다시 오지 않으리라.
다시 오지 않으리라.

- 모윤숙, 「국군은 죽어서 말한다」의 일부

모윤숙에 와서 노천명의 출정은 고조된다. 일상적 의미로 '조국'과 '겨레'는 '나'보다는 훨씬 추상적 상관관계에 있을 수밖에 없으나 전쟁 때의 그것들은 (나)=집단(국가·겨레)의 등식을 이루면서 '나'를 파악하게 한다. 구태여 '국군은 죽어서 말한다.'를 어느 일관된 측면에서만 파악하려는 뜻은 아니다. '죽어야 산다'는 역설적 표현은 어찌 보면 '필생

즉사 필사즉생'의 논리와 같은 것이다. 촌보도 에누리할 수 없다는 자신과의 대결 의지를 내보임으로써 이 시는 장황성의 요체를 드러낸 것이라 본다. 우리는 일상적 체험으로 '죽어야 산다.'는 모순을 지적하기에 이른다. 그러나 살아야 한다는 대전제 아래 필승의 목표를 시인은 설정했기 때문에 현실적 모순을 자행했을 따름이다.

전쟁시 '개인'의 존재와 '집단'의 존재는 같거나 집단 쪽에 치우친다. 왜냐하면 집단이 없는 개인은 의미가 없기 때문이다. 따라서 '죽는 것'은 개인이라면 '사는 것'은 집단(국가·조국·겨레)의 것이라 해도 틀리지 않을 것이다. 개인과 집단의 공존이면서 개별적 삶을 모윤숙은 내보인 것이다. 그러나 시인은 강요하지 않는다. 다만 느끼기를 희망할 뿐이다.

총아!
너는 네 몸이 불덩어리로 녹을 때까지
원수들의 피를 마셔라.
검아!
너는 네 몸이 은가루로 부서질 때까지
원수들의 살을 삼켜라.
오! 내 가슴에도 원수의 총알이
쏟아져 오면
내 사랑하는 조국의 제단 앞에
몸소 방울방울 깨끗이 드리오니

- 장호강, 「총검부」의 일부

장호강에게서 '총검'은 자신이자 전투원이다. 여기서 시적 대결은 '개인'과 '집단'으로 나타난다. '조국'이라는 추상적 개념을 전제로 '나'를 구체화하면서 일치시키는 데 이 시의 핵심이 있다. '총검'과 '나'의 동일시는 더욱 전의를 촉구하고 끝내 깨끗한 '이슬'이 되기를 약속한다. 여기서 시와 체험의 논의가 시작된다. 관념적 현실의 감항과 체험적 현실의 감흥은 각기 다른 시적 표현이기 때문이다. 시가 현실적 감흥을 획득하지 못할 때 추상에 빠지고 만다. 이것은 바로 시적 진실과도 통한다. 6·25가 민족상잔의 비극이라는 말은 매우 진실된 말이다. 그렇다고 6·25의 동어 반복적인 웅변이 6·25의 진실일 수는 없다. 그 참상이 시각화 내지는 구체화될 때 비로소 진실을 획득하게 된다. 체험적 단면을 나타낼 때, 비로소 시적 진실을 획득한다. 장호강의 시는 현장성의 바탕 위에서 체험적 수법으로 진의를 촉구하는 데서 시적 성과를 얻고 있다.

여기 날개 돋힌
正義의 使徒〈達磨〉있어
七顚八起의 鬪魂
이미 敵을 삼키어

산더미의 전리품
시내를 이룬 적의 피
捕虜의 長蛇列

永川들이 비좁고나.[24]

　　후반부가 현장성이라면 전반부는 승전의 의지를 촉구한다. 칠전팔기의 시지프스적 근성은 끝내 승전의 기치를 높이 든다. '피의 강'이라는 과장법의 수사를 통해 더욱 현장감을 고조시키면서 '정의의 사도'를 확약 받는다. 시에서 목적성은 위에 밝힌 대로 주제 의식과 밀접하게 닿아 있다. 예술적 형상화에서 다소간 거리가 있다 하더라도 전의 고양의 디딤돌이 되고 있음을 부정하기 어렵다.

　　　너라고 불러보는 조국아
　　　너는 지금 어드메 있나
　　　누더기 한 풀 걸치고
　　　토막 속에 누워 있나
　　　네 소원
　　　이룰길 없어
　　　네거리를 헤메나
　　　- 이은상, 「너라고 불러보는 조국아」의 일부

　　이은상에 와서 '조국'을 통한 전의 고양은 더욱 고조된다. '나'와 '너'의 일치를 곧 '우리'로 확대하면서 '조국'의 의미를 찾아 헤매는 시인은 그것을 찾기 위해 외쳐도 보고, 누더기를 걸치기도 하고, 토담집을

24　장호강, 〈영천 대회전〉

들여다보기도 한다. 그러나 '조국'이란 이름은 어느 곳에 숨어 있는지를 헤아릴 수가 없다. 조국을 찾기 위해서는 전쟁에 이겨야 한다는 목적성을 강화하고 있다. "고지가 바로 저긴데 예서 말 수는 없다."라고 하는 전의 의식은 이은상의 본령이다. 개인의 삶과 조국의 삶을 이 시인은 동일시한다. 개인과 국가, 조국과 강토의 일치를 이은상은 누구보다도 즐겨 다루어 시적 성과를 획득하고 있다.

이상에서 보는 바대로 시는 개인적 정서가 보편적 의식 활동으로 상승된다고 할 수 있을 것이다. 따라서 전쟁 중의 시야말로 평시에 가질 수 없는 집단의 목표 실천을 위해 앞서가는 것이고, 이것을 위한 전제가 있음은 당연하다 하겠다.

3. 실존 의식의 「휴머니즘」

시가 개인적 자아에서 '삶'과 '죽음'의 문제가 내재되어 있을 경우, 현장성이나 목적성과는 달리 철학적 바탕 위에서 시는 출발한다. 이러한 현상은 전쟁 자체를 부정하고 반전의 모습으로 나타날 수 있지만, 실상은 생존의 궁극적 목적 때문에 리얼리티를 보여 주는 것이다. 6·25의 비극이 가져다준 불안·우울·절망과 죽음의 그림자, 그리고 고행 상실의 부조리와 역설의 체험 등이 우리로 하여금 어제를 잊어버리고 내일에의 바람 없이 현재에만 관심하게 했을 뿐만 아니라, 늘 불안하고 죽음의 그림자가 드리워져 떨고 있는 자기의 실존과 대결하게 된다.[25] 삶과 죽음의 투철한 대결 양상, 인간과 인간의 관계 속에서 자신의 존재를 확인하고자 하는 것이다.

> 어제 만난 얼굴은 다시는 볼 수 없읍니다.
> 오늘 만난 얼굴은 어제의 얼굴이 아니올시다.
> 좀 더 찢어지고 부서지고 이스러진 얼굴의 複數
> 남은 것은 단 하늘밑 땅의 인간의 얼굴 뿐입니다.
> 일체의 풍경을 믿지 않는 마음의 얼굴 뿐입니다.
> 노래 한 節 들리잖는
> 피해 당한 얼굴의 꿈이올시다.
>
> 나의 항거의 의지가 내출혈을 시작한 후
> 어제 만난 얼굴은 오늘의 얼굴이 아니올시다.
> 어제 악수한 손은 지금쯤 썩어 있을 겁니다.
> 그러나 나는
> 몇 사람의 인간의 이름이
> 오늘처럼 그리운 적이 없읍니다.
>
> - 신동집, 「얼굴」 전문

신동집은, '삶'과 '죽음', '만남'과 '헤어짐'의 대립을 통해서 인간의

---

25   이규호, 〈전쟁과 실존의 윤리〉, 「한국문학」, 1976. 6. p. 298.

실체를 파악하려 든다. 어제 보았던 '얼굴'은 전쟁이라는 처참한 상황 때문에 다시 만날 수가 없게 된다. 다시 만난다고 해도 그 모습 그대로가 아니고 일그러지고 지친 얼굴이며 어쩌지 못하는 삶을 이끌고 가는 사람들이다. 그들 중에는 이미 죽고 없는 얼굴도 있다. 시인은 끝내 '얼굴'이 그리워질 따름이다. 신동집의 실존 의식은 훨씬 깊은 곳에 자리하고 있다. 전쟁에 관한 치열한 대결도 아니요, 좌절도 하지 않았다.

> 많은 사람이
> 여러 모양으로 살아 왔고
> 그리하여 서로들 끼리
> 말 못할 악수를 한다.
> … …(중략)… …
> 나의 한편 팔은
> 땅 속 깊이 꽂치어 있고
> 다른 한 편 팔은 짙은 密度의 空間을 抵抗한다.
> 죽은 사람이 살았을 때를
> 그리워 하며
> 살은 사람이 죽어 갈
> 때를 그리여 보며……
>
> - 「악수」의 일부

〈악수〉에 와서도 시인은 '못 만나는 얼굴'을 찾아 헤맨다. '삶'의 의미를 재확인하면서 허무를 수반한다. 존재와 허무, 만남과 헤어짐의 의미를 체득게 한다. 결국 인간의 알 수 없는 '미지'의 세계를 달리는 존재로 파악하려는 신동집은, 밀도 있는 존재의 성찰로 시적 목표를 획득하고 있다. 잃은 팔의 허무와 남아 있는 한쪽 팔의 저항이 상반된 현실로 나타남에서 시적 진실을 밝히기에 이른다.

> 나는 나무를 겨누어 본다.
> 꼭대기의 잎사귀를 겨누어 본다.
> 그리고 돌멩이를 겨누어 본다.
> 그러다 싫어지면 쓱 銃口를 높여서
> 개머리판에 뺨을 부비면
> 하늘이 가늠쇠 구멍 속에 들어 온다.[26]
>
> - 「작난」의 일부

'나'는 한 개 '잎사귀'에 지나지 않은 존재이며, '돌멩이'에 불과하다. '가늠쇠 구멍'만한 '삶'을 위해서 한 병사인 나는 얼굴에 개머리판을 비벼보는 것이다. 이것은 결국 시제가 알려주듯 '장난'에 불과한 것인지도 모른다. 이처럼 실존 의식은 삶의 문제와 관련되어 있는 만큼 '삶' 그 자체를 부정하지도 긍정하지도 않는다. 전봉건의 이런 의식은 김광림에게로 이어진다.

> 砲彈의 姿勢로 터져 간

---

26   전봉건, 〈작난〉, 「청룡」, 해병대사령부, 1953.

나 또래의 젊음들이
〈바리게이트〉로 넘어져 갔다.
葡匐처럼 느릿한 一五五마일

休戰線의
겨드랑 쑥밭길

- 「다리목」의 일부

김광림은, '겨드랑'과 같은 155마일의 휴전선 일각에 와 있다. '나'와 '주검'의 대립 속에서 살아 있는 나를 인식하려는 시인의 태도에서 우리는 다시금 '생존'과 만난다. 엘리어트의 말대로 시인은 세 가지의 목소리를 지니고 있는데 첫 번째 소리는 시인 자신과의 목소리요, 두 번째는 청중에게 말하는 목소리, 세 번째는 극중 인물로 하여금 말하게 하는 목소리라고 한다.[27]

전봉건이나 김광림의 경우, 자신과의 대화적 수법이 성실하게 수행되면서 '실존'과 맥을 같이 하고 있다. 패러독스적 표현 양식은 김소월의 그것과는 무관한 채 설득력을 지니고 있는 것이다. 50년대 시가 지닌 또 하나의 특징은 바로 실존 의식을 추구한 데 있다고 하겠다. 전후의 허무적 분위기 내지는 힘의 약세에서 비롯한 패배주의적 태도는 곧 휴머니즘과 연결되어 있다.

---

27   최창호역, 「엘리어트 문학론」, 서문당, 1972, p. 133.

팔이 없어진 사람들
다리가 없어진 사람들끼리 사는 곳

젊은 소망의 전부를 祖國에 바치고 싸운
사람들끼리 사는 곳

거기에 가서 나는 또
나의 무엇을 바쳐야만 하겠는가.

- 「위문행」의 일부

전봉건과 김광림이 '나'의 존재를 확인한 데 있다면, 김춘수는 죽지 못한 사람들 앞에서 '나'를 조명해 보는 데서 출발한다. 어찌 보면 '위문행'은 현장성의 시 같으나 시의 뒤에 숨어 있는 속은 '삶'과 '죽음'의 문제에 부딪혀 있다. 무가치한 '삶'에의 회의를 통해서 오히려 부끄러움을 갖는 휴머니티가 곧 삶의 가치를 내보이고 있다.

금성훈장도 은성훈장도
弔砲도 통곡도 소박한 소녀도
빛나는 영광도 녹슬은 비명도
아무것도 없는데

다못 들국화 소란한 향내가
외로운 주검위에 풍겨온다.

조촐타 조촐한 젊은 생명
사뭇 구원과 통하는 어두운 길목에
길 잃은 파랑새 되어
길 잃은 파랑새 되어

- 「무명 전사의 무덤」의 일부

조영암은, 전후의 허무 의식을 한 떨기 '들국화'와 '파랑새'로 형상화하고 있다. 휩쓸고 간 폐허의 초토에 낯모를 무덤과 들국화, 구슬프게 울어대는 파랑새 소리에 시인은 어느 산비탈 죽은 자의 무덤 앞에 와 있다. 오직 전쟁 뒤에 오는 것은 '없음' 그것뿐이다. 어쩌면 '없음' 앞에 남아 있는 가녀린 들국화와 파랑새만이 있을 뿐이다. 조영암의 이러한 진술은 '없음'의 실존이다. 비록 남아 있어도 파랑새는 길을 잃었고, 자신과 조국 또한 길 잃은 존재로밖에 남지 못했다는 비유적 수사법에서, 우리는 또 다른 의미의 속뜻을 만나게 되는 것이다. 철저한 외로움은 결국 철저한 결의를 수반하기 때문에 조영암의 시는 더욱 살아남는다.

찡찡 우는 M1의
총소리는 깨끗한 것
모조리 아낌없이 버렸으므로
비로소 澈에 대한 인격
그것은 神格의 자리다.
그런 맑은 쇳소리.
아아 나는 전선이 비롯되는

어느 산머리에서
산이 오히려 기겁해서 무너지는 맑은 소리에 감동 한다.

- 「총성」의 일부

　　박목월의 카랑한 총성은 모윤숙의 〈국군은 죽어서……〉와 또 다른 의미를 제시해 주고 있다. 신성불가침이리만큼 깨끗하고 맑은 M1의 총소리는 살육의 차원을 훨씬 뛰어넘는 곳에 있다. 전쟁 이전의 신격화된 '정의'의 쇳소리를 통해 전달되는 이미지에서 어느 전쟁시보다 예술성을 획득하고 있다.

　　이미 전쟁은 싸우기 이전에 승리를 약속받았고 인격적 존재로서 엄존해 있다. 평화의 사도가 M1이라면 전선이란 형성될 수도 없고, 스스로 포기하고 신의 앞에 나와 앉아 기도해야 하는 것이다. 이러한 목월의 진술은 〈청노루〉, 〈나그네〉의 체험을 극복한 50년대의 시적 변모라 하겠다.

　　그러나 지금까지 살펴본 바대로 실존적 휴머니즘은 허무 의식과 결합하면서 반전 의식보다는 전쟁을 받아들이면서 문학적 대결을 시도했다고 보여진다.

　　50년대 시에 관한 많은 논의가 있었지만, 작품을 통해서 본 6·25 전쟁은 결국 긍정적 차원에서 적극적으로 가담했거나 대결 의지를 보이고 있다. 다만 전쟁 중의 시가 전방성보다는 후방성에 치우치고 있음은 시인해야 할 것이다. 그러나 문학이 전쟁을 위한 물질적 수단이 될 수 없고 응전의 수단이기는 해도 행동화된 살육의 도구는 되지 못한다는 것을 인식하면서 문학적 행위로서 민족의 응집력을 제고하는 데서 문학은 승전 의지를 부여하며 인간성 회복을 성취시키고자 하는 것이다.

Ⅳ. 결론

　　50년대 한국 전쟁이 우리에게 안겨다 준 것은 민족의 소중함이다. 미·소 양국의 냉전 체제에 따른 시행착오의 희생이 곧 한국 전쟁이었다는 점에서 인식한다면 더 말할 나위 없이 불운의 역사적 현실이다. 그러나 광복 이후 민족적 분열상을 재고한다면 필연적인 것으로 받아들여질 수밖에 없었다는 일면도 있다. 어쨌든 우리의 전쟁은 아직도 끝나지 않고 있다. 민족의 이질화가 낳은 결과는 문화적 기형성이요, 절름발이의 전통이다. 조국 통일 내지는 민족 화합의 명제를 놓고 우리는 패배주의의 발상을 청산하고 민족 의지의 합일점을 모색해 나가야 할 것이다.

　　그러한 과정 속에서도 50년대의 시적 전통은 꾸준하게 이어져 온 나머지 이제까지 살펴본 대로 전쟁 체험의 시인들의 공적을 지나쳐 버릴 수는 없다. 이 문제에 관해서는 연구의 진전이 있어 왔지만, 아직도 미흡한 상태에 있기 때문에 계속적인 노력이 요구된다.

　따라서 전쟁을 안은 50년대 시의 특징은 개인과 집단의 대응 관계 속에서 주체적 민족의식을 굳게 할 때 자유를 찾을 수 있다는 확신을 갖게 된다. 처참한 현실에 직면했을 때 공동 운명체로서 민족 의지가 집결되어 희생을 체득할 수 있는 자생적인 힘이야말로 자유와 삶을 얻게 된다는 것이다.

　전란의 와중에서도 50년대 시인들은 국가와 민족에 관한 시를 버리지 않고 일제 식민지 말기의 전철을 되풀이하지 않은 시를 썼다. 한편, 문화적인 측면에서 한반도의 전쟁으로 말미암아 서구 문화를 접함에 있어 과거 일본을 거쳐 유입되었던 문화적 교류의 식민성을 극복하고 우리 자신들로 말미암아 수용할 수 있는 계기가 되기도 했다.

　이러한 시대적 상황에 따라 50년대의 문학은 60년대 이후의 문학 발전에 디딤돌이 되었으며 40년대의 공백을 메워 준 결과로도 승화될 수 있을 듯하다. 그러나 아직도 비극의 역사가 계속되고 있는 만큼 민족 통일을 내다보면서 우리 시의 모색을 게을리하지 말아야 할 것이다. 아직도 50년대 시의 궤적을 전통적 맥락에서 파악해야 하는 과제를 남겨 두고 있다.

3 전후 소설의 구조

- **I** 서론
- **II** 전쟁의 인식
  - 1. 이병구 - 「전쟁」
  - 2. 강용준 - 「기습작전기」
  - 3. 오상원 - 「유예」
  - 4. 김성한 - 「귀환」
  - 5. 송병수 - 「잔해」
  - 6. 선우휘 - 「단독강화」
- **III** 전후 소설의 특징
  - 1. 인물의 유형 - 선인형
  - 2. 배경과 기상 조건 - 백의·고난
  - 3. 구성의 기법 - 파노라마적 전개
  - 4. 작가 정신 - 휴머니즘·이념 문제
- **IV** 결론

I. 서론

　　광복이, 우리의 민족사적 위치에서 볼 때 크나큰 변동을 가져왔음은 아무도 부인하지 못할 것이다. 식민지 시대를 벗어남에 따라 한반도의 현실은 불가피하게 대륙문화와 서구문화와의 갈등을 야기했다. 우리의 저항적 타깃은 '일본'으로부터 '공산주의'로 바뀌었다. 그러면서도 50년대의 한국전쟁은 기구하게도 이민족과의 대결이 아니라 동족간의 전쟁이었다는 점에서 그 유례를 찾아보기 어려운 전쟁이라는 것뿐만이 아니라 민족항쟁이 아닌 이데올로기의 증오[1], 또 갈라진 민족에 관한 비극의 역사가 숨 가쁘게 전개됐다는 점이다.

1　강만길외 〈분단시대의 민족문화〉 (좌담) 「창작과 비평」, 제54호, 1977, pp.16~17.

1, 2차 세계대전을 직접 체험하지 못한 우리에게 6·25는 확실히 많은 과제를 안겨다 주었으며, 역사 인식의 태도를 새롭게 요구했다. 외국군의 참전 주둔에 따른 서구문화의 접촉은 혼란한 와중에서도 급속도로 이루어져 과거 일본을 거쳐 유입, 수용되었던 문화적 식민성을 극복하고 우리 자신에 따라서 직접 수용할 수 있는 계기를 마련하게 된 결과가 되었다.[2] 그런 이유에서 문학적 환경도 재고될 수 있는 바, 미처 역사의식으로 소화할 단계에 이르지 못한 상태[3]에서 문학은 모색되어야만 했다.

　　그동안 전후 문학에 관한 논의는 1930년대 이후 계속되어 온 터이지만,[4] 개념의 정립 문제, 외국 문학과의 비교론 등의 견해와 근래에 들어서는 '민족 문학', '분단 문학'(이산 문학)이라는 용어와 함께 끊임없는 백가들의 쟁명으로 나타나고 있다.[5] 그러나, 전쟁의 소용돌이 속에서 '피해자'가 된 우리가 전쟁 극복의 문제를 어떻게 소화해야 할 것인가, 오늘의 과제는 무엇인가, 6·25를 어떻게 소화해 나갈 것인가의 문제는 민족 전체의 과제로 상존하고 있다.

　　인간이 역사적인 동물이라는 평범한 상식을 제쳐 두고라도 전쟁의 문제는 인간의 가장 큰 비극이기 때문이다. 전쟁 문학에서 가장 중

2　졸문, 〈한국 현대시에 나타난 전쟁의식〉, 「정신전력연구」, 제4호, 국군정신전력학교, 1983.9. p.117.
3　김용성, 〈6·25 소설의 특수성과 한정성〉, 「북한」, 1984.6, p.70.
4　졸문, 앞의 논문, pp.97~101.
5　천이두, 구중서, 김윤식, 백낙청 등의 논문에서 「전쟁문학」은 민족문학과의 관계로 확대시켜 나가고 있음을 본다. 또한 신경득은 「전후문학」속에 포괄하고 있다.

요시해야 할 것은, 전쟁을 찬미하지는 못하지만 극한 상황에서의 인간적인 비극을 구체적으로 파악하고 투철한 작가적 역사의식이 요구된다[6] 하겠다.

    이제 우리는 우리 문학의 심층을 들여다보지 않으면 안 된다. 아무리 비극적이고 흉몽이라 하더라도 올바른 인식[7]을 위해서는 극복해야 할 과제로 남아 있다. 그런데 6.25의 객관성 문제에 있어 허다한 제약이 뒤따르고 있는 것도 사실이다. 그것은 동족상잔의 어설픈 이념 전쟁으로 승부의 의미가 불확실하고, 국지 전쟁이기는 하지만 세계전의 성격을 띤 전쟁[8]이라는 점에서 문학적 성격이 어떻게 규정되어야 할 것인가가 문제인 것이다.

---

6   선우휘, 김은국, 〈전쟁문학의 어제와 오늘〉, 「조선일보」, 1984.6.23.
7   김치수, 〈6·25 동란을 추재한 작품〉, 「월간문학」, 제12호, 1969.10, p.223.
8   윤병로외, 〈전쟁.전후, 그 소설〉 (정담), 「한국문학」, 제4호, 1974.2. pp.198~205.

II. 전쟁의 인식

1. 이병구 - 「전쟁」

　이 소설은 한국에 파견된 영·미국군의 인물을 설정하여 그들의 전쟁관을 드러내 보인 것이다. 치열한 이야기가 진행된 것이 아니라 정찰 과정에서의 극적인 사건을 통하여 전쟁관을 제시한다. 이병구는 「전쟁」(1958년)에서 개인의 삶과 욕망이 빚어내는 인간의 잔인성을 철저하게 고발한다. 인종의 편견과 사상의 대립, 개인과 집단 사이에서 희생물이 되는 선량한 사람들의 억울함을 에누리 없이 폭로한다.

　영국군 정찰대원 마케 상사와 존스 상사 두 사람은 묘향산맥 근방에서 희천까지 가는데 한 여인에게 안내를 청한다. 눈 위에 뽀드득뽀드득 발자국 소리를 내며 앞서가는 젊은 여인의 이쁜 젖가슴과 붉게 익은 얼굴, 풍만한 엉덩이를 보면서 두 사람은 황홀해한다. "우리가 시방 관능을 향락할 때가 아니다. 긴장이 풀리면 임무를 수행하지 못한다. 여자란 오나가나 마물魔物이니까."라고 주고받으면서 희천 근방까지 왔을 때 마케는 권총을 빼어 여인을 사살한다. 여인은 풀썩 꼬구라지며 몇 번 굴러가다 나무에 걸쳐 죽고 만다. 마케는 그런 식으로 두 사람째 양민을 희생시킨다.

존스는 마케에게 항의를 하지만, "값싼 부처님은 버려라."라고 되받아 버린다. "임무 완수와 승전을 위해서는 남을 죽일 수밖에 없다."라고 합리화한다. 석양 무렵 산굽이를 돌아 날 때 어느 외딴집을 발견하고 그 집으로 들어가 오십 살쯤 보이는 농부를 찾아 저녁을 청한다. 그 길로 다시 농부를 앞세워 길 안내를 받으며 희천이 가까웠을 때 미군 정찰대원과 만난다. 마케는 참전국 어느 나라 군대보다도 먼저 영국군이 압록강물을 마실 것이라고 하며 제2차 세계대전 때 풀지 못한 영국군의 자존심을 동양에 와서 풀겠다고 의기가 당당하다.

미군도 질세라 세계 어느 곳에서도 미국은 무시당해 본 일이 없다면서 거두회담 때면 으레 가운데 자리는 미국 대통령이 차지한다고 응수한다. "인제 신민들도 그 쓸데없는 자존심을 해협에 묻어 버릴 때가 왔는데."라는 미군의 응수에 "대영 제국에 대한 역사 공부를 더 하라."라고 핀잔을 하면서 마케와 존스는 임무 수행을 계속한다.

희천 마을이 눈 아래 내려다보일 때쯤 왔을 때 둘은 환성을 지르며 임무 완수의 기쁨을 나눈다. 존스는 또 마케의 잔인성을 미리 알고 안내해 준 노인에게 "자신들의 행방을 공산군에게 연락하지 말라."라고 타이른 다음 희천 마을 근방에 이르자 예상한 대로 마케는 "금석맹

약이 빼개지려 들면 더 쉬우니라."라고 하면서 노인을 향해 권총을 겨눈다. 순간 존스가 달려가 말리자 실탄은 이미 존스의 목덜미를 관통하고 만다.

> 「대국(大局) 앞에 나서면 소의(小義)의 뜻은 없다. 전란의 희생치고 애매하고 억울하게 죽지 않은 혼이 어디 있겠는가. 존스, 마음을 크게 하고 뒤에서는 오늘도 수천의 생명이 거꾸러진 전쟁을 생각하라.」[9]

> 「전쟁은 늘 애매하고 불행하게 사람을 죽인다. 내게도 그날이 온다. 알면서 속는 게 전쟁이다. 승리한 매력이 있기 때문이다.」[10]

> 「전쟁은 멋져야 한다. 재미로 한다. 전쟁이 아니면 모험이 없다. 평화는 더 멋지다. 모험은 사랑에도 있다.」[11]

이상은 잔인한 영국군 하사관 마케의 전쟁관이다. '大'를 위해서 '小'는 희생할 수밖에 없다는 어찌 보면 민주적 사고방식 같이 이해되지만 '인간의 존엄성'의 문제는 철저하게 배제해 버린다. '승전'을 위해서는 어떠한 살상 행위도 '정당'하다는 논리가 압도한다.

---

9 이병구, 〈전쟁〉,「광복의 30년 문학전집」(서울:정음사,1976), p.417.
10 위의 책, p.423.
11 위의 책, p.413.

여기서 우리는 개인의 사상적 대립과, 집단의 국가적 대립 두 가지를 볼 수 있다. 앞의 것은 마케의 전쟁 의식과 존스의 휴머니즘의 대립이며, 뒤엣것은 영국군과 미군의 자존심 대립인 것이다.

'전쟁'이란 '애매'하고 '승리'가 있고, '멋'이 있고, '모험'이 뒤따르면서 '불운하게 사람을 죽이고', '알면서 속는 것'으로 전쟁을 하고 '재미'로 하지만 '나 자신의 죽음'도 오고야 말 것이라는 운명을 동반한다. 개인적 대립으로부터 집단적 대립으로 확대시켜 가는 작가의 속뜻은, '자존심'의 대립이 존재하는 한 전쟁은 그쳐질 수가 없다는 논리를 제시하여 준다.

2. 강용준 - 「기습작전기」

「기습작전기」(1961년)는 극한상황에서의 인간 의지를 나타내는 작품이다. 운명에 도전하는 것은 작가 자신의 체험적인 토대 위에서 이룩된 나머지 삶과 죽음을 대조시키면서 철저하게 인간주의 내지는 염전 의식을 보여 주고 있다.

강용준은 인민군에 끌려 나와 국군의 포로가 되었고, 석방과 함께 우리 국군에 입대하여 육군 대위로 예편했다. 기습작전기의 중대장 '대위'는 어쩌면 자신인지도 모른다.

6·25 3주년이 되는 해, 사단은 적의 대공세를 사전 봉쇄할 목적으로 1개 대대를 출동시킨다. 적 606고지를 탈환코자 정보 수집을 위해 포로 획득에 나선다. 중대장은 무모함을 알면서도 중대를 이끌고 503고지에서 적진을 살핀다. 전날 밤 6시간의 장거리 야간 행군이라 중대

원들은 피로해 있었다. 개미 새끼 한 마리까지도 가려 볼 수 있는 요새화된 적 606고지와 503고지! 중대장은 3개 소대를 공격 대형으로 배치, 스무이렛날의 달빛과 함께 뿌연 안개 속에서 03시를 기해 공격을 개시한다. 1개 소대가 전멸 직전에 이르자 예비병력을 투입 돌격에 가담시킨다. "전투는 자질구레하지가 않아서 신경질이 안 난다."라는 신 상사는 어느새 산 중턱을 기어올라 606고지 정상을 탈환하여 태극기를 꽂지만 완강한 적의 반격으로 중대는 끝내 무산되고 중대장마저 하복부에 중상을 입고 사경을 헤맨다.

> 「우리가 언제 그따위를 계산에 넣고 싸웠나? 무모하기로 따지면 전쟁 그 자체가 더 무모하지, 도대체 무의미하지, 인류의 평화를 위한다는 전쟁에 있어서까지도 그 평화라는 진리 속에 내포되어 있는 그 엄청난 파괴와 살육의 니힐니즘. 뭐 그따위를 우리는 생각 않는 게 좋아. 그런 건 한가한 휴머니스트 녀석에게나 맡겨 두면 된다.」[12]

중대장 대위는 사경에서 생각한다. 6·25는 스탈린의 '할 일 없는 하품'에서 터진 것이라고. 신 상사마저 중대장의 곁엔 없다. 일선으로 나온 지 2년 남짓한 세월은 200년도 더 되게 느껴지는 대위는 침을 뱉어 주고 싶도록 역겨운 인간들의 썩은 냄새를 맡아온 것이다. 오히려 이런 주검 곁에서 니힐니즘을 철저화시키는 수단으로 전쟁을 택했는지도 모

---

12   강용준, 〈기습작전기〉, 「한국전쟁문제소설」 (서울:한국문학사,1976) p.220.

른다고 자신에게 타일러 말한다.

전사 직전 무반동 포수의 성모경 외우는 모습, 피난민들이 부둣가에서 배를 서로 타려고 아비규환하는 모습, 어느 부부가 포탄에 찢긴 네댓 살 난 자식의 한쪽 동체를 안고 "어떻게 하면 좋은가."라고 연발하는 모습, 퉁퉁 부은 여자 시체의 콧구멍에서 기어 나오는 구더기를 연상했을 때는 중대원 몇이서 능선을 따라 내려가고 있었고, 자신의 하복부가 섬뜩하면서 심장이 싸늘해짐을 의식한다. 신 상사가 수류탄 두 개를 들고 번개같이 606고지를 향해 달리고 있었다.

적의 지원 화력이 계속된다. '혼자'라는 단절감과 함께 자신을 감싸는 골안개처럼 피곤이 쌓인다. 이 피곤 마저가 자신의 육체에서 마지막 떠나버릴 때 '죽음'이 올 것이라고 그는 상상한다.

「마지막에는 불러 볼 길밖에 없었다.
살아 있는 사람이 살아 있는 사람을
살아 있는 사람이 죽어 가는 사람을

하늘에 별이 몇 개 남아 있는지 잘 몰랐다.
땅 위엔 별이 몇 개 떨어져 있는지 잘 몰랐다.

다만 나는 살아 있었고, 나는 너를 불렀다.
얼마 동안인지 기억이 없다.」[13]

---

13 신동집, 〈그것은 오늘 분명히 무엇인가를 의미하고 있다〉의 일부, 「코메트」 7호, 공군본부

그러나 중대장은 주위를 살피면서 널려 있는 주검들에게 낱낱이 시선을 준다. '조금 전까지만 해도 기계처럼 명령에 움직이던 부하들'이었다고 실감할 수가 없다. 또한 자신의 '죽음'조차도 실감하지 못하는 의식의 교차 속으로 빠져든다.

특별휴가 때 열아홉 살이라고 이죽대던 창녀가 떠오른다. 구역질을 참는다. 어느 가을날 부상으로 입원했을 때 돌봐주던 하얀 가운의 간호장교를 떠올린다. 그리고 창 옆에 피었던 하얀 코스모스도 잊힐 수 없는 일이다. 산마루에 걸쳐 있는 스무이렛 달이 여자의 섹스처럼 보인다. 죽음 직전의 이러한 의식은 인간에게 있어 아름다움일지 모른다. 그런 환상적 모티브가 되는 것은 성적인 심리 현상으로 나타나고 있다.

「대위는 서서히 고개를 들었다. 대위는 얼굴에 다시 하얀 웃음이 번지고 있었다. 그때였다. 그 웃음에 응수라도 하듯 쾅 하고 폭음이 바로 눈앞에서 일어나며 쏴아 흙비를 뿌려왔다. 그와 함께 대위는 거의 본능적으로 몸을 움츠렸을 때, 또 그와 함께였다. 눈을 번쩍 떴다. 적이었다. 〈떼떼〉권총을 이쪽으로 겨누고 놈은 서서히 다가오고 있었다. 순간 터질듯한 〈긴장〉이 흘렀다. 이제 이 〈긴장〉이 터질 것이었다. 가슴이 아프도록 부풀어 오른다. 순간 대위는 강렬한 생의 욕망 같은 것을 느꼈다. 그것은 무서운 살의를 내포하고 있었다. 대위는 허리를 더듬었다. 거짓말같이 거기에 권총이 그대로 말짱하였다.

정훈감실, 1954.1.

대위는 그 권총을 잡아빼자 이어 빵 내갈겼다. 계속해서 마구 갈겼다. 그리고 무수한 총성을 들었다. 그 총성과 함께 그때까지 그의 온몸을 무섭게 휘감고 있던 피로가 허파를 뚫고 숭숭 빠져나가는 요란한 소리를 그는 말똥한 정신으로 들었다.」[14]

'죽음'과 '삶'의 본능적 의식 상태를 대립시키면서 전쟁의 모순을 인식한다. '할 일 없는 하품'으로부터 전쟁은 시작되고 그로 말미암아 수많은 인명이 희생된다는 자체를 따지는 일조차 휴머니스트들의 감상이라고 역설적인 주장을 터트린다. 그러나 실상 자신은 휴머니스트 속에 포함되어 있다. 오히려 신 상사의 전쟁관이 현저하게 부각되고 있는 것은 전쟁 자체의 모순을 뛰어넘는 승부욕에 차 있기 때문인데 「전쟁」에서의 마케 상사와 흡사한 전쟁관이다.

3. 오상원 - 「유예」

「유예」(1955년)는 「한국일보」 신춘문예 당선작품이다. 「모반」(1958년)으로 제3회 동인문학상을 수상한다. 인간 조건에 관한 집요한 도전과 함께 사회의식과 현실 감각이 투철하면서도 허무에의 반항을 나타내고 있다. '삶'과 '죽음', '운명'이란 무엇인가 하는 문제를 독특한 심리 묘사로 리얼하게 그려내고 있다.

---

14   강용준, 앞의 책, pp.228~229.

적 후방의 수색 임무를 띠고 본대를 떠난 수색대는 본대와 연락이 두절되면서 적에게 포위되고 만다. 돌파구를 찾지 못한 소대는 잦은 소전투로 대원들의 손실과 함께 기아와 폭설로 기진맥진한 나머지 지형적 악조건과 싸우면서 시간이 갈수록 비전투 손실마저 늘어난다. 가까스로 산간의 한 마을을 발견하여 얼어 빠진 감자 한 자루로 굶주림을 연명하지만 심한 동상과 간헐적인 적의 공격으로 잔여 병력 6명 중에서 결국 소대장과 선임하사 두 사람만 살아남는다. 그러나 선임하사마저 적의 저격병에게 사살되고 소대장만이 위기를 모면하여 산속을 헤매다 근 일주일 만에 어느 산마을을 발견하고 은신한다.

> 「돼지우리, 소 헛간, 아... 사람들이 사는 곳! 그러다 방 안으로 들어갔다. 열어젖힌 장롱, 방바닥 하나 가득히 먼지 속에 흩어진 물건들.... 찢어진 낡은 옷들! 그는 그 옷들을 주워서 꽉 움켜쥐었다. 아, 사람의 냄새! 때묻은 사람의 냄새!」[15]

그토록 그리운 사람의 냄새를 맡아 보지만, 적진에 있는 어느 사형장의 감방이다. 얼마 후 사형장 사수들의 발걸음을 확인하게 되고, 사형수를 앞세우고 둑길로 가는 사형장을 목격하게 된다. 순간, 가고 싶어 하던 '남쪽'으로 걸어가던 사형수가 자신이라는 생각(환각)을 하게 된다. 소대장은 총을 꽉 움켜쥐고 사수를 향해 조준한다. '가해자와의 대결에서 피한다는 것은 비겁하다.'는 결의와 함께 눈길을 걸어가는 '피해

---

15 오상원, 〈유예〉, 「한국문학전집」38, (서울:민중서관,1976), p.184.

자'는 바로 '자신'이라고 확신한다. 힘껏 총을 잡고 방아쇠를 당긴다. '가해자'는 넘어지고 상대편의 저항과 함께 의식이 흐려옴을 느낀다. 몸 어느 한구석이 쿡쿡 찌르고 끈적끈적한 액체가 손끝에 묻어난다.

    한 시간 뒷면 그 형장의 언덕을 그 '피해자'처럼 '남쪽'으로 걸어가다가 '발가벗겨진 채 털썩 눈 위에 쓰러져 붉은 피가 하얀 눈을 호젓이 물들여 갈 것이라'고, 소대장은 퀴퀴한 냄새가 코를 찌르는 감방에서 예정된 죽음의 길을 의식한다. 2차대전 당시 일본군에 소집되어 남양전투에 참전하였고 해방과 함께 팔로군, 국부군에 있다가 군문에 들어왔다는 선임 하사의 말이 떠오른다.

>「사람은 서로 죽이게끔 마련이오. 역사란 인간이 인간을 학살해 온 기록이니까요. 그렇게 생각지 않으시오? 난 전투가 제일 재미있소. 전투가 일어나면 호흡이 벅차고 내가 겨눈 총구에 적의 심장이 아른거릴 때마다 나는 희열을 느낍니다. (중략) 사람이란 별 게 아니라, 곧 싸우다 쓰러지는 것을 의미할 겝니다.」[16]

    이와 같은 선임 하사의 전쟁 인식은 오랜 전투 경험에서 나온 자신의 신념으로 여겨진다. 한편 인간의 잔인성과 포악성이란 위기 상황의 환경 조건에서 나타남을 알 수 있게 한다. 소대장은 예정된 죽음 앞에서 적나라한 인간으로 귀의하려는 양심적·도덕적 책임 의식마저도 느끼게 된다.

---

16   위의 책, pp.182~183.

「소대장님... 북한 출신입니다. 홀몸입니다. 남한에는.... 누구도 없습니다. 이것이 이북 제 고향 주소입니다.」[17]

죽어 가면서 마지막 남기는 소대원의 부탁이다. 주소가 적힌 구겨지고 닳아빠진 종이쪽지를 받아 쥔 소대장은 부하의 손을 꼭 쥐어 주는 일 밖에는 그 무엇도 더 이상 해 주지 못한다. 인간의 잔인성과 지선의 양면성을 엿볼 수 있게 된다. 철저한 잔인성, 철저한 연민의 정, 이 두 가지의 행동 양식은 인간에게서 극한적 상황에서 나타나는 양극 현상임을 이 소설은 일깨워 준다.

「생명체와 도구와는 다른 것이오. 내 이상 더 무엇을 말하고 싶겠소? 나는 포로가 되었을 때 비로소 내가 확실히 호흡하고 있는 인간이라는 것을 알았을 뿐이오. 나는 기쁘오. 내가 한 개 기계나, 도구가 아니었다는 것, 하나의 생명체인 인간으로서 살아있었다는 것, 그리고 인간으로서 죽어간다는 것, 이것이 한없이 기쁠 뿐입니다.」[18]

이 대목은 소대장이 심문을 당하면서 인간의 존엄성에 대한 반항이자 공산주의에 대한 이념적 반항이다. 결국 전쟁은 이 두 가지의 이질

---

17 오상원, 같은 책, p.180.

18 위의 책, p.185.

성에서 시작되었다는 것을 암시하고 있는 것이다. 위의 소설 「전쟁」, 「기습작전기」, 「유예」는 전쟁에 관한 인식의 문제를 제기하면서도 인간의 잔인성을 폭로하는 데 공통점을 가지고 있다.

4. 김성한 - 「귀환」

문학이 인간의 문제, 삶의 양상을 표현하면서 새로운 인간형의 창조에 있다면 이 소설이 보여 주는 것은 세 가지 부류의 인간형이다. 그것은 현실타협형, 행동적 지식인형, 순응주의형인 것이다.

김성한이 단번에 문제작을 발표한 것은 1956년 「바비도」로 출발, 제1회 동인문학상을 수상하면서부터이다. 다음 해인 1957년에 귀환을 통해서 50년대의 사회상을 적나라하게 고발하면서 현대적 지성의 작가로 인정받았다. 이른바 김동리류의 순수 토속적 전통 공간을 과감하게 파괴하면서 한국 소설의 체질을 바꿔 놓고 있다. 그러면서도 그는 생명에 관한 외경 사상을 빼놓지 않고 모든 '생명'의 근원은 필연적인 것으로 '모태母胎'에 두고 있다. 즉, '회귀의식', '고향의식', '모성적태반'을 인간 생명의 원초적인 것으로 삼고 있는 반면, 표현 기법에서도 새로운 수법을 시도하고 있다. 「귀환」의 스토리는 이렇게 전개된다.

부모의 덕분으로 근대적 교육을 받은 김경석은 33살 철학 교수이다. 병역이 면제되지만, 아내의 만류도 뿌리치고 자원입대하여 최전선 소총병으로 배치를 받는다. 그는 20대의 이명룡 일병과 절친한 전우가 된다. 경석은 어느 날 1소대 2분대 9번 소총수로 부분대장의 임무를 부여받고 53고지 탈환 작전에 가담한다. 적의 완강한 저항으로 소대의 전원이 돈좌되어 피비린 사상자만을 내고 반격을 시도하지만 실패하고 만다. 경석이 중상을 입고 서울 군병원으로 후송되고, 얼마 후 '전쟁귀신' 이명룡이 또 후송되어 병원생활을 얼마간 같이 하게 된다. 여기서 그들은 참다운 전우로서 의형제를 맺을 정도로 둘의 관계가 밀착되지만 이명룡은 부상이 회복되어 원대에 복귀하고 경석은 그대로 병원에 남아 있게 된다.

그동안 경석의 아내 황혜란은 피난지 부산에서 껌팔이, 양담배 장사를 하다가 우연하게 남편 경석의 친구 소개로 고철을 취급하는 어느 무역회사 타자수로 일자리를 옮긴다. '고놈의 고철 한탕 더 해야겠군'[19] 얼굴에 기름기가 유들유들한 전무의 말이다. 회사라고 하지만 사장, 전무, 타자수, 급사 네 사람이다. 가족을 일본에 피신시키고 독수공방이라는 전무는 29세의 혜란에게 접근하기 시작한다.

"미스 황 얼마나 적적하시우? 가히 짐작이 가지요. (중략) 되는 일이 없는 반면에 안 되는 일이 없는 것이 대한민국인 줄 모르죠?"[20] 혜란은 그길로 회사를 그만두고 다시 양담배 장사를 시작한다. 그러던 어느 날, 전매 사원에게 발각되어 전량을 압수당한다. 20일 만에 혜란은 무역회사로 다시 찾아간 며칠 후에 경석이 입원했다는 편지를 받는다. 그길로 남편을 찾아 상경길에 오른다. 그러나 한강 도강증이 발부되지 않아 남편의 면회는 좌절되고 만다.

---

19 김성한, 〈귀환〉, 「한국전쟁문학전집」 (서울:휘문출판사, 1969), p.371.
20 위의 책, p.374.

경석은 "이 길을 더듬어 가면 그 저쪽, 아득한 피안에 혜란이 있음 직도 하였다."[21]

가슴이 싸늘해짐을 의식하면서 머리가 아찔해지고 눈앞이 캄캄하다. 무표정한 간호원이 경석의 두 눈을 감겨준다.

혜란이 시대적 희생물이라면 경석은 양심적 행동주의자다. 무역회사 전무가 현실 타협주의자라면 이명룡은 순응주의자라 보여진다. 모두가 동시대적인 인물이면서 이질적인 사람들이다. 이들은 '삶'의 문제를 놓고 50년대를 고뇌로 살다 간 인물들인 것이다.

> 「당신한테는 미안하오. 무책임두 하죠. 무너지는 태산을 향해서 달리는 어리석음도 잘 알구요. 그러나 사람이란 때로는 그래야만 하는 경우도 있어. (중략) 하여튼 온 백성이 홍수에 빠져 아우성칠 때 돌 등에 앉은 개구리 행세는 못하겠소」[22]

이 말은 김경석이 군에 입대하기 전날 밤에 아내 황혜란에게 타이르는 말이다. 현실도피의 지식인이 아닌 현실과 대결하는 행동적 지식인이라 할 수 있겠다. 무력하고 이기주의 내지는 개인주의적인 '삶'을 선택하지 않은 반면, 무역회사 전무는 '한탕'과 '무원칙의 적당주의자'로서 이기적 기회주의자로 전쟁 시대를 약삭빠르게 살아가는 모리배인 것이다. '되는 일도 안 되는 일도 없는' 한국의 무질서한 50년대의

---

21   위의 책, p.386
22   위의 책, p.370.

현실을 만족스럽게 이용하면서 치부를 노리는 부류라 한다면, 이명룡이 "우리 같은 거야 농군이니까. 무더기로 쓸어내다가 무더기로 죽어도 괜찮지만,"[23] 이라고 말하는 진술은, 당시의 무원칙한 병력 제도에 관한 항변으로 볼 수도 있으며 잘못된 삶의 현실을 날카롭게 비판하고 있다.

5. 송병수 - 「잔해」

〈귀환〉의 의식 세계는 이 「잔해」에서도 나타나 있다. '여성(애인)=애기愛機'의 동일시는 곧 '모태'와 같은 범주에 속하는 '회귀 본능'이라 말해질 수 있을 것이다. 송병수는 「쑈리킴」(1959년), 「인간신뢰」(1959)에 이어 「잔해」(1964년)로 동인문학상을 수상했다.

「잔해」에서 김진호 중위는 100회 이상 출격의 경험을 가진 '불사의 보라매'이다. 그의 생활은 출격, 술, 여자, 노름의 반복이다. 불안한 전쟁터가 그렇게 만들었다. 그러나 '미애'에게만은 진지했다. 출격에서 귀환한 김진호는 유복자를 가진 동료의 과부를 만나 충격을 받은 적이 있다. '하필이면 비행기 조종사의 아내가 된담……'

어느 날 미애가 임신을 알리려 왔을 때

"떼어 버려, 벌써 2세를 갖는 것은 번거롭단 말야."

미애는 울며 돌아갔다. 그날 저녁 진호는 야간 비행에 나간다. 무

---

23 김성한, 앞의 책, p.385.

사히 임무는 마쳤으나 귀로에 적의 공격으로 비행기를 탈출한다. 적지에 낙하하여 구조신호를 수차례 보내지만 지나가는 편대는 그를 발견하지 못한다. 결국 구조 요청은 실패로 끝나고 눈 위에서 배고픔, 추위, 피곤과 긴장으로 고립 상태에서 헤매다가 편대장이 쉬다 간 곳을 발견하지만 만나지 못한다. 도중 적의 탄약 보급지를 발견한 우군의 폭격을 보고 편대장이 근방에 있음을 확신하고 찾아 헤맨다. 맞은편 산등성이에 헬리콥터가 내려 비행복을 입은 사람을 태우고 떠난다. 진호는 안간힘을 다해 소리를 질러보지만 헬리콥터는 무심하게 저쪽으로 날아가 버린다. 순간 진호는 어느 구덩이에 빠져서 허우대다가 이상한 예감과 함께 알루미늄 물체가 손끝에 닿는 것을 느낀다. 그 물체는 뜻밖에도 그가 탈출했던 애기의 잔해였다. 진호는 그만 은빛의 잔해를 껴안고 흐느끼기 시작한다.

「거센 바람 소리, 멀리서 은은한 비행기 소리....... 독한 위스키 한 병 단모금에 마셨으면 좋겠다. 따뜻하고 조그마한 계집의 몸뚱아리도 안았으면 좋겠다.」[24]

인간으로서의 마지막 소망이다. 「기습작전기」의 중대장에게서도 보았듯이 성적 심리 현상은 도덕률과는 달리 인간의 위기 상황에서 나타나고 있음을 알 수 있다. '죽음'과 '성'은 '소멸'과 '생성'의 순환 관계인 것이다. 생물학적 원리에서 인간 조건을 제시해 준다. 인간의 생존 의식

---

24 송병수, 〈잔해〉, 「신한국문학전집」, 31 (서울:어문각,1977), p.13.

과 본능을 적나라하게 표출하고 있다.

공군 장교라는 신분은 전시상황에서는 생활의 편의를 한껏 제공한다. 한강 도강의 편의를 보아 준 것이 인연이 되어 '미애'를 알게 되고, 그들은 가까워진다. 그러나 "하필이면 비행기 조종사의 여편네가 되느냐."[25]라고 진호는 미애를 나무랐지만, "언제 과부가 될지 모르는 긴박한 운명을 받아들일 각오가 되어 있느냐?"[26]라며 다졌어야 할 일이었다고 후회한다.

공포의 출격과 안도의 귀환, 주색과 뉘우침으로 한파와 굶주림, 외로움을 견디려 애쓰는 것이다. 모두가 불확실성의 모순 속에서 '삶'의 어려움을 극복하고자 하는 군인상인 것이다. 「귀환」에서나 「잔해」에서 공통적으로 '피안', '고향', '여성', '따스함'의 욕구를 발견할 수 있게 되는데 이처럼 '삶'의 문제는 '회귀 본능'과 깊이 연관되어 있음을 놓칠 수는 없을 것이다.

6. 선우휘 - 「단독강화」

선우휘가 1957년 「불꽃」으로 제2회 동인문학상을 받게 된 것은 육군 소령 때의 일이다. 현역 장교로서 문제작을 냈다는 것만으로도 그의 작가적 역량은 부연을 요하지 않는다. 그는 한국인의 체념과 순응주

---

25   위의 책, p.5, p.14.
26   위의 책, p.15.

의를 철저하게 비판했으며, 인간의 행동적 의지를 강조하면서 지식인의 소극적 태도마저 비판한다. 「한국인」(1960년) 등의 작품이 말해 주고 있듯이 그의 사상은 전통을 완전히 배제하지는 않는다.

선우휘는 「단독강화」(1959년)에서 50년대 작가들이 취급한 전쟁 소설의 일상성을 벗어나 구체적인 혈육 의식을 제시하지만, 휴머니즘에 머물러 있지 않고, 이념적인 문제에까지를 터치하고 있다. 단독강화는 배경 공간이 넓은 것도 아니며 작중 인물도 전쟁 소설이 흔히 범하기 쉬운 영웅적 심리주의나 지휘관급에 속하는 전투 영웅도 아니다. 전투에서 낙오된 국군 병사와 북괴군 병사 두 사람이 어느 동굴 속에서 하룻밤을 지낸 단순한 이야기다.

소나무와 떡갈나무 가지가 휘어질 정도로 눈이 덮인 어느 산골짜기 어슬어슬 해가 서녁 산마루에 걸릴 즈음 미군 수송기 한 대가 시레이션 박스를 떨어뜨리고 간다. 약속이나 한 듯 이쪽과 저쪽의 웅덩이 속에서 두 병사가 시레이션 박스가 떨어진 곳으로 허우적거리며 기어가서 그 물건을 근방에 있는 동굴로 끌고 간다. 두 사람은 한참만에야 서로의 신분을 알게 된다. '동무'라는 말에 키가 큰 편 '양'이 허리에 찼던 대검을 뽑아 들며 재차 확인한다. 국군 병사 '양'은 인민군 병사 '장'을 포박해 놓고 그날 밤 서로 해치지 않고 밤을 새운다. 이튿날 제 갈 길로 가기로 약속을 하고 나서 장총과 M1을 묶어 저쪽에 두고 포박을 풀어준다. 둘 사이는 밤이 깊을수록 친밀감을 느끼게 되고 '장'은 '양'을 형이라 부를 정도가 되어 날이 밝으면 함께 따라가 귀순하겠다고까지 한다. 그러나 '양'은 받아들이지 않고 다음 날 아침 약속한 대로 두 사람은 동굴을 떠나 각자 행동을 하려 할 때 중공군의 공격을 받는다. '장'은 상당한 거리를 두고 동굴을 떠났지만 결국 '양'의 곁으로 와서 '한편'이라고 하면서 중공군을 향해 응사를 하다가 두 병사는 포개진 채 죽고 만다. "얽혀진 두 몸에서 뿜어 나오는 피와 피는 서로 엉기면서 희디 흰 눈 속으로 배어들어 갔다."[27]

대부분의 전쟁 소설이 기상적 배경으로 '겨울'을 설정하고 있음은 위의 「잔해」, 「유예」, 「전쟁」에서 본 것과 같으나 여기서는 '백의민족'의 상징성을 잘 나타내 보인 예로 충분하다. '양'+'장'='한국인'이라는 등식이 가능하다면 선우휘는 민족의 동질성과 이념의 문제를 구체적으로 제시한 작가라고 할 수 있다.

"정말 그들을 죽이고 싶네."
"예?"
"전쟁을 일으킨 놈들을 말이야."[28]

동굴 속에서 '장'은 잠꼬대(의식적으로 한 행동일지 모르지만)를 하면서 양의 목을 죈다. 일을 당하고 나서 '양'의 혼잣말이다. '전쟁을 일으킨 놈'들이란 '공산주의', '북괴'일 테지만, 우리 민족 자신들이 아니라는 안타까움을 진술하고 있는 것이다. 허약체질의 이념론이 전쟁을 불러들였고, 자생력의 부족으로 우리는 끝내 남의 힘에 의존하는 결과를 가져온 것이다. 그러면서도 전쟁은 끝장이 나지 않고 있다는 현실 속에

---

27   선우휘, 「단독강화」, 반공문학독본 참조
28   위의 책

서 우리는 또 다른 비극적 한을 받아들일 수밖에 없다.

> 「타율적으로 강요된 국토의 분단과 민족의 분열 이데올로기가 빚어내는 까닭 없는 증오. 그러나 어떤 계기가 주어지면 깊은 정서 속에서 서로를 이해할 수 있는 인간 원래의 연민의 정, 역사적인 운명의 끝없는 한(恨). 그러나 누가 뭐래도 결단코 우리는 피를 같이 하는 형제라는 것. 그러나 개인의 심정 차원의 '단독강화'는 어디까지나 한계가 있는 것으로서 냉엄한 역사적 상황 속에서 '전면강화'로 발전할 수 없었던 것. 그것을 통틀어 나는 작은 삽화로 아무렇지 않게 여겨 문학적으로 형식화하려 한 것이 단편「단독강화」이다.」[29]

'양'과 '장'의 동질적 이질성을 이데올로기에 두고 있다. 이것은 마치 월남인에게서 나타난 현실과도 흡사한 것이다. 월남전이 "이념〈민족〉"과 같은 것이었다면 우리는 "이념≧민족"을 추구하기 때문에 공산화를 극복할 수 있게 되었다. 선우휘의 정신적 뿌리는 '융화'와 '단합'의 정신이면서 이데올로기적 비판의 냉철함에 있다. '양'과 '장'의 타협에 앞서 '배반'을 지적하지만 '양심'에 입각한 '자유 선택'에 맡기고 있어 결국 자기동일성 identity을 찾고자 하는 민족적 고뇌라고 할 수 있을 것이다.

---

29 선우휘, 〈다시 읽어보는 나의 대표작〉, (조선일보, 1981.2.15)

겨누는 것은
분명히 적敵이라는데

적敵이 아니라
그것은 나다.

포탄砲彈은 날아가 터졌는데
적敵의 심장心臟을 뚫었다는데

죽은 놈도
자빠진 놈도

그것은 나다.

- 안장현 〈전쟁〉의 일부

'나'의 동질성은 이 시에서도 발견된다. '적'을 향해 쏜 포탄이 죽인 것은 '나'일 따름이다. '적=나'인 것이다. 이것은 곧 민족의 동일성, 피의 섞임이다. '자신'들을 향해 겨냥하고 쏘아 자신들의 파멸을 낳게 되는 '모순' 속에 내동댕이쳐 버린 현실은 곧 민족의 비극이라는 자기모순의 현실이라 하겠다.

유엔군이 제공해 주고 간 '먹이(시레이션)'와 '중공군'의 공격에서 이질적 동질인이 사살당하는 현실적 구조는 피해자의 한이며, 민족의 한, 그것일 따름이다. 이것은 현실 순응에만 그치지 않고 현실 고발적 의미를 제시해 준다. 우리는 문덕수의 시에서도 이를 발견하게 된다.

두 사람이 손을 잡는다.
손을 잡고 흔든다. 웃으며
그러다가 한동안 나란히 걸어간다.
앞서거니 뒤서거니 그렇게 걸어간다
그것은 강물이다. 바다다.
두 사람은 빙그레 웃는 듯 노려본다.
빛이 다른 옷을 갈아입는다.
휙 돌아서고
멈칫 물러서더니
주먹으로 맞붙어 치고받는다.
꽃처럼 난만한 상처
이윽고 서로 끌어안으며
뺨을 부빈다.
하늘은 맑고 냇물은 목을 굴린다.
두 사람은 냇가로 갈라선다.
냇물은 점점 벌어져
바다가 된다.
갈매기만 나는 세월이 흘렀다.

바다는 꽃송이처럼 오므라들었다.
두 사람은 물가에서 다시 만났다.

서로 손을 잡고 흔든다.
앉았다 일어섰다 춤을 추다가
다시 별 하나를 찾아 나서듯이
숲속의 나그네가 된다.

- 문덕수의 「만남」 전문

　이합의 아이러니는 끝내 '하나의 별'을 찾아 나서는 '나그네'가 되고 만다. 바로 '못 만남'의 비극이다. 선우휘는 이 '못 만남'의 메커니즘적 구조를 단순히 민족 내적인 시각에서 처리하려 하기보다는 민족 외적인 곳으로까지 확대하려 한다. '두 시체가 포개져 흘린 피가 희디흰 눈을 붉게 적시는' 결말은 충격적인 비유를 던져 주는 것이다. '중공군'에게서 사살된 '피해자'들은 '만남'(융합)의 성취와 동시에 '죽음'이라는 비극적 아이러니를 설정해 놓고 있다.
　위에서 본 여러 편의 소설들이 '죽음'과 '삶'의 문제를 두고 휴머니즘의 범주 속에서 쓰여졌다면 「단독강화」에서는 민족 분단의 이데올로기 문제를 확대 심화하였다는 데에서 작가 정신의 치열성을 찾아볼 수 있다. 그뿐만 아니라 한국전쟁 소설의 제약성을 어느 만큼 극복한 예라고 하겠다.

「다음 세 가지 점에서 6·25 콤플렉스는 우리에게 매우 미묘하고 난해한 특성을 갖는 것이다. 첫째는, 6·25의 궁극적인 책임은 어쩔 수 없이 한국인의 약소성으로 귀속시킬 수밖에 없지만, 그 구체적이고 현실적인 원인과 결과에서 한국인의 잘못을 추궁할 수 없다는 점이다. 한국전쟁이 한반도에서 한국인을 희생으로 이루어진 것이지만 그럼에도 한국인의 알리바이가 성립된다는 것은 이 전쟁의 지독한 역설을 이룬다. 그것은 한국인으로 말미암은 전쟁이었지만 한국인의 한국인을 위한 전쟁은 아니었다.

둘째로, 우리의 적이 바로 같은 한국인이라는 점이다. 이것은 식민지 콤플렉스의 근원이 일본이고, 그 때문에 일본에 관한 비판과 공격이 아무런 유보가 요청되지 않지만, 6·25의 그것은 이민족의 원조에 힘입어 우리 민족의 일부와 싸웠으며 그것도 엄격히 보자면 소수의 이념가들과의 전쟁이었고, 그들의 이념조차 외래의 것이었다는 데에서 이미 상정된 적의 개념을 매우 흐리게 만든다.

셋째로, 오늘의 우리에게 6·25 체제는 오히려 더욱 강화되고 있다는 점이다. 하나의 사건은 그것이 아무리 충격적일지라도 근 1세대의 시간이 흐르면 잊히게 마련이며 그 상처도 아물 것이 당연하다. 그러나 남북의 분단과 그것의 경직된 대립은 오히려 1950년대의 그것보다 더 심각해지고 34년의 시차에도 불구하고 6·25는 현존해 있는 것이다.」[30]

이러한 논의는 「단독강화」에서 보이는 바의 작가 정신과 같은 바퀴의 것이라 할 수 있다. 이와 같은 견해 때문에 우리의 전쟁 소설은 기

---

30   김병익, 〈6·25 콤플렉스와 그 극복〉「문학과지성」,22호,1975. 겨울호, p.930.

술상의 제약을 알게 모르게 받아 온 것도 반성해야 할 것이다. 미국의 남북전쟁이 있었다고는 하지만 민족 간의 자체 역량에 따라서 해결했다는 점과 월남의 타력에 따른 공산화 통일의 역사적 현실은 우리의 현실과는 매우 질이 다른 현실로 대조되고 있다.

III. 전후 소설의 특징

1. 인물의 유형 - 선인형

　대체로 소설에서 작중 인물은 이야기의 흥미를 끌기 위해서 주동 인물과 반항 인물, 즉 선인형과 악인형으로 설정한다. 고전 소설에서부터 현대 소설에 이르기까지 이런 방식으로 전개하고 있다. 갈등 구조는 선과 악의 대립에서 비롯한다.
　「전쟁」의 경우 '마케'와 '존스'는 서로 다른 전쟁관을 가지고 있는데 '마케'는 철저한 호전자임에 반해서 '존스'는 평화주의적 휴머니스트다. 호전형은 승전하기 위해 전쟁이 있는 것이며, 승전하려면 인간주의란 거추장스러운 것이라 한다. 휴머니스트인 '존스'는 양민을 살해하는 불합리에 반항하지만 '마케'의 신념을 꺾지 못하고 그는 전우의 총탄에 사살되고 만다. '선'이 '악'의 희생이 되는 경우라 하겠다.

「기습작전기」의 인물은 중대장 '대위'와 '신 상사'의 관계가 대립적인 위치가 아니라 조화 관계에 있는데, 이것은 「유예」와도 같은 인간형으로 설정한 때문에 치열한 극적 성과를 획득하지 못하고 있다. 다만 전투 상황에서의 긴장을 제공하면서 작중 인물들의 인간주의적인 고뇌와 자의식이 강하게 나타날 뿐이다. 이럴 경우, 작중 인물들은 전쟁 자체에 관한 회의나 무모함의 인식 때문에 박진감을 상실한 나약한 성격의 소유자로서 심리적인 의식 세계를 방황하기에 이르고 만다.

이런 점에서 「잔해」의 '김진호' 중위도 마찬가지다. 그런데 「단독강화」나 「귀환」에서는 신분적으로 '병사'들만을 설정한 것이 두드러진다. 그러나 인물들의 성격 면에서는 위의 소설들을 극복하지 못하고 있다.

사건 구성의 성과 면에서는 「귀환」을 들 수 있다. 사회적 모순에 저항하는 '경석'과 현실에 타협하는 '전무'의 대립과 일방통행식의 구애에서 '혜란'과의 삼각관계는 상당한 설득력을 획득하면서 리얼한 현실감각으로 흥미를 제공한다. 이때 독자들은 어느 한 인간형을 택하게 됨으로써 문학의 '오락성'과 '교시성'을 아울러 나눠 갖게 된다. 소설에서 인간형의 새로운 창조는 독자를 교화시키면서 재미를 덧붙이며 삶의 반성을 촉구하기에 이르고, 인생에 관한 성찰의 기회를 마련해 준다 하겠다.

이상에서 살펴보았듯이 우리의 소설에서 인물의 유형은 호전적 인물형보다는 인간주의적 인물형이 우세하다 할 것인바, '악인형'보다는 '선인형'이 많음을 알 수 있을 것이다.

2. 배경과 기상 조건 - 백의·고난

이육사의 시에서 「절정」에 나타난 바와 같이 '매운 계절', '북방', '서릿발' 등의 '차거움'의 이미지는 6·25 당시 1·4후퇴를 비롯해서 '겨울' 전투에서 수많은 적의 대공세를 받고 패배한 기록들은 위의 시와 같은 현상이라 하겠다. 소설에서 기상 조건의 31암시는 군작전에서의 예고성을 훨씬 뛰어넘는다. 현진건의 「운수 좋은 날」은 기상적 배경을 효과적으로 구사하고 있다.

「새침하게 흐린 품이 눈이 올 듯 하더니 눈은 아니 오고 얼다가
만 비가 추적추적 나리는 날이었다.」[31]

'눈'은 '행운(서광)'으로 볼 수 있다. 인력거군에게는 더없이 '희망'찬 출발을 알린다. 그러나 '진눈깨비 : 추적추적'은 '불행 : 액운'을 상징한다. 그날 돈을 많이 번 '행운'은 잡았지만 아내가 죽고 마는 '불행'을 당하게 된다. 결국 이야기는 「운수 나쁜 날」이 되고 만 것이다.

앞에서 보았듯이 '겨울', '눈'의 이미지는 다양하게 나타내지고 있으나 전쟁 소설에서는 고난, 장애, 불운, 악전고투, 죽음의 배경으로 설정하고 있다. N.프라이의 사계신화에서도 '봄'(탄생), '여름'(성장), '가을'(소멸), '겨울'(해체)[32]로 변화한다고 보고 있다. 「단독강화」는 '눈'과 '백의白衣'를 밀착시키고 있어 기상적 배경을 효과적으로 설정하고 있다.

---

31   현진건, 〈운수 좋은 날〉, 「신한국문학전집」 22, (서울 : 어문각, 1977), p.217.
32   N.프라이, 임철규 역, 「비평과 해부」, (서울 : 한길사, 1982). p.224.

이처럼 '겨울'의 이미지는 한국전쟁에서의 또 다른 의미를 지니고 있는 하나의 특성으로 볼 수 있을 것이다.

3. 구성의 기법 - 파노라마적 전개

    소설에서 구성은 이야기와 짜임새를 말한다. 인물의 갈등, 사건의 얽힘과 풀림, 스토리의 전개 방식, 긴장과 이완의 순서 등 구조적인 면을 들 수 있다. 이야기는 '되어지는 것'이 아니라 '하는 것'이라는 점에서 볼 때 '만들어야 하는 것'이기 때문에 작가(이야기꾼)의 기법을 배제할 수가 없다.

    여기서 독자는 「전쟁」의 짜임새가 소설치고는 극적인 장면이 좀 약하다고 할 것이며, 「기습작전기」는 전반부와는 달리 중반 이후가 지루하다는 느낌을 갖게 될 것이다. 「잔해」나 「유예」는 박진감보다는 의식의 변화에 너무 치우친 나머지 이렇다 할 극적인 요소가 부각되지 않은 채 고향 의식의 주제가 두드러지게 나타난다.

    그러나 「단독강화」나 「귀환」은 극적인 사건 전개와 함께 이야기의 진행에 있어 긴장과 박진감을 동반하고 있다. 「단독강화」의 구성은 공중에서 검은 물체가 낙하하는 장면을 시작으로 → 시레이션 탈취 → 동굴 속에서의 상호 신분 확인 → 야간의 격투 → 다음 날의 작별 → 중공군의 기습 → 사살 등의 위기와 긴장이 연속적으로 전개되면서 '양'과 '장'이 포개져 죽는 비극적 결말을 맺는다. 이른바 클라이맥스를 결말과 동시에 설정하고 있다.

「귀환」은 12개 장면이 전방의 상황과 부산의 후방 생활의 수난이 동시적으로 교차하면서 이야기가 전개된다. 극적 전개가 동시적으로 이루어짐으로써 독자의 긴장을 고도로 끌어올리며 사건을 진행시켜 나간다. 사건 진행의 속도감과 '경석'과 '혜란'을 만나지 못하게 하고 인간의 '귀소 본능'을 강조하면서 상상적 결말을 맺게 하는 파노라마적 수법이 특이하다. 그러면서도 작가는 현실적 모순의 고발과 휴머니티, 한국적 비극성을 놓치지 않고 있는 것이다. 따라서 김성환의 구성 기법은 전쟁 소재의 처리에 독특한 수법을 시도하면서 전쟁 상황의 전개 방식을 극도로 긴장시키는 강점을 내보이고 있다.

4. 작가 정신 - 휴머니즘·이념 문제

작가 정신은 소설의 주제나 소재에 밀착되어 있다. 대개 50년대의 소설은 시대적 상황으로 보아 전쟁과 관련한 생존의 문제가 두드러진다. 따라서 전쟁으로 말미암은 비인간적인 메커니즘적 구조 위에 소설이 쓰여짐은 당연하다 하겠다. 그러나 전쟁의 배경이나 전쟁 소재의 유무로써만 50년대를 특징할 수는 없다.

「6·25를 다만 하나의 현실적, 횡적 단면으로 볼 것이 아니다. 또 진정한 역사의식 인간 의식이 없이는 6·25는 하나의 처절한 골육상쟁의 전쟁에 지나지 않을 것이다.」[33]

「전쟁 행위의 현상을 인정하더라도 민족에 대한 원천적인 애정과 일체감의 환기와 동족끼리의 피 튀는 죽음에 대한 비극성이 고뇌의 응어리를 이루어야 할 것이다.」[34]

「전쟁은 어떤 행위의 전쟁이든 이념의 싸움이다. 따라서 이념을 분명히 하는 것은 전쟁 소설의 정석이다. 이념이 성립되지 않을 때 그 전쟁은 맹목적이 되는 것이다. 아직 이념을 밝힌 전쟁 소설은 우리의 소설에서 찾을 수 없다. 도리어 이념을 죽이고 있는 게 대부분의 한국전쟁 소설이다.」[35]

위의 견해들은 '역사의식', '민족애', '이념'이 투철해야 함을 강조하고 있다. 「단독강화」의 경우 앞에서 언급했던 다른 소설보다 민족의 동질성과 이념의 문제를 무리 없이 다루고 있음을 본다. 「유예」에서도 소대장의 고뇌는 곧 이념의 문제로 '인간기계'에 관한 철저한 저항을 하면서 인간의 고뇌와 싸운다. 선우휘가 민족애의 포용성을 나타내 보인 것은 역사의식의 문제에서 비롯된 것이라 보여진다.

오상원 이념적 저항은 인간의 존재 양식에 초점을 둔 전쟁의 모순

---

33 이헌구,「모색의 도정」, (서울:정음사, 1960), p.209.
34 구중서,「분단 시대의 문학」, (서울:전예원, 1981), p.75.
35 임헌영, 〈전쟁속의 인간상〉,「월간문학」, 제12호, 1969.10. p.233.

을 제시했다고 할 수 있다. 동일 민족이기 전에 이념적 이질성의 증오와 혐오를 앞세운 인간주의적 정의를 내보인 것이다.

그런데 50년대 소설의 전반적인 특징은 어느 면에서 한국인의 전통 의식 내지는 인간의 근원적인 생명 의식에 바탕하고 있는 듯하다. 그것은 현실적 삶의 문제보다도 삶의 근원적인 데 있는 것으로써 인간이 태어난 곳으로 회귀하려는 성향이 두드러지게 나타나고 있다는 점이다. 따라서 한국인의 '온정' 즉, '따스함'의 여성적 모태를 희구하기에 이른 것이다. 이 점에서 전통 의식의 끊임없는 흐름은 곧장 휴머니즘의 성격으로 나타나고 있음을 눈여겨볼 필요가 있다.

IV. 결론

　　50년대의 역사 인식은 문학에서 뿐만이 아니고 문화의 전체적인 면에서 이루어져야 할 것이다. 전쟁의 시대라는 단순한 사건 논리가 아닌 역사적 의미에서 파악되어야 한다. 그 이유는 20년대 후기의 문화 내지는 문학적 양성면에서 프로문학의 대두, 40년대 초기의 이데올로기 문학의 재등장을 주의 깊게 살펴보면 우리의 자생적 능력의 부족에서 비롯됨을 알게 한다. 40년대의 약점은 다시 50년대에 와서 노정되었음을 볼 때 역사가 시사하는 바가 크다.

　　아직 미해결의 분단문학이라는 관점에서 보면 작가 의식의 소극성을 지적할 수 있지만, 전란을 체험함으로써 우리의 소설은 발전의 계기를 맞이하게 된 것이라 믿는다. 문학에서 다루어야 할 인간성의 문제, 역사의식, 민족의식의 문제, 이념 문제, 전쟁의 비참상 등 일단은 두루 모색되어 온 셈이다. 그러면서도 문학적 영역의 확대와 두께를 더해가야 한다는 점이 과제로 남는 동시에 50년대 문학의 심화와 기법의 문제는 당연한 요구로 받아들여져야 할 것이다.

4 북한문학의 실상과 민족의 화합

- Ⅰ 문제 제기
- Ⅱ 북한문학의 변천 과정
  - 1. 혼란기의 문학
  - 2. 진행기 문학
  - 3. 확정기 문학
- Ⅲ 북한의 문예 정책
  - 1. 문예 정책의 기조
  - 2. 특성
  - 3. 문학단체 (문학예술총동맹)
- Ⅳ 북한문학의 실상
- Ⅴ 민족 화합을 위한 제언

I. 문제 제기

　우리 민족의 분단 체제는 반세기를 거쳐 오면서도 여전히 적대적 대립 구도에서 벗어나지 못하고 단절과 이질화 현상을 심화시키고 있다. 분단 극복이 곧 민족 재통합이라는 명제는 민족사적 과제로 남겨둔 채 남과 북은 아직 민족 문화의 총체성 회복을 위한 실마리를 마련하지 못하고 있는 것이다. 표면적으로는 양 체제가 민족 화해, 민족 통일을 강조해 왔으나, 반세기에 걸쳐 지배해 온 냉전 논리는 쉽사리 무너뜨릴 수 없는 모순을 안고 있다.
　한국문학이 해방 이후 거둔 성과나 우리 사회의 정신적 지표를 제시해 왔다고는 하지만 이것만으로 만족할 수는 없다. 민족과 국토 분단이라는 비극적 상황을 극복하고 통일문학의 실천적 접근이 있어야 한다. 이것이 북한문학을 논의하고자 하는 이유가 될 것이다.

80년대 후반 북한문학 자료의 해금 조치가 있은 후, 북한문학 연구는 제한된 자료와 정보 가운데서도 전후 세대 연구자들에게서 상당한 연구 성과를 거두고 있다. 그러나 오늘에 이르기까지 그간의 논의는 학문 외적 냉전 논리나 안보적 요인이 작용했던 조건 때문에 북한문학을 깊이 이해하는 데는 장애 요소가 되었던 점도 부정할 수 없다. 그뿐만 아니라 북한을 이해한다고 해도 사회주의 체제라는 대립적 인식이 크게 지배하여 도식적으로 선험적 테두리 안에서만 이해하려는 소극적 태도에 머물러 있지 않았나 생각된다.

　　오늘의 분단문학이 민족 화해를 통하여 미래의 통일문학으로 나가기 위해서는 단순히 '민족공동체'라는 정서적인 이해의 방식으로 접근할 수만은 없다. 한국 근대 민족 문학기 이후 남북문학이 걸어온 역사적 인식의 토대 위에서 민족사적 중심축을 기초로 남북한 사회의 변화와 특수성을 인정하면서 탈냉전의 시각으로 접근해야 할 것이다.

　　한국 민족문학은 일제 침략의 이전 시기까지는 남북이 공통 인자를 공유하고 있었다는 전제를 소홀히 해서는 안 될 것이다. 오늘의 북한문학이 어떻게 변화되었다 하더라도 한민족 본래의 삶의 양식이 침전되어 있는 만큼 민족 동질성을 찾아내는 노력이 요구되는 것이다.

　　우리의 현실은 북한 사회를 잘 알고 있는 듯하지만 그렇지 못하다. 민족 통일을 갈망하면서도 쉽사리 대안을 마련하지 못하고 있다. 독일의 통일이 그랬듯이 민족 통일을 준비하는 과정이 보다 성숙하고 사려 깊게 북한을 이해하고 구체적인 접근 방법이 모색되어야 할 것이다.

II. 북한문학의 변천 과정

　　북한문학은 북한 사회의 정치적, 사회적 변동에 따라 시대 구분을 하고 있다. 〈조선문학통사〉 머리말에서 역사주의 원칙에 입각하여 열렬한 애국주의, 풍부한 인민성, 높은 인도주의의 전통을 밝히면서 특히 해방 후의 조선노동당의 정확한 문예 정책에 다른 특성을 명확히 천명하려는 지향으로 일관하였다. 그리고 해당 시기에 기여한 대표 작가의 문학사적 공적을 밝히려고도 노력했으며, 문학사를 집체적으로 서술한 첫 시도라고 적고 있다. 이 문학사의 시대 구분은 다음과 같다.[1]

1　「조선문학통사」, 평양, 사회과학원, 언어문학 연구소, 1959, pp. 6~7, p. 186.

① 해방 후 문학-평화적 건설 시기(1945~1950)
② 조국 해방 전쟁 시기(1950~1953)
③ 전후 사회주의 건설 시기(1953~)

　　북한문학사의 시대 구분은 홍기삼, 윤재근·박상천 등에 의해 검토된 바 있다. 변천 과정을 연대별로 관련시켜 보면 ①혼란기(1945. 8~1953. 7), ②진행기(1953. 7~1967), ③확정기(1967~현재) 등의 세 시기로 진행되었다.[2] 혼란기의 문학은 다시 「평화적 건설 시기」의 문학(1945. 8~1950. 6)과 「위대한 조국 해방 전쟁 시기」의 문학(1950. 6~1953. 7)으로 나누어지며, 진행기의 문학은 「전후 복구 건설과 사회주의 기초 건설을 위한 투쟁 시기」 문학(1953. 7~1960)과 「사회주의 전면적 건설을 다그치기 위한 투쟁 시기」 문학(1953. 7~1967)으로 구분된다. 확정기 문학은 당의 유일사상 체계를 더욱 철저히 세우며 사회주의의 완전 승리, 온 사회의 주체사상화를 앞당기기 위한 투쟁 시기 문학이 된다. (1967~현재) 이러한 구분은 북한에서의 문학예술이 북한 사회의 내부 변화 과정과 밀접한 관계를 맺고 있기 때문이다.

2　홍기삼, 「북한의 문예이론」 (평민사, 1981 pp. 22)에서는 5개기로 시대구분을 하고 윤재근·박상천, 「북한의 현대문학Ⅱ」 (고려원, 1990 pp. 141~143)에서는 4개기로 나누어 기술하고 있다. 여기서는 「북한의 현대문학Ⅱ」의 시대구분을 따랐다.

1. 혼란기의 문학

해방이 되자, 서울에서는 카프KAPF 출신 작가들로부터 「조선문학건설중앙협의회」가 구성이 되었다. 림화를 중심으로 리기영, 한설야, 리원조, 리태준, 송영 등이었으나, 자체 내분으로 한설야, 리기영 등은 「프롤레타리아문학동맹」이라는 조직을 새로이 결성하였다. 그러나 림화를 중심으로 하는 세력이 박헌영의 지지에 힘입어 주도권을 잡게 되었으며, 1945년 12월에는 「조선문학동맹」을 발족시켜 좌익계 문단의 폭넓은 지지를 획득하였다. 「조선문학동맹」은 1946년 2월 대규모의 「조선문학자대회」를 개최하여 세력을 강화해 나가기 시작하였다. 그러나 1946년 5월 남로당 사건으로 「조선문학가동맹」에도 영향을 미쳐 많은 문학가가 월북하게 되었으며 월북한 주요 문인들은 림화, 한설야, 리기영, 리태준, 리원조, 림학수, 송영 등이다.

같은 시기 평양에서는 좌익 예술단체로 「평남 프롤레타리아예술동맹」이 결성되었으며 고일환, 한재덕 등이 중심이 되어 활약하였다. 「평남 프롤레타리아예술동맹」은 김일성의 후원으로 1946년 3월 「북조선문학예술총동맹」으로 새롭게 발족하였다. 「북조선문학예술총동맹」은 산하단체로 「문학가동맹」등 7개 분과를 두었으며 총동맹의 위원장은 리기영, 부위원장은 안막이었다. 따라서 북한의 해방 이후의 문학은 카프 계열의 문인들이 주도권을 장악하였다. 그러나 당시 북한의 문단은 리기영, 한설야 등과 림화계열 문인들과의 치열한 문단 주도권 다툼이 진행되고 있었으며, 이는 6·25 전쟁이 끝난 후 표면화되었다.

1947년 9월 조선노동당은 「북조선문학예술총동맹」의 사업을 검열하고 문학에 관한 당의 방침을 설정하였다. 즉, 1947년 9월에야 비로소 당은 사회주의적 사실주의를 북한에서의 유일한 문학관으로 제창하였다. 첫째, 작가는 인간의 의지를 개조하는 기사다. 둘째, 문학의 교양적 역할 강조, 셋째, 문학은 과거제도의 부패성을 폭로할 것, 넷째, 현실에 기초하여 현실을 예술화할 것, 그리고 마지막으로 사회주의적 사실주의가 유일한 창작 방법임 등이다.[3] 이러한 사실을 통해서 볼 때 해방 직후의 북한문학은 아직 혼란기를 벗어나지 못하였고, 사회주의 문학관이 뿌리내리지 못하였다 하겠다.

이 시기의 북한문학은 그 소재나 주제에서 김일성 찬양, 사회 제도의 변화찬양, 노동의 중요성 찬양, 조·소 친선 등을 주로 다루고 있다.[4] 대표작을 살펴보면 리기영의 소설 「땅」(1947), 한설야의 「마을사람들」(1946), 황건의 「산곡」(1947) 등을 들 수 있다. 이들 작품의 주제는 북한에서의 토지 개혁의 정당성과 변화된 사회 체제에 관한 것이다. 즉, 북한문학의 계급적 사상과 투쟁성을 잘 드러내 주는 작품이라 할 수 있다. 노동과 노동계급을 찬양한 작품으로는 황건의 「탄맥」, 한설야의 「탄갱촌」, 리북명의 「노동일가」 등이 있다. 한설야는 「혈로」, 「개선」 등을 통해 김일성의 항일유격투쟁을 다루었다. 조기천의 장편 서사시 「백두산」을 통해 보천보전투를 소재로 김일성의 절대성을 그리고 있다.

---

3 「조선문학통사」, pp. 192~193.
4 윤재근·박상천, 「북한의 현대문학Ⅱ」, 서울 고려원, 1990, p. 186.

1952년 12월 당 중앙위원회 제5차 전원회의에서 반종파 투쟁의 문제가 제기되어 남로당계의 박헌영, 리승엽 등이 숙청되고 림화, 리태준 등의 카프 계열 문인들에게도 숙청이 뒤따랐다. 이들 카프 계열 문인들은 그들의 작품에 극단주의적 개인 사상, 부르주아의 타락과 색정주의, 패배주의 등이 들어 있다는 비판과 함께 문단에서 축출한 것이다.

   조국해방전쟁 시기의 북한문학은 첫째, 사상성의 강화를 통한 문학의 체제 선전 수단으로서의 역할이 강조되기 시작하였으며, 둘째, 애국심, 투쟁성, 민족적 자부심 등을 강조하여 전투 의식을 고취하였다. 이 시기 소설의 특성은 종군 작가들로 말미암은 실화문학이 많이 나타났으며, 정론이 새롭게 나타나 문학의 장르에 편입되었다.[5] 이 시기 실화문학으로 대표적인 것은 황건의 「암흑의 밤은 밝았다」(1950), 리동규의 「해방된 서울」(1950) 등이며, 정론으로는 백인준의 「아이젠하워의 발작」 등이 있다. 전쟁이 치열해짐에 따라 인민군의 전투를 소재로 한 작품들이 늘어났는데, 대표적인 작품으로는 황건의 「불타는 섬」(1952), 천세봉의 「고향의 아들」(1952) 등을 들 수 있다.

   또한 이 시기의 소설 문학의 주제의 하나는 미 제국주의에 관한 투쟁이다. 한설야의 「승냥이」(1951), 리북명의 「악마」(1951) 등이 대표작이라 할 수 있다. 시 문학의 경우도 소설과 같은 주제에 따라 작품 활동이 활발히 이루어졌는데, 특히 백인준의 「얼굴을 붉히라 아메리카여」,

---

5   정론이란 사회정치적인 문제, 위대한 역사적 사변들을 예술적인 형식으로 쓴 필자의 주장이 명백하고 선동성과 호소성이 강한 글을 말한다. 「문학예술사전」(1972), p. 621.

김상오의 「증오의 불길로써」 등은 극단적 배미 감정을 표출하고 있으며, 백인준은 「크나큰 그 이름 불러」를 통해 김일성의 40회 생일을 찬양하고 있는 등 당시의 문학 경향은 극단적이며 절대화하는 경향을 보인다.

2. 진행기 문학

전후 북한은 연안파, 소련파, 남로당파 등의 숙청을 통해 김일성의 위치를 더욱 공고히 하고 「천리마 운동」 등 인민 경제복구 발전에 매진하였다. 이 시기에 열린 「전국작가예술가대회」(1953. 9)는 처음으로 사회주의적 사실주의의 방법으로서의 「전형화」의 문제를 거론하였으며, 전형화를 위하여 작가들이 근로인민의 생활과 사업 속으로 들어갈 것을 논의하였다. 또한 반동적 문학 조류를 청산하고 항일혁명 문학의 유산을 계승하는 문제, 도식성과 무갈등주의를 극복하는 문제, 그리고 고전과 문화유산을 계승하는 문제들이 논의되었다.

한편 작가들의 사상 개조 문제가 본격적으로 대두되기 시작하면서 북한 문학의 본질이라 할 수 있는 당성, 인민성, 계급성이 이때 처음 논의된 것으로 보인다.[6] 이러한 「기초건설 시기」의 문학적 특징은 첫째, 김일성의 지위가 확고해짐에 따라 그를 찬양하는 작품들이 대거 출현하였으며, 둘째, 조국 통일을 주제로 한 작품, 셋째, 전후 복구 건설을 주제로 한 작품, 넷째, 새로운 세대의 작가들이 등장하였다는 점 등이다.

---

6 윤재근·박상천, 「북한의 현대문학Ⅱ」, p. 247.

구체적으로 보면 시 문학에는 김북원의 「춘경 이야기」 등 농업의 협동화를 찬양하는 작품 안용만의 「당의 부름을 들으며」, 노동의 현장을 노래한 작품 민병균의 「조선의 노래」 등 장편 서사시가 새롭게 등장하였으며, 김일성을 찬양하는 작품들이 조벽암의 「광장에서」, 원종소의 「김일성 원수께 드리는 노래」 등과 같은 작품들이 발표되었다. 소설의 경우도 예외는 아니어서 노동자들의 노력 투쟁을 표현한 윤세중의 「시련 속에서」(1957), 리북명의 「새날」(1954) 등과, 김일성을 찬양한 리기영의 「두만강」, 송영의 「백두산은 어데서나 보인다」 등이 있다.

1960년대 「전면적 건설 시기」의 문학은 「기초건설 시기」와 크게 다르지 않으나, 이 시기의 문학작품은 전 시기보다 대형화되는 경향을 보인다. 시 문학의 경우 박세영의 「밀림의 력사」와 같은 김일성을 찬양하는 장편 서사시들이 발표되었으며, 천리마의 시대정신을 반영하는 작품들이 주조를 이룬다. 소설에서도 장편이 많이 창작되었다. 이 시기의 소설들로 역시 천리마의 현실을 반영한 작품들과 조국 해방 전쟁과 항일문학 투쟁을 그린 작품들이 주조를 이루었다. 김홍무의 「회답」, 현희균의 「청춘의 고향」, 석윤기의 「시대의 탄생」, 정창윤의 「포성」 등이 대표적인 작품이다.

3. 확정기 문학

북한의 문학은 1967년을 기점으로 유일사상 체계가 확립된다.

1967년 이전이 마르크스-레닌주의를 표방하고 있다면, 그 후의 문학은 주체 문학에 닿아 있다. 또한 1967년 이전까지는 카프 문학이 핵심적인 전통으로 받아들여진 반면, 그 후에는 항일혁명 문학이 유일한 혁명적 전통으로 자리 잡게 된다.[7] 즉, 주체의 문학이 북한문학 전체를 규정하게 된 것이다.

유일사상 체계의 확립과 더불어 이루어진 북한문학의 주요 변화는 첫째, 김일성의 혁명 전통을 중심으로 수령의 형상을 창조하는 것이다. 이러한 작업은 개인적으로도 이루어졌지만 4·15창작단에 의해 집체작 「불멸의 력사」 총서가 이를 대표한다. 즉, 이 시기에 와서 집체창작이 본격적으로 활성화되었다. 둘째, 이 시기의 북한문학에 일어난 변화는 과거 항일무장투쟁 시기에 창작된 항일혁명 문학을 새롭게 개작하는 작업이다. 「피바다」, 「한 자위단원의 운명」 등을 영화, 소설로 옮기는 작업을 비롯하여 여러 가지 작업이 진행되었다. 셋째, 이 시기에 이르러 문예 분야에서 김정일의 활동이 주목을 받기 시작했다는 것이다. 김정일은 4·15창작단 등 여러 창작단을 조직하여 당시 북한문학의 새로운 흐름을 주도하였다.

이 시기 북한 시문학의 특징은 김일성 찬양의 시와 함께 전에 없었던 김정일 찬양, 김일성 가계 찬양의 시들이 많이 집필되었으며, 또한 많은 시가 작곡되어 노래로 불리어졌다. 집체작 「수령님의 만수무강 축

---

7 김재용, 「북한 문학의 역사적 이해」 (서울:문학과 지성사, 1994). p. 125.

원합니다」와 같은 김일성에게 변함없는 충성을 맹세하는 시, 그리고 김일성과 김정일을 대등하게 찬양하는 김철의 「백두의 새날」 등이 대표작으로 꼽힌다. 소설로는 앞서 언급한 「불멸의 력사」 총서 이외에 김일성 일가의 혁명적 전통을 강조하는 작품들, 특히 김정일을 찬양하는 작품이 발표되었다.[8]

---

8 김정일을 찬양하는 작품으로는 이종렬의 '고요', 석윤기의 '기억'등이 있다. 윤재근·박상천, 「북한의 현대문학Ⅱ」, p.314 참조.

Ⅲ. 북한의 문예 정책

1. 문예 정책의 기조

　북한 문예 정책의 기본 노선을 한마디로 말하자면 모든 문학·예술로 하여금 당 정책의 구현 및 선전 찬양, 김일성·김정일 부자 우상화, 공산주의적 인간 개조, 정치사상 교양, 노력 동원 및 노동 의욕 제고 등에 이바지하게 하는 것이다.

　이는 북한이 문학예술을 '근로자들을 공산주의적으로 교양하며, 온 사회를 혁명화, 로동 계급화하는 데, 복무하는 수단'으로 삼고 있다며 그 기본 정책 방향으로 "사회주의적 문학의 전면적 개화 발전과 문화 혁명의 철저한 수행"이라는 대전제하에 '사회주의적 경향을 반대하며, 민족문화 유산을 보호하고, 사회주의적 내용은 당이 주체적이며 혁명적인 문학예술로 발전시킨다."라고 규정하고 있기 때문이다.

이러한 정책 방향으로 말미암아 북한의 문학예술은 사회주의적 사실주의에 입각한 창작 방법이 주류를 이루고 있으며, 당성, 계급성, 인민성의 구현을 강조하여 당의 노선과 정책에 철저히 의거, 창작됨으로써 순수 예술성이 말살되고 목적 지향적인 경향으로 되어 있다. 그 때문에 일반적으로 순수 예술적 가치면에서는 보잘것없지만, 주민을 선동하고 계몽하는 수단으로써의 역할에서는 커다란 효과를 보고 있는 것이다.

2. 특성

북한 문예 정책의 기본 특성인 사회주의적 사실주의, 당성의 원칙, 계급성의 원칙, 인민성의 원칙을 구체적으로 보면 다음과 같다.

① 사회주의적 사실주의

지난 1932년 소련 공산당 중앙 위원회에서 제창된 후 1934년에 있었던 '제1차 전국 노동자 작가 동맹 모임' 및 기타 모임에서 공식적으로 채택되어 공산주의 문학예술의 기본 원리로 되고 있다. 이것은 마르크스·레닌주의의 프롤레타리아 예술관을 이론적 기초로 하여 생활의 본질과 영웅적 인물 등을 묘사하는 것으로 일관되어 있으며, 작품 구성은 '혁명적 낙관주의'나 '집단적 영웅주의'가 주류를 이루고 있다. 또한, 테마 전개는 긍정적 상황과 구체적 사실만을 묘사하며, 주인공으로 노동자, 농민, 사무원, 교원, 인민군 등을 주로 등장시키고 있다.

② 당성의 원칙

당의 노선과 정책에 입각하여 작품의 소재를 선택하고, 사회 발전과 생활의 본질을 당의 정책과 관련해서 묘사해야 한다는 것이 원칙이다. 이 원칙과 관련해서 김일성은 "우리 문학예술은 절대로 혁명의 리익과 당의 노선을 떠나서는 안 되며, 착취 계급의 취미와 비위에 맞는 요소를 허용해서도 안 된다. 오직 당의 노선과 정책을 철저하게 의거한 혁명적 문학예술만이 진정으로 인민대중의 사랑을 받을 수 있으며, 근로대중을 공산주의적 혁명정신으로 교양하는 당의 힘 있는 무기로 될 수 있다"라고 지적함으로써 문학예술의 창작 방향과 내용을 엄격히 한정하였다.

③ 계급성의 원칙

북한은 문학예술을 계급 투쟁의 무기이며, 동시에 근로대중에 관한 계급 교양의 수단으로 삼고 있기 때문에 이를 위해 문예는 노동자 계급의 역사적 산물로써, 역사적 과업에 복무함을 사명으로 할 것을 강조하고 있다. 또한, 작가와 예술가로 하여금 문예의 계급성을 인정하고, 당의 계급 노선을 체득할 것을 요구하고 있다.

이 계급성 원칙 강조의 배경은 사회주의·공산주의를 위한 노동 계급혁명 투쟁의 모든 과정이 제국주의를 반대하는 계급 투쟁을 동반한다는 것을 의미하며, 이를 문학 작품에 철저히 반영, 대중의 계급 교양의 수단으로 삼고 있는 것이다.

④ 인민성의 원칙

인민을 형상화하고 인민에게 쉽게 이해되며, 인민의 이익과 요구에 순응해서 인민대중의 것으로 발전시켜야 하고, 인민대중에게 사랑받고 친근해져서 인민이 혁명과 건설에 앞장설 수 있도록 해야 한다는 것이 원칙이다. 따라서, 작품의 소재 선택과 주인공 설정에서도 인민을 대상으로 하고 있으며, 내용에 있어서도 인민의 생활과 관련된 사실들을 묘사함으로써 이를 반영할 것을 강조하고 있다.

이외에, 북한 문예 정책의 특징으로는 사회주의 민족 문화의 전면적 개화 발전을 위한다는 민족적 특성과 형식을 비판적으로 발전시킨다는 명목을 전제하고 있다. 그래서 허무주의 및 복고주의 배척, 그리고 생존해 있는 사람의 사상 및 감정, 생활을 통해 인민의 숭고한 애국심을 구체적이고도 심오하게 형상화함으로써 혁명과 사회주의, 공산주의에 자부심을 갖도록 해야 한다는 '사회주의 애국주의' 등이 있다.

이러한 북한 문예 정책의 특징들은 곧 문예인들의 창작 활동 원칙이기도 하다. 이에 따라, 작품의 소재도 계급성과 혁명성을 띤 사회주의적 내용 및 김일성과 당에 충직한 영웅적 인물 묘사로 획일화되지 않을 수 없다. 작품의 내용 역시 김일성 우상화물, 당 정책 선전과 혁명 전통물, 경제 건설 선동물, 남한 혁명과 조국 통일물 등 정형화되어 있다.

이 결과로 북한의 문학이 여타의 문예 분야와 마찬가지로 순수 예술의 의미와는 거리가 먼 당 정책 선전 및 사상 개조의 도구로 전락한 것이다. 이것은 다시 1970년대에 들어와 선전되고 있는 이른바 〈종자론〉과 〈주체 문예 이론〉에서 더욱 현저해졌다.

⑤ 주체 문예 이론

두말할 것도 없이 김일성주의의 핵을 이루는 〈주체사상〉에 기초한 문예 이론이다. 북한의 문예 이론지는 이 이론을 '혁명과 건설에서 나온 모든 주제를 자기 인민의 이익과 자기 나라의 실정에 맞게 자체의 힘으로 풀어 나간다. 이것은 주체사상의 요구를 구현하면서 복무하는 인민적이고도 혁명적인 문학예술로 발전시켜 나갈 방향과 방도'라고 밝히고 있다.

그리고 이 방향과 방도의 핵심은 모든 문예 작품을 '당의 유일한 지도사상인 수령의 혁명 사상과 그 구현인 당의 노선과 정책이 정확하게 반영되도록 할 것'을 요구하고 있다. 이로부터 이 이론은 김일성주의를 체현한 '공산주의자의 절대적인 전형'으로써의 김일성을 직접 형상화해야 할 과제를 제기하여 이른바 '수령 형상 문학'이 강조되는 것이다.

오늘날 북한의 문예 작품이 김일성과 당의 위대성을 부각하는 데 중점을 두는 방향으로 도식화되고 있는 이유는 바로 〈종자론〉과 〈주체 문예 이론〉에 입각한 데서 연유한 것이다.

⑥ 종자론

북한의 문학예술 사전에는 "작품의 창작 과정에서 김일성의 혁명 사상과 주체사상 및 당의 노선과 정책에 기초하여, 대중의 창조적 지혜를 동원하고, 김일성을 향한 충실성이 구현될 수 있는 범주 내에서 주제, 사상, 소재를 발견하고 파악하는 것이 사상적 핵심이다."라고 규정하고 있다.

여기서 종자-씨앗·핵-란 문학예술 작품에서 주제 및 소재를 결정하는 요소가 되는 중심 사상을 의미하며, 또한 사상이란 〈김일성 혁명사상〉·〈주체사상〉·〈당 정책과 노선〉 및 김일성을 향한 충성심을 말한다. 북한의 모든 문예 작품에는 반드시 이 이론이 적용되어 있다.

3. 문학단체 (문학예술총동맹)

① 성격

북한의 문학예술 단체는 당의 정책과 떼어놓고 생각할 수 없다. 앞에서 본 기본 노선과 특성 이외에도 북한에서는 문학예술 작품, 체제 선전·선동의 가장 기본적으로 강력한 무기로 규정되어, 창작 및 공연 활동에 있어서 철저하게 통제·감시되고 있기 때문이다. 따라서, 북한에서는 당의 외곽에 문학·예술인들을 통제·감독하는 기구가 필연적으로 등장할 수밖에 없다. 그것이 바로 '조선문학예술총동맹'이다.[9]

이 문예총은 해방 이듬해인 지난 46년 3월에 조직된 '북조선 문학예술가 동맹'을 모태로 하고 있으며, 현재의 이름으로 발족된 것은 61년 3월이다. 조직은 중앙 위원회와 산하 7개 단체로 구성되어 있는데, 중앙 위원회는 다시 위원장 1명과 부위원장 4명, 그리고 당에서 파견된 지도원 1명으로 짜여져 있다. 초대 위원장은 한설야였으며, 그 뒤 이기영을

---

9 「혁명전통의 부산물」, 한국 비평 문학회, 1989.

거쳐 현재는 백인준이 맡았다.

　현재 4명의 부위원장은 최영화·신진순·이면상·조영출 등인데, 최영화는 북한 문예계의 제2인자로 꼽히고 있으며 이면상은 간판 작곡가이다. 또한, 신진순은 대표적인 여류 시인이며, 월북 문인의 조영출은 김일성 찬양물 전문 시인으로 주로 활동하고 있다.

② 구성

　산하 7개 단체는 작가 동맹·음악가 동맹·미술가 동맹·연극인 동맹·무용가 동맹·영화인 동맹·사진가 동맹을 말하는데, 각 동맹은 다시 적게는 2개, 많게는 10개까지 산하에 분과 위원회를 두고 있다.

　각 단체의 주요 인물을 보면 '작가 동맹'의 위원장은 석윤기가 맡아왔으나, 89년 4월 28일 사망하여 현재는 공석으로 있고, 부위원장은 김병훈·강능수·이맥·강효순 등 9명이, 그리고 서기장은 이인직이 맡고 있다. (〈도〉 참조.)

③ 임무

▲ 당의 노선과 정책 관철을 위한 문학예술 토의 문제 창작성 결정 및 지도

　◆ 작품 검열 항목
　　①당의 노선 및 정책의 적절한 반영 여부
　　②사회주의적 사실주의 창작 방법의 적용 여부
　　③국가 기밀 및 군사 비밀 노출 여부
　　④사회 제도의 부정적 측면 묘사 여부

⑤ 자본주의적 사상 요소 묘사 여부
⑥ 대중의 공산주의 교양에의 기여 여부
⑦ 전투성, 혁명성, 교양성의 적절성 여부
⑧ 예술성의 존재 여부
⑨ 단어 및 어휘의 정확성 여부
▲ 작가 예술인들에 대한 교양 실시
▲ 문학예술의 대중적 발전

④ 기능
▲ 작가·예술인에게 당의 문예 정책을 홍보, 이의 관철을 위한 지도와 통제 사업
▲ 작가·예술인들의 창작 사업을 지도
▲ 문예계의 등용 및 축출 등을 결정(이 같은 임무와 기능은 대체로 산하의 각 단체에도 그대로 적용되어 있다)

⑤ 조선작가동맹의 활동

조선작가동맹은 1953. 9. 28 창립되었다. 각 도별로 지부를 두고 있다. 문학신문과 조선문학, 청년문학, 아동문학, 현대문학, 시문학, 극문학, 외국문학, 고전문학 등 8종의 잡지를 발행하고 있다.

<도> 조선문학예술총동맹

*주 : 각 동맹 산하에는 분과위원회가 있으며, 각 도에는 총동맹 지부와 부문별 동맹 지부가 있다.
*출처 : 『문학예술사전』 (1972, P.698.)

IV. 북한문학의 실상

사회주의적 사실주의의 당성·노동계급성·인민성을 기본 요건으로 하는 북한의 문학은 주민들에게 '혁명적 낙관주의'와 '집단주의적 영웅주의'를 심어주고, 혁명 발전의 단계에 맞게 '당원들과 근로자들을 당의 유일사상으로 무장시키며, 온 사회의 혁명화, 로동계급화에 이바지'하는 작품을 창작하도록 요구받는다.

주체 문예 이론이 대두된 1967년 이후 북한문학계의 가장 큰 특징으로는 '당의 유일사상 체계를 더욱 철저히 세우며 온 사회를 주체사상화하기 위한 투쟁이 심화되는 현실적 요구를 반영'하여 '수령형상창조'문제를 해결한 것이다. '수령형상문학'이라 지칭되는 일련의 작품들은 김일성의 위대성을 초인적인 모습으로 묘사하고 있는데, 그 대표작이 총서『불멸의 력사』해방 전편 전 15권의 완성이다. 이『불멸의 력사』는 김일성 우상화를 위한 창작집단인 『4.15창작단』에서 북한의 가장 유능한 작가들을 망라하여 집필량을 할당, 1972년부터 창작하기 시작하여 1988년에 해방 전편 전 15권의 완간을 본 것이다.

이 『불멸의 력사』는 1925~1940년까지 김일성의 '항일무장투쟁'을 그리고 있다.

1970년대 이후 북한 문학은 '3대혁명기수들과 3대혁명소조원들, 숨은 영웅들을 비롯한 새로운 인간성격창조'로 '긍정적 주인공'으로 말미암은 감화라는 『긍정전형』을 창조하였다. 이는 종래의 친일지주, 반혁명분자, 일제 등 고정적 악역들이 현실성을 상실함에 따라 선악의 이분적 대립 구도로부터 긍정전형을 보다 중시하는 구도로 변화해 가는 것을 보여 준다.

시의 경우 '수천 년 력사에서 처음으로 맞이한 수령과 지도자'에 관한 '다함 없는 흠모와 불타는 충성의 마음'이 반영된 『송가』의 전면적 발전을 보여 준다고 북한문학사는 기록하고 있다. 그 대표작으로는 1972년 김일성의 60회 생일에 집체작으로 발표된 『수령님 만수무강 축원합니다』, 『어버이 수령님 만수무강을 축하합니다』, 『60만이 드리는 충성의 노래』(한덕수) 등이 있다.

1980년대 들어 북한문학은 이전의 주체문학에서 볼 수 없는 새로운 점들을 보여 주고 있다. 1980년 1월에 열린 「제3차 조선작가동맹회의」에서 김정일은 1980년대 문학이 나아가야 할 길의 지침을 내렸다. 그 내용을 요약하면 첫째, 숨은 영웅을 찾아내어 그들의 풍모를 정신세계를 형상화함으로써 근로자들의 투쟁을 추종하여야 한다. 둘째, 자연주의와 도식주의를 극복하여 사상 예술성이 높은 우수한 유일사상 체계를 유지하면서 새로운 변화를 시도하고 있는 듯하다.[10]

예를 들면 백남룡의 「벗」, 김규엽의 「새봄」, 고병삼의 「대지의 아침」과 같은 1980년대 주요 소설의 주인공들은 모두 숨은 영웅에 해당하는 보통 인물들이다. 이는 60년대 이후의 소설에서 나타나는 역사적인 대사건을 움직이는 주체형의 영웅적 주인공과는 크게 달라진 모습이다. 80년대 북한소설에서 나타나는 또 하나의 특징은 북한사회 내부에서 제기되는 절실하고 의의 있는 문제를 다루고 있다는 점이다. 즉, 1980년대 북한소설들은 실제 일반 사람들이 현실생활에서 느끼고 마주치는 다양한 문제들을 다루고 있다. 이를 유형별로 살펴보면 다음과 같다.

첫째, 도시와 농촌의 격차로 빚어지는 갈등을 주제로 다루고 있다. 김동욱의 「병사의 고향」, 김삼복의 「세대」, 「향토」, 조의철의 「정든 고향」 등이 대표 작품들이다. 둘째, 세대 간의 갈등을 다루고 있다. 백남룡의 「60년 후」, 「세대」, 「나의 동무들」 등에서 첨예한 세대 간의 갈등을 다루고 있다. 셋째, 여성문제이다. 김교섭의 「생활의 언덕」은 북한 인텔리 여성이 결혼 후 남편과 자식의 뒷바라지에 모든 것을 바치면서 습관적으로 살다가 창조적인 삶을 잃어간다는 절실한 여성문제를 제기한다. 이렇게 북한 사회의 내부적 모습을 그리기 시작한 1980년대 북한소설의 또 하나의 특징은 예술적 기량의 성숙이다. 즉, 인간의 미묘한 내면 심리를 묘사하기 위해서는 정밀하고 세밀한 예술적 표현 능력이 요구되었으며, 이와 함께 1인칭 시점의 활용 등 다양한 소설 창작기법이 활용

---

10   95 북한개요, 통일원, 1995.

되고 있다. 또한, 1980년대 후반에 이르러 외부의 변화 요구를 반영하듯이 남녀의 애정을 묘사한 작품도 등장한다. 사상과 주제는 당과 김부자에 관한 충성심에는 변화가 없으나 남녀의 애정물이 등장한 것도 특기할 만하다.

1990년대 들어 북한문학의 흐름은 과거로 회귀하는 경향을 보이고 있는데, 중점적으로 다루고 있는 주제는 첫째, 수령의 형상화와 김정일의 형상화이다. 이미 지난 1980년대 중반부터 김일성의 「불멸의 력사」를 본뜬 「불멸의 향도」라는 김정일을 형상화하는 총서가 발간되기 시작하였으며, 이는 김정일의 승계가 문학 쪽에서 일찍부터 준비되었음을 의미하는 특기할 만한 변화다. 둘째, 사회주의 혁명과 관련된 주제이다. 작품과 평론을 통해서 소위 우리식 사회주의와 미국 제국주의자와의 투쟁 등이 다시금 강조되고 있다. 셋째, 조국 통일의 주제이다. 전통적으로 조국 통일 주제의 소설은 으레 남한의 현실을 중점적으로 다루었다. 그러나 1990년대 들어 북한사람들이 겪는 이산가족의 아픔과 같은 문제들을 다루기 시작했다.

이러한 북한문학의 변화는 결국 현존 사회주의권의 붕괴와 이에 따른 북한의 고립 및 체제 유지의 중요성과 깊은 관련이 있다 하겠다. 북한은 1990년대 들어 주체사상과 길항 관계를 이루던 마르크스-레닌주의를 지워내고 오로지 주체사상의 원리만으로 사회 체제를 유지할 것임을 밝힌다. 이러한 변화된 정책은 '사회주의 건설의 역사적 교훈과 우리 당의 총노선 (1992.1)'과 1992년 4월 헌법 개정에서 구체적으로 확인할 수 있다. 즉, 1990년대의 변화된 국제 상황을 북한은 주체사상의 강화라는 정책으로 대응하고 있다 하겠다.[11]

주요 작품을 보면 『불멸의 력사』 해방 후편이 창작되었으며 김일성회고록인 『세기와 더불어』를 6권까지 출판하였다. 또한 주체문예이론 대두 이후 1970년대 초에 '불후의 고전적 명작'이라 불리우던 『피바다』, 『꽃 파는 처녀』, 『한 자위단원의 운명』 등이 장편소설로 개작되었다.

이것은 온 사회를 주체사상화하기 위한 사업이 힘있게 추진되고 있는 현실적 요구에 맞게 문학의 내용과 형식을 개조하여 높은 사상예술성을 가진 문학작품들을 창작하자면 본보기 작품들이 있어야 하기 때문에 사상예술성이 완벽하게 구현된 항일혁명 투쟁 시기의 불후의 고전적 명작들을 본보기로 내세울 수 있도록 소설로 옮긴 것이라 짐작된다. 북한은 이들 작품을 김일성이 '항일무장투쟁'시기에 연극으로 공연했던 것이라고 주장하기도 하였으며, 이 작품들을 모두 장편소설, 영화, 혁명가극 등의 문예 형식으로 개작하였다.

또한 1970년대부터는 김정일에 관한 찬양이 등장하여 이후 갈수록 비중이 높아지고 있는데, 주요 작품으로 소설에서는 『고요』(1984, 리종렬), 『기억』(1985, 석윤기), 『아끼시는 심정』(1982, 리동후) 등이 있고, 시부문에서는 『위대한 탄생』(1984, 오영재), 『백두의 새날』(1982, 김철) 『한평생을 바쳐』(1976, 최영화), 『2월의 꽃바다』(1976, 리영백), 『언제 어디에서 피는 꽃』(1991, 조병석), 『송시』(1992, 김일성), 『어머니』(1992, 박

---

11 문화발전연구소, 「북한의 문화정책과 남북 문화교류의 방향」, p. 44.

태일), 『간절한 축원』(1994) 등이 있다.

현재 북한의 문학은 김정일 권력의 본격화와 더불어 우상화 작품이 거의 전부를 차지하고 있다고 하여도 과언이 아니다. 김일성 가계 우상화 및 혁명 전통 계승, 노력 고취, 통일 주제의 작품에 주력하는 한편, 남대현의 「청춘송가」(1987) 등 남녀 간의 사랑을 소재로 한 작품도 간간이 발표되고 있어 북한 문단의 평가를 받은 바 있다. 그러나, 순수한 남녀 간의 사랑을 주제로 한 작품이기는 하지만, 당과 수령에 충성하고 경제 건설에 적극 참여할 때 진정한 청춘의 사랑을 누릴 수 있다고 함으로써 아직까지는 순수 연애 분야에 한계를 드러내고 있다.[12]

북한문학사에 수록된 주요 작품을 보면 다음과 같다.

- 「조선 문학사」에 수록된 작품

〈소설〉
- 황　건 : 〈탄맥〉, 〈아들 딸〉, 〈불타는 섬〉
- 이근영 : 〈첫 수확〉, 〈청천강〉(1,2부)
- 이북명 : 〈로동일가〉, 〈당의 아들〉
- 이기영 : 〈개벽〉, 〈땅〉, 〈한 녀성의 운명〉, 〈두만강〉
- 박태원 : 〈계명산천 밝아오느냐〉, 〈갑오농민전쟁〉

12　「북한실상 종합자료실」, 내외통신사, 1996.

- 윤세중 : 〈시련 속에서〉, 〈구대원과 신대원〉, 〈안해〉
- 김영석 : 〈폭풍의 력사〉
- 윤시철 : 〈거센 흐름〉
- 최명익 : 〈임오년의 서울〉, 〈서산대사〉
- 영홍섭 : 〈동틀 무렵〉
- 천세봉 : 〈석개울의 새봄〉, 〈고난의 력사〉, 〈대하는 흐른다〉
- 석윤기 : 〈시대의 탄생〉

〈시〉
- 박인준, 〈대동강에 흐르는 이야기〉, 〈큰손〉, 〈시대에 대한 이야기〉, 〈벌거벗은 아메리카〉 등.
- 김조규, 〈미 제국주의를 단죄한다〉
- 조영출, 〈조국 보위의 노래〉
- 박세영, 〈밀림의 력사〉, 〈나팔수〉, 〈광휘로운 당의 기치여〉 등.
- 김북원, 〈당이여〉, 〈낙동강〉, 〈우리 최고 사령관〉
- 이용악, 〈평남관개시초〉(시집)
- 김상훈, 〈비결〉, 〈초불〉, 〈인계〉
- 안룡만, 〈락원산수도〉, 〈전쟁광 닉슨 놈에게〉
- 김우철, 〈농촌 위원회의 바람〉, 〈공산주의자〉
- 이원우, 〈녀성의 노래〉
- 조기천, 〈백두산〉
- 박팔양, 〈황해의 노래〉
- 조벽암, 〈발자국 소리〉, 〈서운한 종점〉

- 박산운, 〈백척간두〉, 〈싸우는 남조선 학우들에게〉 등
- 양운한, 〈첫 기둥을 세우고〉
- 이 찬, 〈김일성 장군의 노래〉, 〈노도처럼 격랑처럼〉
- 민병균, 〈어지돈 시초〉(시집)
- 강승한, 〈한라산〉, 〈수양산성에서〉

〈희곡·시나리오〉
- 백인준, 〈성장의 길에서〉, 〈마을 사람들 속에서〉 등
- 김승구, 〈내 고향〉, 〈청년전위〉, 〈새날이 보인다〉 등
- 이북명, 〈투쟁의 계절〉
- 한태천, 〈명령은 하나밖에 떨어지지 않았다〉, 〈연풍호〉
- 박영희·김재호, 〈행복한 거리〉

〈종군기〉
- 김사량, 〈바다가 보인다〉
- 이동규, 〈미군격멸기〉

※주제별로 보면 ①김일성 가계 찬양, ②대한 선동 및 비방, ③공산주의 찬양, ④계급교양, ⑤노동 선동, ⑥군사 등의 순으로 나타남.

① 끝없이 밀려오고 밀려오는 동해의 파도는
   크나큰 기쁨을 안고 출렁이며

조국의 기슭을 떠날 줄 모르고
푸른 저 하늘높이
숭엄히 비껴솟은 백두산은
만리에, 만리에
이날의 감격을 노래합니다.

수령님이시여,
어버이수령님 탄생 예순돐을 맞는
경사로운 명절의 이 아침,
한없이 충성스런 인민들은
경건한 마음으로 옷깃을 여미며
가장 뜨거운 마음으로
수령님께 삼가 인사를 드립니다.
-중략-
혁명의 위대한 수령님이시여
김일성원수님이시여
수령님께서 건강하시면 온 나라가 강대합니다.
수령님께서 건강하시면 온 세계가 기뻐합니다.
조선을 위하여
인류를 위하여
천세만세 무궁토록 만수무강하실 것을 축원하옵니다.

- 집체작 〈어버이수령님 만수무강을 축원합니다〉

② 너, 백두산! 조선의 산아 말하라...

어떻게 떨어졌던 태양이

이 나라에 솟았느냐?

떨어졌던 태양이 다시 솟은 그때

네 누구를 맞이했느냐?

-중략-

이는 이름만 들어도

삼도왜적이 치를 떠는

조선의 빨치산 金대장!

이는 장백을 쥐락 펴락하는

태산을 주름받아 한손에 넣고 동서에 번쩍!

천리허에 대령(大嶺)도

담숨에 넘나드니 축지법을 쓴다고

-하략-

- 조기천 〈백두산〉일부

③ 준령을 넘고 또 넘어

북으로 7백 리

여기는 압록강

강안의 한 마을

동지도 못되었건만

이미 적설이 자 가웃

오늘도 휩쓸어치는 눈보라에
영하로 30여 도

강은 첩첩 평지마냥 얼어붙고
밤은 깊어 오가는 행인의
삐걱이는 자국소리도 그치었다

강가에 한 개 삐뚜로 선 장명등
희미한 등빛 아래 웅성거리는
오늘밤은 그 몇이나
전설의 대오가 처든다 하드냐

저 강 건너 아득히 뻗은
북만 광야
이름모를 마을 마을에
어렴풋이 끔벅이는 점전한 등화여

순아, 여읜 지 3년
갈수록 그리운 순아
오늘밤도 우리 고향 오리강변에 꿈에
몇 번이나 소스라쳐 깨느냐

그렇다, 그 꿈
부풀은 네 가슴에 고이 간직코
기다려라 기다려라

이제 머잖아 충춘하는 화염으로
밝아올 이 마을처럼
애끓는 고국에의 그 길은
마침내 휘연히 열리리라 열리리라

- 이찬 〈국경의 밤〉

④ 락동강아
　너 침략자 바뀌일 때 놀라 뜬 눈
　학정의 나날 살육의 나날에 감았던 그 눈
　오늘은 크게 뜨고 바라보라
　리승만 괴뢰의 기둥도 석가래도 부셔
　침략 군대 미군의 뒷통수를 짚어
　해방의 군대 인민군대는 왔나니

　락동강아
　이 고장 인민의 가슴에 서린
　만고의 원한을 씻어
　원수들의 마지막 발판
　대구 부산을 향하여

정의의 군대 인문군대는 왔나니
맞이하라! 락동강아
두터운 야음 속에 콸콸 흐르는
락동강아, 삶의 강아, 력사의 강아!
....

- 김북원 〈락동강〉에서 1950년

⑤ 한해살이 푸나무도 온전히
　제 목숨을 다 마치지 못했거니

　사람들아 묻지를 말아라
　이 황폐한 풍경이
　무엇 때문의 희생인가를
　-중략-
　싸늘한 가을바람도 오히려
　간고등어 냄새로 썩고 있는 多富院

　진실로 운명의 말미암음이 없고
　그것을 또한 믿을 수가 없다면
　이 가련한 주검에 무슨 안식이 있느냐.
　살아서 다시 보는 多富院은,

　죽은 자도 산 자도 다 함께

안주의 집이 없고 바람만 분다

　　　- 1950. 9. 26 -
　　　- 조지훈 「多富院에서」의 일부

　　위 시에서 ①은 70년대 김일성의 60회 생일에 바쳐진 송시이며 ②는 김일성의 항일 투쟁을 백두산에 비겨 상징화한 작품이다. ③은 일제 치하에서의 민족 수난을 그린 서정시이다. ④와 ⑤는 50년대 남북한 시인의 한국전쟁기에 쓰여진 전쟁시인데 남북한 시인의 대조적인 면을 보여 주고 있다. 여기서 북한 시의 일면을 보게 된다.

　　이상과 같이 주체문예이론 대두 후 북한 문학은 수령형상문학의 전개, 긍정전형의 창조, 김정일 우상화의 심화 등의 특징을 보여 주고 있다. 이러한 작품 창작의 특징 외에 문화운동의 전개 측면에서는 군중문학의 활발한 움직임이 주목된다. 당 창건일, 김일성 및 김정일 생일, 김일성·김정일의 연설 등을 기념하여 전국적으로 공모되는 군중문학상이 다수 있어 그 입상작을 단행본으로 출판할 뿐만 아니라 입상자들의 문단 데뷔에도 특혜를 주는 군중문학 운동은 1982년 김일성 생일을 계기로 더욱 활기를 띠어오고 있다. 군중문학상에서 가장 규모가 큰 것은 당 창건일과 김일성 생일을 기해 제한 없이 공모하는 『전국군중문학상』과 청소년을 대상으로 하는 『6·4문학상』을 들 수 있다. 특히 제1회 『6·4문학상』 수상작인 주옥양의 시 『어디서나 백두산에 오르리』는 김정일 찬양의 극치를 보여 주면서, 1990년대 들어서도 김정일 찬양을 주제로 한 작품들도 양산되고 있는 것과 아울러 서정성 및 예술성이 가미된 작품들도 창작되고 있는 경향이다.

V. 민족 화합을 위한 제언

　　북한문학 연구는 민족 통일을 전제로 한 민족문학적 입장에서 탐색되어야 한다. 비록 체제의 이질성이 가로놓여 있다 할지라도 정치적 상황 논리를 초월하여 민족 동질성을 회복하려는 의지에 모아져야 할 것이다. 동구권 사회주의의 붕괴 이후 사회주의 국가들은 그들 스스로가 변화를 추구해 오고 있다는 점에서 우리의 민족 통일의 전망은 밝다고 할 수 있다.

　　건국 이후 우리는 분단 문제 해결을 위해 많은 노력을 기울여 왔다. 그간에 축적된 노력을 바탕으로 북한에 관한 보다 새로운 시각의 정립과 구체적인 접근 방법을 모색하는 한편, 정부의 노력과 함께 분야별 민간 주도의 남북 교류가 병행되어야 할 것이다. 무엇보다 민족의 동질성을 회복하기 위해서는 학술·문화의 협력 교류가 선행되어야 할 것이다. 이를 위해서 몇 가지 대안을 마련할 수 있다.

첫째, 북한문학을 바라보는 시각을 민족 문화사적 입장으로 전환하여 북한 사회를 역사주의적 측면에서 파악해야 한다. 특히 북한 사회는 1920년대 프롤레타리아 운동에 뿌리를 두고 일제 민족 투쟁사와 혼재하고 있기 때문이다.

둘째, 북한문학의 검토는 북한 사회의 특수성을 인정하면서 민족 전통의 인자를 탐색하는 일이다. 문학은 삶의 모습을 형상화한 것이기 때문에 인간의 정서와 깊이 관련되어 있다. 북한 사회가 외형적으로는 사회주의(주체사상) 체제하에 있다 하더라도 민족 정서의 원형질은 내면 깊이에 내재되어 있다는 점을 중시해야 하며, 그런 모습은 최근의 북한 서정시에도 잘 나타나고 있다.

셋째, 학술·문화의 교류가 촉진되어야 한다. 최근 경제 협력 교류가 상당한 수준에 오르고 있는 것과 병행하여 학술·문화의 교류도 학계나 문화 주체가 주도적으로 추진할 수 있어야 한다. 학술 교류의 형식은 학술 회의, 학술 발표 대회, 공동 연구, 자료 발굴 및 교환, 문학작품 상호 교류 게재, 각종 문화 행사 등 다양하게 전개할 수 있을 것이다. 정부는 직접 개입하지 않고 관계 분야가 능동적으로 추진하는 방법이 좋을 것이다.

넷째, 분단 문학의 극복 방안으로써 남북한 민족 문학사 서술의 준비 과정이 이루어져야 한다. 남북한 서로가 기존 문학사의 시각차를 인정하면서 공통된 문학사 인식을 고전문학 분야의 바탕 위에서 문제 의식을 갖고 공동 연구를 추진해야 할 것이다.

다섯째, 위의 교류 협력을 위해서 연구자가 북한문학 자료를 자유롭게 검토할 수 있도록 정부의 제도적 지원책이 시급하다. 극히 제한된 자료나 정보에 따른 북한문화의 해석 평가는 왜곡된 결과를 초래할 우려가 있기 때문이다. 현행대로라면 북한문학 예술작품을 쉽사리 접할 수 없어 연구의 질을 기대하기에는 문제가 많다. 분단 문학 연구는 분단 논리를 극복하고 이질화된 민족 문화의 동질성을 회복하는 데 디딤돌이 될 것인바, 남북한 모두의 역량이 한데 모아져야 할 것이다.

〈1998. 9. 30〉

제3부 시인론

1 한하운 시 세계

- I 머리말
- II 색채 심상의 생명력
- III 부정 의식과 공간 상실
- IV 맺음말

I. 머리말

한하운이 문단에 나온 것은 1949년 「신천지」에 이병철의 추천으로 13편의 시를 발표하면서부터다. 그는 1919년에 태어나 1975년 57세의 나이로 타계할 때까지 6권의 저서와 함께 80여 편의 시를 남겼다. 「한하운 시초」(1949, 정음사), 「보리피리」(1956, 인간사), 「한하운 시선집」(1956, 인간사), 「정본 한하운 시집」(1964, 무아문화사) 등 4권의 시집과 자서전 「나의 슬픈 반생기」(1957, 인간사), 그리고 자작시 해설집 「황토길」(1960, 신흥출판사) 등의 저작이 있다.

한하운 시의 연구는 전기적 사실의 토대 위에서 이해하려는 연구가 지배적이다.[1] 한하운의 시가 지금까지 제대로 평가받지 못한 이유를

---

1 필자 확인, 한하운에 대한 연구는 이병철, 박거영, 신중신, 김창직은 전기적 사실의 바탕위

김윤식은 우리 사회에서 금기시되어 왔던 나병 환자라는 점이 크게 작용한 것이라고 지적하고, 한하운의 시는 한국적 서정의 가장 아름다운 부분을 담고 있으며 한국시사에 길이 남을 수 있을 것[2]이라고 평가하고 있다.

물론 남달리 불행한 인생 편력이 그의 시를 있게 했을 것이라고 생각하지만, 그가 살다 간 시대 공간은 일제 치하로부터 70년대에 이른다. 한국 근대시의 출발 시기를 거쳐 그가 문학 수업을 하게 된 시기도 30년대라는 문단적 환경은 그의 시 세계에 많은 영향을 끼쳤으리라고 본다. 한하운은 두 번째 시집 「보리피리」의 자서에서 〈노래 불렀을 뿐 시를 쓰지는 않았다〉고 한다. 그러나 치열한 자기 극복을 위해 소외된 자아를 〈부정〉을 통하여 〈긍정〉에 이르는 〈역설적〉 수사법을 선택하고 있다.

이재선은, 우리의 전통적인 문학이나 사유 방법의 하나로 전신(불교에서는 '축생')의 원형적 투사가 있음을 밝히고, 소월의 〈접동새〉, 서정주의 〈귀촉도〉, 영랑의 〈두견〉, 청마의 〈바위〉, 그리고 한하운의 〈파랑새〉를 들었다.[3] 또한 김재홍은 시대적 절망을 개인의 생명 속으로 끌어들여 생명과 육체의 험열함의 공포와 전율을 새롭게 창조한 것은 30년대 서정주의 원죄적 모순에 관한 생명력에 닿아 있음을[4] 시사하고 있다.

에서 그리고 김윤식, 신경림, 남송우, 김재홍, 이병헌, 김시룡 등은 작품론적 이해를 제기하고 있다

2 김윤식, 「한국 현대시론 비판」, 일지사, 1975, P.141.
3 李在銑, 한국문학주제론, 서강대출판부, 1989, PP.248~250.
4 김재홍, 현대시와 역사의식, 인하대출판부, 1988, PP. 202~204.

이럼에도 한하운 시의 문학사적 위상은 아직 설정하지 못하고 있다. 소외된 그의 삶만큼이나 문단에서도 소외돼 있는 것이 시사적 현실이다. 이글은 그런 뜻에서 제기되고 한국 서정시의 비극성의 근원이 무엇이며 그 근원이 어디에 있는가를 살펴보려는 것이다

II. 색채 심상의 생명력

　한하운의 시는, 겉보기에 절망과 좌절, 그리고 자학의 시처럼 보이나 준열한 생명력을 드러내고 있다. 그러므로 이 시인의 자기 否定과 運命愛는 역설의 수사적 기법을 빌려 자기 극복의 의지로 나타난다. 이런 정서는 자아와 세계의 철저한 대립에서 출발하고 있어 우리 시의 서정성을 계승하는 또 하나의 예가 된다.

　한하운 시의 감각 체험은 시각적 색채 심상에서 비롯된다. 〈보리피리〉, 〈파랑새〉, 〈청지유정〉 등에서의 '푸름'의 색채 심상과 〈전라도길〉, 〈인골적〉, 〈국토편력〉 등의 '황톳빛'은 대조되는 이미지로 나타나고 있다.

　이재선은, 문학 속에 투영된 한국인의 색채관은 변화와 융합이라 하고 시조에서의 색채상징은 흰색과 푸른색의 조화와 대립 관계로 살피는 바, 탈속적 자연 공간과 세속적 인위 공간으로 표상되거나 변화와 무변의 표상으로 나타난다고 한다.[5] 따라서 한하운 시에서 색채 심상은 중요한 요소로 기능하고 있다.

> 나는 나는/ 죽어서/ 파랑새 되어//
> 푸른 하늘/ 푸른 들/ 날아 다니며//
> 푸른 노래/ 푸른 울음/ 울어 예으리//
> 나는 나는/ 죽어서/ 파랑새 되리//
>
> -「파랑새」전문

리듬상으로 3음보의 경쾌한 전통적 율격을 선택하여 동시적 발상을 구사해 내고 있다. 시적 자아는 죽어서 〈파랑새〉가 되겠다는 의지와 함께 무한대의 공간을 날며 마음대로 노래하고, 마음대로 울고 싶다는 〈자유〉에의 희구인 것이다. 지병으로 말미암은 소외되고 부자유한 삶의 굴레를 벗어던지고, 인간이 아닌 〈파랑새〉로 재생하고 싶다는 결연한 자세인 것이다. 반복되는 〈푸름〉의 색채 심상과 〈울음〉의 청각 심상을 결합시켜 새로운 삶을 소망하는 생명력의 의지가 〈하늘〉과 〈들〉의 확대된 공간으로 나아가게 되는 것이다.

이 시에서 푸름의 색채는 새, 하늘, 들, 노래, 울음과 결합하여 시적 자아를 현재에서 미래로, 속박에서 자유에 이르는 시공성의 매개로 '파랑새'를 자아화하고 있다. 그리하여 김소월과 박목월로 이어지는 전통적 서정과 율조, 그리고 원초적 생명 의지가 생명파 시인들에 닿아 있

---

5   이재선,「한국문학 주제론」, 서강대학교출판부, 1989, PP.167~169.

다[6]고 생각된다. 〈파랑새〉는 순수 자연의 탈속적 자연 공간에 해당하는 시이다. 왜냐하면 인간의 삶과 죽음은 자연적 이치이자 곧 순리 그것이기 때문이다.

사람이 태어나고 죽는 일이나 새들이 노래하며 울고 날아다니는 것도 인위가 아닌 자연의 순리다. 푸른 하늘, 푸른 들판을 자유롭게 날아다닐 수 있는 능력을 가진 존재란 〈새〉들 뿐인 것이다. 새들의 노래나 울음조차도 푸르다고 했으니 녹색과 푸른색은 동질의 색채 감각으로 원죄 의식, 공포, 초조 등의 부정적 정서 반응이나 안식, 평화, 이상, 영원 등의 긍정적 정서 반응의 심상[7]을 보여 준다. 그리하여 정적 자아를 동적 자아로 변모, 확대시킴으로써 力動的인 생명 의지로 나아가고 있다. 한하운 시의 색채 이미지는 또다시 한의 정서와 결합되어 비극성을 고조시킴으로써 그의 시사적 의미를 한국시의 전통적 맥락 속에 포함시키고 있다.

보리피리 불며/ 봄 언덕/ 고향 그리워/ 필-ㄹ 닐리리.//

보리피리 불며/ 꽃 靑山/ 어린 때 그리워/ 필-ㄹ 닐리리.//

보리피리 불며/ 人寰의 거리/ 人間事 그리워/ 피-ㄹ 닐리리.//

보리피리 불며/ 放浪의 幾山河/ 눈물의 언덕을 지나/ 피-ㄹ 닐리리.//

- 「보리피리」 전문

---

6   이병헌, 생명을 부르는 영혼의 노래, 「보리피리」, 미래사, (?)
7   채수영, 「한국현대시의 색채의식 연구」, 집문당, 1987, PP.31~32.

〈파랑새〉에서 시적 자아가 미래로 향했다면 〈보리피리〉에서는 과거로 돌아가고 있다. 어린 시절의 고향, 푸른 보리밭에서 풀피리 불었던 소년은 나그네가 되어 지금 인간들로부터 멀어진 방랑길에서 소외감에 휩싸여 있다. 여기서도 〈푸름〉의 색조는 넓게 트인 봄언덕, 꽃청산의 시적 공간과 피리 소리가 어울리면서 과거를 상실한 자아의 그리움을 공감각적 심상으로 확대시키고 있다. 이처럼 한하운의 시적 성과는 색채 심상과 리듬, 공간의 결합으로 비극적 정서의 아름다움을 한껏 내보이는 데서 찾아진다.

이 시에서 시적 자아는 시인과 동일한 실존적인 삶에 놓여 있다. 그런 시인은 〈사람〉들에게 기대고 살던 때를 그리워하면서 사람들로부터 멀어져 있는 소외된 자아를 찾아 나서는 것이다. 그러나 잃어진 자아를 찾지 못하고 보리피리 소리에 자신을 풀어헤치며 소외된 삶을 극복하고자 한다. 어찌 보면 30년대 모더니즘의 회화적 수법에 가까우면서도 우리 시의 전통적 서정의 맥을 잇고 있으며 생명파, 청록파와도 무관하지 않은 시 세계를 보여 주고 있다.

> 내가 울고 싶어서
> 파랑 잔디를 찾아 갑니다.
>
> 남몰래 한이 가도록 울고 싶어서
> 파랑 잔디를 찾아 갑니다.
>
> - 「청지유정」의 앞부분

이처럼 〈푸름〉 지향은 울음과 한, 그리고 절망을 희망으로 바꾸어 놓고 있다. 한하운 시에서 잘 나타나 있는 특징은 은유적인 수사를 구사하지 않고 直情的 진술로 말미암아 비극적 정서를 아름답게 그리고 처절하게 표출시킨 것은 素月과도 닿아 있음을 확인시켜 준다. 한하운이 나병을 앓기 시작한 때는 1933년 14살 때라고 한다. 이때부터 그의 문학 수업이 시작되고 바이런, 하이네 등의 서구 시인과 北原白秋, 石川啄木 등의 일본 시인들, 그리고 "당시 한국 시인의 시에는 아주 환멸을 느꼈다. 稚氣가 있는 시조쪼로 되어 있어 다만 金素月의 시에 부서질 듯한 슬픔에 서러워서 눈물을 짓곤 하였다[8]"라고 한다.

「新天地」에 작품을 발표하기까지 그의 문학 수업 기간은 30년대를 거쳐 15~16년간이 된다. 이 기간은 요양과 방랑 생활, 그리고 문학적 체험이 함께 얽힌 삶이라 하겠다. 〈푸름〉의 색채 심상은 〈漢江水〉, 〈봄〉, 〈버러지〉, 〈恩津彌勒佛〉에서도 지속된다. 한하운은 색채 심상을 자유자재로 구사하는데,// 네 너로 네땀으로 罪없단 빛이/ 두두둑 푸른 피 흘려 흘려// ('버러지')와 같이 피의 빛깔까지도 바꾸어 놓는가 하면,/ 彌勒佛은/ 도시 무뚝뚝/ 靑眼으로/ 세월도/運命도/ 그렇게만 아득히 눈짓하여.// (恩津彌勒佛)과 같이 눈빛조차도 푸름으로 바꾸어 놓고 있다.

한하운의 색채 심상은 자유자재로 시적 공간과 결합시켜 좌절과 비애의 정서를 밝음과 미래의 정서로 전환시키는 강점을 드러내 보이고 있는 것이다. 그것은 곧 '돌아감의 시', '못 만남의 시'로 승화시키는 지배

8　한하운, 나의 詩作수업(上), 현대문학, 통권 24호, 1956.12, PP.156~157.

소로 작용한다.

설악산
높벼랑 아으 千仞 斷崖에

天花水 먹고
돌살이 돌꽃은 에델바이스 꽃

그 고은 살결은
구름빛 白銀 솜털이 송송이
꽃잎마저 구름빛 솜털의 눈부심은

氷雪에 피는 꽃
하늘 내음의
애처로운 생명의 환희

영영 잊혀진
천산 벼랑에 꽃피는 것은
忍苦 이지만

사랑하기에
사랑하기에

홀로 至純을
금단의 높벼랑 하늘에 피어

사랑하기에
사랑하기에

살아도 죽어도 불변하는 사랑의 꽃이여
흐느끼는 不滅하는 사랑의 꽃이여

- 「솜다리꽃」 전문

〈솜다리꽃〉은 에델바이스와 흡사한 국화과 식물로서 高山植物에 속한다. 흰 솜털 같은 꽃이 피며 한겨울이나 험한 바위틈에서도 뿌리를 내리는 강인한 식물이다. 이 시의 주제는 하운이 사랑을 못다 이룬 약혼녀 R이라는 여성과의 연정으로 짐작된다. 그녀와의 고귀한 사랑이 끝내 이루어지지 못한 고뇌의 시다. 결국 추억의 사랑이 되고 만 것이다. 한하운의 유고작이지만 강렬한 생명 의지를 불 뿜고 있는 한편, 전 생애에 잊지 못할 끈질긴 사랑의 시가 되기에 부족함이 없다.[9]

또한 이 시는 〈헌화가〉에 닿아 있어 한하운의 전통적 시 세계를 엿볼 수 있게 하는 端初가 된다. 천 길 벼랑에서 天花水를 빨아들여 피는 솜다리꽃은 곧 사랑했던 R이라는 여성이다. 氷雪에서도 피는 애처롭기조차 한 꽃이지만 忍苦의 강인한 생명력으로 한하운에게 헌신

---

9   한하운, 「나의 슬픈 半生記」, 인간사, 1958 참조.

적인 사랑을 불어넣었던 것이다.[10] 여기서도 시적 자아는 한하운 자신으로 나타난다. 한하운의 忍苦는 솜다리꽃의 그것과 동일한 것이다. 〈그 고운 살결은/ 구름빛 白銀솜털이 송송이/ 꽃잎마저 구름빛 솜털의 눈부심은〉에서 R의 애처로운 생명의 환희를 느끼면서도 시인은 〈至純〉과 〈禁斷〉의 사랑으로 선택하고 있는 것이다. 그것은 곧 不滅의 사랑에 이르렀기 때문이고 영원한 사랑으로 지속시키려는 플라토닉한 것이다. 이 시인의 색채 심상은 〈푸름〉에서 〈흰색〉, 〈황토색〉으로 나아가고 있는데 〈푸름〉, 〈흰색〉이 삶이라면 〈황토색〉은 죽음과 절망으로 나타나고 있다.

　　　가도 가도 붉은 황톳길
　　　숨막히는 더위뿐이더라.

　　　낯선 친구 만나면
　　　우리들 문둥이끼리 반갑다.

　　　천안 삼거리를 지나도
　　　쑤세미 같은 해는 서산에 남는데.

　　　가도 가도 붉은 황톳길
　　　숨막히는 더위 속으로 절름거리며

10　한하운, 위의 책 참조

가는 길……

신을 벗으면
버드나무 밑에서 지까다비를 벗으면
발가락이 또 한 개 없다.

앞으로 남은 두 개의 발가락이 잘릴 때까지
가도 가도 천리, 먼 전라도길.

- 「전라도길」 전문

시적 배경은 여름날 서울에서 전라도 끝 소록도를 찾아가는 길이다. 뙤약볕 여름날은 해마저 길다. 그래서 여름날의 해가 수세미 같이 길다는 것이다. 발가락이 부르터서 나병인에게는 더없는 고통이 아닐 수 없다. 지까다비(슬리퍼)를 벗으면 발가락은 앙상하게 뼈만 남을 것이다. 〈황토길〉은 전라도 흙의 상징이다. 끝없이 널려 있는 붉은 흙의 고통 그래서 전라도 사람들은 죽기보다 힘든 삶을 그 흙에 의지하고 산다. 〈푸른색〉과 〈흰색〉이 삶의 희망이라면 〈황토〉는 곧 죽음이다. 삶과 죽음, 천당과 지옥의 길을 함께 걷고 있는 시인에게서 붉은 색깔에 눈을 돌릴 필요[11]가 있다.

산은 산대로

---

11 신경림, 정희성, 「한국현대시의 이해」, 진문출판사, 1982, PP.316~319.

들은 들대로
빛도 고흔 색채과잉의
그 사이로 가도 가도 붉은 黃土길은
하늘과 구름과 가즈런히 멀기도 한데
(중략)
黃土길 눈물을 뿌리치며
千里 萬里 乞食 길이라도
국토편력 길은 슬기로운 天道길이라.

- 「국토편력」의 일부

　이 시에서도 붉은 황토흙의 고통이 계속된다. 천리만리 걸식의 길이 붉은 황톳길인 것이다. 그러나 시인은 〈천도길〉이라고 하면서 운명애로 받아들이는 관용의 태도로써 삶의 고통을 극복해 내고 있다. 한하운에게서 색채 미학은 우리 시사에서 드물게 표출되고 있다. 메타포적 표징성을 뛰어넘은 복합적 심상으로 시의 성과를 거두고 있다. 그것은 삶의 고통을 아름다움으로 바꾸어 놓으면서 한껏 비극미를 높이고 있기 때문이다.
　"한 떨기 꽃, 한 줄기의 잎, 한 마리의 새, 한 가람의 물, 한 주먹의 흙, 한 가닥의 맘, 이토록 자연의 소중함을 나는 관조한다."[12]라고 인간주의적인 삶의 태도를 보여 주고 있다. 그리고 자신의 모든 시는 "영혼

12　한하운, 「보리피리」의 自序, 人間社, 1956, PP.14~15.

으로 쓴 영가이며 요들가"라고 말한다.[13] 결국 생명의 존엄 앞에 선 인간주의 문학이라 생각된다. 앞에서 30년대의 시에 닿아 있다고 했거니와 또한, 서정주의 생명력은 한하운에게서 구체화되지 않았는가 한다.

① 해와 하늘 빛이
　문둥이는 서러워

　보리밭에 달 뜨면
　애기 하나 먹고

　꽃처럼 붉은 울음을 밤새 울었다.
　- 서정주, 「문둥이」 일부

② 黃土담 넘어 돌개울이 타
　罪 있을 듯 보리 누름 더위
　날카론 왜낫 시렁위에 걸어놓고
　오매는 몰래 어디로 갔나

　바윗속 산되야지 식식 어리며
　피 흘리고 간 두럭길 두럭길에
　붉은 옷 닙은 문둥이가 울어

13　한하운, 「定本 韓何雲詩集」序文, 無何出版社, 1964.

땅에 누워서 배암같은 계집은
땀 흘려 땀 흘려
어지러운 나-ㄹ 엎드리었다.

- 서정주, 「麥夏」 전문

①에서 서정주는, 〈해〉의 생명력을 〈보리밭〉과 〈문둥이〉, 〈황토〉에 결합시켜 〈붉은 울음〉으로 뱉어 내고 있다. 〈花蛇〉에서와 같이 〈징그러움〉을 통하여 강렬한 생명 의지를 빚어내는 수법은 서정주의 詩가 지니고 있는 강점이라 하지 않을 수 없다. ②에서 그는 다시 〈푸름〉의 공간 위에서 관능미를 유감없이 풀어 헤쳐 놓고 있다. 역시 〈문둥이〉와 〈배암〉을 형상화한 〈징그러움의 미학〉은 ①에서와 같이 〈보리밭〉이라고 하는 시적 공간에서 〈붉음〉의 생명력으로 돌아가고 있지 않은가.

삼라만상의 胎盤인 산천마저 사막으로
한 떨기 꽃도 피어날 가지 없이
한 마리 새도 쉴 나무숲도 없이
별이 쉬어갈 샘물도 없이

- 「인골적」 후반부

몽골 사막을 그린 시이다. 이 시의 주제는 몽골 라마신의 풍습에 저항감을 자신의 것으로 받아들이면서 절망의 구렁텅이로 빠지고 만 것이다. 절대자에게 저항과 天刑의 뼈아픈 피리 소리가 자신의 뼛골 구멍으로 파고드는 바람의 저주로 느끼고 있다. 인간과 신의 싸움, 동물과 인간의 싸움, 그리고 인간과 인간의 싸움조차도 거부한다. 이 시에서도 〈사막〉으로 표상되는 색채 심상은 곧 〈황토흙〉과 같은 이미지인 것이다.

따라서 이 시인의 시 계계는 인간주의 정신에 깊이 뿌리 박고 있다. 신도, 동물도, 그리고 인간도 모두 거부하기에 다다른 것이다. 김윤식의 말대로 한하운의 시를 파악하는 데 장애가 되는 것은 한하운이 〈문둥이〉라는 데 있다.[14] 이런 선입견 때문에 한하운 시인은 문학사의 저쪽에 가리어져 있어야 하는 요인이 되기도 했다.

---

14   김윤식, 「한국현대시론 비판」, 일지사, 1975, P.141.

Ⅲ. 부정 의식否定意識과 공간 상실空間喪失

시에서 자조적自嘲的 정서는 자학自虐으로 나타난다. 서정주의 시에서도 잘 나타나 있지만 한하운에게서는 더욱 구체화되고 있다. 일단은 천형天刑의 지병에서 온 것으로도 볼 수 있기는 하지만, 정상적인 시인들에게서도 그러한 심리적 자학성을 많은 시인에게서 찾아볼 수 있다. 예컨대 金素月, 李箱, 尹東柱, 千祥炳의 자조적인 시와 50년대 시적 분위기가 그러하다. 이러한 양상들은 극한적 상황에 처할 때 아무렇지도 않게 나타난다고 보여지지만, 한하운의 경우 그의 삶은 곧 〈전쟁〉 그것이었고 〈인간소외〉의 절벽이라는 점에서 자학성은 자연스럽다 하지 않을 수 없는 것이다.

한번도 웃어본 일이 없다.
한번도 울어본 일이 없다.

웃음도 울음도 아닌 슬픔
그러한 슬픔에 굳어버린 나의 얼굴.

도대체 웃음이란 얼마나
가볍게 스쳐가는 시장끼냐.

도대체 울음이란
얼마나 짓궂게 왔다가는 포만증이냐.
(중략)
지나는 거리마다 쇼윈도 유리창마다
얼른얼른 내가 나를 알아볼 수 없는 나의 얼굴

- 「자화상」의 일부

    이 시에서 〈웃음〉과 〈울음〉, 〈시장끼〉와 〈포만증〉의 대립적 구조를 내보이며 자조적인 삶의 실체를 진술하고 있다. 이러한 삶에서 시인은 자기 부재의 원초적 존재를 확인하면서 역설적 수사법을 구사하고 있다. 〈내가 나를 알아볼 수 없는 나의 얼굴〉은 현실적인 자아이면서 현실적 자아가 아닌 시적 상상력과 대타적 자아로 증폭시킴으로써 시적 성과를 획득한다. 철저한 자기 부정의 자아는 세계와의 대결에서 자학적 태도와 실존적 자아를 발견한다. 이상의 〈얼굴〉에서와 같은 독백과 역설의 시학이야말로 한하운 시학의 원류라 생각된다.

아니올시다
아니올시다
정말로 아니올시다.

사람이 아니올시다
짐승이 아니올시다.

하늘과 땅과
그 사이에 잘못 돋아난
버섯이올시다. 버섯이올시다.

다만
버섯처럼 어쩔 수 없는 목숨이올시다.

억겁을 두고 나눠도 나눠도
그래도 많이 남을 벌이올시다. 벌이올시다.

- 「나」의 전문

〈나〉는 〈자화상〉의 속편이라고 해도 무방한 이 시는 〈-올시다〉, 〈-아니올시다.〉의 긍정과 부정의 종결사를 써서 자의식을 고조시키는 데 한몫을 하고 있다. 시에서 종결사는 분위기를 고조시키면서 호소력을 한층 높여 주는 구실을 한다. 우리 시에서 자세히 살펴보아야 할 과제로서 종결사에 관한 해석에 주목할 필요가 있다. 〈문둥이=짐승=버섯〉

의 활물적 비유는 원죄 의식을 처절하게 거부한다. 〈억겁의 죄〉로 남을 것이라는 자아의 원망과 함께 〈없음〉, 〈아님〉이라는 부정의 종결사는 자의식을 반전시키고 부정과 긍정의 대립적 구조를 이루면서 〈부정→긍정〉을 이끌어 낸다. 한하운 시에서 역설의 진술은 실존과 통하고 있는 만큼 한국적 정서를 한껏 고조시키고 있음을 확인시켜 준다.

아버지가 문둥이올시다.
어머니가 문둥이올시다.
나는 문둥이 새끼올시다.
그러나 정말은 문둥이가 아니올시다.

하늘과 땅 사이에
꽃과 나비가
해와 별을 속인 사랑이
목숨이 된 것이올시다.

세상은 이 목숨이 설어워서
사람인 나를 문둥이라 부릅니다.

호적도 없이
되씹고 되씹어도 알 수는 없어
어처구니없는 사람이올시다.

나는 문둥이가 아니올시다
나는 정말로 문둥이가 아닌
성한 사람이올시다

- 「나는 문둥이가 아니올시다」의 전문

이 시에서 자학적인 자기 학대는 절정에 이른다. 하늘과 땅 사이에 꽃과 나비가 해와 별을 속인 사랑 때문에 호적에도 없는 잘못 태어난 존재라고 강렬하게 저항한다. 시인의 운명적 삶은 '욕'과 '죄와 벌'로 인식되고 생명의 존엄 앞에서 삶의 고뇌를 숨김없이 풀어헤치는 인간 실존을 극명하게 드러내고 있다. 부정과 모순을 긍정화시키는 것은 곧 줄기찬 생명애로 지향하기에 이른다.

골목 골목/ 낯선 문패와/ 서투른 번지수를 우정 기웃거리며/
(--)저길이 아닌 이 길이 아닌/ 저 길이 되니/ 개가 사람을 업수
녀기고 덤벼든다.

- 「막다른 길」의 일부

이상의 〈오감도〉를 연상케 하리만큼 절박한 시적 공간에서 짐승에게서까지 굴욕을 당하는 것이다. 한하운의 시가 생애적 체험 세계와 깊이 관련돼 있기는 하지만 인간의 원초적 생명 의지는 부정의 역설적 구조 위에 놓여 있다.

지나간 것도 아름답다
이제 문둥이 삶도 아름답다
또 오려는 문드러짐도 아름답다.

모두가
꽃같이 아름답고
…… 꽃같이 서러워라.

한세상
한세월
살고 살면서
난 보람
아라리
꿈이라 하오리.

- 「영가」 전문

    시인의 체념은 여기서 끝나는 것이 아니라 운명애적 자아 성찰에 이른다. 天刑의 병을 앓았던 과거와 문전걸식의 삶과 언젠가 또 찾아올 병마를 예비하면서 삶의 애환을 오히려 운명적으로 받아들이려는 태도다. 〈아라리/ 꿈이라 하오리〉와 같은 체념으로 자기 구제에 이르고 있는 셈이다. 〈아름다움〉과 〈서러움〉이 〈꿈〉이 되는 자아는 현실적 삶의 세계를 뛰어넘는 방편이 되기 때문이다.

간밤에 얼어서
손가락이 한 마디
머리를 긁다가 땅 위에 떨어진다.

이 뼈 한 마디 살 한 점
옷깃을 찢어서 아깝게 싼다
하얀 붕대로 덧싸서 주머니에 넣어둔다.

날이 따스해지면
남산 어느 양지터를 가려서
깊이깊이 땅 파고 묻어야겠다.

- 「손가락 한 마디」 전문

　시인은 또한 자기 긍정을 부정으로 바꾸어 체념으로 감싸안는다. 육신의 일부가 떨어져 나가도 전율하기보다는 오히려 정성스레 싸서 지니고 있다가 양지터에 묻어야겠다는 자아의 너그러움은 자못 달관의 경지에까지 이르고 있다. 시인의 의지는 비단 손가락 한 마디가 아니라 육신 전체라도 양지쪽에 묻고 싶다는 소망인 것이다.
　이처럼 시인은 형극의 나병 생활에서 벗어나는 길은 오직 〈죽음〉밖에 없다는 것을 이미 체득하고 있었던 것이다. 그래서 현실적 삶이 〈꿈〉이기를 소망한 것이다. 한하운이 선택한 서정의 시 세계는 부정에 따른 역설적 구조[15] 안에서 현실적 고뇌를 극복하려는 이상적 자아로 나아가게 되는 것이다. 한하운의 자서전 「나의 슬픈 반생기」를 펴내 준 박거영은, 레프라(문둥병)가 불치의 병으로 인식되던 때에 하늘의 벌을 받았다는 저주와 자조, 그 방황과 좌절 속에서도 끝내 시혼의 불꽃을 올린 한하운, 그는 이 땅의 아웃사이더 시인이기도 했다.[16] 같은 글에서 이 시인의 문단적 환경을 파악할 수 있게 되지만, 30년대 시인들의 영향권 내에 있었으면서도 문단의 아웃사이더로서 동인 활동의 자취는 보이지 않은 점이다.

산천아 구름아 하늘아
알고도 모르는 척할 것이로되
모르면서 아는 척하지를 말라.

구름아 또 흐르누나
나는 가고 너는 오고
하늘과 땅 사이에서
너와 나와 헛갈리누나.

아 아 하늘이라면
많은 별과 태양과 구름을 가졌더냐

---

15 이병헌, 「생명을 부르는 영혼의 소리」, 「보리피리」, 미래사, 1991, (?)
16 박거영, 「나의 슬픈 半生記」(서문), 인간사, 1958.

이렇듯 맑은 세월도
푸른 地平도 건강한 生도 평등할 幸도
나와는 머얼지도 가깝지도 못할
못내 허공에도 끼어질 틈이 없다.

- 「냉수 마시고 가련다」의 앞부분

산천도, 구름도, 하늘도 아는 척하는 것이 없다. 모두가 헛갈림뿐인 것이다. 그러나 시적 자아는 〈별〉, 〈태양〉, 〈구름〉을 갖고 싶어 한다. 하늘이 거느리는 별, 태양, 구름을 통하여 소외된 자아와 상실된 공간의 회복을 갈구하는 것이다.

이 시인에게서 '하늘' 공간은 많은 시에서 나타나고 있으며 '푸름'의 색채 심상과 자연스럽게 어울려 소외의식의 회복 의지로 나타나고 있다. 위의 시에서 이 시인은 '못내 허공에도 끼어들 틈이 없다.'고 말함으로써 자아와 공간 상실을 고조시키고 있어 '한발 재겨 디딜 곳조차 없다'고 했던 이육사의 「절정」에서와 같은 위기감과 소외감을 억누르지 못한다. 인간 소외는 나병인만의 것이 아니다. 정상인에게서도 얼마든지 비극적 정서를 가지고 있다. 한하운의 시적 평가에서 유독 나병인이라는 편견에서 파악하려는 태도는 자칫 해석의 오류를 낳게 될 것이다.

사람도 올 수 없이 막았다.
구름도 올 수 없이 막았다.
바람도 올 수 없이 막았다.
(중략)

죽음을 막는가
바람도 없어라
부엉이는 슬피 우는가.

- 「三防에서」의 일부

이 시의 핵심 제재는 '막았다'라는 종결사로써 '단절'의 정서를 극명하게 나타내고 있다. '죽음'마저도 단절해 버리는 공간에서 '부엉이'를 더욱 공포와 절망감을 고조시키는 시적 자아의 매체로 등장시키고 있다. 오히려 모든 것을 거부하는 자아는 '죽음'조차도 자기에게 맡겨 주질 않는다. 갇혀 있는 삶은 죽음보다도 못하기 때문이다. 이곳에는 바람마저도 올 수 없는 꼿꼿한 공간의 힘만이 존재할 따름이다. 이런 공간에서 자아는 다시 생명을 얻어 내는 것이다. 자아의 삶을 무화시키는 시간과 공간을 초월하는 것으로 파악하고 무시간성의 공간에 엄존하는 것이다.[17] 자아 상실의 회복은 다름 아닌 시간과 공간의 확보에 있기 때문이다. 자아 회복은 상실감을 진술함에서 실현되고 더욱 고조되는 것이다.

흙이 있다.
하늘의 구름과 푸른 지평은
넓기만 한데
문둥이가 살 지적도는 없어

- 「나혼유한癩婚有恨」의 1연

---

17 남송우, 천형과 그 극복의 공간, 부산문예, 1집, 1982, PP.49~50.

나병인끼리의 결혼식이다. 그러나 마음 놓고 살 수 없는 불행한 삶이다. '오늘만이라도 성냥개비로 눈썹을 그리고/ 인조면사포에 웨딩마치를' 하자는 것이다. 그리고 오늘만은 태양이 빛나는 하늘 아래서 새롭게 태어나자는 것이다. 하늘이 내려 준 인간 본연의 사랑에 병인과 정상인의 차이가 있겠는가. 태어날 때부터 나병인이 어디 있었겠느냐는 물음은 인간주의의 항변이다. 그러나 현실적 자아는, 천지는 넓지만 살 만한 지적도가 없다는 공간 상실의 비애감에 젖는다. 결국 공간 회복의 의지는 실패로 끝나고 인간 소외의 늪에서 벗어나지 못하게 된 시적 자아는 마지막으로 '고향'을 선택할 수밖에 없다.

인류의 삶 가운데 고향은 母胎이며 육체와 영혼의 관계다. 현실적인 난관이나 절망적 경지에 직면했을 때 모든 인간은 천당, 에덴동산, 하늘 세계를 희구하면서 그곳으로 회귀하고자 하는 것이 인간의 공통 분모인 것이다. 그러므로 인간은 태어났던 공간으로 돌아가기를 원한다. 인간이 마음 놓고 돌아갈 곳은 '흙 속', '하늘 속', 그리고 어머니의 따뜻한 품속이다.[18] 즉, '母鄕Motherland'에로의 복귀를 소망함으로써 공간 회복을 성취하려는 것이다.

① 내 고향 함흥은
　수수밭 익는 마을
　누나가 시집갈 때
　가마 타고 그 길로 갔다

18　황패강, '고대 서사문학의 원형', 「신화와 원형」, 고려원, 1992, PP.149~163.

내 고향 함흥은
능금이 빨간 마을
누나가 수줍어할 때
수수밭은 익어갔다.

- 「사향思鄕」의 전문

② 산천을 소리쳐 불러보고 싶구나
　고향을 소리쳐 불러보고 싶구나

　산에서 들에서
　뻐꾸기가

　누구를 부르는가
　누구를 찾는가
　내 마음같이 혼건히 울고 있는데

　산천은 전과 같이 나를 반기네
　고향도 전과 같이 나를 반기네

- 「귀향」 중간부분

③ 알아보는 제 고향 인정이래도
　나는 산 넘어 산 넘어 봐도
　고향도 인정도 아니더라

이제부터 준령을 넘어넘어
       고향 없는 마을을 볼지
       마을 없는 인정을 볼지

       -「고향」2/3연

　　위의 시들에서 각기 다른 고향의 모습을 발견하게 된다. ①은 고향의 정경이고 ②는 반겨주는 고향 ③은 잃어진 고향이다. 고향의 모습은 저마다의 처지에 따라 현존하는 고향일 수도 있고 이상적 존재일 수 있다. '어머니/ 흙으로 돌아가선/ 말이 없는 어머니'(어머니의 마지막 부분) 이처럼 한하운은 모향 회귀를 갈구한다.
　　그러나 시인은 ①②와 같은 고향은 없고 다만 ③의 고향뿐이다. 결국 고향은 상실된 공간으로밖에 남아 있을 수밖에 없다. ①에서 어린 시절에 살았던 고향은 수수밭과 빨간 능금이 익어가고 어머님과 누나와 함께 살았던 행복한 공간이었다. 그러나 지금은 이들 모두가 존재하지 않은 고향인 것이다. 오직 지난날의 공간일 따름이다.
　　②는 떠돌다 그리워 찾아가는 고향이다. 비록 어머님과 누나는 떠났어도 정다운 이웃들이 살고 있어 그래도 반겨 주는 고향이다. 그러나 ③에 오면 아무도 반겨 주지 않는 변질되고 낯선 공간으로밖에 남아 있지 않은 것이다. 그래서 시인은 산을 넘고 넘어 찾아갔지만 '고향도 인정도 아니더라'는 실의와 배신감으로 떠나와야만 하는 것이다. 한하운 시에서 공간 상실의 회복에 실패함으로써 상대적으로 좌절과 절망의 정서가 비극적 정서로 강하게 드러나게 되는 것이다. 이런 경우는 지용, 동주의 시에서도 찾아질 수 있을 것이다.

Ⅳ. 맺음말

　　한하운의 시 세계는 대부분이 회화적 수사법과 공간 상실의 회귀 지향을 구사하는 데 성공하고 있다. 아울러 〈개구리〉, 〈산가시내〉, 〈쉬이 문둥이〉에서 보듯이 청각적 심상, 그리고 동시적 리듬을 빌어 모더니즘적 분위기와 닮아 있다. 그런가 하면 감각적 생명력은 서정주 시의 강렬한 이미지에 닿아 있음도 확인하게 된다.

　　한하운의 시 세계는 무엇보다도 자기 회복을 위한 색채 심상과 공간 상실의 비극적 정서가 특징임을 놓쳐서는 안 될 것이다. 천형과 같은 지병으로 일생을 살아야만 했던 시인은 아무 데도 머물 곳이 없는 유랑인으로서 소외되고, 차단된 인간의 벽을 마주하며 살아야만 했던 것이다. 한하운에게서 유일한 생존 방식이 있다면 삶의 부정과 거부 외에는 아무것도 없는 것이다. 따라서 상실된 공간과 부정 의식의 결합은 당연한 것이다.

　비록 〈데모〉, 〈명동거리〉, 〈고오스톱〉, 〈양녀〉, 〈인골적〉, 〈한여름밤의 빙궁〉 등과 같은 현실 비판의 시에서는 실패했다 하더라도 인간 고뇌의 시 정신이 역사의식에도 닿아 있음도 빼놓을 수 없다. 자학과 좌절, 그리고 상실의 비애감이 한하운의 시에서 주조를 이루게 된 것은 다름 아닌 시대적 상황과 자신의 비극적 삶이 겹친 데서 찾아진다. 한하운 시의 서정성은 인간의 모순된 원죄 의식에 뿌리를 두고 있는 한편 삶의 근원을 찾아 헤매었던 시 정신이 곧 한하운의 시 세계라고 할 수 있겠다.

　이제까지의 한하운 시 연구는 탐색 작업에 불과하다. 우리 현대시사의 넓이와 깊이를 위해서는 우리 시의 전통적 정서 문제가 폭넓게 다루어져야 하고 시인의 체험 세계가 메타포적 수사법으로 어떻게 나타나고 있으며 또한 상징 체계가 어떻게 이루어지고 있는가를 검토해야 할 것이다. 한하운은, 식민지적 상황 의식을 수반하면서 모더니즘적 기법과 함께 30년대의 문단적 감각을 누구보다도 짙은 감수성으로 내포하는 한편, 영원 회귀의 자연적 생명력을 한껏 펴 보인 시인에 해당한다.

2

천상병의 시 세계

- Ⅰ 머리말
- Ⅱ 초기 시의 비극적 정서
- Ⅲ 대립적 공간 구조
- Ⅳ 후기 시의 실존 의식
- Ⅴ 맺음말

I. 머리말

      천상병이 문학 활동을 시작한 것은 1949년 19세 때부터 동인지 「죽순」, 「처녀」지 등의 동인지에 시를 발표하면서부터다. 이후 1952년 「문예」지의 추천을 거쳐 문학 활동을 시작으로 몰년인 1993년까지 근 40여 년에 걸쳐 그가 남긴 작품은 8권의 시집과 산문집, 동화집 등이 있다.

      이 시인에 관한 문학적 평가는 동심과 자연 친화의 시인[1]을 시작으로, 순결의 시인[2], 무욕의 시인[3], 무소유·자유인[4], 순진무구의 시인[5], 평화적 자유인[6] 등으로 요약할 수 있다. 천상병은 연보 상으로 1930년 일본에서 태어나 그곳에서 초등학교를 마치고 중학교 2학년 재학 중 광복을 맞아 귀국해서 마산중학교 2학년에 편입하여 5학년 재학 중 시를 쓰기 시작한 것으로 보아, 보기 드물게 이른 시기부터 시에 눈을 뜬 시인이다.

　시인이 살다 간 시대는 일제 치하를 거쳐 한국 전쟁기, 그리고 민주화 과정에서 분단에 따른 안보적 상황이 고조됐던 60년대 70년대를 살아야 했다. 그는 60년대 동백림 사건에 연루되어 6개월간의 옥고와 혹독한 전기 고문을 당하기도 한다. 특히 전쟁기에 부산 피란 생활에서 그는 시대고와 함께 시작에 불태워야 했고 대학 공부를 했으니 그의 많은 작품이 무관하지 않다.

　천상병의 시 세계는 전후기 이분하여 검토될 수 있을 것이다. 70년대를 전후하여 그의 시적 변모가 나타나기 때문이다. 전기가 데뷔로부터 70년대 초 수락산 생활 이전까지라면 그 이후부터 몰년까지라 할 수 있을 것이다. 전기의 시가 순수한 서정의 이상 세계라 한다면, 후기 시는 현실에 집착한 세속적인 시 세계라 하겠다.

1　조태일, 〈민중언어의 발견〉, 창작과 비평, 23호, 1972. 3. p. 93.
2　김우창, 〈순결과 객관의 미학〉, 창작과 비평, 51호, 1979. 3. p.196.
3　최동호, 〈천상병의 무욕의 새〉, 「아름다운 이 세상 소풍 끝내는 날」, 미래사, 1991. pp.139~147.
4　김재홍, 〈무소유·자유인〉, 현대문학, 1993. 6. pp.82~83.
5　신경림, 〈순진무구의 시인〉, 「한국현대시의 이해」, 진문출판사, 1982. pp.393~396.
6　천승세, 〈평화만 쪼으다 날아가 버린 파랑새〉, 「천상병 시전집」, 평민사, 1996, pp.1~7.

Ⅱ. 초기 시의 비극적 정서

　　초기 시에 나타난 천상병의 시적 정서는 슬픔, 눈물, 그리움, 기다림 등이 주류를 이루는데 이것들은 〈새〉를 매체로 하고 있다. 자아와 세계의 관계를 상징적 매체로 삼고 있는 〈새〉는 10여 편에 달하고 있음을 쉽게 찾을 수 있다. 위의 시는 1959년(사상계)에 발표한 작품으로서 새는 시적 자아의 체념과 성찰로부터 출발한다. 시인은 삶의 성찰에서 자신을 새와 동격화한다. 삶의 아름다움과 기쁨, 사랑과 슬픔을 실존적 자아를 찾아내려 한다. '외롭게 살다 외롭게 죽을/ 내 영혼의 빈터에/ 새날이 와, 새가 울고 꽃잎 필 때는,/ 내가 죽는 날/ 그 다음 날.'에서 보듯이 시인은 이미 〈죽음〉을 껴안고 새를 바라보는 것이다. 살아 있을 동안에도 새는 태어나고 내 곁에 와서 울었다. 내가 죽은 이후에도 새는 그러리라는 미래 시제를 설정해 놓고 죽음조차도 초월하는 영원의 세계를 마련한 것이다.

시적 자아는 내가 죽는 날, 그다음 날 자신에게 찾아와 울어 주는 〈한 마리 새〉이기를 희구하고 있는 것이다. 이렇듯 천상병의 초기 시는 자연 심상과 시적 자아를 자연스럽게 결합시키고 있다.

김재홍은, 천상병 시의 핵심은 〈새〉의 상징과 〈하늘〉 표상이라고 했다.[7] 첫 시집이 그렇듯이 천상병은 초기에서 70년대 초까지 지속적으로 새를 제재로 선택하고 있다.

> 외롭게 살다가 외롭게 죽을
> 내 영혼의 빈터에
> 새날이 와, 새가 울고 꽃잎 필 때는,
> 내가 죽는 날.
>
> 산다는 것과
> 아름다운 것과
> 사랑한다는 것과의 노래가
> 한창인 때에
> 나는 도랑과 나뭇잎가지에 앉은
> 한 마리 새,
>
> 정감에 그득한 계절,

---

7 김재홍, 앞의 글, p. 89.

슬픔과 기쁨의 주일,
알고 모르고 잊고 하는 사이에
새여 너는
낡은 목청을 뽑아라.

살아서
좋은 일도 있었다고
그렇게 우는 한 마리 새.

- 「새」

나는 나는/ 죽어서/ 파랑새 되어//
푸른 하늘/ 푸른 들/ 날아 다니며//
푸른 노래/ 푸른 울음/ 울어 예으리//
나는 나는/ 죽어서/ 파랑새 되리.//

- 「파랑새」

    천상병의 〈죽음〉과 한하운의 〈죽음〉은 다 같이 〈새〉를 매체로 한다. 한하운은 새를 통하여 현실적 속박을 떨치고자 하는 시공성의 〈자유〉를 희구한다.[8] 새의 이미지는 천상병과 다를 바가 없다. 미래의 〈죽음〉을 환기하면서 자연적 상관물을 매개로 삼고 있는 것은 우연한 것이

---

8   졸논문, 한하운의 시세계, 동신대 인문논총, 제3집, 1996. pp.47-48.

아니다. 이른바, 전통성의 실마리는 이런 데서도 찾아질 수 있다.[9] 천상병은 많은 〈새〉 제재를 자유분방하게 구사하면서 삶의 온갖 고뇌에서 탈출하고자 한다.

> 날개를 가지고 싶다.
> 어디론지 날 수 있는
> 날개를 가지고 싶다.
> – 중략 –
> 나는 어디로든지 가고 싶다.
> 날개가 있으면 소원성취다.
> 하느님이여.
> 날개를 주소서 주소서….
>
> -「날개」

직설적인 표현이지만 천상병이 지향하는 세계는 자아의 진실과 세계의 현실상이 서로 어긋날 때 생성되는 비극적 세계관이다.[10] 그 때문에 천상병의 〈새〉는 자신의 비유적 대상으로 더러는 현실적 비판으로 강화되기도 하고, 하늘 지향의 의도로 나타난다. 현실 비판의 경우, 1967년 동백림 사건에 연루되어 6개월간의 옥고를 치른 일과 무관하지 않다.

---

9   김우창, 앞의 글. pp.218~221.
10 김재홍, 앞의 글, 현대문학, 93.6, p.88.

이젠 몇 년이었던가
무서운 집 뒷창가에 여름 곤충 한 마리
땀 흘리는 나에게 악수를 청한 그날은…

내 살과 뼈는 알고 있다.
진실과 고통
그 어느 쪽이 강자인가를…

내 마음 하늘
한편 가에서
새는 소스라치게 날게 편다.

- 「그날은」

    시인은 '아이론 밑 와이셔츠 같이 당한 그날'이라고 회고하면서 진실과 고통, 공포감이 자리하고 있다. 그의 내면에 새와 하늘을 갖고 있다. 진실이 이상적 세계라면 고통은 현실적 삶이 되는 것이다. 새는 이 두 세계를 오르내리는 시적 자아라 하겠다. 이 시에서 중심 제재는 무서움이다. 곤충에게서도 공포의식이 발동하고 악수를 청하는 대상에게서조차 식은땀이 흐르는 것이다. 이 위기감은 시의 앞부분인 '이제 몇 년이었던가'의 과거 일을 회상하게 된다. 아직도 시인은 내 마음 한 켠에 있는 새에게 자기 구제를 시도한다. 현실 탈출의 출구를 시도한 것이다. 그러나 그 새마저도 〈소스라침〉을 어찌할 수가 없는 것이다. 〈새〉는 천상병에게 유일한 자아 출구이며 하늘에 이르는 매개인 것이다. 지상과 하늘, 현실과 이상 세계의 대립적 구조를 이루면서 비극적 정조를 고조시켜 가는 것은 천상병 시인 특성일 수 있다. 수사적 기법을 선택하지 않은 대신 대립적 이미지를 빌려 시적 긴장을 제공하는 것은 이 시인 특유의 시 세계이기도 하다.

> 저 새는 날지 않고 울지 않고
> 내내 움직일 줄 모른다.
> 상처가 매우 깊은 모양이다.
> 아시지의 성프란시스코는
> 새들에게
> 은총설교를 했다지만
> 저 새는 아프기만 한 것이다.
> 수백년 전 그날 그 벌판의 일몰과 백야는
> 오늘 이 땅 위에
> 눈을 내리게 하는데
> 눈이 내리는데…
>
> - 「새」 (1965. 3. 여상)

천상병의 새 이미지는 〈갈매기〉(52. 문예 천료 작)를 시작으로 70년대 초까지 이어지고 있다. 그는 〈갈매기〉에서 '그대로의 그리움이/ 갈매기로 하여금/ 구름이 되게 하였다// 기꺼운 듯/ 푸른 바다의 이름으로/ 흰 날개를 하늘에 묻어 보내어'라고 한다. 〈새〉와 〈하늘〉 의식을 이미 내보여 주고 있으며 또한 시인의 공간 의식을 짐작게 한다. 서러움과 그리움, 외로움, 그리고 기다림의 정서는 공간 의식과 맞물리면서 일관되게 관류하고 있으며 비극적 정조와 긴장을 고조시키고 있다.

　천상병 시에서 〈새〉는 〈햇발〉을 날라다 주는 매체이기도 하지만, 날지 못하고 울지 못하는 좌절의 새일 때 자아와 세계 사이의 거리감을 좁히지 못하게 된다. '아시지의 성프란시스코는/ 새들에게/ 은총 설교를 했다지만/ 저 새는 아프기만 한 것이다.'에서 은총을 받지 못한 새는 날지도 못하고 울지도 못하며, 움직일 수도 없는 비극적 상황에 놓인 새에게는 깊은 상처가 있기 때문에 소외와 좌절을 주체하지 못한다.

　　　슬픔 옆에서
　　　지겨운 기다림
　　　사랑의 몸짓 옆에서
　　　맴도는 저 세상 같은
　　　한낮의 별빛을 너는 보느냐…

　　　물결위에서
　　　바윗덩이 위에서
　　　사막 위에서
　　　극으로 달리는
　　　한낮의 별빛을 너는 보느냐…

　　　새는
　　　온갖 한낮의 별빛 계곡을 횡단하면서

울고 있다.

- 「한낮의 별빛(새)」(1970. 6. 창작과 비평)

슬픔, 기다림, 사막, 바위 등의 시어는 새의 한계 상황이다. 순수 지향은 좌절에 부딪힌다. 이를 극복하고자 하는 의지가 〈새〉다. 별빛 계곡을 횡단하면서 우는 새는 고독의 존재다. 시인의 현실적 고뇌와 슬픔을 극복하기 위해 〈빛〉과 〈저세상〉을 그리워한다. 거친 물결, 바위, 사막과 같은 어두운 현실을 밝게 해 줄 빛의 세계로 나아가고자 한다.

우리의 서정시 가운데 비극적 정서가 차지하는 비중은 현저하다. 거슬러 올라가면 황조가 이후, 고전시가들에서도 쉽게 찾아진다.[11] 근대시에 들어 김소월, 한용운 등에 이어 30년대 이후 현재까지도 지속되고 있다. 천상병 역시 예외가 아님을 앞의 시에서 말해 준다.

천상병의 비극의 요인은 대자적인 것과 대타적인 것을 아울러 갖고 있는데 그의 극복 방식은 새를 매개로 한 좌절적 극복 태도라고 볼 수 있다.[12]

---

11   졸저, 「한국문학의 서정성 연구」, 대왕사, 1993. pp. 36-51.
12   ―, 위의 책, p.33.

III. 대립적 공간 구조

　천상병 시에게 하늘, 새, 고향, 길, 변두리 등의 주제소는 시인의 세계관에 밀접하게 관련되어 있다.

　① 저 하늘에서
　　이 하늘로,

　　아니 저승에서 이승으로

　　새들은 즐거이 날아 오른다.
　　(중략)
　　저것 보아라.

오늘 따라
이승에서 저승으로
한 마리 새가 날아간다.

- 「새」(1966. 2. 시문학)

② 나 하늘로 돌아가리라
새벽빛 와 닿으면 스러지는
이슬 더불어 손에 손을 잡고,

나 하늘로 돌아가리라.
노을빛 함께 단둘이서
기슭에서 놀다가 구름 손짓하며는,

나 하늘로 돌아가리라.
아름다운 이 세상 소풍 끝내는 날,
가서, 아름다웠더라고 말하리라….

- 「귀천」(1970. 6. 창작과 비평)

③ 아버지 어머니는
고향 산소에 있고

외톨배기 나는
서울에 있고

형과 누이들은
부산에 있는데,

여비가 없으니
가지 못한다.

저승가는 데도
여비가 든다면

나는 영영
가지도 못하나?

생각느니, 아,
인생은 얼마나 깊은 것인가.

- 「소릉조小陵調」 (1972. 2. 월간문학)

①은 〈하늘〉 공간이다. 하늘은 〈저승〉이며 〈이승〉은 땅이다. 이 두 공간은 대립적 구조를 이룬다. 이곳을 날아다니는 것은 〈새〉다. 하늘 ↔ 새 ↔ 땅을 자유자재로 오가는 존재(새)를 시인은 희구하고 있다. 시인은 마음속에 자유롭게 오르내리는 새가 되고 싶은 것이다. 그러나 시인의 현실은 그렇지가 못하다. 그래서 시인은 새가 되기를 소망한다. 그것도 즐겁게 나는 새가 되고자 한다. "저것 보아라/ 오늘 따라/ 이승에서 저승으로/ 한 마리 새가 날아간다."에서 〈간다〉라는 동사는 〈귀천〉에서

와 같이 의미심장한 상상력이다. 즉, '회귀 의지'이기 때문이다. 하늘 → 지상 → 하늘의 회귀 심상은 하늘과 땅의 대립적 구조를 화해시키는 순환 구조와 다를 바가 없다. 그래서 〈새〉는 화해의 매개이기도 하다.

②는 새벽빛을 받으며 이슬과 더불어 노을과 함께 구름과 손짓하면서 하늘에 닿고 싶다는 것이다. 하늘에 올라가서 "세상은 아름다웠더라"라고 말하고 싶단다. 어찌 보면 유아적 상상력처럼 보인다. 천상병의 시는 이처럼, 아이러니로 말미암은 해학과 풍자, 페이소스를 아울러 가지고 있어 역설의 진실[13]을 특징으로 하고 있다. 이런 특징은 70년대 이후 동심 지향과도 맥을 같이 한다.

③의 시에서 언뜻 보기에는 〈가난〉의 문제와 관련된 듯하지만, 〈저승〉 세계 지향이다. 저승에 가는 데도 여비가 든다면 갈 수 없다는 존재라는 말이다. 인생은(인간) 〈얼마나〉 어리석은가를 시사해 준다. 여기서 서정주의 시를 살펴볼 필요가 있다.

    이 다소곳이 흔들리는 수양버들 나무와
    베갯모에 놓이듯한 풀꽃더미로부터,
    자잘한 나비새끼 꾀꼬리들로부터,
    아주 내어밀 듯이, 향단아,

    산호도 섬도 없는 저 하늘로
    나를 밀어올려다오.

---

13   김재홍, 앞의 글, p.83.

-중략-

서西으로 가는 달같이는

나는 아무래도 갈 수가 없다.

-하략-

- 서정주, 「추천사(춘향의 말 1)」

천상병의 시에서는 〈새〉가 하늘로 가는 매개라면 이 시에서는 새 대신 〈향단〉으로 나타나고 있다. 〈새〉는 날 수 있는 역동성의 존재이지만, 〈향단〉은 그렇지 못하는 인간임에 차이가 있다. 천상병은 날 수 있는 존재를 선택하고 있으나, 서정주는 날 수 없는 매체를 선택하면서 〈그네〉를 끼워 넣었다. 두 시 모두 〈하늘〉 지향의 시라 하겠다. 서정주는 인간의 한계를 체념적으로 결말 지우고 있으며 천상병은 하늘로 돌아갈 것을 확신하고 있다. 아름다운 이 세상을 소풍으로 설정한다. 그리고 하늘에 가서 '아름다웠다'고 말하겠다는 의지를 내보이고 있는 것이다. 그러나 ③의 경우와 같이 역설의 진실을 보여 주고 있다. 천상병의 〈하늘〉 지향은 단순한 자연적 우주 현상이 아닌 절대자적 존재 인식이다. 물론 가톨릭적 세계관이라는 점에서라기보다는 우주적 존재 상징이라는 점에 있다. 그러므로 〈새〉는 지상적 존재를 천상적 존재로 상승하는 매체임이 확실한 것이다. 하늘의 뜻에 따라 지상의 존재가 경영된다는 것을 천상병의 많은 시에서 발견할 수 있다.

천상병의 시적 공간 구조는 지상 → 하늘이 상승 구조라면 하늘 → 지상은 하강 구조인 것이다.

여기서 〈귀천〉은 상승 구조이지만, 〈소릉조〉는 하강 구조라 할 수 있을 것이다. 결국 천상병 시는 상승 구조보다는 하강 구조가 우세하기 때문에 슬픔, 좌절, 체념 그리고 분노 등의 비극적 정서로 나타난다. 〈귀천〉에서 짙게 나타나는 회귀 의식 즉, '돌아가리라'는 절실한 진술은 죽음을 영원함과 자유로움, 진정한 안식의 공간[14]이라고 하겠다. 회귀 공간은 고향, 집, 무덤 등의 원형적 심상과도 맥을 같이 하는 자기 구원의 공간인 것이다. 이처럼 천상병은 대립적 구조를 이루면서 화해의 매개로서 〈새〉를 끼워 넣는다.

> 골목에서 골목으로
> 거기 조그만 주막집
> 할머니 한 잔 더 주세요.
> 저녁 어스름은 가난한 시인의 보람인 것을…
> 흐리멍텅한 눈에 이 세상은 다만
> 순하기 순하기 마련인가,
> 할머니 한 잔 더 주세요.
> 몽롱하다는 것은 장엄하다.
> 골목 어귀에서 서툰 걸음인 양
> 밤은 깊어 가는데,
> 할머니 등 뒤에
> 고향의 뒷산이 솟고
> 그 산에는

---

14 고형진, 〈천진난만한 삶과 영원한 안식처로의 귀의〉, 시와시학, 11호. 1993. p.267.

철도 아닌 한겨울의 눈이 펑펑 쏟아지고 있는 것이다.

- 「주막에서」

시 「소릉조」와 함께 고향 회귀의 작품이다. 할머니는 향수를 환기시키는 기능을 하면서 고향의 안온함을 제공하는 것이다. 시인의 오랜 낭인 생활은 늘상 고향 상실의 소외감과 가난의 문제를 떨쳐 버리지 못하는 것이다. 할머니를 통하여 고향의 모성과 추억을 찾아 과거 속으로 회귀하고자 한다. 할머니의 등 뒤에 고향의 뒷산이 보이고 그곳에 얽힌 추억들이 눈발처럼 시인에게 다가오는 것이다.

70년대를 전후하여 시적 공간은 수락산 주변으로 옮아간다. 「수락산변」을 비롯하여 산과 시냇물, 계곡 등의 자연적 사물의 시들이 그것이다. 천상병이 이처럼 초기 시의 서정 공간이 변모된 것은 결혼과 함께 정착된 생활에서 찾아진다.

이 근처는 버스로 도심지까지 가려면
약 한 시간이 걸리는 변두리.
수락산 아랫마을이다.

물 좋고 산 좋은 이곳,
사람도 두터운 인심이다.
그래서 살기 좋은 고장이다.

오늘은 부실 보실 비가 오는데,

날은 음산하고 봄인데도 춥다.
그래서 나는 이곳이 좋아 이곳이 좋아.

- 「변두리」

「귀천」이나 「소릉조」에서와 같은 서정성에는 못 미치는 자연 서정시에 그치고 만다. 「촌놈」에서는 "서울에서 80미터 거리의 근처에는 논과 밭이 있으니 촌놈으로서 행복하다"라고 소시민적 진술을 하고 있다. 천상병의 시적 공간은 초기 시에서는 하늘 공간으로써 무한성, 영원성을 추구했으나 후기로 오면서 지상적 자연 공간으로 변모하고 있음을 보여 주고 있다.

Ⅳ. 후기 시의 실존 의식

　　천상병의 후기 시는 완전히 시적인 것을 버리고, 있는 그대로의 산문적 일상을 선택하면서도 보이지 않게 철학적, 정치적 의미를 풍긴다.[15] 그런 가운데서도 실존적 자아의식은 ①가난의 문제와 휴머니즘적 동심 세계, 그리고 가족애가 담긴 서정시 ②종교적 세계관 ③현실 비판의 시적 전개가 시도된다. 천상병은 「나의 시작의 의미」와 「나의 기도」에서 너무 외로우면 시를 못 쓴다. 고독할 때면 언제나 하느님을 생각하고, 고독해지지 않으려고 했으며, 생활을 사랑하고, 생활은 자신의 시라고 고백한다. 그리고 "나이가 들었으니 사회에 눈도 뜨이고 생각도 많으

15　김우창, 앞의 글, pp.218-221.

니, 이제는 사회 비판 시를 써 볼까"라고 말한다.[16] 천상병의 후기 시에서 실존 의식은 「불혹의 추석」, 「연기」, 「편지」, 「나의 가난은」, 「바람에게도 길이 있다.」, 「창에서 새」 등에서 찾을 수 있다. "나이 사십에 나는 비로소 나의 길을 찾아간다"라는 시인은,

> 점심을 얻어먹고 배부른 내가
> 배고팠던 나에게 편지를 쓴다.
>
> 옛날에도 더러 있었던 일,
> 그다지 섭섭하진 않겠지?
>
> 때론 호사로운 적도 없지 않았다.
> 그걸 잊지 말아주기 바란다.
>
> 내일을 믿다가
> 이십 년!
>
> 배부른 내가
> 그걸 잊을까 걱정이 되어서
>
> 나는

---

16   천상병, 「산문전집」, 평민사, 1996, pp.378-379.

자네한테 편지를 쓴다네.

- 「편지」

시적 자아가 역시 시인 자신으로 되어 있는 시이다. '내일을 믿다가 이십 년!'의 삶을 확인한다. 풍요와 결핍의 대립적 상황 속에서 지나온 삶의 성찰을 내보인다.

오늘 아침을 다소 행복하다고 생각는 것은
한 잔 커피와 갑 속에 두둑한 담배,
해장을 하고도 버스값이 남았다는 것.

오늘 아침을 다소 서럽다고 생각는 것은,
잔돈 몇 푼이 조금도 부족이 없어도
내일 아침 일도 걱정해야 하기 때문이다.

가난은 내 직업이지만
비쳐오는 이 햇빛에 떳떳할 수가 있는 것은
이 햇빛에도 예금통장은 없을 테니까….

- 「나의 가난은」

이 시는 앞의 「편지」의 속편과 같은 성격을 띤다. '가난은 내 직업'이라는 풍자적 수사는 「소릉조」에서도 나타났듯이 "저승 가는 데도 여비가 든다면 영영 가지도 못하나"라고 했으니 천상병의 가난 문제는 초

탈한 삶의 역정 속에서 길들여진 것이었고, 물질적 결핍으로부터 자유롭고자 했음을 대변해 준다고 하겠다. '햇빛에 떳떳할 수 있는 것은' 예금통장이 없기 때문이라는 행복론의 일단을 말해 준다. 이처럼 천상병의 가난은 현실을 초월한 이상주의에 있다고 하겠다.

> 강하게 때론 약하게
> 함부로 부른 바람인 줄 알아도
> 아니다! 그런 것이 아니다!
>
> 보이지 않는 길을
> 바람이 용케 찾아간다.
> 바람길은 사통팔달이다.
>
> 나는 비로소 나의 길을 가는데
> 바람은 바람길을 간다.
> 길은 언제나 어디에나 있다.
>
> - 「바람에게도 길이 있다」

후기 시에서 〈바람〉, 〈길〉, 〈비〉 등 자연 대상과의 만남은 실존적 자아의 성찰을 알리는 시편들이다. 길은 어디에나 누구에게나 있지만 바람의 길과 사람의 길은 다르다고 진술하고 있다. 여기서 바람은 자연 현상적 의미를 벗어나 길은 많아도 갈 길이 다르다는 것을 일러 준다. '나는 비로소 나의 길을 가는데/ 바람은 바람길을 간다'는 것이다. 〈비로소)의 부사적 의미는 시인의 실존적 성찰을 말해 주는 것으로서 삶의 역정을 압축해 준다. 그래서 시인은 과거적 삶을 현재적 삶으로 대치시킨다. 그러면서 바람을 통해 우주적 질서의 필연성에 도달하려는 태도로 보인다.

> 한 그루의 나무도 없이
> 서러운 길 위에서
> 무엇으로 내가 서 있는가.
>
> 새로운 길도 아닌
> 먼 길
> 이 길은 가도가도 황톳길인데
>
> 노을과 같이
> 내일과 같이
> 필연코 내가 무엇을 기다리고 있다.
>
> - 「약속」

이 시에서 〈길〉은 기다림이다. 그 길은 서러움이고 필연적인 존재인 것이다. 그러나 〈길〉은 끝없는 황톳길이다. 한하운의 〈전라도 길〉을 연상하게도 되지만, 이 시인의 경우, 현실적 지상地上의 길이 아니라 천상天上의 길임을 주시할 필요가 있다. 이 두 시인의 〈길〉 역시 실존적 소외의식임을 쉽사리 발견하게 된다. '노을과 같이/ 내일과 같이/ 필연코 내가 무엇을 기다리고 있음'의 〈기다림〉의 미학은 천상병이 지향하는 시 세계의 하나가 된다.

> 길은 막힌 데가 없구나
> 가로 막는 벽도 없고
> 하늘만이 푸르고 벗이고
> 하늘만이 길을 인도한다.
> 그러니
> 길은 영원하다.
>
> -「길」

〈바람〉과 〈길〉은 도가적 의미로 묘사되고 있다. 천상병이 추구하고 있는 인생관을 말해 준다. '길은 영원'한 진리인 것이다. 그런데 그 길은 하늘만이 인도할 수 있기 때문에 절대 진리는 〈하늘〉이라는 것이다. '나는 죽으면 땅 속인데/ 그래도 나의 영혼은/ 하늘에의 솟구침이어야 하는데/ 죽은 다음에는 연기이기를!' (「연기」)에서 〈하늘〉과 〈영혼〉의 길을 소망하고 있음을 본다. 결국 시인의 자기 성찰은 〈바람〉, 〈길〉을 통하여 〈하늘〉에 이르고자 하는 것이다. 이 경우, 시인은 현실적 고뇌로부터 벗어날 수 있는 길은 〈하늘〉에 이르는 것이라 했다. 이 시인에게서 전후기를 통하여 일관되게 나타나는 시의 특징은 〈하늘〉 지향이라 생각된다.

> 하늘에는 구름이 뜨고

새가 날으고
가이 없이 무궁무진하다
태양이 오르면
달과 별은 내일을 예고 한다.

하늘이여 하늘이여
그 위에 계실 하느님에게
감사하며 내 삶의 보람을 찾는다.

-「하늘」

　이 시는 천상 낙원의 상상력을 보여 준다. 그러나 하늘 위에 〈하느님〉이 존재한다는 동심적 발상을 배제할 수 없지만, 이것은 시인의 종교관에서 파악함이 옳을 것이다. 대표되는 작품으로 「예수님의 초상」, 「하느님 말씀 들었나이다」, 「하느님은 어찌 탄생했을까?」 등이 있으나 그의 신앙시는 동양적 경천사상과 절대자에 대한 외경심을 동일시했던 것으로 짐작된다.

① 나는 지금/ 한쪽 다리와/ 한쪽 팔 만으로/
　살고 있는 것 같습니다. 예수님! 예수님!/
　제발 돌아와 주소서
　그렇잖으면 저는/ 한 알의 흙과 같습니다.

② 하늘에서/ 나즈막하나,/ 그래도 또렷한 우리

말로/ '망상은 안돼' 하는/ 말씀이 들리시더니/
또 일분 후에/ '팔팔까지 살다가
그리고 더'라는/말씀이 들렸습니다./ 하느님의
말씀이 틀림없습니다/ …그냥 길바닥에 주저앉아/
한참 명상에 잠길 수밖에 없었습니다.

③ 우주에서/ 제일 처음으로 유가 되신 하느님은/
친구가 친구를 찾는다고/ 대우주의 별과 별을/
창조하셨을 것이다/ 빛과 천체와 그늘을/
창조하신 하느님은/ 흙으로 인간을 빚으시고/
만물을 태어나시게 했을 것이다.

「하늘」이 하느님의 은총이라면, ①은 하느님의 구원 ②는 하느님과의 교감 ③은 창세기적 성서 내용이다. 자기 존재의 성찰과 인간으로서의 한계를 〈하느님〉에게 의지하려는 현실적인 무력감은 만년에 들어 시인의 건강과 관련되어 있다. 고문의 후유증과 만성 간경화증은, 시인으로 하여금 종교에 의탁하려는 의지는 당연한 인간의 모습이라 하겠다.

후기 시에서 두드러지게 나타나는 신앙적 태도는 〈어린이〉, 〈가족애〉 등 현실적 일상과 어울려 인간적 고독에서 벗어나려고 하는 한편, 퇴행적 동심 세계로 복귀하는 결과가 된다.

아가야, 왜 우니? 이 인생의 무엇을 안다고 우니? 무슨 슬픔 당했다고, 괴로움이 얼마나 아픈가를 깨쳤다고 우니? 이 새벽 정

처 없는 산길로 헤매어 가는 이 아저씨도 울지 않는데… 아가
야, 너에게는 그 문을 곧 열어줄 엄마손이 있겠지. 이 아저씨에
게는 그런 사랑이 열릴 문도 없단다. 아가야 울지마! 이런 아저
씨도 울지 않는데

- 「아가야」(1970. 2. 여원)

시인은 정처 없이 가파른 산길(삶의 길)을 헤매어 간다. 반겨줄 어
머니 사랑도 없고, 슬픔과 괴로움만을 안고 사는 시적 화자는 대문 앞
에서 울고 있는 〈아가〉에게 시선을 보낸다. 시인은 〈아가〉를 통해서 인생
의 깊이를 헤아리고자 한다. '인생의 무엇을 안다고, 아가야 울지마! 이
런 아저씨도 울지 않는데.' 시인은 아무에게도 자신의 〈눈물〉을 보이려
하지 않는다. 이것은 자기 억제의 연민으로 시적 아름다움을 이끌어 올
리는 데 이바지하고 있다. '생각느니, 아,/ 인생은 얼마나 깊은 것인가.(소
릉조)'라고 했듯이 삶의 고통을 인식하고 있다.

요놈! 요놈하면서
내가 부르면
어린이들은
환갑 나이의 날 보고
요놈! 요놈한다.

어린이들은
보면 볼수록 좋다.

잘 커서 큰일 해다오!

- 「난 어린애가 좋다」

천상병에게서 인생은 두말할 나위 없이 로마디즘의 굴레에서 벗어나지 못했으며 현실과 이상, 슬픔과 기쁨, 삶과 죽음, 어둠과 밝음, 지상과 하늘, 이승과 저승, 그리고 인간과 신 등의 이분법적 대립 관계를 지속시킨 시 세계를 구축한 시인이다. 그래서 시인은 '어느 날 일요일이었는데/ 창에서 참새 한 마리/ 날아 들어왔다. (중략) 세상을 살다 보면 별일도 많다는데 (중략) 꼭 나와 같은 어리석은 새'라고 한다. 이 어리석은 참새에 대한 연민은 시인 스스로에게 주어진 운명을 인식하기에 이른다. 천상병이 후기에 와서 현실 비판적 시를 쓰게 된 까닭은 다름 아닌 6~70년대의 시대적 상황에서 비롯된 사회 현실에 관한 저항 의식일 것이다.

① 오늘의 바람은 가고
내일의 바람이 불기 시작한다.

잘 가거라
오늘은 너무 시시하다.

뒷시궁창 쥐새끼 소리같이
내일의 바람이 불기 시작한다.

하늘을 안고,
바다를 품고,
한 모금 담배를 빤다.

하늘을 안고,
바다를 품고,
한 모금 물을 마신다.

누군가 앉았다 간 자리
우물가, 꽁초 토막…

- 「크레이지 배가본드」

② 지난 날, 너 다녀간 바 있는 무수한 나무 가지 사이로 빛은 가고 어둠이 보인다. 차가웁다. 죽어가는 자의 입에서 불어오는 바람은 소슬하고, 한번도 정각을 말한 적 없는 시계탑 침이 자정 가까이에서 졸고 있다. 계절은 가장 오래 기다린 자를 위해 오고 있는 것은 아니다. 너 새여…

- 「서대문에서(새)」(1970. 6 창작과 비평)

③ 억지 밖에 없는 엽전 세상에서
용케도 이때껏 살았나 싶다
별다른 불만은 없지만,

똥걸레 같은 지성은 썩어 버려도
이런 시를 쓰게 하는 내 영혼은
어떻게 좀 안될지 모르겠다.
내가 죽은 여러 해 뒤에는
꾹 쥔 십 원을 슬쩍 주고는
서울길 밤버스를 내 영혼은 타고 있지 않을까?

- 「한 가지 소원」

    초기 시의 서정성과는 달리 변모된 모습을 보게 된다. 시인의 현실 인식은 역사의식에서 출발한다. ①에서 〈바람〉을 통한 역사적 흐름을 암시하고 있다. '시시한 오늘을 보내고 시궁창의 쥐새끼 소리 같지만, 내일의 바람이 분다'고 하는 현실 비판의 태도는 힘찬 목소리로 들린다. '누군가 앉았다 간 자리에 떨어져 있는 담배꽁초 토막'이라는 인간의 역사적 존재 파악을 내보이고 있다. ②에서도 과거와 현재, 밝음과 어둠의, 그리고 죽음과 삶의 대립적 관계에서 '한번은 정각은 말한 적 없는 시계탑 침'의 부정확한 현실 비판은 더욱 강하게 나타난다. 〈억지밖에 없는 엽전 세상〉, 〈똥걸레같은 지성〉의 현실에서 용케도 이때껏 살아왔다는 시인은 끝내 밤 버스를 탄 소시민이기를 소망하면서 시인은 영혼을 지향한다.

V. 맺음말

　　새와 하늘로 표상되는 천상병의 시 세계는 지상과 하늘, 삶과 죽음, 밝음과 어둠 등의 대립적 구조를 이루고 있다. 이들의 정서는 자아와 세계의 미적 거리에서 비극적 정조로 나타난다.
　　특히 초기 시의 경우, 새는 지상과 하늘을 결합시켜 주는 매개인 것이다. 그러므로 새는 하늘, 죽음, 밝음의 세계로 나가는 초월 의지의 상징이라 하겠다. 천상병의 초월 의지는 하늘 회귀의 시 세계를 보여 주는데, 하늘에서 지상으로, 지상에서 하늘로 가고자 하는 〈돌아감〉의 시학이라 하겠다. 즉, 지상에서의 현실적 고뇌로부터의 자유스러움의 공간 지향인 것이다.
　　후기 시에서는 현실적 실존 의식이 강하게 나타나는 대신 〈새〉의 상징은 〈하느님〉으로 변모되어 있다. 특히 70년대 이후의 시에서는 가톨리시즘, 자연적 소재, 가족애, 현실 비판적 실존 의식 등으로 나타나고 있다.

　전기 시가 하늘 회귀의 시 세계라 한다면, 후기 시는 실존 의식의 세계라 하겠다. 그러나 후기 시는 사변적인 일상성의 한계 때문에 전기 시보다 시적 성과를 획득하지 못한 것이 사실이다.

　천상병의 시에서 전후기에 일관되게 관류하고 있는 것은 삶과 죽음의 세계관이다. 이 죽음 의식은 시인의 로마디즘 적 생애에서 비롯된 것으로써 위기감이 내면세계를 지배했던 결과라 보여진다. 그것이 곧 빛의 지향, 하늘과 저승, 그리고 우주 지향의 확대된 공간으로 나아가고자 한 것이다.

제4부 시조론

1

시조의 서정성

Ⅰ   머리말

Ⅱ   서정의 매개

Ⅲ   서정적 자아의 극복

Ⅳ   맺음말

Ⅰ. 머리말

　　서정시는 우리의 정서를 위주로 하는 시적 장르로서 문학사의 이른 시기부터 발생하였다. 시대마다 시인마다 퍽 다양한 모습으로 오늘에 이르렀고 복합적인 인간의 정서 때문에 그 개념을 규정하는 데도 연구자에 따라 수다한 관점을 보이고 있다.
　　헤겔은, 서정시를 주관적인 판단과 즐거움, 찬양, 슬픔 등의 감정(정서)을 지닌 마음이 그 경험을 통하여 자각하는 것이라 말하고, 소재의 취급과 표현의 매력은 감정을 발산하는 향기에 있거나 사물을 보는 눈이 독특하고 신기함으로 놀랄 만한 말주변으로써 의표를 찌르는 기지에 있다고 한다. 헤겔의 이런 시관은, 서정시는 주관적, 체험적, 정서를 바탕으로 삼고 표현에 있어서는 의표를 찌르는 시가 되어야 한다는 것이다.

여기서 우리는 서정시의 요건을 마련할 수 있는데, 결국 주관적 정서의 객관화가 문제라고 하겠다. 우리의 감정 세계는 복합적이기 때문에 객관성을 획득하기에는 인간 심리의 객관화만큼 어려운 일이라고 생각된다. 또한 문학의 정서 문제는 시인의 정서와 독자의 정서가 같을 수 없기 때문에 더욱 그러하다.

일반적으로 우리의 감정 세계는 희·노·애(비)·락·애·악(증)·욕(우·사·공·경)이라고 할 때 외부 세계의 조건에 따라 시시각각으로 달라질 수 있기 때문에 서정시는 폭넓은 정서 표현을 할 수 있는 것이다. 그러므로 시적 자아와 시적 대상과의 관계 속에서 '동화'냐 '부동화'냐 하는 문제에 부딪히게 된다. 서정시는 자아와 대상과의 대결 양상에서 출발하고 자아와 대상 관계에서 부조화 상태의 정서일 때 역동적인 서정이 유발한다. 따라서 시적 긴장과 미의식도 이런 조건에서 기대할 수 있을 것이다.

II. 서정의 매개

우리의 시가 문학의 경우 서정의 유발은 현실과 이상 사이의 갈등 구조 속에 서정 유발의 매개를 가지고 있는데, 다양한 형태, 상이한 구성 원리, 상이한 작가, 상이한 시대적 상황에도 결국 현대에까지 일관되게 관류하고 있다는 점에 주목할 필요가 있다.

펄펄나는 저 꾀꼴새는
수놈과 암놈이 저리 정다운데
나의 외로움을 생각함이여
그 뉘와곰 함께 할거나

- 「황조가」

우리 시가의 첫 자리에 놓인 이 「황조가」는 '꾀꼴새'에서 서정이 유발되며 이 시가에서 '꾀꼴새'는 서정시답게 해 주는 매개임이 분명하다. 암수의 꾀꼴새 한 쌍이 정답게 노니는 모습을 본 시적 자아는 걷잡을 수 없는 고독의 정조가 2행과 3행에서 고조된다.
　여기서 현실적인 것은 짝을 잃은 자아의 고독한 처지이고 이상적인 것은 꾀꼴새와 같은 정다움의 이원적 대립 구조를 나타내고 있으며, 자아의 고독은 극복되지 못한 데서 비극적 서정의 미학을 이룬다. 따라서 체험적 성향이 짙게 나타나게 된다. 이러한 서정은 향가에서도 맥을 같이한다.

　　생사 길은
　　예 있으매 머뭇거리고
　　나는 간다는 말도
　　못다 이르고 어찌 갑니까
　　어느 가을 이른 바람에
　　이에저에 떨어진 잎처럼
　　한 가지에 나고
　　가는 곳 모르온저
　　아아, 미타찰에서 만날 나
　　도 닦아 기다리겠노라

　　- 「제망매가」

　이 노래는 어느 가을날 떨어진 나뭇잎이 바람에 뒹구는 모양을 보고 서정이 유발되었다. 아직 떨어지지 않아도 될 나뭇잎이 떨어지는 모습에서 요절한 누이를 연상한다. 나뭇잎은 또한 서정의 매개가 되어 '한 가지에 나고 가는 곳 모르는' 이별의 단계로 고조되는 것이다. 그러나 미타찰이라는 종교적 신념에서 이별의 서정은 극복된다고 할 수 있다. 이는 삶과 죽음, 만남과 이별, 찰나와 영겁이 동일한 것으로 인식되기 때문에 비극적 서정의 미의식을 발휘하고 있는 것이다.

    시인이 통찰한 사물의 본성이 시인 자신의 존재와 아주 대립적일 때 즉, 시적 자아와 세계가 소망스러운 방향으로 결합되거나 융합되기를 기대하는 원리를 구성의 근간으로 하는 서정시의 경우, 그 둘의 결합이 이루어지지 않을 때, 시적 자아의 분열 또는 시적 자아와 세계와의 대결에서 전자가 실패할 때 비극성이 발생된다. 또한 시인이 어떤 사물에서 내버려져 있거나 외따로 떨어져 있는 느낌이 절실할 때 그 괴리감이나 소외감이 시적 대상의 그리움을 내포하게 된다.

    가시리 가시리잇고
    바리고 가시리잇고
    날러 엇디 살라하고
    버리고 가시리잇고
    잡사와 두어리 마라난
    선하면 아니 올셰라
    셜오님 보내압나니
    가시는듯 도셔 오셔서

    - 「가시리」

여기서 서정 유발의 매개는 미와의 이별이다. 떠나가는 미의 서정 유발의 매개이지만 아직 비극성으로까지 나아가지 않고 있다. 그러나 6행의 '잡사와 두어리 마라난, 션하면 아니 올셰라'에 이르면 기약을 두고 잠시 헤어지는 이별이 아니다.

시적 자아를 서럽게 하고 떠난 님이든, 아니든, 부득이 드러내지 못할 곡절로 떠나가는 님이든, 님은 떠나가야만 하는 필연성을 갖고 있다. '셜온님'을 보내드리오니 쉬이 돌아오시라는 데에 이르면 님의 떠남이 비극성을 발생케 하는 動因이 되고 만다. 그러나 '셜온님'이기에 가자마자 돌아오기는 어렵다. 그러기에 이별의 정조는 고조되고 셜온님'으로 표현할 수밖에 없다.

님의 떠남은 불가항력이었겠지만 자아는 그것을 부정하고 있다. 그러한 부정의 설정이 곧 '가시는 듯 도셔 오쇼셔'이다. 부정이 강할수록 이별의 정서는 고조된다. 그러나 님의 떠남은 대자적인 요인이 아니라 대타적인 것이므로 체념하고 포기하지 않고 부정에 맞섬으로써 이 정서는 분노로 확대될 소지를 남겨 놓고 있는 것이다.

Ⅲ. 서정적 자아의 극복

　　고전시가의 보편적 정서는 위에서 말한 바와 같이 자아와 대상의 불일치에서 서정성이 이룩됨을 알 수 있다. 이제 시조에서 서정성을 찾아볼 차례다. 박철희 교수는, 유교적인 이념에 기저를 둔 시조를 '타설적'인 시조라 하고 개인의 경험과 감정을 기저로 한 시조를 '자설적'인 시조라 했다. 앞의 것이 선험적, 이념적, 추상적, 관습적 표현이라 한다면 뒤엣것은 구체적이면서도 현장성과 새로운 국면의 리얼리티를 구사해 준다고 말한다. 그리하여 유학자의 시조가 타설적 구조를 이룬다면, 사설시조(평민시조)는 자설적 구조임을 밝히고 있다.

　　서정의 세계는 두 층을 가지고 있는데 이념을 핵으로 하는 이성적 Logos 세계와 감각을 핵으로 하는 감성적 Pathos 세계라고 생각된다. 프로이트의 말을 빌리면 '자아'와 '무의식'의 층이라고 할 수 있을 것이다. 인간의 정서는 도덕적인 면과 비도덕적인 면이 언제나 갈등하고 있다고 하겠다. 동양적 표현으로 '성'과 '정'의 양면성이라 생각된다. 이 두 정서의 근원이 곧 서정시를 낳게 한 역동성이 되는 것이다. 김학성은 이 두 층의 미학적 근거를 마련하고 있다. 그는 유교적 이념을 갖는 숭고미와 인간의 자연스러운 감성을 바탕으로 한 우아미의 시조로 구분한다.

따라서 자아와 세계의 합일화로 이루어지는 낭만적 서정성의 시조와 이념적 교훈적인 고전적 서정성의 시조로 나눌 수 있다.

> 靑山은 내뜻이요 綠水는 님의 情이
> 綠水 흘러간들 靑山이야 변할손가
> 綠水도 靑山 못잊어 울어예어 가는고
>
> - 황진이의 시조

이 시조의 서정 유발의 동인은 '못 만남'(또는 못 잊음, 이별)이다. 서정의 매개는 '청산'과 '녹수'인데 두 대상이 동화되지 못한 데서 서정적 자아의 슬픈 정서가 발생하고 있다. '청산=자아 : 녹수=님'의 등식으로 표출되고 있는 이 시조는 종장에 가서 '울음'으로 슬픈 정서가 절정에 달하게 함으로써 비장미를 한껏 획득하게 된다.

한국인이 부른 사랑의 노래는 잃어버린 사랑에 관한 절망이 아니라, 또 자기를 버린 님에 관한 증오가 아니라, 끝내 이루지 못한 사랑의 집념이고 미련인 것이다. 여기서 우리는 자아와 세계의 관계에서 '자아=세계'는 하나의 이상이고 '자아≠세계'는 현실이다. 결국 서정시의 극치는 부조화에 있다고 할 수 있다.

삶의 실상은 조화보다 부조화가 우세하며 이런 정서에서 리얼리티가 강하게 드러나고 파탄을 초래하지 않고 작품을 역동적이게 하면서 삶의 모순을 더욱 생생하게 해 주기 때문이다.

초장에서 청록의 색채 이미지의 결합과 은유의 수사적 표현은 자연 서정의 서경성을 뛰어넘게 한다. 서정적 자아는 청산의 불변성과 녹수의 가변성을 대치시키면서 합일의 세계화를 시도하지만, 종장에 불일치로 급강하함으로써 서정성을 심화시키기에 족한 예가 되는 것이다.

이 몸이 죽어죽어 일백 번 고쳐 죽어
백골이 진토되어 넋이라도 있고없고
님 향한 일편단심이야 가실 줄이 있으랴

- **정몽주 시조**

이 시조는 유교적 이념을 형상화한 것으로 고전주의적 성향을 지닌 시조라 하겠다. 타설적 구조의 시조, 숭고미를 핵심으로 한 시조 등을 포괄하는 의미를 지니고 있다. 이 시조에서도 서정 유발의 동인이 표면화되지는 않고 있으나 시적 자아와 세계의 부조화 상태에서 비롯된다.

이 시의 서정 유발의 동인은 '충절'이다. 종장에서 '단심'은 상징적 체계에서 '충절'을 대변해 줌으로써 '죽음'을 매개로 삼아 자아와 세계를 일치시키려 한다. 초장에서 시조의 분위기는 무겁고 장중하며 결연한 것이 된다. 여기서 '죽음'을 통하여 '충절'과 '침울함'(또는 비통함)을 드러내는 이중의 역할을 하고 있다. 상징적 언어가 실재 현상을 객관화한다면 정서적인 언어는 감정이나 태도를 유발시키는 데 큰 몫을 수행하게 된다.

중장에서 '백골'은 '죽음'을 강화시키는 매개임과 동시에 또한 충절을 반복적으로 확장시킴으로써 자아와 세계에 관한 파탄의 양상을 비극적으로 나타낸다. 따라서 이 시조의 비극적 정서가 자연스럽게 토로된다고 하겠다.

종장에서 다시 단심은 '백골'과 결합함으로써 '님'과의 서정은 충절 의지를 강화하기에 이른다. 따라서 자아와 세계의 '어긋남'에서 서정성은 강화된다고 하겠다. 즉, 자아가 이상적으로 나아가고자 하나 그것에 이르지 못할 때 독자에게 시적 정서가 상승되는 것이다.

'죽음'이 매개되어 발생된 이 시조의 비극적 정조는 자아가 세계를 극복하지 못한 데서 시적 성과를 획득하고 있는 것이다. 이런 예는 성삼문, 황현, 이육사의 시로 이어진다고 생각된다.

따라서 자아가 비극적 세계에 관한 대결적 극복 자세이기는 하지만 적극적이지 못하기 때문에 시적 정조는 비극성을 자아내게 된다. 양반 시조가 작자층이 근엄함에도 비극적 정조가 드러나고 있다고 한다면, 서민 시조는 오히려 비판력이 강한 분노의 정서나 인간의 원초적 정서가 드러나고 있다. 이는 양반 시조가 우주론적, 이념적 질서의 긴장을 표출하는 데 한계가 있었다면 황진이의 시조나 서민 시조(사설시조 포함)는 인간적 정서의 이완을 표출한 정서이므로 매우 자유롭고 활달한 것으로 보인다.

春光이 이별한 임이 몇 세월을 지내었노

流光이 덧없이 곱던 樣姿 늙었고야
저임아 백발을 恨치 마라 이별 뉘를 슬헤라

- (무명씨)

이 시의 시적 자아는 거울 안에 비친 자신의 늙은 모습에서 서정이 유발되고 젊어서 님과 이별한 이후로 정신없이 살았으나 어느 순간 우연히 자신의 모습을 보고 너무 늙어 버린 것을 자각한다. '곱던 樣姿 늙었고야'에서 비극적 정서가 발생되며 자신의 늙은 원인은 님과의 이별에 있다고 함으로써 님에 대한 원망의 정서로 발전한다. 그러나 '恨치 마라'에서 자아로 끌어들이는 대자적인 적극성을 표출함으로 체념적인 태도로 임과의 이별을 다스리는 강점을 보임으로써 덧없음의 정서를 고조시키는 예가 된다. 이러한 정서는 현대시조에서도 지속되는 바, 이호우 시조에서 그 서정성을 엿볼 수 있게 한다.

임이 아마 보냈으리 저 하늘의 종달새를
노래만 전해 주고 기약은 말이 없다.
이 봄도 진달래처럼 호로 붉다 지오리까

- 이호우의 「종달새」

여기서 서정 유발의 매개는 '종달새'가 된다. 「황조가」에서 '꾀꼬리새'와 접맥되어 있음을 쉽사리 짐작게 한다. 서정적 자아는 임과 헤어진 상태에서 종달새는 임과의 만남을 해결해 주는 매개가 되어야 함에도 이 시에서는 그렇지 못하기 때문에 못 만남의 서정이 강화되고 있는 것이다. 그렇기 때문에 시적 자아는 홀로 붉다 질 수밖에 없는 '고독'에 휩싸이고 만다. 그뿐만 아니라 '이 봄도'와 같이 '~도'의 반복적 토씨를 십분 활용하면서 '해마다'의 봄의 시적 자아로 하여금 임과의 거리를 좁힐 수 없게 되는 것이다.

    이처럼 미적 체험을 '거리감'을 통해서 대상 자체의 설명이나 인식에 두지 않고 대상의 인식을 어떻게 해내느냐에 부심함으로써 서정성을 고조시켜 나간다.

    이 시조에서 시적 자아는 '외로움'의 극복을 대타적인 데 두고 있지 않고 대자적으로 끌어안음으로써 '붉다가 지고 마는' 소극적인 태도를 취함에서 우리의 전통적 서정을 새롭게 인식하려는 것이다.

Ⅳ. 맺음말

헤겔은, 동양의 서정시는 주체의 개인적 독립과 자유를 획득하지 못하고 무한성을 가지고 낭만적 심정의 깊이를 형성하는 내면적 심화에 이르지 못하고 있다는 지적을 남기고 있지만, 세계 인식의 차이와 특성을 인정하지 못하고 있는 견해로 보인다. 시조의 정서가 여성적 정적주의가 지배한다 하더라도 소재의 다양성과 자아의 동일성Identity이 회복되기만 한다면 우리 시의 특질을 한껏 살려 나갈 수 있으리라 믿는다. 그러자면 현대시조가 지향해야 할 과제는 형식의 지속성과 변화, 관념성, 서경성을 극복한 이미지, 상징, 비유 등을 자유롭게 구사한 개성주의로 나아가야 할 것이다. 바꿔 말하면 전통이라는 맥락에서 율격의 흉내 내기 또는 제한된 형식의 고수가 아니라 정서 중심의 서정을 다양하게 표출하여 관념성과 서정성을 탈피하는 일이다. 이렇게 될 때 민족

시가로서의 새로운 지평이 마련됨은 물로 전통의 계승과 발전된 시가 양식으로 나갈 수 있으리라 생각된다.

2

현대시조의 정체성과 위상의 문제

Ⅰ 머리말

Ⅱ 정체성의 문제

Ⅲ 시사적 위치의 문제

Ⅳ 맺음말

I. 머리말

　우리의 고전시가 가운데 유일하게 계승되고 있는 장르는 시조 문학이다. 조선조 5백 년의 장구한 기간 동안 향유되었고, 19세기 근대 문학기에 강력한 서구 문학의 충격에도 불구하고 민족 문학적인 위상을 굳혀온 것은 다름 아닌 우리 민족의 정서 표현에 적합한 율격 체험이었기 때문이었다. 또한 애국 계몽기를 거치는 동안 우리의 시가는 '교술성'과 '한시적 성격'을 청산하려는 추세여서 가사, 국문 풍월, 시조 등의 장르 가운데 시조가 계승되기에 충분했었다.

　외적인 국면에서는 1920년대 중반 최남선 등으로 말미암아 제기된 시조 부흥 운동이 가세함으로써 시조는 현대시조로서의 지속과 변화를 동시에 꾀할 수 있게 되었다. 이른바 〈조선주의〉로 표방되는 육당의 문학 이념은 "조선 문학의 정화精華이며 조선 시가의 본류는 시조"라는 데 있었다. 육당의 민족 문학적 주장은 사회주의적 경향파에 대립되는 입장을 확보하였고 정인보, 이병기, 이은상, 조운 등에게서 현대시조에 관한 이론 정립과 창작의 실천이 병행됨으로써 현대시조는 1930년대 이호우, 김상옥 등으로 계승 발전한다.

특히 가람이 주창한 시조 혁신론은 육당의 조선중의의 이념성과는 달리 시조의 현대화에 실천적 방법과 이론을 제기한 것이다. 즉 현대시조의 정체성은 고시조에 두면서 고시조가 지향했던 충군애국, 음풍영월, 화조영풍, 유학적 덕목 등의 이념성에서 벗어나 리얼리즘의 시가 되어야 하는데 이를 위해서는 시상과 소재의 확대, 연작시조의 작시법 등을 주창한 것이다.

가람의 혁신시조 이후 시조는 근대적인 모습을 청산하고 현대시조로 발돋움하는 계기를 마련하였다. 그러나 역사가 하루아침에 단절되지 않듯 시조가 가지고 있는 전통적 율격과 내면 의식은 면면히 이어지고 있었으며, 이것은 오히려 시조의 정체성을 위협하는 결과를 낳고 말았다. 시조가 정형적 율격을 지닌 유일한 전통 장르라는 점이 장점으로써 부각되어야 함에도 불구하고, 전통이 현대성을 저해하는 요인으로 인식되었던 까닭이다.

또한 전규태는, 시조가 경시 당하는 요인으로 복잡한 현대생활을 담기에 협소한 형식과 시적 감동이나 사상성이 빈약한 데 있다고 지적하고, 시대정신에 준엄한 리얼리티가 요구된다고 했다.

박철희는 근대 이후의 시조는 선행하는 시조와는 대립되는 현실 안을 통하여 미의식을 창조 구현할 때 리얼리티의 새로운 국면과 연결된다고 지적하면서 현대시조의 지향점을 제시함과 동시에 각성을 요구하고 있다.

특히 신범순의 경우 현대시조에 관한 우려와 각성과 함께 대안을 제시해 준 바 있다. 전통적 이념의 새로운 발견과 시조의 정형 속에 스며 있는 오랜 철학적 이념을 부활시켜야 하며, 현대적인 문명을 비판하면서 자유시의 파행적인 현대성을 비판하는 실험 정신이 있어야 한다는 것이다.

이상에서 지적한 바와 같이 현대시조는 현대성과 전통성 사이에서 갈등하면서 그 정체성이 흔들리고 있다. 시조의 위상을 바로 세우기 위해 이러한 문제점들을 어떻게 풀어나갈 것인가를 미약하나마 의견을 제시해 보고자 한다.

II. 정체성의 문제

　현대시조의 장르적, 문단적 콤플렉스는 다름 아닌 정체성에서 기인하는 문제다. 근대 이후 자유시 운동에 밀려 조선조 시가의 정형성이 붕괴되었고, 유교적 이데올로기에 관한 거부는 선험적 시가의 비판으로 이어졌다. 이것은 새로운 시가 양식을 추구하려는 시대적 요구로서, 시조도 예외는 아니었다. 따라서 근대 초기 시조의 문학적 열망은 정형성의 탈피, 다양한 소재 선택에 있었으나 시조는 낡은 형식, 낡은 사상의 시가 장르라 하여 문학사적 주도권을 자유시에 내어주고 말았다.
　그러나 시조는 이미 자유시적 영역을 확보하고 있었다. 조선조 시가 전통에 있어 문학 작품이 한가지 정서에만 충실해야 격조가 높아진다는 것은 양반의 미의식이라면, 정서의 보조화가 삶의 실상을 충실하게 표현하는 것은 평민의 미의식이라고 할 수 있다. 시조에 있어 평시조가 양반의 미의식에 충실했다면 사설시조는 평민의 미의식을 나타내기 위해서 평시조의 제약을 파괴했던 것이다. 이러한 면에서 현대시조와 자유시의 지속성과 변화를 발견할 수 있게 된다. 조선조 전기의 평시조는 현대시조로 계승되는 한편, 후기의 사설시조는 근대 이후 자유시로 변화된 모습이라 할 수 있다.

  또한 자유시가 아무리 서구시의 충격으로 말미암아 그 영향권에 있었다 할지라도 오랜 전통을 가진 민족 정서가 수십 년 만에 급변하지는 못한다는 것을 최남선의 문학세계가 잘 말해 주고 있다. 최남선은 우리 근대 문학사에서 이광수와 함께 첫 자리에 놓이는 근대문학 제1세대에 해당한다. 육당은 자유시(신체시) 운동과 현대시조 운동을 병행하여 추진한 거목이다. 어찌 보면 육당의 문학세계는 모순된 양면성을 내보이고 있다. 즉 육당은 시조 율격을 벗어나지 못한 자유시의 선구자이면서 고시조를 탈피하지 못한 현대시조 부흥운동가이기 때문이다. 이것은 우리의 민족 정서의 전통은 버리려야 버려지지 않는다는 교훈을 발견하게 된다.

  그러므로 1920년대의 김소월, 한용운의 시적 전통은 조선조 이전을 포함한 민족 정서의 전통을 이어받고 있는 것이다. 그러면 여기서 고시조의 소재 전통과 율격의 지속성을 점검해 보도록 한다.

① 청산리靑山裏 벽계수碧溪水야 수이 감을 자랑마라
 일도창해一到滄海하면 다싱기 어려워라
 명월明月이 만공산滿空山하니 쉬여간들 어떠리
 - 황진이

② 버들잎에 구는 구슬 알알이 짙은 봄빛

　　찬비라 할지라도 임의 사랑 담아옴을

　　적시어 뼈에 스민다 마달수가 있으랴

　- 최남선, 「봄길」 첫수

①의 율격은 3444/ 4244/ 3544인데 ②의 경우는 4434/ 3444/ 3543으로 황진이의 시조가 육당의 시조보다 파격적이다. 이것은 황진이의 시조가 육당의 시조보다 개방적이라는 말이다. ①에서 시적 자아는 벽계수와 명월의 대결 구조를 이루면서 '기다림'의 미적 정서를 생생하게 표현해 내고 있다. 더구나 자연 사물로 시적인 화자를 대치시키는 기법이야말로 현대시조에서의 영역을 앞지르고 있다.

②에서도 시적 자아는 '기다림'에 있다. 아무리 차가운 비가 내려 뼛속으로 스며든다 해도 임의 사랑이라면 참고 견디겠다는 간절한 임에 관한 흠모를 노래한 것이다.

이 시조의 강점은 'ㄹ'의 유음을 한껏 살려 잔잔한 감동의 리듬을 표출해 내고 있다. 이런 리듬감은 소월이나 영랑의 시에서 흔히 발견되는데 이미 육당이 시도한 현대적 기법이 아닐까 한다.

①과 ②에 공통적으로 나타나는 어투는 각 장의 끝부분이 '~리, ~라(랴)'이다. 이것은 결국 현대시조가 극복해야 할 요소라 하겠다.

이상의 두 작품 비교에서 초기의 현대시조는 아직도 고시조의 답습을 탈피하지 못한 약점을 가지고 있다.

① 그럴사 그러한지 솔빛 벌서 더푸르다

산꼴에 남은 눈이 다산 듯이 보이고녀
토담집 고치는 소리 볏밭아래 들려라

- 정인보, 「이른 봄」 첫수

② 봄날 궁궐안은 고요도 고요하다
어원御苑 넓은 언덕 버들은 푸르르고
소복한 여인은 홀로 하염 없이 거닌다.

- 이병기, 「봄」 첫수

    정인보는 전통 계승이라는 민족주의적 입장에서 시조의 발전적 개혁에 뜻보다는 예시 시조의 원형을 계승하는 쪽이 우세하였다. ①의 예시를 보면, 정인보의 율격은 3444/ 3444/ 3543로 고시조와 똑같다. 그뿐만 아니라 성격성에서도 복고적 시풍을 그대로 유지하고 있다. 그러나 조선조 사대부의 자연 소재와는 판이하다. 자연상찬自然賞讚의 시적 공간과는 거리가 있다. 어느 한적한 산촌의 봄 풍경은 소박한 서민적 삶의 현장이 소망스럽게 펼쳐진다.

    담원의 문학세계는, 연작시조 「자모사慈母思」의 유교적 전통과 서민적 삶의 세계를 아울러 가지고 있는 셈이다.

    ②의 율격은 2434/ 2434/ 3543으로 파격적이다. 초장과 중장에 2음절은 자유시적 분위기를 부여하다가 종장에 가서 극적인 분위기 전환을 시도하고 있다. 역시 현대시조 이론가다운 실험성을 내보여 준다. 문체도 고시조적 감탄 어미를 지양하고 객관적 문체를 선택하고 있다.

③ 봄처녀 오시누나 새 풀옷을 입으셨네

　　하얀 구름 너울 쓰고 구슬신을 신으셨네

　　꽃다발 가슴에 안고 누굴 찾아 오시는고

- 이은상, 「봄처녀」 첫수

　　김용직은 노산 시조의 특징을 감칠맛 나는 언어 선택과 흥청거리는 가락에 음성구조의 배려를 통해서 새로운 경지를 개척했다고 한다.
　　③의 시조를 보면 율격은 3444/ 4444/ 3544로 나타나는데 4음절 한 음보가 빈번하게 나타나는 것이 율격의 특징이다. 따라서 감정 표현에 있어 느리며 장중한 느낌을 제공해 준다. 문체적 특징은 감탄형 종결사를 자주 쓰는 점에서 낭만적 정서의 표현과 역동적인 언어 구사로 시적 성과를 획득하고 있다.
　　현대시조의 과제는 현대 정신(내용)과 시조성(형식)의 통합으로 심미 체험을 이룩하는 것이다. 그러자면 전통시조에서의 정적인 유교적 세계관에서 벗어나 개성 중심의 작가 의식, 시대 정신이 요구된다. 즉 관념성이나 이념성에서 벗어나 인간의 삶의 현장 속으로 깊이 파고들 때만이 현대시조는 그 생명력을 발휘할 수 있을 것이다.

Ⅲ. 시사적 위치의 문제

　　애국 계몽기의 시조는 고시조와 현대시조의 교량적 역할을 담당하면서 '노래하는 시조'에서 '읽는 시조' '생각하는 시조'로 탈바꿈하는 계기를 마련했다. 이는 육당에게서 주도되었고 가람에게서 실천되었음을 앞에서 깊이 있게 논의했다. 그런데 우리의 현대 문학사는 많은 문제점을 안고 있다. 수많은 문학사가 씌어지고 있지만, 현대시조 장르를 외면하거나 자유시 중심으로 논의되어 시조는 깊이 있게 다루어지지 않고 있는 것이 현실이다. 역사적 평가 없이 문학의 발전을 기대할 수 없는 일이다. 문학사가들은 아직도 시조 문학을 변두리 문학, 또는 여기문학, 퇴행성 문화쯤으로 간주해 버린 듯이 보인다. 그 이유가 무엇일까?
　　박철희는 이렇게 지적한다. "시조에 관한 이론적인 준거가 절실한데도 그것이 이루어지지 않았고 기존의 준거조차도 실제 작품의 창작과 이해에 이로움을 주지 못했거나 시조의 이론이 작품을 따르지 못했다. 더욱이 시조의 방향성조차 우왕좌왕하고 있는가 하면 예나 지금이나 똑같이 같은 문제를 놓고 같은 말만 되풀이하며 창작에 임하는 시인조차 자유시에 관하여 상대적으로 시조를 격하시키는 일조차 없지 않았다."라고 시조단에 일침을 가한다.

그동안 시조 인구는 해마다 증가해 왔으며 작품집도 활발하게 출간되고 있다. 그러나 아직도 시조에 관한 콤플렉스는 위의 지적대로 상존하고 있다.

시조의 방향성 논의에서도 가람 이래 지금까지도 가람의 이론을 뛰어넘지 못하고 형식논의, 전통적 당위성 강조, 율격 문제 등이 동어반복적으로 되풀이되고 있는 현실을 극복하지 않고는 시조 발전은 기대하기 어려운 일이 되고 말 것이다.

시대와 사회가 바뀌고 문화적 환경이 변한다 해도 시조는 시조이어야 하는 명제는 변함이 없다. 오늘의 시대에 맞는 현대시와 시조성이 조화롭게 어우러진 개성적 표현이 진정한 전통 계승이지, 고시조의 원형을 그대로 답습하는 태도는 전통이랄 수는 없을 것이다.

평시조는 서정시라 한다면 판소리나 사설시조는 서사시일 가능성을 배제하지 않는다. 평시조가 교훈적이라면 사설시조는 쾌락적 기능의 장르일 수 있다. 김학성은, 전자를 아雅라 했고 뒤엣것을 속俗으로 구분하고 있다고 하고 이 둘은 대립적 관계가 아니라 상보적 관계로 서로의 미학적 한계를 보완할 수 있다는 것이다.

이 둘의 시조 시형은 형식적 제약을 이겨 낼 수 있는 문을 항상 열어 놓고 있다. 아무리 복잡한 문화적 환경이라도 형식적 제약 때문에 표현에 장애가 되는 일이 없는 데도 우리는 시조의 선입견을 버리지 못하고 있는 현실이다.

  깃발! 너는 힘이었다. 일체를 밀고 앞장을 섰다.
  오직 승리의 믿음에 항시 넌 높이만 날렸다.
  이날도 싸우는 너 싸우는 자랑 앞에 지구는 떨고 있다.

  온몸에 햇볕을 받고 깃발은 부르짖고 있다
  보라 얼마나 눈부신 절대의 표백인가
  우러러 감은 눈에도 불꽃인양 뜨거워라

  - 이호우,「깃발」2수

  위 시조는 30년대의 제2세대에 속하는 이호우의 시조다. 이 시에서 평시조적 율격을 따질 겨를이 없다. 이 시는 전체 3수 연작시조다. 이 시조는 자유시적 성격을 띤 시조시이다. 그렇다고 자유시라고 말하지 않는다. 각 수의 종장이 시조 시형을 유지하고 있기 때문이다.
  첫째 수에서 백만 대군의 힘찬 진격의 역동적인 깃발을, 둘째 수에서는 숭고한 이념의 깃발과 열망이 있다. 20년대의 시조보다 뚜렷한 경계를 갖고 있다. 형식면에서나 내용면에서나 현대적 감각과 개성이 뚜렷한 시조다. 장르상으로 평시조와 사설시조를 겹쳐 놓은 느낌마저 든다. 그러나 그것은 중요하지가 않다. 작품성과 현대성, 개성의 문제이기 때문이다. 매우 전통적이되 변화된 현대시조를 만나 보자.

봄을 이운 뜨락에 눈부신 죄를 짓자
바람 없는 날도 나울쳐 나울이 쳐
그 외침 불길로 번져 살찌짐을 하건만

여기는 어느 궁궐, 담을 넘어온 도둑같이
눈으로 간음하기 다시는 못할 노릇
화사한 고약을 조려 아린 데를 덮어라

- 김상옥, 「모란」전문

    이호우의 「깃발」보다 잔잔한 서정성을 내보여 준다. 「깃발」이 자유시적 취향을 선택했다면 「모란」은 전통시조적 율격에 충실한 작품으로서 현대성이 번득이는 작품이다. 구조상으로 4334/ 4234/ 3543/ 3454/ 3434/ 3543으로, 첫째 수에서 2음절이 한 군데, 두 번째 수 초장에서 5음절 음보 한 군데를 제외하고는 별다른 파격은 없다.
    서정적 자아는 담장 밑에 핀 모란을 훔쳐본다. 너무도 고고한 꽃이라서 인간의 속된 눈에는 '죄'를 짓는 것처럼 심리적 갈등을 일으킨다. 꽃에 관한 심미적 고뇌가 죄의식으로 발전하면서 욕정의 경지에까지 다다르고 있다. 현대적 감각 기능이 함축된 틀 속에 숨김없이 젖어듦으로 해서 시적 성과를 높여 주고 있다.
    이런 시조 작품에서 현대시조의 미래를 포기할 수 있을까? 현대시조의 시조성은 현대 정신의 존재 방식 그 자체라면 서정적 긴장도 놓칠 수 없다. 시인의 주관적 경험이 긍정되면서 관념(사의)보다 이미지(은유)의 그물을 내세운 것이 현대시조가 거둔 성과라는 견해야말로 시조의 콤플렉스를 떨쳐 버릴 수 있는 길이라고 생각된다.

우리 시가에서 서정적 긴장은, 시적 자아와 대상 세계의 관계에 '동화' 또는 '부동화'로 말미암아 발생된다. 시적 긴장은 곧 감동으로 이어진다. 따라서 서정시는 자아와 대상의 대결 양상에서 비롯되며 두 관계의 부동화(불일치) 상태일 때 거두어 독자에게 감동을 제공하게 되는 것이다.

이렇게 될 때 자유시와의 경쟁이 가능할 수 있으며 선험적 시형으로서의 위상을 확보할 수 있게 될 것이다.

Ⅳ. 맺음말

　　현대시조는 전통적이면서 현대적이어야 한다는 데서 우리를 갈등하게 만든다. 전통적이라 해서 시형만을 고수할 수만은 없다. 현대성을 추구하기 위해서 시형을 포기할 수도 없다. 이것은 곧 시조의 존재론적 문제가 되는 것이다.

　　시대에 따라 문학 장르는 소멸하기도 하고 생성되기도 한다. 그렇다고 전통의 단절은 있을 수 없다. 전통은 갈등하면서 지속된다고 한다. 우리 시사에서 독자층이 많은 자유시인들일수록 시조시형과 가까운 리듬을 구사하고 있다.

　　한용운, 정지용, 이육사, 조지훈 등이 사대부적 편향의 평시조적 계열이라면, 김소월, 김영랑, 백석, 서정주, 박목월 등은 서민적 편향의 사설시조적 계열에 관계된다고 했을 때, 자유시의 출발은 시조적 전통에 서구적 기법이 결합된 것이 오늘의 자유시임을 생각해 볼 수 있다. 따라서 현대시조와 자유시의 비교 연구가 요망된다.

    그리고 시조에서 가장 많이 논의된 요소는 율격과 형식 문제였다. 고시조적인 형식의 고수보다는 새로운 시대에 맞는 율격 개발도 상정해 볼 수 있을 것이다. 현대시조의 정체성을 확립하기 위해서는 지속성과 변화에 의식적 실험 정신과 개성적 시조 창작에 노력을 아끼지 말아야 할 것이다.

| 참고문헌 |

1. 자료

- 조태일(1972), 민중의 언어발견, 창작과 비평 23호.
- 김우창(1979), 순결과 객관의 미학, 창작과 비평 51호.
- 신경림(1982), 한국현대시의 이해, 진문출판사.
- 최동호(1991), 아름다운 이세상 소풍 끝내는 날, 미래사.
- 김재홍(1993), 무소유·자유인, 현대문학.
- 조병기(1993), 한국문학의 서정성 연구, 대왕사.
- 고형진(1993), 천진난만한 삶과 영원한 안식처로의 귀의, 시와 시학 11호.
- 천승세(1996), 천상병 시전집, 평민사.
- 조병기(1996), 한하운의 시세계, 동신대 인문논총 제3집.

- 「광복30년 문학전집」, 정음사, 1976.
- 「광야」, 형설출판사, 1971.
- 「광야에서 부르리라」, 문학세계사, 1918.
- 김병익 :〈문단반세기〉, 「동아일보」, 1973. 7. 6.
- 김학동 :〈고월과 육사의 유작〉, 「어문학」 26집 1972. 3.
- _____, 「이육사 전집」, 새문사, 1986.
- 「나라사랑」, 16집 외솔회, 1974.
- _____, 23집 외솔회, 1976.
- 「문장」, 1권 9호, 문장사, 1939. 10.
- 백기완, 「씨 뿌린 사람들」, 사조사, 1959.
- 「북한」, 북한연구소, 1984. 6.
- 「시학」, 1집 1939. 3.
- 「신조선」 5·6호, 1934. 9. 10.
- 「신한국문학전집」 31, 어문각, 1977.
- 심원섭, 「원본 이육사 전집」, 집문당, 1986.
- 유영, 〈암흑기 민족문학의 보루〉, 「연세춘추」, 1965. 6. 14.

- 윤일주, 〈고독의 승리〉, 「연희춘추」, 1955. 2. 14.
- ____, 〈동주형님을 추억함〉, 「현대문학」, 1963. 1.
- ____, 〈다시 동주형님을 말함〉, 「심상」, 1975. 2.
- ____, 〈유고를 공개하면서〉, 「문학사상」, 1973. 3.
- 「이육사 전집」, 정음사, 1975.
- 「육사 시집」, 서울 출판사, 1946.
- 「육사 시집」, 범조사, 1956.
- 「이육사·윤동주」, 지식산업사, 1980.
- 「월간문학」, 통권 제12호, 월간문학사, 1969. 10.
- 이동영, 〈중부 육사선생을 말한다〉, 「샛별」19호, 1971. 1. 9.
- 「인문평론」, 1940. 8.
- 「임의 침묵」, 선명문화사, 1972.
- 장덕순, 「동주와 나」, 「자유문학」, 1959. 3.
- 육군 종군 작가단, 「전선문학」1·7호, 1952. 1953.
- 정병욱, 〈고 윤동주의 추억〉, 「연희춘추」, 1953. 7. 15.
- 「청룡」, 해병대 사령부, 정훈감실, 1953.
- 「청포도」, 육사 기념비 건립위원회, 1964.
- 「하늘과 바람과 별과 詩」, 정음사, 1987.
- 한국문인협회 편, 「조국이여 강산이여」, 월간문학사, 1976.
- 한국문인협회, 「한국전쟁문학전집」I, 휘문출판사, 1969.
- 「한국문학」, 통권 제 4호, 한국문학사, 1974. 2.
- 「한국문학전집」 38, 민중서관, 1976.
- 「한국전쟁문제소설선」, 한국문학사, 1976.
- 「한국전후문제시집」, 신구문화사, 1964.

2. 논문

- 강은교, 〈이육사론〉, 「시와시론」, 1982.
- 강창민, 〈이육사연구〉, 연세대대학원, 1987.
- 고석규, 〈윤동주의 정신적 소표〉, 「초극」, 삼협문화사, 1954.
- 김상선, 〈어둠의 윤리〉, 「문학춘추」, 1966. 1.

- 김시태, 〈이육사론〉, 「현대문학」, 1977. 5.
- ____, 〈밤의 인식과 자기성찰〉, 「현대문학」, 1976. 6.
- 김수복, 〈윤동주시의 원형상징연구〉, 「국어국문학」, 93호, 1985.
- 김열규, 〈윤동주론〉, 「국어국문학」, 27호, 1964.
- ____, 〈한국문학과 그 비극적인 것〉, 「동방학지」, 9집, 1968.
- 김영무, 〈이육사론〉, 「창작과 비평」, 1975, 여름호.
- 김옥순, 〈윤동주 시연구 어디까지 왔나〉, 「문학사상」, 1986. 4.
- 김요섭, 〈추상과 세계속 생명력〉, 「월간문학」, 1974. 7.
- 김용직, 〈어두운 시대와 시인의 십자가〉, 「문학사상」, 1986. 4.
- ____, 〈정지용론〉, 「현대문학」, 1989. 2.
- ____, 〈소명감 속의 시와 행동정신〉, 「문학사상」, 1976. 1.
- 김용호, 〈민족의식과 자아의식〉, 「연희춘추」, 1955. 2. 14.
- 김우종, 〈암흑기 최후의 별〉, 「문학사상」, 1976. 4.
- 김우창, 〈손들어 표할 하늘도 없는 곳에〉, 「문학사상」, 1976. 4.
- 김윤식, 〈윤동주론〉, 「창조」, 1973. 8.
- ____, 〈십자가와 별〉, 「현대시학」, 1974. 2.
- 김윤식, 〈소월·만해·육사론〉, 「사상계」, 1966. 9.
- ____, 〈절명지의 꽃〉, 「시문학」, 1973. 12.
- 김은자, 〈'자화상'의 동굴 모티브〉, 「문학과 비평」, 1987. 가을호.
- 김인환, 〈이육사론〉, 「월간문학」, 1972. 10.
- 김재홍, 〈이육사, 투사의 길·예술의 길〉, 「소설문학」, 1986. 1.
- ____, 〈운명애와 부활정신〉, 「현대문학」, 1984. 5~6.
- ____, 〈자기극복과 초인에의 길〉, 「현대시」, 1984. 여름호.
- 김종길, 〈한국시에 있어서 비극적 황홀〉, 「심상」, 1973. 2.
- ____, 〈육사의 시〉 「나라사랑」, 16집, 1974.
- ____, 〈이상화된 시간과 공간〉, 「문학사상」, 1986. 1.
- 김종철, 〈육사시, 그 의미와 한계〉, 「문학사상」, 1976. 1.
- 김춘수, 〈그는 신념의 시인이었다〉, 「한국일보」, 1964. 5. 14.
- 김학동, 〈고월과 육사의 유작〉, 「시문학」, 26호, 1972.
- ____, 〈육사 이원록 연구〉, 「진단학보」, 40집, 1975.
- ____, 〈민족적 염원의 실천과 시로서의 승화〉, 「문학사상」1986. 1.

- 김헌선, 〈이육사론〉, 「조선일보」, 1986. 1. 8.
- 김헌자, 〈이육사에 나타난 상상력의 구조〉, 「논총」, 41집, 이화여대, 1982.
- ____, 〈아청빛 언어에 의한 이미지〉, 「이헌구선생 송수기념 논총」, 1970.
- ____, 〈대립의 초극과 화해의 미학〉, 「현대시」, 1984. 여름호.
- 김흥규, 〈윤동주론〉, 「창작과 비평」, 1974.
- ____, 〈육사의 시와 세계인식〉, 「창작과 비평」, 1976. 여름호.
- 남송우, 〈윤동주 시에 나타난 자아의 문제〉, 「중앙일보」, 1981. 1. 19.
- 마광수, 〈윤동주 연구〉, 연세대 대학권, 1982.
- ____, 〈궁극적 이상과 현실적 시련의 암시〉, 「문학사상」, 1986. 4.
- 박남철, 〈윤동주론〉, 「한국학논집」, 10집, 1986.
- 박철석, 〈이육사론〉, 「현대시학」, 1980. 6.
- 박호영, 〈윤동주론의 문제점〉, 「현대시」, 1984, 여름호.
- ____, 〈저항과 희생의 남성적 톤〉, 「문학사상」, 1986. 4.
- 박훈산, 〈항쟁의 시인 육사와 시와 생애〉, 「조선일보」, 1956, 5. 25.
- 백운복, 〈시작품의 해석학적 연구〉, 「서강어문」, 4집, 1985.
- 石耕, 〈시의 목적〉, 「인문평론」, 1940. 8.
- 신석초, 〈이육사의 추억〉, 「현대문학」, 1962. 12.
- 신용협, 〈윤동주의 시와 인간〉, 「국어국문학」, 91호, 1984.
- 양병호, 〈시의 회화적 분석 시론〉, 「국어국문학」, 100호, 1988.
- 오세영, 〈윤동주의 문학사적 위치〉, 「현대문학」, 1975. 4.
- ____, 〈윤동주의 시는 저항시인가〉, 「문학사상」, 1976. 4.
- 오양호, 〈윤동주 시에 나타난 '고향'의 의미〉, 「월간문학」, 1988. 2.
- 윤정룡, 〈이육사의 사상적 위상시론〉, 「한국문화」 6집, 서울대학교, 1985.
- 이건청, 〈고뇌와 창조〉, 「현대시학」, 1972. 1.
- ____, 〈윤동주 시의 상징연구〉, 「인문논총」, 8집, 1984.
- 이규호, 〈전쟁과 실재의 윤리〉, 「한국문학」, 1976. 6.
- 이기서, 〈육사시에 있어서 개체와 집단〉, 「교육논총」, 1976.
- 이남호, 〈육사의 신념과 동주의 갈등〉, 「세계의 문학」, 1984. 여름호.
- ____, 〈비극적 황홀의 순간묘파〉, 「문학사상」, 1986. 12.
- ____, 〈윤동주와 서정주의 '자화상' 비교〉, 고려대 대학원, 1980.
- ____, 〈윤동주시의 의도연구〉, 고려대 대학원, 1986.

- 이동근, 〈임진왜란, 전쟁문학연구〉, 서울대 석사논문, 1983.
- 이봉구, 〈문학적 산보 (2)〉, 「현대문학」, 1960. 11.
- 이상비, 〈시대와 시의 자세〉, 「자유문학」, 1960. 11~12.
- 이상선, 〈어둠의 윤리〉, 「문학춘추」, 1966. 9.
- 이선영, 〈암흑기 시인 윤동주 재론〉, 「세계의 문학」, 46호, 1987.
- 이승훈, 〈이 시를 나는 이렇게 읽는다〉, 「문학사상」, 1976. 1.
- ____, 〈윤동주 대표시 20편, 이렇게 읽는다〉, 「문학사상」, 1976. 1.
- 이유식, 〈아우트사이드적 인간상〉, 「현대문학」, 1963. 10.
- 이인복, 〈한국문학에 나타난 기독교사상 연구〉, 「월간문학」, 1987. 5.
- 임헌영, 〈순수한 고뇌와 절규〉, 「문학사상」, 1976. 4.
- 제해만, 〈윤동주시의 공간구조 연구〉, 「국어국문학」, 99호, 1988.
- 정병욱, 〈해학과 전통성〉, 「지성」, 1958. 6.
- 정숙희, 〈김영랑 문학연구〉, 인하대 대학원, 1987.
- 정태용, 〈이육사론〉, 「현대문학」, 1967. 2.
- 정한모, 〈동주시의 특질과 시사적 의미〉, 「심상」, 1975. 2.
- ____, 〈김영랑론〉, 「문학춘추」, 1권 9호.
- 조병기, 〈이육사 연구〉, 고려대 대학원, 1975.
- ____, 〈한국현대시에 나타난 전쟁의식〉, 「정신전력연구」, 4호, 1965.
- 조병락, 〈전쟁문하그이 개념규정에 관한 연구〉, 육사논문집, 3.
- 조창환, 〈이육사론〉, 「관악어문연구」 2집, 1977.
- 주경자, 〈윤동주론〉, 「관악어문논집」 13집, 1980. 3.
- 최동호, 〈한국현대시에 나타난 물의 심상과 의식의 연구〉, 고려대 대학원, 1981.
- ____, 〈윤동주시의 의식현상〉, 「현대문학」, 1979. 1. 2.
- 최원규, 〈동화적 향수와 도시의 고독〉, 「심상」, 1974. 4.
- 최한선, 〈중심상징으로 본 신화공간〉, 「대구어문연구」, 대구대, 1988.
- 최홍규, 〈존재와 생성의 역〉, 「세대」, 1965. 9.
- 한계전, 〈윤동주시에 있어서 '고향'의 의미〉, 「세계의 문학」, 46호, 1987.
- 한상수, 〈육사시의 특질연구〉, 「대전대 논문집」, 1982.
- 홍기삼, 〈고독과 저항의 세계〉, 「월간문학」, 1974. 7.
- ____, 〈시와 시인의 생애〉, 「심상」, 1975. 2.
- 홍정선, 〈윤동주 시연구의 현황과 문제점〉, 「현대시」, 1984. 여름호.

- 한하운, 「보리피리」, 인간사, 1956.
- ____, 〈나의 시작 수업〉(上), 현대문학, 1956, 12.
- ____, 「정본 한하운 시집」, 무하출판사, 1964.
- 이병철, 「한하운 시초」, 정음사, 1949.
- 박거영, 「한하운 시집」, 인간사, 1956.
- 김윤식, 「한국현대시론 비판」, 일지사, 1975.
- 신중신, 「한하운의 시세계」, 삼중당, 1975.
- 김창직, 「가도가도 황토길」, 지문사, 1982.
- 신경림 외, 「한국현대시론 비판」, 진문출판사, 1982.
- 남송우, 「천형과 그 극복의 공간」, 부산문예 1집, 1982.
- 채수영, 「한국현대시 색채의식 연구」, 집문당, 1987.
- 김재홍, 「한국시와 역사의식」, 인하대출판부, 1988.
- 이재선, 「한국문학주제론」, 서강대출판부, 1989.
- 이병헌, 「보리피리」, 미래사, 1991.

3. 단행본

- 강진섭, 한국시가문학 연구, 대왕사, 1986.
- 구중서, 분단시대의 문학, 전예원, 1981.
- ____, 민족문학의 길, 새밭, 1979.
- 김기림, 시론, 백양당, 1947.
- 김대행, 시조유형론, 이화여대출판부, 1980.
- ____, 한국시가구조 연구, 삼영사, 1982.
- ____, 한국시의 전통연구, 개문사, 1983.
- 김동욱, 국문학개설, 일지사, 1960.
- ____, 한국가요연구, 을유문화사, 1984.
- 김사엽, 국문학사, 정음사, 1954.
- 김석하, 한국문학사, 신아사, 1988.
- 김열규, 한국문학사, 탐구당, 1983.
- ____, 시적 체험과 그 형상, 대방출판사, 1984.
- ____, 우리의 전통과 오늘의 문학, 문예출판사, 1987.

- 김용성, 한국현대문학사탐방, 국민서관, 1973.
- 김용직, 전형기의 한국문예비평, 열화당, 1979.
- ____, 일제시대의 항일문학, 신구문화사, 1974.
- ____, 한국근대문학의 시적 이해, 삼영사, 1982.
- ____, 한국근대시사, 새문사, 1983.
- ____, 한국현대시 연구, 삼지원, 1985.
- 김용직·박철희, 한국현대시 작품론, 문장사, 1981.
- 김우창, 궁핍한 시대의 시인, 민음사, 1979.
- ____, 문학과 정치, 민음사, 1980.
- 김윤식, 우리 문학의 넓이와 깊이, 서래헌, 1979.
- ____, 한국근대작가론정, 일지사, 1974.
- ____, 한국현대시론 비판, 일지사, 1975.
- ____, 한국근대작가논고, 일지사, 1974.
- ____, 근대한국문학연구, 일지사, 1978.
- 김윤식·김현, 한국문학사, 민음사, 1973.
- 김인환, 문학과 문학사상, 열화당, 1973.
- 김재홍, 한국전쟁과 현대시의 응전력, 평민사, 1978.
- ____, 한국현대시인 연구, 일지사, 1981.
- ____, 현대시와 역사의식, 인하대학교출판부, 1988.
- 김종길, 진실과 언어, 일지사, 1974.
- 김준오, 시론, 문장사, 1982.
- 김학동외, 정지용연구, 새문사, 1988.
- 김학성, 국문학의 탐구, 성균관대학교출판부, 1987.
- ____, 한국고전시가의 연구, 원광대학교출판부, 1980.
- 김현, 장르의 이론, 문학과 지성사, 1987.
- 김현승, 한국현대시 해설, 관동출판사, 1972.
- 김현자, 한국현대시 작품연구, 민음사, 1988.
- 김흥규, 문학과 역사적 인간, 창작과 비평사, 1980.
- ____, 한국문학의 이해, 민음사, 1986.
- 박두진, 한국현대시론, 일조각, 1971.
- 박철희, 한국시사연구, 일조각, 1979.

- 백철, 국문학전사, 신구문화사, 1970.
- ____, 조선신문학사조사, 현대편, 백양당 1949.
- ____, 신문학 사조사, 신구문화사, 1980.
- 송민호, 일제하의 저항문학, 일제하의 문화운동사 민중서관 1970.
- 송민호·조용만, 일제하의 문화운동사, 민중서관, 1970.
- 송욱, 시학평전, 일조각, 1963.
- 서정주, 한국현대시, 일지사, 1971.
- 신동욱, 문학의 이론, 학문사 1971. 2.
- ____, 님이 침묵하는 시대의 노래, 문학세계사, 1983.
- ____, 김소월, 문학과 지성사, 1980.
- ____, 우리 시의 역사적 연구, 새문사, 1981.
- 양왕용, 정지용 시연구, 삼지사, 1988.
- 오세영, 꿈으로 오는 한사람, 김소월 전집, 문학세계사, 1981.
- , 한국낭만주의 시연구, 일지사, 1982.
- 윤병로, 한국현대소설의 연구, 범우사, 1980.
- 이건청, 윤동주평전, 문학세계사, 1981.
- 이기백, 한국사신론, 일조각, 1975.
- 이명성, 세계문학비평용어사전, 을유문화사, 1985.
- 이병기, 백철, 국문학전서, 신국문화사, 1970.
- 이상섭, 문학이론의 역사적 전개, 연데대출판부, 1978.
- 이선영, 윤동주 시론집, 바른글방, 1989.
- 이승훈, 한국현대시의 구조분석, 종로서적, 1987.
- ____, 시론, 고려원, 1988.
- 이우성, 한국의 역사성, 창작과 비평사, 1983.
- 이재선, 우리 문학은 어디에서 왔는가, 소설문학사, 1987.
- 이헌구, 사색의 여정, 정음사, 1965.
- 임동권, 한국민요연구, 선명문화사, 1974.
- 임화, 문학이 논리, 학예사, 1940.
- 장덕순, 국문학 통론, 신구문화사, 1979.
- 장덕순외 3인, 구비문학 개설, 일조가. 1981.
- 전규태, 정한의 미학, 정음사, 1972.

- ____, 한국시가 연구, 고려원, 1987.
- ____, 한국현대문학사, 서문당, 1976.
- 정병욱, 한국고전시가론, 신구문화사, 1976.
- 정한모·김재홍, 한국대표시 평설, 문학세계사, 1983.
- 조동일, 우리 문학과의 만남, 홍성사, 1978.
- ____, 한국시가의 전통과 율격, 한길사, 1982.
- ____, 한국문학통사, 4·5권, 지식산업사, 1986.
- ____, 역대 시조선, 민음사, 1982.
- 조연현, 한국문학사, 성문각, 1972.
- ____, 한국현대문학사, 성문각, 1961.
- 조윤제, 한국문학사, 탐구당, 1987.
- ____, 국문학 개설, 탐구당, 1981.
- 채수영, 한국현대시의 색채의식 연구, 집문당, 1987.
- 천이두, 한국문하과 한, 이우출판사, 1975.
- 최진원, 국문학과 자연, 성균관대학교 출판부, 1981.
- ____, 현대시의 정신사, 열음사, 1985.
- 한우근, 한국통사, 을지문화사, 1973.
- 홍이섭, 한국정신사 서설, 연세대 출판부, 1975.
- ____, 한국근대사, 연세대 출판부, 1975. 2.
- 황패강외, 한국문학 연구입문, 지식산업사, 1982.

4. 번역서 및 외국서적

- 볼프강카이저, 김윤섭 역, 「언어예술작품론」(대방출판사, 1984).
- 블로브, 최동희 역, 「실존철학이란 무엇인가」(서문당, 1987).
- W.딜다이, 한일섭 역, 「체험과 문학」(삼성인쇄주식회사, 1979).
- N. Frve, 임철규 역, 「비평의 해부」(한길사, 1982).
- George Whalley, *Poetic Process* (Connecticut:Greenwood Press, 1973).
- Isabel Hungerland, *Poetic Discourse* (Berkeley and Los Angeles University of Califonia Press,1958).
- M. H. Abrams, *The mirror and Lamp* (Oxford Univ. Press, 1977).

- Michael Fiffaterre, *Semiotics of poetry* (Methuen:Indiana Univ. Press, 1978).
- Mircea Eliade, *Images and symbols* (London:Marvill Press, 1975).
- Reuben A. Brower, ed, *Forms of Lyric* (New York and London:Columbia Univ. Press, 1970).
- Seymour Chatman, ed, *Literary Style : A sympoium* (London and New York:Oxford Univ. Press, 1971).
- Umberto Eco, *The role of the Reader* (Bloomington and London:Indiana Univ. Press 1978).
- Paul Hernadi, *Beyond Genre : New directions Literary classification* (chicago:Cornell Univ. Press, 1979).
- Philip Wheelwright, *The Burning Fountain : A Study in the Language of Symblism* (Bloonington and London:Indiana Univ. Press, 1968).